suhrkamp taschenbuch 63

Wolf Lepenies geb. 1941, Professor am Institut für Soziologie der FU Berlin. Veröffentlichte neben Aufsätzen in wiss. Fachzeitschriften u. a. *Kritik der Anthropologie* (mit H. Nolte), München 1971, *Soziologische Anthropologie,* München 1971, und gab mit H. H. Ritter den Theorie-Diskussion Band »Orte des Wilden Denkens. Zur Anthropologie von Claude Lévi-Strauss«, Frankfurt 1970, heraus.
Melancholie und Gesellschaft ist die bislang material- und erkenntnisreichste Untersuchung der verschiedenen Spielarten bürgerlicher Melancholie als eines historischen soziologischen Phänomens der bürgerlichen Gesellschaft. Ziel dieser Studie ist es, den ideologieverwandten Charakter dieser Affekthaltung und ihre Abhängigkeit von gesellschaftlichen Verhältnissen nachzuweisen.

Wolf Lepenies
Melancholie
und Gesellschaft

Suhrkamp

suhrkamp taschenbuch 63
Erste Auflage 1972
© Suhrkamp Verlag Frankfurt am Main 1969
Suhrkamp Taschenbuch Verlag
Druck: Ebner, Ulm · Printed in Germany
Umschlag nach Entwürfen
von Willy Fleckhaus und Rolf Staudt

Inhalt

I Einleitung

»Wißt Ihr nicht, daß hier auf Erden
eine geheime Gesellschaft existiert, die
man die melancholische Kompagnie
nennt?«
Jens Peter Jacobsen:
Frau Marie Grubbe.
Bilder aus dem 17. Jahrhundert

Nach den Ursachen von Fremd- und Eigen*benennungen* wird in diesem Buch gefragt; nicht, ob einer melancholisch ist, sondern was es bedeutet, wenn einer behauptet, er sei es. Ebensowenig wird Melancholie als Kennzeichen des »social character« oder Volkscharakter analysiert: was die Franzosen »la maladie anglaise« nennen, heißt bei den Engländern »french boredom«, und Roepke, der so von den Deutschen spricht, ließe sich Arthur Schopenhauer gegenüberstellen, der die Engländer das melancholischste Volk nannte. Stendhal aber reiste 1821 ausgerechnet nach London, um dort ein Mittel gegen seinen Spleen zu finden.

Eine auf Vollständigkeit zielende Begriffsgeschichte wird hier ebensowenig geboten wie eine Reflexion der Temperamentsanschauungen und deren möglicher Bedeutung für eine Wissenschaft vom »sozialen Handeln« – die etwa in der Eingliederung der Einzelsubjekte in Temperamentsklassen die Chance zur Präzisierung von Handlungshypothesen erblicken könnte. So sind ja auch die »populären« Temperamentslehren verfaßt, von Theophrast bis La Bruyère: dem Wissenden sollen sie erlauben, sich in allen Situationen angemessen zu verhalten, da er die Akteure richtig einzuschätzen weiß. Es sind Orientierungshilfen.

Auf die Einbeziehung von Geschichte im Sinne historischer Reflexion der gewordenen Selbstverständlichkeiten wird nicht verzichtet; vielmehr werden davon alle Aussagen geprägt. Nicht über den deutschen Charakter wird gesprochen, sondern über die Melancholie des deutschen Bürgertums, die ihre Genese im 18. Jahrhundert erlebt und ihren Ahnen in Luther hat, nicht über die französische Langeweile, sondern den »ennui« der in der Fronde gescheiterten Adligen und später über die »maladie du siècle«.

Die benutzten Quellen sind unterschiedlicher Natur: der Roman steht neben der Utopie, neben soziologischer Analyse der Aphorismus. Diese Disparatheit erzwingt der Gegenstand: weder Melancholie noch utopisches Denken oder Langeweile lassen sich einer einzelnen Disziplin zuschlagen und in ihr verarbeiten. Will soziologisches Interesse sich mit ihnen beschäftigen, hat es die zum Teil rudimentäre wissenschaftliche Aufarbeitung der Quellen nicht nur in Kauf zu nehmen, sondern als Vorteil zu betrachten und als Chance zur Naivität, die Fragen zu stellen erst erlaubt. In diesem Sinne werden auch literarische Äußerungen ernst genommen und nicht nur zur Verbrämung des trockenen Stoffes dargeboten. Stimmt es, daß Menschen real handeln, wenn sie eine Situation nur als real definieren (W. I. Thomas), muß wissenschaftliche Reflexion beginnen, sekundäre Realitäten (Literatur, Äußerungen der Populärkultur, Phänomene des zunächst irrelevant erscheinenden Alltags) ernst zu nehmen. In solchen Abschweifungen liegt eine gewisse Flucht-Chance vorm Dogmatismus und eine Methode: als relevant zunächst auch Abseitiges zu sehen, einen abgeschlossenen Kanon verpflichtender Interessengebiete nicht anzuerkennen und in der Nähe zu anderen Wissenschaften weniger eine Gefahr für die eigene Autonomie als die willkommene Gelegenheit zu interdisziplinärem Fragen zu spüren.

II Ordnung und Melancholie

> »Solange keiner klagt, ist anzunehmen,
> daß alles seinen gehörigen Gang gehe.«
> Fichte: Der geschloßne Handelsstaat

Melancholie als Unordnung bei R. K. Merton

Die Analyse beginnt nicht mit der Schilderung einer »Melancholie des gegenwärtigen Zeitalters«, sondern mit dem Hinweis auf einen zeitgenössischen, soziologischen Theorie-Ansatz, in welchem der Begriff Melancholie zwar nur am Rande erscheint, immerhin aber eindeutig in das entwickelte soziologische Konzept eingepaßt wird. Dieser Platz des Melancholie-Begriffs ist zunächst zu beschreiben; der Stellenwert des betreffenden Theorie-Ansatzes zu bemessen und darüber hinaus nach den Implikationen und etwaigen historischen Vorläufern einer solchen Melancholie-Deskription zu fragen. Es handelt sich um die Kapitel »Social Structure and Anomie« und »Continuities in the Theory of Social Structure and Anomie« aus Robert King Mertons ›Social Theory and Social Structure‹.[1] Obwohl der Melancholie-Begriff erst im zweiten dieser erwähnten Kapitel auftaucht, gehören beide zusammen: im ersten werden die Voraussetzungen geliefert, die es ermöglichen, der Melancholie einen Platz im »System« Mertons zuzuweisen.[2] Entscheidend wird der Versuch, »Typen individueller Anpassung« (types of individual adaptation) zu beschreiben, wobei Merton betont, sich auf »Rollenverhalten in bestimmten Situationen, nicht auf Persönlichkeit« (role behavior in specific types of situations, not to personality) zu beziehen. Die Absicherungs-Tendenz Mertons, darin manifestiert, eine Verklammerung des Individuums mit der Gesellschaft zu reduzieren auf einen mehr beliebigen denn festumrissenen Begriff soziologischer Theorie (Rolle) setzt sich fort in der Betonung, von der amerikanischen Gesellschaft und in dieser vorzugsweise vom Wirtschaftsverhalten (economic activity) zu sprechen. In der erwähnten »Typologie« differenziert Merton die Arten der Anpassung nach der Akzeptierung (acceptance) oder Zurückweisung (rejection) kultureller Ziele (culture goals) und institutionalisierter Mittel zu deren Erreichung (institutionalized means). Fünf solcher Anpassungsarten werden ermittelt: Konformität (conformity), Innovation (innovation), Ritualismus (ritualism), Rückzugsverhalten (retreatism) und Rebellion (rebellion). Auf die mißliche Übersetzung derartiger Termini brauchte kaum hingewiesen zu werden, wenn nicht hier ein noch gesteigertes Unbehagen vorläge: gerade für den entscheidenden Begriff des »retreatism« erscheint die korrespondierende Verdeutschung als nicht akzeptabel. »Rückzugsverhalten« ist im Grunde ein zu aktionsgesättigtes Wort für dieses Phänomen – Aktion liegt ja noch im Rückzug, was tendenziell, wie oft, ein militärischer Begriff gut zur Geltung bringt, der »geordnete Rückzug«.[3]

In der Konformität werden Ziele und Mittel, die in einer Kultur bereitgestellt sind, akzeptiert, in der Innovation Ziele akzeptiert und Mittel abgelehnt, im Ritualismus Ziele abgelehnt und Mittel akzeptiert, im Rückzugsverhalten werden Ziele und Mittel abgelehnt, und in der Rebellion geschieht das gleiche, nur werden hier die abgelehnten Mittel und Ziele sofort durch neue ersetzt. Offensichtlich erscheint das Rückzugsverhalten, dem hier besonderes Interesse zu gelten hat, im schärfsten Gegensatz zur Konformität *und* Rebellion, zu Verhaltensweisen also, die sich im Vergleich zueinander auf den Enden eines Kontinuums anordnen lassen.

Die erste Bestimmung des »retreatism« erfolgt quantitativ: es ist die seltenste Anpassungsform. Personen, die sich derart verhalten – das heißt, sowohl Ziele als auch die von der Gesellschaft zu deren Erreichung positiv sanktionierten Mittel ablehnen – befinden sich nach Merton zwar in der Gesellschaft, aber sie gehören nicht dazu, per definitionem können Anomie Praktizierende nicht Gesellschaft bilden. Hier zeigt sich deutlich die Subsumierung solchen Verhaltens unter einen Anomie-Begriff, der mit der Struktur auch den Rahmen angibt, den Termini wie der des »retreatism« anfüllen. In der Diktion Mertons verbirgt sich auch die passende Formel Dahrendorfs, der den »andauernde(n) Zustand tendentieller Anomie« als »Un-Gesellschaft« bezeichnet hat.[4]

Die Realfüllung dieser analytischen Kategorie ähnelt bei Merton einem Lasterkatalog, da er zu den Typen der Verhaltensklasse Psychotiker, Autisten, Parias, Verstoßene, Landstreicher, Vagabunden, Tramps, chronische Säufer und Süchtige zählt. Hinzu kommen als Verhaltensformen Eskapismen wie Niedergeschlagenheit (defeatism), Quietismus und Resignation. Orientiert an einer gängigen Alltagsauffassung des Begriffs erkennt man schon hier die Nähe dessen, was als Melancholie vermutet werden könnte. Das Rückzugsverhalten unterliegt gesellschaftlicher Verdammung, weil es Gesellschaft in Frage stellt, ohne sie anzugreifen: das Abweichen beruht auf purer Passivität. Nach Merton schaffen sich die »Abweichler« (deviants), die im wirklichen Leben verdammt werden, ihre Kompensation in der Phantasie. Immer aber bleiben sie vereinzelt. Die Passivität ihrer Reaktion gestattet ihnen kein Gruppen-, sondern nur ein privates, singuläres Dasein.

Im zweiten der hier behandelten Kapitel faßt Merton eine erneute Analyse des Rückzugsverhaltens unter dem Titel »Anomie und Formen abweichenden Verhaltens« (Anomie and Forms of Deviant Behavior)[5] zusammen. Erschien bereits in den Andeutungen des ersten Kapitels »retreatism« als reales Verhalten mehr außerhalb der Gesellschaft als in ihr, so wird dieser Charakter jetzt noch verstärkt.

In Anlehnung an Zena Smith Blaus Studie[6] wird »retreatism« mit Heimweh nach der Vergangenheit und Apathie in der Gegenwart umschrieben. Selbst gegenüber »Entfremdung« erscheint das Rückzugsverhalten noch als »Steigerung«. Merton konzediert, daß solche Formen des Verhaltens von der Soziologie bisher vernachlässigt wurden, weil sie wegen ihrer statistisch geringen Erfaßbarkeit und in ihren weniger sichtbaren Wirkungen nicht interessant genug erschienen.[7]

»Dennoch ist das Syndrom des Rückzugsverhaltens Jahrhunderte lang mit dem Etikett der accidie (oder, in wechselnder Weise, acedy, acedia und accidia) versehen und von der römisch-katholischen Kirche als eine der Todsünden aufgefaßt worden. Als Faulheit und Betäubung, in welcher die ›Quellen des Geistes vertrocknen‹, hat die acedia vom Mittelalter an die Theologen interessiert. Zumindest seit der Zeit Langlands und Chaucers hat sie die Aufmerksamkeit wissenschaftlich und literarisch interessierter Männer und Frauen erregt, über Burton bis hin zu Aldous Huxley und Rebecca West. Unzählige Psychiater haben sich mit ihr in der Form von Apathie, Melancholie oder ›anhedonia‹ beschäftigt. Soziologen aber haben dem Syndrom nur vereinzelt geringe Aufmerksamkeit gewidmet. Dennoch scheint es, daß diese Form abweichenden Verhaltens ihre sozialen Ursachen ebenso wie ihre manifesten sozialen Folgen besitzt. Wenn wir mehr über soziologische Forschung in dieser Richtung erfahren wollen, müssen wir wohl auf Studien in der Art zurückgreifen wie der kürzlich von Zena Blau verfaßten.

Es bleibt zu untersuchen, ob die Formen politischer und organisatorischer Apathie, die jetzt von Sozialwissenschaftlern aufgespürt werden, sich mit den sozialen Kräften verknüpfen lassen, die nach der hier vertretenen Theorie abweichendes Verhalten verursachen.«[8]

Dies ist jene Stelle in Robert K. Mertons Beschreibung sozialer Struktur und Anomie, in welcher der Melancholie-Begriff explizit auftaucht. Wenn er auch als psychiatrische Metapher für ›retreatism‹ erscheint, gewinnt er durch die historische Retrospektion Mertons und dessen literarischen Seitenblick eine weitreichende Bedeutung.

Bevor untersucht wird, in welches Konzept Merton Melancholie letztlich einordnet, muß noch auf zwei Passagen seiner Argumentation aufmerksam gemacht werden, die nicht manifest auf den Melancholie-Begriff bezogen sind und doch in engem Zusammenhang mit ihm stehen.

Bei der Analyse des Ritualismus, jener Spielart abweichenden Verhaltens, in welcher die Absage an die kulturell vorgeschriebenen Ziele sich mit der Aufrechterhaltung der zu ihrem Erreichen gesellschaftlich sanktionierten Mittel verbindet – die gleichsam »leerlaufen« –, stellt Merton eine Abfolge ritualistischen

Verhaltens fest, die sich vom nicht mehr zu bewältigenden ›Kampf ums Dasein‹ (ceaseless competitive struggle) über Status-Angst, Herabsetzung des Ziel-Niveaus, Routine-Handeln und Furcht vor Handeln überhaupt erstreckt. In diesem Zusammenhang erwähnt Merton den Beitrag von Pierre Janet »The Fear of Action«, der 1921 erschien. Janet nun veröffentlichte sieben Jahre später einen beinahe gleichlautenden Aufsatz, der einem Vortrag im ›Wittenberg Symposium‹ entstammt. Er heißt: »Fear of Action as an Essential Element in the Sentiment of Melancholia.«[9]

Auf die beiden Beiträge Janets wird später eingegangen. Immerhin muß hier erwähnt werden, wie die Konzeption, die Merton im Rahmen seiner Beschreibung ritualistischen, abweichenden Verhaltens einschiebt, bei Janet zur Erklärung des melancholischen Welterlebens dient. Merton verhielt sich dem Melancholie-Phänomen gegenüber ähnlich reserviert wie die Soziologen, denen er solche Enthaltsamkeit vorwarf.

Die Verknüpfung von Handlungsfurcht und Verhaltensangst braucht aber nicht auf *eine* Form abweichenden Verhaltens beschränkt zu bleiben. Merton selbst erwähnt, daß verschiedene Formen abweichenden Verhaltens in Rollen-Sequenzen aufeinander folgen können, daß Konformität von Ritualismus abgelöst werden kann und schließlich in Form des Rückzugsverhaltens »ausläuft«. Diese Argumentation erscheint auch von einem anderen, mehr anthropologisch fixierten Blickpunkt aus plausibel. Die von Merton geschilderte Sequenz abweichenden Verhaltens läßt sich als wachsender Verlust kultureller Selbstverständlichkeiten beschreiben, der von einer ebenfalls zunehmenden Handlungsfurcht begleitet ist. Die einst auf Ziele *und* Mittel orientierte Handlung verliert im Übergang zum Ritualismus die Ziel-Orientierung. Ein Wertanspruch aber ist »schon aus rein pragmatischen, im tieferen Sinne anthropologischen Gründen, nämlich: um Handeln überhaupt zu ermöglichen, um dem ›besoin de faire quelque chose‹ des Menschen ein Ziel oder Ziele zu setzen, notwendig…« (Claessens)[10]. Im Übergang vom Konformitätshandeln zum Ritualismus verlagert sich dieser notwendige Wert-

oder Ziel-Anspruch unter dem immer massiver werdenden Angst-Druck, nämlich: die kulturell als passend vorgeschriebenen Ziele auch tatsächlich zu erreichen, in die Mittel des Handelns selbst: es läuft »leer«. Der fortschreitende Abbau des von Pareto so genannten Handlungsbedürfnisses endet im Rückzugsverhalten und in Passivität. Diese Möglichkeit ist kein Widerspruch gegen ein behauptetes anthropologisches Bedürfnis: in dem Verlust der Handlungsfähigkeit ist ja eben der Hang der Melancholie zum Abgleiten in psychopathologische Phänomene begründet. Die Abschweifung in eine anthropologische Argumentation, die später wieder aufgegriffen wird, zeigt, wie in der Deskription Mertons aus seinem eigenen Ansatz heraus sich ein viel weitreichenderes und theoretisch mehr abgesichertes Melancholie-Syndrom entwickeln ließe, als der Autor selbst in Angriff genommen hat.

An einer anderen Stelle stellt Merton fest: »Vermutlich sind in der Geschichte jeder Gesellschaft die Heroen ihrer Kultur genau deshalb als Helden betrachtet worden, weil sie den Mut und die Vision hatten, Normen aufzugeben, die damals in ihrer Gruppe galten. Wie wir alle wissen, ist der Rebell, Revolutionär, Nonkonformist, Individualist, Häretiker oder Renegat einer früheren Zeit oft der Held der Gegenwart.« [11] Merton, der immerhin eine, wenn auch fragmentarische Retrospektive der Melancholie-Auffassung unternimmt, hätte diesen Ansatz mit dem Melancholie-Syndrom verknüpfen können. Gerade hier nämlich zeigt sich eine erhebliche Diskrepanz der Auffassungen in bezug auf kulturspezifische Wertung. Das Schillernde in der Entwicklung der Melancholie-Auffassung liegt in der Auseinandersetzung zweier Konzeptionen, die sich vielleicht als psychopathologisch-medizinisch orientierte Negativ-Auffassung und kosmologisch-philosophisch ausgerichtete Positiv-Ansicht beschreiben ließen. Das Problem einer »Nobilitierung« der Melancholie deckt genau die Frage Mertons nach dem Hero, der gestern verdammt wurde, weil er nicht normen-konform handelte, und heute dafür gepriesen wird. [12] Liegen in der Beschreibung von Formen abweichenden Verhaltens bei Merton Ansätze zu einer vertieften theoretischen Betrachtung der Melancholie, so versperrt andererseits eine von Merton selbst als fragmentarisch bezeichnete historische Retrospektive (a few among the many accounts of accidie) einen solchen Zugang. Merton orientiert seine Auswahl an der theologischen Konzeption der acedia. Durch diese Beschränkung wird der Melancholie-Begriff radikal von aller antiken und mittelalterlichen Entwicklung abgeschnitten. Auch die literarischen Hinweise Mertons sind dem Gegenstand kaum angemessen: gerade hier hätte ein Soziologe auf Melancholie-Auffassungen hinweisen können, die als Exponenten gesamtgesellschaftlicher Betrachtungen auftraten; die »Wertherkrankheit« im Deutschland des 18. oder das »mal du siècle« im Frankreich des 19. Jahrhunderts.

Aber Melancholie erscheint bei Merton nur als Marginal-Begriff, wenn er auch gerade in bezug auf ihn ein Programm aufstellt: soziologisch relevante Ursachen und Folgen zu erkennen. Diesem Programm soll hier gefolgt werden, wenn auch in »umgekehrter« Richtung: vor einer Untersuchung gegenwärtiger Formen »politischer und organisatorischer Apathie« wird nach der historischen Genese des Melancholie-Begriffs gefragt, nicht in Form einer Begriffsgeschichte, auf die bereits Verzicht geleistet wurde, sondern derart, daß in »gezügelter Spekulation« (N. Elias) und Retrospektion nach den soziologischen Bedingungen und Verknüpfungen verschiedener Melancholie-Auffassungen gefragt wird. Vor einem solchen »Rückschritt« erscheint es aber notwendig, die Melancholie-Auffassung Mertons, die eine Fülle von Implikationen enthält, auf eine Schlüssel-Konzeption zu reduzieren. Aus der Beschreibung der Melancholie als abweichendem Verhalten – unter anderen Verhaltensarten – läßt sich auf das Vorhandensein eines Begriffs schließen, der als Orientierungspunkt dient und von dem aus erst entschieden werden kann, was als »deviance« (Abweichung) aufzufassen ist. Mertons Interesse liegt in der Beschreibung der Entstehung abweichenden Verhaltens; als Orientierungspunkt für Abweichung gilt eine stabile Gesellschaft, deren Stabilität durch konformes Verhalten, d. h. durch die Akzeptierung kultureller Ziele und institutionalisierter Mittel zu deren Verwirklichung garantiert wird.

Obwohl Merton vorgibt, sich an der amerikanischen Gesellschaft der Gegenwart und an ihrem ökonomischen Verhalten zu orientieren, erscheinen die Begriffe einer stabilen Gesellschaft und eines konformen Verhaltens leer von jeder inhaltlichen Bestimmung. Diese Leere bildet geradezu die Voraussetzung für die Entwicklung analytischer Begriffe. An ihr gemessen, erscheint nunmehr als Parameter der Deskription Mertons keine wie immer geartete Gesellschaft – welche die inhaltliche Bestimmung qua definitione erzwingen würde –, sondern der Begriff der *Ordnung*. Ordnung bezeichnet, abgezogen von aller inhaltlichen Fassung, den Zustand einer Gesellschaft, die bestehenbleibt und »funktioniert«, weil sich ihre Mitglieder so verhalten, *daß* sie funktioniert. Der Vorwurf der Leerformel kann gegen eine solche Beschreibung kaum erhoben werden, weil sie gerade so »leer« wie möglich sein will.

Trotz solcher Leerformel-Haftigkeit bezeichnet die Ordnungskonzeption den Parameter jeder Beschreibung von Gesellschaft. Unerwähnt bleiben hier Probleme, die dadurch auftreten, daß Ordnungskonzeptionen inhaltlicher Füllung entstehen können, die anderen Konzeptionen gegenüber den Anspruch ihrer »Richtigkeit« vertreten. Der Richtigkeitsanspruch kann natürlich nur Ordnungskonzeptionen gegenüber ins Spiel gebracht werden, die selbst inhaltlich gefaßt sind. Von rein analytisch verfaßten Leerformel-Konstruktionen wird dann behauptet, sie seien universell füll-, also manipulierbar, mithin ideologieanfällig.

Diese Diskussion soll, wie gesagt, hier ausgeklammert werden. Entscheidend bleibt, daß in der Konzeption Mertons aus einem »Erfahrungszentrum konkret-menschlicher Ordnung« (Voegelin)[13] heraus von solcher Konkretheit ein Formalbegriff abgezogen wird. Der Ordnungsbegriff ist dem des Systems affin; das System muß funktionieren, wie erst durch Konformität Ordnung erhalten bleiben kann. An dieser werden dann Gesellschaft und teilgesellschaftliche Erscheinungen nicht *bewertet* – weil kein allgemein akzeptierter Wert vorhanden ist –, sondern *gemessen*, weil im Ordnungsbegriff ein *Maß* zur Verfügung steht.

Am Ordnungsstandard als Maßeinheit orientiert, erscheinen

dann Verhaltensweisen als angemessen oder nicht – je nachdem sie Ordnung stützen oder Un-Ordnung hervorrufen. Unpassende, weil sich nicht einpassende Phänomene werden als unmaßgebliche beschrieben: als Formen der Unordnung. Typisch dafür erscheint Mertons Formulierung, die »retreatists« befänden sich zwar in der Gesellschaft (inhaltliche Orientierung), aber sie gehörten nicht zu ihr (formale Ordnungsorientierung). Melancholie als Form des von Merton beschriebenen Rückzugsverhaltens läßt sich so in mehr dynamischer Beschreibung (die sich die Möglichkeit der Abfolge von role-sequences vor Augen hält) als Ordnungsverlust, in statischer Deskription als Nicht-Ordnung, Non-Konformität, Un-Ordnung auffassen.

In der Utopie Robert Burtons, von der anschließend die Rede sein soll, zeigt sich eine ähnliche Melancholie-Konzeption wie bei Merton. Da es sich in beiden Fällen um Auffassungen der Melancholie handelt, die durch ihren Bezug zum Ordnung-Unordnung-Syndrom gekennzeichnet sind, liegt es nahe, auf den Begriff der Anomie nachdrücklich hinzuweisen. Merton selbst erwähnt die Genese des Begriffs – zumindest seine weiterreichenden Implikationen erscheinen auch für Burton bereits von Bedeutung. So läßt sich der »Lasterkatalog«, der bei beiden Autoren in der Beschreibung von Melancholie auftaucht (zu Burton siehe dazu später S. 32), aus der großen Deckungsbreite des Parameters »Unordnung« erklären. Aber der Anomie-Begriff birgt darüber hinaus eine Fülle von Argumentations-Möglichkeiten, die sich auf einzelne Darstellungen dieser Arbeit beziehen ließen. So bedeutet »anomy« bereits in der Theologie des 17. Jahrhunderts zwar »disregard of law, lawlessness« – gleichzeitig (1689) heißt es in einer Quelle jedoch: »You Presbyterians distinguish between the Action and the Anomy, or Irregularity of it« [14], wobei also nicht nur auf die »Unordnung« der »anomy«, sondern auch auf den engen Zusammenhang mit dem Handlungsbegriff (beinahe Handlungshemmung!, vgl. S. 188 ff.) hingewiesen wird. Der von den Theoretikern der Anomie immer wieder beschriebene Stabilisierungseffekt von Subkulturen in anomischen Situationen (Cloward) verweist auf Mechanismen, die die »Ausübung« von Melancholie gestatten, ohne dabei auf der Entfernung aus Gesellschaft zu insistieren. Gleich stark ist die Emphase, mit der Innerlichkeit im Sinne des Rückzugs aus Sozialkontakten und Anomie verbunden werden. Im übrigen wird hier die Vermutung verstärkt, es präge der Gegenstand den Charakter seiner Beschreibung: die behauptete Innerlichkeit, die für den Soziologen – wie zu zeigen ist – kaum anders denn als Lasterkatalog erscheinen kann, formt die Theorien in Richtung auf Psychologie vor. So wie Merton MacIver vorwirft, einen psychologischen »Approach« zu entwickeln, obwohl »the psychological concept ... a counterpart of the sociological concept of anomie, and not a substitute for it« [15] sei, kreidet ihm wiederum Cohen psychologischen Reduktionismus an: »Within the framework of goals, norms, and opportunities, the process of deviance was conceptualized as though each individual – or better, role incumbent – were in a box by himself.« [16] So wird Innerlichkeit unter der Vokabel des Psychologismus zum Vorwurf gegen eine Theorie, die eben dieses Phänomen zu erklären sucht; eine Wissenschaft von der Anomie wird zur anomischen Wissenschaft.

Eine Fülle von Vorgriffen findet sich bei R. M. MacIver. Er schildert Dada und den Existentialismus als philosophische Ideologien anomischer Situation, Langeweile als Anomie-befördernd, betont die wichtige Rolle der »unquiet introspection« und behauptet schließlich, Anomie – MacIver schreibt »Anomy« – sei »a disease of the civilized, not of the simpler peoples« [17]. Damit sind Themenkreise angeschnitten, die im Zusammenhang von Langeweile und Melancholie von Bedeutung werden. Nimmt man die Wichtigkeit der Legitimationsfrage hinzu, wie Rose sie besonders betont – er schlägt vor, statt »anomie« (soziologisch) den Terminus »legitimacy loss« zu benutzen [18] –, wird der oben angedeutete Zusammenhang noch stärker. Burtons ›Anatomy of Melancholy‹ bietet unter diesem Blickwinkel eine interessante Antizipation.

Die Interpretation eines bei Merton zwar als soziologisch wichtig, aber dennoch nur marginal beschriebenen Melancholie-Begriffs führte zu dessen Reduzierung: Melancholie erschien als Ordnungsverlust oder Un-Ordnung, wobei sich der Ordnungsbegriff als Formalbegriff erwies. Beschreibungen abweichenden Verhaltens sind nach diesem Schema auch für Kulturen mit variierten kulturellen Selbstverständlichkeiten möglich: dazu muß der formale Ordnungsbegriff nur mit den spezifischen »Inhalten« der entsprechenden Kultur versehen werden.

Die historische Retrospektive dient nun unter anderem dazu, die formale Ähnlichkeit des beschriebenen Konzeptes mit jener Melancholie-Auffassung zu zeigen, die Robert Burton in seiner, 1621 in erster Auflage erschienenen, ›Anatomy of Melancholy‹ vertreten hat. Der Rückgriff auf Burton erfolgt nicht aus Willkür. Von der Chance abgesehen, daß seine Utopie die Möglichkeit bietet, ein Bündel von Melancholie-Konzeptionen auf Voraussetzungen und Implikationen zu befragen, liefert Burtons ›Anatomy‹ weitere Ansätze zu einer soziologisch orientierten Betrachtung von Melancholie und resignativem Verhalten.

Die Tatsache, daß Robert K. Merton zwar den »Anatomisten« des 17. Jahrhunderts erwähnt, darüber hinaus aber weder eine nähere Aufklärung über dessen Werk noch Person gibt, rechtfertigt eine kurze Abschweifung: »Das Buch, das meiner Meinung nach für jemand, der mit möglichst geringer Mühe in den Ruf der Belesenheit kommen möchte, am nützlichsten ist, ist Burtons ›Anatomie der Melancholie‹, das unterhaltendste und belehrendste Potpourri aus Zitaten und klassischen Anekdoten, das ich je gelesen habe...«[19], schreibt Byron am 30. November 1807 in sein Tagebuch; für Friedrich Engels, der zunächst in der ›Anatomy‹ eine »der ernsten psychologischen Abhandlungen des 18. Jahrhunderts, die mir Grauen einflößen« vermutet, wird sie »ein ständiger Freudenquell«.[20]

Das Air der amüsanten Erstauntheit legt sich jeder Interpret oder gar Bewunderer Burtons zu. Wer über Melancholie schreibt und sich seiner Beschäftigung mit Literatur zu rühmen oder wenigstens nicht zu schämen hat, steht unter erheblichem Druck, ihm seine Reverenz erweisen zu müssen. Als einem bekannten englischen »homme de lettres«, Harold Nicolson, von seinen Freunden eine Reise nach Java geschenkt wird, da benutzt er die so gewonnene Muße, um eine »Untersuchung über grundlose Melancholie« zu verfassen und erwähnt mit programmatischer Verbindlichkeit: »Gemeinsam mit Dr. Johnson, Tristram Shandy und Charles Lamb hege ich eine warme Zuneigung zu Robert Burton«[21] – wenn ihm auch die ›Anatomy‹ mehr oder minder als »Durcheinander von Anekdoten und Zitaten« erscheint. Ähnlich tadelt auch Samuel Johnson, die »Anatomy« sei »overloaded with quotation« – und doch war es das einzige Buch, das ihn dazu verleiten konnte, zwei Stunden früher als üblich aufzustehen.

Als Walter Jens' ›Dialog über einen Roman‹ sich schließlich zu dem Plan eines Romans über den melancholischen Menschen entwickelt, darf »Burtons berühmter Traktat« nicht fehlen.[22] In groteskem Gegensatz zu diesen und ähnlichen Wertschätzungen – sicher nicht nur à la mode – steht die konstante Vernachlässigung dessen, was Burtons Werk an Zeitüberdauerndem enthält: eine spezifische Beschreibung der Melancholie und eine als Gegengewicht gegen die herrschende Melancholie entworfene Utopie – ein alter topos, denn schon in der antiken Komödie erscheint Saturn, der ja mit der Melancholie eng verbunden ist, als »lord of Utopia«.[23]

Robert Burton wird am 8. Februar 1577 in Lindley/Leicestershire geboren, er besucht Schulen in Sutton Coldfield und Nuncaton; mit 16 Jahren geht er an das Brasenose College nach Oxford, 1599 an das Christchurch College; hier erwirbt Burton 1602 und 1605 seine akademischen Grade. Er wird Tutor in Oxford, Pfarrer in einer kleinen Vorstadt, seit 1626 auch Bibliothekar in Christchurch. Sein Leben ändert sich kaum. Eine Karriere hat Burton nie gemacht, Melancholie seit seiner Kindheit gekannt: »Robert Burton a été, de toute évidence, un enfant mal aimé, avant d'être un écolier tyrannisé, puis un étudiant brouillon et un célibataire insatisfait. Toutes ces frustrations ont poussé dans la direction de la mélancolie un garçon qui devait y avoir quelques dispositions héréditaires, puisque son oncle maternel, Anthony Faunt ... fut enlevé ... par un accès de mélancolie foudroyante.«[24]

Die erste Auflage der ›Anatomy‹ stammt, wie erwähnt, von 1621, dann folgen die Auflagen von 1624, 1628, 1632, 1638, 1652, 1660 und 1676. Der Text des Traktates wird von Burton dauernd geändert, wobei die einzelnen Teile in durchaus unterschiedlicher Weise betroffen sind. Ein Werk zu verarbeiten, in dem tausend andere Autoren meist in apokrypher und wenig zuverlässiger Form zitiert sind, das in einer Oktav-Ausgabe 1036 Seiten umfaßt und mit kaum übertreibender Emphase »an encyclopedia of Renaissance learning«[25] genannt wurde, ist für den hier gesetzten Rahmen unmöglich. Die erzwungene Oberflächlichkeit läßt sich aber rechtfertigen: eine entscheidende Passage des Burtonschen Werkes bildet die Vorrede »Democritus Junior to the Reader«, die alles andere denn nur Vorrede, sondern eine veritable Utopie ist.

Ein Zeichen für die Eigenständigkeit dieser Utopie – die Robert Burton selbst betonte – liegt in der Tatsache, daß in den Ausgaben des 17. Jahrhunderts »Democritus to the Reader« separat paginiert wurde, daß darüber hinaus der Text der »Utopie« sich im Ablauf der verschiedenen Ausgaben verdreifachte und die relative Zunahme damit erheblich größer war als die des Gesamtwerkes der ›Anatomy‹.[26]

Erwähnenswert bleibt noch die Feststellung, daß – in paradoxem Gegensatz zur Wirkung des Gesamtwerkes – die Utopie Burtons so gut wie vergessen wurde und Jean Robert Simon noch 1964 fragen konnte: »Wie kommt es ... daß die Burtonsche Utopie von den Historikern der utopischen Literatur vernachlässigt wurde?«[27] Pierre Mesnard macht den Leser dafür verantwortlich: denn dieser »vernachlässigt manchmal die ›satirische Vorrede‹, die allein schon 100 Seiten Groß-Oktav umfaßt.«[28] Tiefer geht J. Max Patrick: »Die wichtigste Ursache der Vernachlässigung war Burtons Fehler, seine Utopie nicht in ein vorstellungskräftiges, erzählendes Beiwerk einzugliedern; denn ideale Gesellschaften – kalten Blutes oder mit wenig oder gar keiner romanhaften Neigung beschrieben – werden leicht übersehen.«[29] Die Unterschlagung der Burtonschen Utopie wird noch unverständlicher, wenn man bedenkt, daß dieser Teil des Gesamtwerkes die erste Originär-Utopie in englischer Sprache bildet. Morus' ›Utopia‹ und Halls ›Mundus alter et idem‹ wurden von Robinson und Healey 1551 bzw. 1609 ins Englische übersetzt. Immer wieder verbindet sich bei den Interpreten und Biographen Burtons das Erstaunen darüber, daß der Autor von »social historians« vernachlässigt wird mit dem Hinweis auf seine soziologische Relevanz[30]: »Its ideals are not those of the philosopher or the theologican, but of the social scientist.«[31]

Der Katalog der Unterlassungssünden soll rechtfertigen, daß im Rahmen dieser Arbeit Robert Burton eine solch große Bedeutung zugemessen wird, die nicht zuletzt in seinem spezifischen, Utopie und Melancholie verknüpfenden Ansatz beruht. Auch im Titel seiner Utopie verleugnet Burton nicht den Hang zum Eklektizismus: die Wahl des Namens »Demokrit« war eine Konvention der Zeit. 1607 erschien Samuel Rolands ›Democritus, or Doctor Merry Man, His Medecine against Melancholy Humours‹, neun Jahre nach Burtons Tod in Amsterdam ein ›Democritus ridens. Sive Campus Recreationum Honestarum. Cum Exorcissimo Melancholiae‹.[32]

Die entscheidenden Stellen der Utopie, welche Burton durch Democritus junior[33] vorträgt, können ohne Substanzverlust in Kürze referiert werden: Burton rechnet zu jenen Autoren, die ihre Gedanken derart mit einem Beiwerk aus Zitaten, zustimmenden oder abweichenden, sicheren oder apokryphen Meinungen versehen, daß der rote Faden der Argumentation aus einem solchen Knäuel erst mühsam gefunden werden muß. Das freilich gehört zu seinem Stil. Burton schreibt, um seine eigene Melancholie zu vertreiben: »I writ of melancholy, by being busy to avoid melancholy. There is no greater cause of melancholy than idleness, *no better cure than business* . . .«[34] Dieser egozentrische Ansatz wird aber bald verlassen, beschrieben wird eine melancholische Gesellschaft:

»Wo man viel Unzufriedenheit, allgemeine Übelstände, Beschwerden, Armut, Barbarei, Bettelei, Plagen, Kriege, Rebellionen, Aufruhr, Meutereien, Streitereien, Trägheit, Aufstand, Epikuräertum sehen kann, wo das Land unbestellt liegt, öde, voller Sümpfe, Moore, Einöden und dergleichen, wo die Städte verfaulen, Ortschaften niedergedrückt und arm daliegen, Dörfer entvölkert sind und die Bevölkerung schmutzig, häßlich und unzivilisiert ist: dasjenige Königreich, dieses Land muß notwendigerweise unzufrieden und melancholisch sein, einen kranken Körper haben und dringend reformiert werden.«

Und in der Übernahme einer anderen Beschreibung heißt es: »Der Staat war wie ein kranker Körper, der seine Arznei zu spät erhalten hatte; seine Säfte waren nicht richtig gemischt, und so sehr war er durch Reinigungen geschwächt, daß nichts als Melancholie übrig blieb.«[35]

Die Melancholie-Auffassung Burtons und der daraus entspringende reformerische und utopische Ansatz werden bereits aus diesen Zitaten deutlich. Sie bergen aber mehr als den Ausdruck literarischen Mißvergnügens, zu dessen Verschärfung die melancholische Metapher beiträgt. In der Übertragung der Melancholie auf den Staat verbirgt sich ein Problem, das erst durch eine bestimmte Erläuterung der Begriffsgeschichte deutlich werden kann.

Sieht man von den kosmologischen Spekulationen der Spätantike ab, in welchen die Melancholie mit Saturn in Verbindung gebracht wird, als dem Planeten der »hohen Kontemplation, der das Gestirn der Philosophen, Magier und gottgefälligen Einsiedler ist«[36] –, lassen sich zwei wichtige Stränge der Entwicklung verfolgen, die auch für Burton von besonderer Bedeutung werden. Der eine ist mit dem Namen des Hippokrates, der andere mit Aristoteles verknüpft. »Das Wort Melancholie begegnet uns zuerst im *corpus hippocraticum*, und zwar findet sich der früheste Beleg in der Schrift *Über Luft, Wasser und Ortslagen*, ... die allgemein zu den ältesten, im letzten Drittel des 5. Jahrhunderts entstandenen Bestandteilen der hippokratischen Schriftensammlung gerechnet wird, wenn es auch zweifelhaft ist, ob als ihr Verfasser Hippokrates selbst gelten kann.«[37] Der

»melancholische Typ« taucht zum ersten Mal im dritten Epidemienbuch auf, nicht weit nach der ersten Erwähnung wird dann auch ein gestörter Geisteszustand als melancholisch bezeichnet. In der Schrift ›Über die Natur des Menschen‹ schließlich, als deren Verfasser entweder Hippokrates oder sein Schwiegersohn Polybos gilt, findet sich die neue Hypothese, daß »auch der gesunde Mensch schwarze Galle in sich hat, freilich im richtigen Verhältnis zu den anderen Säften«.[38] Mit dem Namen Aristoteles ist die Verflechtung der Melancholie- mit der Genie-Problematik verbunden, wenn auch nach Flashar die entscheidende Stelle der ›Problemata Physica‹ – neben der ›Historia Animalium‹ und der ›Metaphysik‹ die umfangreichste Schrift des Corpus Aristotelicum – »sicher nicht aristotelischer Auffassung« entspricht.[39] Im Kapitel XXX, 1 heißt es: »Warum erweisen sich alle außergewöhnlichen Männer in Philosophie oder Politik oder Dichtung oder in den Künsten als Melancholiker?«

Eine »Antwortformel« (Flashar) für die Frage fehlt, die Behauptung ist aber seither die Grundlage für alle Spekulationen gewesen, die Melancholie mit Genie verknüpften. Melancholie erscheint hier nicht als Krankheit, sondern als Natur. Die Wendung zur Normalitätsauffassung findet sich bereits bei Platon, dessen »ursprüngliche Antinomik ... die von Mania und Amathia, von Wahnsinn und Unbelehrbarkeit (ist). ›Melancholikos‹ ist bei ihm der *Unbelehrbare*, nicht das schwarzgallige Temperament des Hippokrates«.[40] So laufen bis zum Mittelalter zwei Melancholie-Auffassungen nebeneinander her, die eine wertet unter dem Einfluß der Medizin die Melancholie negativ, die andere knüpft an die pseudo-aristotelischen »Problemata« an und nobilitiert die Melancholie – hier wird die florentinische Frührenaissance entscheidend.[41]

Die Beschreibung eines Staates als melancholisch mußte für Burton daher auf Schwierigkeiten stoßen. Nach »medizinischer« Auffassung galt Melancholie als Krankheit, die einzelnen Typen zuzuschreiben war. Diese Ansicht war physiologisch determiniert und selektiv: nach ihr konnten als melancholisch immer nur bestimmte menschliche Organismen bezeichnet werden. Die zweite, entgegengesetzte Auffassung wirkte sich ähnlich aus: die Verbindung der Melancholie mit dem Genie-Begriff hatte ebenfalls, nunmehr auszeichnende, selektive Wirkung. Beide Auffassungen standen einer Deskription wie der Burtons eigentlich entgegen, weil diese nicht selektiv, sondern universal war, Melancholie weder als singuläre Krankheit noch als vereinzeltes Genie-Merkmal auffassen wollte. Eigenartigerweise ist diese Problematik den Interpreten Burtons kaum bewußt geworden. Interessiert sie seine Melancholie, so vergessen sie das utopische Element, beschreiben sie die Utopie, so wird unterschlagen, daß ihr erst eine bestimmte Auffassung der Melancholie vorangehen mußte. Vor der Konstatierung: »Il y a une mélancolie politique, qui tient comme l'autre à des humeurs malignes« [42] muß erst die Frage nach den Bedingungen der Möglichkeit einer solchen »politischen Melancholie« stehen. Burton hatte sich mit der medizinisch-psychopathologischen und mit der »genialen« Theorie auseinanderzusetzen.

Die erste steht von dem Moment an einer Ausdehnung des Melancholie-Begriffs nicht mehr im Wege, da dieser universal gefaßt wird. Daher beschreibt Burton Melancholie nicht nur als menschliches Konstituens: »Und wer ist kein Verrückter? Wer ist frei von Melancholie? Wer wird davon nicht mehr oder minder in Anlage oder Neigung betroffen?« [43] Eine solche Definition entschärft den Begriff, indem sie ihn ausweitet: wenn schließlich alle verrückt sind, ist Verrücktheit nur noch ein Vorwurf, der alle trifft, d. h. relativ wirkungslos; wenn alle melancholisch sind, kann Melancholie eigentlich keine Krankheit mehr sein. Aber die Ausweitung erstreckt sich nicht nur auf den Menschen, beschreibt Melancholie nicht nur als Anthropologicum: auch Pflanzen, Tiere und sogar Mineralien können melancholisch sein. Nach dem Vorbild von Boterus sind dann »Königreiche, Provinzen und Politische Körper in gleicher Weise dieser Krankheit unterworfen«. [44] Damit hat Burton den Selektions-Effekt der psychopathologischen, medizinisch orientierten Melancholie-Auffassung entschärft. Krank sind Menschen, Tiere, Pflanzen, Mineralien, aber auch Königreiche und politische Organisationen überhaupt. An dieser Stelle taucht die Frage auf, wie nach der Erweiterung des Melancholie-Begriffs dieser noch als utopischer Stachel wirken kann, da doch die Anomalität geradezu als das Normale, das Kranke als allgemein verbreitet geschildert wird.

Vor der Beantwortung dieser Frage muß aber zunächst Burtons Auseinandersetzung mit dem Genie-Konzept geschildert werden, die sich schnell erledigt. Burton verkürzt diese Auffassung auf den topos des melancholischen Königs. »Denn wie die Prinzen sind, so sind die gemeinen Leute; *qualis rex, talis grex:* und wie *Antigonus* sehr richtig sagt, *qui macedoniae regem erudit, omnes etiam subditos erudit,* wer den König von *Mazedonien* erzieht, erzieht alle seine Untertanen: das ist immer noch ein wahres Wort.«[45] Erst eine derartig auf universale Anwendbarkeit zielende Modifikation der von der Antike her überlieferten Melancholie-Begriffe macht diese, zu einem zusammengeschmolzen, fähig zur Anwendung im politischen Bereich und geeignet zur Beschreibung eines antimelancholischen, utopischen Gegenentwurfs.

Vor der Konstruktion dieser Utopie entwickelt Burton seine Beschreibung des melancholischen Staates in differenzierter Form. Bestände hier nicht die Absicht, Burtons utopischen Drang mit seiner Melancholie-Auffassung zu konfrontieren, müßte auf diese Schilderung näher eingegangen werden. Großbritannien wird mit dem alten Griechenland und Italien, mit Frankreich, Deutschland und den Niederlanden verglichen. Hat man auch behauptet, daß kaum ein anderer Autor seiner Zeit sowenig wie Burton von den politischen oder religiösen Kontroversen der Gegenwart Notiz nahm[46] – was unter anderem darauf beruht, daß er nur eine Teilsicht der englischen Gesellschaft unter Jakob I. (1603 bis 1625) gibt, ihn interessieren »les aristocrates de souche, les parvenus et les intellectuels«[47] –, so liegt doch in der Methode des Vergleichs mit anderen Ländern, der bis in Einzelheiten geht, ein realitätsnahes Moment seiner Utopie: »Er war der erste Utopist, der eine wissenschaftliche, vergleichende Methode als Grundlage seiner soziologischen Theorien benutzte: in dieser Beziehung nahm er die moderne soziologische Methode vorweg.

Er war ein Pionier in der Befürwortung einer säkularen, nicht-kommunistischen, geplanten Gesellschaft. Ganz gewiß verdiente seine Utopie ein besseres Los als die Vernachlässigung, die ihr zuteil geworden ist.«[48] So wird denn – im Gegensatz zu Allen – von einem anderen Autor auf die vielleicht unbeabsichtigte Realitätsnähe Burtons verwiesen: »Die Regierung Karls I. war in der Theorie die engste Annäherung an die Burtonsche Utopie, die England je gekannt hat.« (Mueller) [49]

Hier geht es aber nicht darum, die Realitätsnähe oder Realitätsferne der Burtonschen Utopie festzustellen, sondern darum, zu begründen, wie sich hinter der Auffassung der Utopie als Heilmittel gegen einen melancholischen Staat eine bestimmte Melancholie-Ansicht verbirgt, auf die es gilt aufmerksam zu machen. Ähnlich wie Burtons Begriff der Melancholie nur kurz beschrieben und auf seine Position zur antiken Überlieferung befragt wurde, kann die Utopie auf einige Grundsätze reduziert werden. Zunächst nimmt Burton sich dichterische Freiheit in ihrer Beschreibung heraus: »Ich aber will, zu meiner eigenen Freude und zu meinem Vergnügen, mein eigenes *Utopia* bauen, ein neues *Atlantis*, mein eigenes poetisches Commonwealth, in dem ich frei herrschen kann, Städte bauen, Gesetze machen, Statuten aufstellen – alles, was ich selber anführen möchte.« [50]

Burtons Utopia liegt auf einer Breite von 45 Grad in der Mitte der gemäßigten Zone und ist in zwölf oder dreizehn Provinzen eingeteilt, die genau voneinander abgegrenzt sind. Jede Provinz umfaßt einen kreisförmigen Durchmesser von zwölf italienischen Meilen, kein Dorf darf mehr als acht Meilen von einer Stadt entfernt sein. Scharf wendet sich Burton gegen die utopische Gleichmacherei: er nennt Campanellas ›Sonnenstaat‹ und Bacons ›Neu-Atlantis‹ »geistreiche Fiktionen, aber bloße Chimären« und die Republik Platons in vielen Dingen »pietätlos, absurd und lächerlich, sie entbehrt allen Glanzes und jeder Herrlichkeit«. Burton will statt dessen verschiedene Grade der Nobilität, die erblich sind, dazu andere Würden, die entweder erblich sind, durch Wahl verliehen oder verschenkt werden. Burton ist antiegalitär, aber er verbindet die »inégalité des conditions« mit der

»égalité des chances«.[51] Die Form der utopischen Regierung ist monarchisch, es gibt »wenig Gesetze, aber diese werden streng eingehalten, in Ausführlichkeit niedergelegt und in der Muttersprache niedergeschrieben, damit jedermann sie verstehen kann«.[52] Die Zahl der Rechtsanwälte, Richter, Advokaten, Ärzte und Chirurgen wird auf eine bestimmte Zahl (»a set number«) festgesetzt, die nicht überschritten werden darf. Besonders die Zahl der Gesetze und der Advokaten muß strikt beschränkt sein, denn: »Wo die Menschen im allgemeinen aufrührerisch und streitsüchtig sind, wo es viel Uneinigkeit, viele Gesetze und Prozesse gibt, viele Rechtsanwälte und Ärzte, da ist all das Zeichen eines schlechttemperierten, melancholischen Staates ...«[53]

Die Beschreibung der Burtonschen Utopie kann hier abgebrochen werden, weil nun mit hinreichender Genauigkeit ein Vergleich von Melancholie-Auffassung und utopischem Ansatz gezogen werden kann. Wird die Utopie in ihrem Grundzug beschrieben, so ist die Melancholie damit mitbestimmt; da Burtons Utopie den Gegenentwurf zu einem in Melancholie versunkenen Staat bildet, ist die Melancholie das negative Abziehbild, das sich von der Utopie durch Aufstellung der Gegensätze lösen läßt. Addiert man zu der in Kürze gegebenen Zusammenfassung die Äußerungen seiner Interpreten, so erscheint Burtons Unternehmen »pedantisch« und »regelrecht in der Anwendung«[54], als »sorgfältige Klassifikation«[55], als Wunsch, das Leben »einfacher und wirkungsvoller zu gestalten«, und als Mittel gegen »Komplikation und Konfusion«, eine Utopie, in welcher »wissenschaftlich ermittelte Gewichte und Maße für das ganze Land einheitlich gestaltet werden«[56], kurz: » ... eine kolossale Maschine, deren Räderwerke auf jede Daumenbreit Landes alle die Bewegungen übertragen, die ihm die Zentralgewalt vorschreibt.«[57] Und das Ganze wird in einem Buch beschrieben, dessen »drei Teile in Sektionen gegliedert sind, die in Kapitel geteilt sind, welche manchmal wieder in Unterkapitel aufgeteilt sind«.[58]

Als Oberbegriff dieser übereinstimmenden Charakteristiken läßt sich kein besseres Wort finden als jenes, zu dem schon die Marginal-Melancholie Robert K. Mertons in Gegensatz gebracht werden konnte: *Ordnung*. Burton entwirft in seiner Utopie ein Gegenbild zur herrschenden Melancholie. Erschien letztere auf den Staat bezogen als ähnlicher »Lasterkatalog« wie bereits bei Merton die Aufzählung der melancholischen Individuen, so reflektiert die entworfene Utopie einen effizienten, auf reibungsloses Funktionieren haltenden, monarchischen, bis in Einzelteile durchgeplanten Staat, der der Unordnung der Melancholie die perfektionierte Ordnung entgegenhält, in der für Überraschungen kein Platz mehr bleibt, weil alles längst vorausgesehen ist. Abweichungen werden radikal geahndet: fast alle Interpreten, selbst Freunde und literarische Anhänger Burtons zeigten sich über sein System der Gesetzgebung erstaunt, das weniger dazu dient, Unrecht wiedergutzumachen, das einem Opfer angetan wurde, noch den Schuldigen zu erziehen, sondern herhält, um »einer Art kalter und abstrakter Rache Genüge zu tun... Die Strafen erscheinen von einer Grausamkeit, die man heute als sadistisch bezeichnen würde, und wirken wie die juristische Weihe der blutigsten Instinkte«. (Simon) [59]

Wird man einem solchen Urteil auch die Nähe zu den eigenen kulturellen Selbstverständlichkeiten ankreiden müssen, bleibt dennoch die Diskrepanz zwischen humanistisch geprägten Idealen und unmenschlicher Rigorosität. Der topos der wenigen, rigorosen und überschaubaren Gesetze reflektiert am deutlichsten von allen Nuancen und Facetten der Burtonschen Utopie die Absicht ihres Schöpfers, ein Gegenbild der Ordnung zur Unordnung der Melancholie zu entwerfen. Dieser Zug ist nicht auf Burton beschränkt, vielmehr typisch für die Utopien der Renaissance und von hoher Affinität zum utopischen Denken überhaupt. Paul Foriers hat in seinem Aufsatz »Les Utopies et le Droit« nachdrücklich darauf hingewiesen. Bei Morus bereits vorhanden (verbunden allerdings mit einer deutlichen Distanz gegenüber den barbarischen Justiz-Methoden seiner Zeit – vielleicht nannte ihn Erasmus auch deswegen den »besten Advokaten« [60]), findet sich der topos bei Bacon, Campanella, Morelly und Robespierre (und Tacitus, Hobbes, Rabelais, Montesquieu, Fichte,

Möser und Comte . . .), die Aversion gegen die Advokaten neben Morus auch bei Crucé: »C'est pourquoy les peuplades d'Hespagnols aux Indes auoient raison de prier leur Roy de ne leur enuoyer aucuns Aduocats. Car les peuples grossiers viuans à la naturelle sont plus à leur ayse que ceux qui employent leur subtilité en tromperies.«[61]

Den Ordnungsgedanken mit der Melancholie zu verknüpfen, liegt nahe. Entstanden aus einem »Ordnungswissen« (Voegelin), nämlich der kosmologischen Elemente-Spekulation der Pythagoreer und dann des Empedokles, erscheint Melancholie schon in der antiken Humoral-Pathologie als Un-Ordnung: die richtige und ordentliche Verteilung der Körpersäfte (humores), die »wohl-ausgewogene Mischung der Qualitäten«[62] wird als Gesundheit angesehen; die Unordnung, das heißt das Überwiegen eines der drei Säfte: Schleim (phlegma), gelbe oder schwarze Galle (cholos), erscheint als Krankheit. Phlegma, gelbe und schwarze Galle waren ursprünglich die »humores viciosos« – daher fehlt später, als die Krankheitsbezeichnungen aus den Temperamentsklassifikationen entstehen, ein Name für den Sanguiniker, da Blut nicht als schädlich gilt. Der Sanguiniker wird als »complexio temperata« bezeichnet.[63] Ebenso läßt sich die kosmologische Spekulation mit der Unordnungsproblematik verbinden: dieses Schema findet sich in der Beziehung von Melancholie und Saturn wieder.[64] Offensichtlich ist auch der Bezug zur Unordnung bei Hildegard von Bingen, die den »humor melancholicus« mit dem Sündenfall verbindet: dem Ursprung der Unordnung, die nach christlicher Auffassung durch die Menschen verursacht wurde.

Die Methode Robert Burtons überträgt diese an der Differenz von Ordnung und Unordnung orientierte Melancholie-Auffassung auf einen Zwischenbereich, der weder so universal ist wie die antike oder mittelalterliche Kosmologie, noch so mikro-logisch wie die antike oder die arabische und dann mittelalterliche Medizin.[65] Burtons Zwischenbereich, in dem von Melancholie gesprochen wird, heißt bei ihm »Staat«, aber das Wort »Gesellschaft« würde besser passen. Die Scheidung von »kingdoms«,

»provinces« und »politick bodies« legt das nahe. Auch hier zeigt sich Burton als »in every way a moderate man, a middle-of-the-road man«. [66]

Die Beschreibung der Melancholie und des melancholischen Staates seiner Zeit dient Burton aber nicht nur als Vorwand zur Entwicklung des anti-melancholischen, utopischen Gegenbildes – ganz abgesehen davon, daß diese Funktion bereits in der Einleitung, nach Schilderung der Utopie, erfüllt ist. Die ›Anatomy of Melancholy‹ erscheint zu einer Zeit, in der die »Elisabethanische Krankheit« zum Allgemeinbefinden – zumal der Intellektuellen – geworden ist. [67] Dieses Klima hat auch Burton geprägt: die ›Anatomy‹ mutet so als Teil eines riesigen Melancholie-Konvoluts an. Das Thema der universalen Narrheit hatten Erasmus in der ›Laus Stultitiae‹ (1509) und Sebastian Brand mit seinem ›Narrenschiff‹ vorweggenommen, das 1509 in der englischen Übersetzung von Barclay herauskam. 1586 erscheint Timothy Brights ›A Treatise of Melancholie‹, 1599 du Laurens ›A Discourse of the Preservation of the Sight: of Melancholike Diseases; of Rheumes, and of Old Age‹; Thomas Wright schreibt 1601 über Melancholie (›The Passions of the Minde‹) und Thomas Adams 1616 (›The Diseases of the Sovle: A Discourse Divine, Morall, and Physicall‹); 1621 erscheint die erste Auflage von Burtons ›Anatomy‹, elf Jahre vorher war in Toulouse Jacques Ferrands ›Traité de l'essence et guérison de l'amour ou De la mélancolie érotique‹ erschienen.

Zugleich bilden sich die Systeme der »Harmonisierer« (harmonizer) [68] heraus – deutliches Indiz für eine in Bewegung geratene Gesellschaft und ihre geistige Mobilität. Calderia entwarf die ›Concordantiae poetarum, philosophorum et theologorum‹ (er starb bereits 1474); Casmannus schreibt 1598 die ›Cosmopeia sive Commentationum disceptationumque physicarum, syndromus methodicus et problematicus‹, 1605 den ›Nucleus mysteriorum naturae enucleatus‹, Johannes Alstedius entwirft seine ›Physica Harmonica‹ und verfaßt 1610 eine Enzyklopädie, »un abrégé méthodique de toutes les sciences«. [69] Die Zeiten sind vorbei, da Thomas in seiner Summe vereinigen konnte, was nunmehr bei aller Wortfülle nur mühsam die Disparatheit des geistigen Potentials verbirgt. Dennoch erscheint es zu oberflächlich, den im 16. Jahrhundert sich herausbildenden Pessimismus als bloß durch die konkurrierende Fülle der intellektuellen Lösungsversuche entstanden zu sehen, weil der Europäer jener Zeit sich konfrontiert sah »mit einem orthodoxen Platonismus, einer mit Plotin übereinstimmenden Religion, einem auf Proclus begründeten Atheismus, einem gereinigten Aristoteles, den Häretikern Averroes und Alexander, einem die Vorsehung leugnenden Epikuräertum und einem Stoizismus, der durch die Hintertür wieder zur christlichen Ethik gelangte«. (Allen)[70]

Darin sind nicht so sehr die Ursachen des allgemeinen Pessimismus und Melancholie-Hangs zu sehen als vielmehr die Symptome einer instabilen Gesellschaft. Norbert Elias hat im ›Prozeß der Zivilisation‹[71] auf die entscheidende Bedeutung dieser Zeit aufmerksam gemacht, und Arnold Williams hat sich gegen das oben zitierte Argument Allens mit der plausiblen Begründung gewandt, auch im Mittelalter habe es widerstreitende Systeme gegeben, deren zentrifugale Tendenzen aber von einer stabilen Gesellschaft noch abgefangen werden konnten.[72]

Burton ist »der Wasserspeier zwischen den beiden Türmen der englischen Geisteskathedrale« genannt worden, wobei mit den Türmen Bacon und Hobbes gemeint waren.[73] Rekapituliert man, daß »soziologisch betrachtet« Bacons Versuch, »das aristotelische Organon durch ein ›Novum Organon‹ zu ersetzen, in welchem das Denken tatsächlich die Rolle eines Werkzeugs spielt, der gesellschaftlichen und wirtschaftlichen Umgruppierung (entsprach), die sich bei den germanisch-romanischen Völkern vollzog, seitdem die Arbeit des Bürgers die Städte emporblühen ließ, während Ritter und Mönche an Bedeutung verloren«, und daß in der Hobbesschen Lehre die »christlich-augustinische Gegenüberstellung von Civitas terrena und Civitas dei« endgültig aufgegeben wird[74] – so vermag man Burton erst recht als Vertreter einer Übergangs- und Spätepoche zu sehen.

Burtons Utopie teilt mit anderen Utopien den Charakter, eine in die Zukunft projizierte und in ferner Praxis für verwirklichbar gehaltene Machttheorie zu sein – wobei Burton gerade in der Beschreibung der Machtinstitutionen verhältnismäßig unpräzise bleibt; die Präzision ist in den *Begriff* der Institution, in *Gesetz*, abgeflossen. Machttheorien aber sind »Spätprodukte eines Denkens, das zur Staatlichkeit kein natürliches Vertrauensverhältnis mehr besitzt« (Plessner)[75]. Die Utopie fällt unter jene Wahrheit, daß die Reflexion der kulturellen Selbstverständlichkeiten, das Bewußtwerden »bloß« gesellschaftlich vermittelter Natürlichkeit bereits den Verlust des als selbstverständlich und natürlich Erachteten bedeutet. Auf das Alte bezogen, von dem sie sich doch erst frei- und für das erstrebenswerte Neue bereit machen will, liegt in der Utopie schon ein resignativer Zug. Auf die Zukunft bezogen, bleibt als resignativer Stachel – wie bei Burton – die Melancholie zurück, deren Ungenügen den utopischen Wunsch freisetzt.

Das melancholische Air prägt die Utopie – verrät nicht nur das persönliche Mißvergnügen ihres Schöpfers, der sich zur Schilderung *des* Systems aufrafft, in dem alles besser werden soll. Von Melancholie hat daher Georges Duveau beim Utopisten Morus gesprochen – »En légiférant pour son utopie, il compensait aux mélancolies qui l'envahissaient lorsqu'il devait pour tout de bon légiférer pour l'Angleterre« – um dann den resignativen Zug der Utopie zuzuschreiben: »Il y a un peu de défaite dans l'utopie: une étreinte manquée, des baisers sans écho ... Une littérature, c'est l'expression d'une société, mais une société exprime non seulement ses satisfactions, ses réussites, mais aussi ses besoins, ses rêves, ses efforts.«[76] Ganz ähnlich schreibt Emile Dermenghem über Morus: »Malgré cette gaieté presque exubérante, il y a chez cet homme, non point contradictoire mais complet, une sorte de mélancolie qui n'est pas de la vraie tristesse, qui n'a sans doute rien de morbide.«[77]

Bei Burton sind Melancholie als Metapher des Mißvergnügens am Staate und Utopie als die ins System gebrachte anti-melancholische Staatshoffnung miteinander untrennbar verklammert. Auch hieraus erklärt sich die Rigorosität der utopischen Gesetzgebung: der von Melancholie befreite Staat faßt den Abweichler und Rechtsbrecher als Symptom des drohenden Rückfalls auf, dem strikt entgegenzuwirken ist: »to avoid confusion«, wie Burton wiederholt bekräftigt. Die überwundene Melancholie zeitigt eine Hypertrophie des Glücksverlangens, das schließlich in Eugenik endet.[78]

Nach dem Hinweis auf die Erwähnung der Melancholie als abweichendem Verhalten, basierend auf einem formalen Ordnungsbegriff (Merton), dient die Rezeption Robert Burtons der Verdeutlichung der These von der Verbindung ordnungsorientierten Denkens mit der Melancholie-Auffassung. Den Vergleich über diese allerdings entscheidende Gemeinsamkeit hinaus zu wagen, verbietet die zu große Differenz beider Denkansätze. Immerhin muß betont werden, wie Burtons Aversion gegen die Melancholie sich nicht nur mit ihrer formalen Abwertung als »Unordnung« begnügt, sondern den Ordnungsbegriff inhaltlich zu füllen imstande ist: in Form der anti-melancholischen Utopie.

Utopie als Ordnungsentwurf

In der Gesetzes-Reduktion, die auf kontrollierte Überschaubarkeit zielt und die Wiederherstellung verlorener Ordnung verlangt, ist bei Burton gleichzeitig das Melancholie-Verbot angelegt. Dieses Syndrom beinhaltet keine singuläre, auf Burton beschränkte Erscheinung: es ist vielmehr charakteristisch für eine aktionsgesättigte Gesellschaft und ein auf totalverplantes Handeln abzielendes utopisches Denken. Wenn Mühlmann[79] von der Möglichkeit pessimistisch-konservativer und zukunftsschauendeuphorischer Verkehrtheitsprophetien spricht, so kann man diese Charakteristik auch auf die Utopien, verstanden als Ordnungs-Entwürfe, ausdehnen. In Burtons Melancholie-Deskription des gegenwärtigen England ist daher die eigentliche Utopie schon verborgen, die in ein euphorisches Reich verwiesen wird – in dem keine Melancholie mehr herrschen kann. Utopien sind ja ohnehin nur möglich durch das An- und Auseinanderhalten von ordo ordinans und ordo ordinatus; erst die Zersplitterung des Ordnungsbegriffs ermöglicht Utopie und utopisches Denken und zeigt erstere wieder als denkerisches Spätprodukt.

Wird hier von »Utopie« gesprochen, so wird darunter nur jene verstanden, die eine Gesellschaft entwirft, in welcher der Mensch entschädigt wird für alles, was ihm auf dieser Erde abgeht. Schlaraffia gehört dazu, nicht aber ›1984‹ – obwohl es interessant wäre zu fragen, was eigentlich die Verschiebung des melancholischen Ansatzes aus der Wirklichkeit in die Utopie selbst bedeutet. Der Verdacht einer Utopie-Aversion drängt sich auf. Diese Aversion tendiert ferner dahin, die gegenwärtigen Verhältnisse akzeptierend zu zementieren: so kehrt das Melancholie-Verbot auch hier, auf die Erde projiziert, wieder. Ein Pessimismus dieser Art ähnelt paradoxerweise höfischem Melancholie-Verbot – wie die Kulturkritik, die zur schwarzen Prophetie sich aufschwingt, nur zu gerne das Air des Aristokratischen trägt.

Das Melancholie-Verbot ist nicht auf die Utopie beschränkt. So erwähnt Norbert Elias in der Schilderung des Zivilisationsprozesses eine Verhaltensmaßregel (»Ein junger Mann soll sehr fröhlich sein und ein lustiges Leben führen. Einem jungen Mann steht es nicht, traurig und nachdenklich zu sein.« [80]), die das Melancholie-Verbot institutionalisiert und typisch für eine Gesellschaft erscheint, die auf Exzentrizität der Affekte, rasches und entscheidendes Handeln angelegt war: »Ein Leben von einer anderen Affektgeladenheit als das unsere, ein Dasein ohne Sicherheit, ohne allzulange Berechnung für die Zukunft. Wer in dieser Gesellschaft nicht aus voller Kraft liebte oder haßte, wer im Spiel der Leidenschaften nicht seinen Mann stand, der mochte ins Kloster gehen, im weltlichen Leben war er ... verloren ...« [81]

Bei Campanella verbinden sich eine Minimalplanung, die bis in den sexuellen Bereich läuft und geradezu ordnungssüchtig angelegt ist – »Wer bei Sodomie ertappt wird, wird gerügt und muß zur Strafe zwei Tage lang die Schuhe um den Hals gebunden tragen zum Zeichen, daß er die Ordnung verkehrt und den Fuß auf den Kopf gestellt hat ... Große und schöne Frauen werden nur mit großen und tüchtigen Männern verbunden, dicke

Frauen mit mageren Männern und schlanke Frauen mit stark-
leibigen Männern, damit sie sich in erfolgreicher Weise ausgleichen« [82] – mit dem bereits erwähnten topos der wenigen, überschaubaren und rigorosen Gesetze:

»Ihre Gesetze, gering an Zahl und kurz und klar, sind sämtlich auf
einer ehernen Tafel aufgezeichnet, die an den Torpfosten, das heißt
also an den Säulen des Tempels angebracht ist. Ferner sieht man an
den einzelnen Säulen die wesentlichen Erkenntnisse in einem metaphysischen und äußerst knappen Stil aufgezeichnet; so etwa: was
Gott ist, was ein Engel, die Welt, die Sterne, der Mensch, das Schicksal,
die Tugend usw., alles mit großem Scharfsinn.« [83]

Dementsprechend fehlt bei Campanella auch das bereits bei
Burton charakteristische Melancholie-Verbot nicht: da bei den
Bewohnern des Sonnenstaates »weder Raub noch Meuchelmord,
weder Schändung noch Blutschande, noch Ehebruch oder andere
Vergehen« vorkommen, beschuldigen sie sich wenigstens der Faul-
heit und Traurigkeit und bemühen sich »im Winter ... trockene
Dinge, im Herbste Trauben« zu essen, »die von Gott gegen
Traurigkeit und gallige Schwermut geschenkt werden. Beson-
ders schätzen sie auch die Gerüche«. [84]
In der Farbsymbolik verbirgt sich ebenfalls das Melancholie-
Verbot: »Alle tragen weiße Kleider ... Die schwarze Farbe ver-
abscheuen sie als den Auswurf der Dinge und hassen deshalb die
Japaner, die Freunde der schwarzen Farbe sind.« [85] An anderer
Stelle spricht Campanella von dem schwarzen Trauerkleid, das
seiner Zeit angemessen sei: »Diese Farbe ist auch das Sinnbild
einer auf die Spitze getriebenen Theorie, die uns blind, trüb-
sinnig und boshaft macht ... Ich sehe eine Zeit voraus, wo man
auf die weiße Tunika zurückkommen wird ...« [86]
Das Melancholie-Verbot bedeutet mehr als die gesetzliche Verdammung der Schwermut: eine im utopischen Denken voraus-
geahnte rigorose Internalisierung der Normen einer zukünftigen
Gesellschaft, die sich direkt auf die Psyche auswirkt und Trauer
unmöglich macht oder zumindest die Aversion gegen sie aner-
zieht. Hilfskonstruktionen werden dabei nicht verschmäht; in
Campanellas Hinweis auf die Japaner deutet sich eine solche an:

hier bereits halten nationale Stereotype dafür her, die dem Staat angenehme Stimmung der von Resignation ungeschwächten Aggressionslust nach außen zu erzeugen und auf Dauer zu stellen. Diese Absicht verbindet sich mit der Methode der »Kontrolle des Wissens von ›innen‹, die wir als ›utopische Methode‹ bezeichnen wollen. Von ›innen‹ soll hierbei bedeuten, daß die utopische Methode keine soziale Technik, sondern eine Denkmethode ist«.[87] Im Melancholie-Verbot Campanellas läßt die denkerische Rigorosität die Form des geplanten Staates ahnen; wie bei Burton bedingt die aktionspralle und vorwegkonzipierte Utopie die Melancholie-Aversion. Campanellas Sonnenstaat ist, mehr noch als Burtons Utopie vom neuen England, einer Gesellschaft oktroyiert, deren Mitglieder es sich nicht mehr gestatten dürfen, traurig zu sein – wollen sie nicht durch ihre unverhüllten Affekte das letztliche Scheitern der Totalplanung enthüllen. Von da an läuft der Verdacht zurück: auf die Psyche dessen, der Verdacht geschöpft hat: »Himmler rätselte: ›Er ist wohl leber- und gallenkrank. Seine Berichte sind stets düster, er sieht die Welt mit so pessimistischen Augen, daß dahinter sicherlich ein körperliches Leiden steckt. Bei Leber- und Gallenkranken kennt man ja solche psychischen Auswirkungen.‹«[88]
Das Syndrom von im utopischen Denken entworfenen Aktions-Systemen und dem institutionalisierten Melancholie-Verzicht, der – wie bei Campanella – so weit reicht, den menschlichen Affekthaushalt zu determinieren, ist nicht auf das 16. und 17. Jahrhundert beschränkt, von dem bis jetzt nur die Rede war. Es findet sich in reiner Form wieder in Edward Bellamys ›Im Jahre 2000. Ein Rückblick auf das Jahr 1887‹.[89] Bereits das Vorwort des Verfassers dokumentiert die Wichtigkeit des Ordnungsproblems, denn: »Im letzten Jahre des zu Ende gehenden 20. Jahrhunderts, in dem wir leben, erfreuen wir uns der Segnungen *einer sozialen Ordnung, so einfach und logisch zugleich,* daß sie kaum mehr als ein Triumph des gesunden Menschenverstandes erscheint.« (5, Hervorhebung von mir, W. L.) Dieser Zustand der einfachen, überschaubaren Ordnung wird im bereits bekannten Symbol des Fehlens der Rechtsanwälte wieder aufgenommen:

»Allerdings, wir brauchen auch keine Anwälte mehr . . .« (127).
Im Boston des Jahres 2000 ist die allgemeine Arbeitspflicht so
rigoros von den Utopiern internalisiert, daß Julian West sich erstaunt fragen kann: »Aber wie konnte ich leben, ohne der Welt
einen Dienst zu leisten? Wie war es möglich, daß die Welt jemand im Müßiggang litt, der zur Leistung eines Dienstes fähig
war?« (8) Arbeitszwang und Kontrolle über etwaige private
Muße sind total: »Es ist gewiß, erwiderte Dr. Leete, daß kein
richtig veranlagter Mann heutzutage entwischen kann, ohne seinen Anteil an der Arbeit und Mühe der anderen, mag er sich nun
den wohlklingenden Namen eines Studenten beilegen oder einfach bekennen, daß er ein Faulpelz sei!« (106)
Im Boston des Jahres 2000 ist dafür Sorge getragen, daß niemand sich langweilt; Telefone befinden sich in allen Häusern
und zerstreuen den, der auf dumme Gedanken – das sind immer
die, die dem System schaden – kommen könnte: » . . . mit dem
Telefon an Ihrem Ohr werden Sie, ich bin dessen ganz sicher,
einem ganzen Heer unangenehmer Gefühle den Laufpaß geben,
wenn diese Sie wieder beunruhigen sollten.« (70) Im gleichen
Sinne ist Sport zum Bedürfnis manipuliert: »Selbst wenn das
Volk in jener Periode (des 19. Jahrhunderts, W. L.) sich größerer
Muße erfreut hätte, so wäre es, wie ich mir denke, oft in Ver-
legenheit gewesen, wie es dieselbe ausnutzen sollte. In diese Lage
kommen wir niemals.« (125)
In dieser utopischen Atmosphäre der reibungslos funktionieren-
den Institutionen, der allgemeinen Arbeitspflicht und der reglementierten Muße als einem Palliativ gegen die das System be-
drohende Langeweile ist natürlich auch das Fehlen der Melancholie begründet. Als Julian West davon spricht, erscheint diese
Affektlage seltsam fremd in dem bis dahin beschriebenen System;
es scheint, als habe sich seine Psyche gegen die Umwelt »quer«
gestellt: »Ich konnte niemals recht sagen, warum, aber der Sonn-
tagnachmittag war mir in meinem alten Leben eine Zeit, in der
ich mehr als sonst das Opfer einer Melancholie wurde, in der sich
auf unerklärliche Weise alles um mich entfärbte und mir höchst
gleichgültig wurde.« (186) Aber diese Affektlage kündet bereits

das Ende von Utopia an; am nächsten Morgen findet sich West wieder in der alten Welt: »Alles vom 20. Jahrhundert war ein Traum gewesen. Ich hatte nur geträumt von jenem aufgeklärten und sorgenfreien Menschengeschlechte und ihren sinnreich einfachen Institutionen . . .« (196)

Es bleibt hier unerheblich, daß die plötzlich einbrechende Realität bei Bellamy endlich doch als böser Traum erscheint – ein Kunstgriff, der ebenso dazu geeignet ist, den Leser zu vexieren, wie er von der Unsicherheit des utopischen Konstrukteurs zeugt – und wieder dem Leben im Jahre 2000 Platz machen muß. Entscheidend ist, daß Melancholie auch im Boston des Jahres 2000 fehlt und sich erst wieder ankündigt in jenem Moment, da von der Gegenwart die Rede sein soll.

Nicht nur in Utopien, die sich ausdrücklich als solche bezeichnen, ist der Gedanke des Melancholie-Verbots enthalten; er findet sich auch in dem, was man »utopische Programme« nennen könnte: Richtungen und künstlerischen Bewegungen, die durch die Stoß- und Überzeugungskraft einer Gruppe ähnlich systemaffin wirken wie der einsame Schöpfer von Utopia.

Im Gründungsmanifest des Futurismus, das Ende 1908 fertiggestellt wurde, und das Filippo Tommaso Marinetti »trotz der dichterischen Fiktion einer Gemeinschaftsarbeit« alleine entworfen hatte – jener Marinetti, der von sich selber sagte, seinem Vater verdanke er »die große Willenskraft des Sanguinikers (!) und Herrenmenschen«[90], heißt es:

»1. Wir wollen die Liebe zur Gefahr besingen, die Vertrautheit mit Energie und Verwegenheit.

2. Mut, Kühnheit und Auflehnung werden die Wesenselemente unserer Dichtung sein.

3. Bis heute hat die Literatur die gedankenschwere Unbeweglichkeit, die Ekstase und den Schlaf gepriesen. Wir wollen preisen die angriffslustige Bewegung, die fiebrige Schlaflosigkeit, den Laufschritt, den Salto mortale, die Ohrfeige und den Faustschlag . . .

. . . . . .

9. Wir wollen den Krieg verherrlichen – diese einzige Hygiene der

Welt – den Militarismus, den Patriotismus, die Vernichtungstat der Anarchisten, die schönen Ideen, für die man stirbt, und die Verachtung des Weibes ...

Von Italien aus schleudern wir unser Manifest voll mitreißender und zündender Heftigkeit in die Welt, mit dem wir heute den ›Futurismus‹ gründen, denn wir wollen dieses Land von dem Krebsgeschwür der Professoren, Archäologen, Fremdenführer und Antiquare befreien ...«⁹¹

Später plädiert Marinetti programmatisch für die »Verherrlichung des Instinkts und des Spürsinns im Tier Mensch, Pflege der wahrsagenden Intuition ...«⁹² Im politischen Programm des Futurismus vom 11. Oktober 1913, das Marinetti, Boccioni, Carrà und Russolo unterzeichneten, taucht die Metapher auf, die aus der Betrachtung der Utopien bereits bekannt ist: »*Ein Minimum an Professoren, sehr wenig Rechtsanwälte, sehr wenig Doktoren* ...«⁹³ und im sieben Jahre später von Marinetti, Settimelli und Mario Carli unterzeichneten Manifest der »Grundkenntnisse« des Futurismus fehlt auch das explizite Melancholie-Verbot nicht:

»*Im Leben ist Futurist:*
......
4. Wer fröhlich, immer mit dem Blick auf das Morgen(!), handelt, ohne Gewissensbisse, ohne Pedanterie, ohne falsche Scham, ohne Mystizismus und ohne Melancholie.«⁹⁴

Auf den eigenartigen Zusammenhang von Handlungsbetontheit, Planungsneigung und Melancholie-Verbot läßt sich die Gegenprobe machen: im Surrealismus. »Vorliebe für das Häßliche als Gegensatz zum Schönen, für den Traum, die Träumerei, Melancholie, für Heimweh und Sehnsucht nach ›verlorenen Paradiesen‹ ...«⁹⁵ verbindet sich dort mit der ausgesprochenen Abneigung gegen die Aktion: »Revolution ist für die Surrealisten also etwas Ideelles, rein Geistiges. Und weil sie die Revolution so auffassen, können sie es sich auch leisten, alle Fragen ihrer praktischen Verwirklichung und überhaupt jedes Handeln in der Alltagswirklichkeit geringzuachten. Praktisches Tun verachten sie aber nicht nur, sondern finden es würdelos und *entehrend*.«⁹⁶

Daher schreibt André Breton in der ersten und auch einzigen Nummer der ›Révolution anarchiste‹ vom 1. Oktober 1927 eine »Introduction au Discours sur le peu de Réalité«, und Pierre Naville »schlägt als gemeinsamen Nenner für das Tun der Surrealisten und der politischen Revolutionäre einen ›eigentlich sehr naheliegenden Begriff: den des Pessimismus‹ vor...«[97] »Vor allem müssen die Menschen zur Verzweiflung an sich selbst und der Gesellschaftsordnung gebracht werden«[98], heißt es im 1928 veröffentlichten Programm einer Gruppe junger Anhänger des Surrealismus, während der Futurist Aldo Palazzeschi in seinem Text »Der Gegenschmerz« ein Programm entwickelt, um die »Spätreifen, *die unheilbar der Melancholie Verfallenen*«, umzuerziehen oder, falls das scheitert, aus der Gesellschaft auszustoßen.

Die Vermutung liegt nahe, es verberge sich in dem bisher geschilderten Syndrom von einem auf Aktion und Totalplanung zielenden Denken und dem in dessen Vollzug mitgedachten Melancholie-Verbot ein generelles Kennzeichen der Utopie. Dieser Verdacht wird durch weitere, später gegebene Hinweise noch verstärkt werden. Es geht dabei sowohl um utopisches Denken, welches auf das System abzielt, die »pensée utopique« Duveaus[99], als auch um das System selbst, das entstehen würde, hätte utopisches Denken sich erst in Realität umgesetzt.

Im Zusammenhang mit Untersuchungen über das utopische Denken hat wiederum Duveau von dem Wunsch gesprochen, die »archétypes de la pensée humaine« zu finden – dies sei die »grande ambition du sociologue«. Ohne hier über die Alternative einer guten oder weniger guten Soziologie zu streiten, wird im Vergleich zum Vorhaben Duveaus zurückgesteckt. Der Wunsch, Archetypen zu entdecken oder Apriorität aufzufinden, wird unterdrückt. Damit ist deren Existenz nicht geleugnet, aber als unerkennbar angenommen: »Es gibt wahrscheinlich ein absolut notwendiges und gültiges Apriori – nur können wir nie wissen, welches es ist. Denn das Kriterium, das es uns erkennen läßt, müßte ja selbst schon die Absolutheit besitzen, zu der es uns erst hinführen soll.«[100] Durch Verzicht auf die Frage nach dem Apriori wird aber nicht der Versuch blockiert, das Problem der Entstehung resignativen Verhaltens, dessen Gründe sich in der Konfrontation mit dem utopischen Denken bereits schwach konturieren, auf einer »tieferen«, »elementareren« Ebene anzugreifen: der anthropologischen. Das geschieht jedoch erst gegen Ende dieser Untersuchung. Entstanden aus der Frage nach der Verknüpfung von Ordnung und Melancholie fordert nun ein logisches Prinzip einen zweiten, den ersten abschließenden Schritt: nach der Beschreibung von Melancholie und Un-Ordnung auch nach der Möglichkeit der Entstehung von Melancholie aus Ordnung zu fragen.

III Ordnungsüberschuß, Langeweile und die Entstehung resignativen Verhaltens

Nutzen literarischer Quellen

Als Gegenentwurf zu einer Auffassung, die Melancholie als Un-Ordnung definierte, wird nun der Versuch unternommen, Ordnung, Langeweile und Melancholie aufeinander zu beziehen. Bildeten schon im ersten Teil literarische Dokumente den Großteil der Analyse, so verstärkt sich deren Gewicht noch: ob es sich um die Bedeutung La Rochefoucaulds oder um die Salons handelt, um die sentimentale Neigung der deutschen Literatur im 18. Jahrhundert, das Intérieur Kierkegaards, das mal du siècle oder um Marcel Proust.

Als Vinet über de Bonalds Sentenz, die Literatur sei der Ausdruck der Gesellschaft – »la littérature c'est l'expression de la société« – nachdachte, konnte er mit Emphase schreiben: »Ich kenne kein Gesetz, das absoluter wäre, und keine Wahrheit, die mehr als diese das Zeichen des apriori trägt.«[1] Das schrieb ein Literat und ein Franzose dazu – und er schrieb es vor über hundert Jahren. Heute wird es niemandem einfallen, so leichthin das apriorische Etikett zu verteilen – schon gar nicht für Banalitäten. Immerhin kann, wer bei dem Versuch der wissenschaftlichen Analyse von Gesellschaft sein literarisches Interesse nicht aufgeben will, auf Kant sich berufen, der bereits in der ›Anthropologie in pragmatischer Hinsicht‹ »zwar eben nicht Quellen, aber doch Hülfsmittel zur Anthropologie: Weltgeschichte, Biographien, ja Schauspiele und Romane«[2] nannte. Freilich steckt im Kantischen verschämten »ja« der Keim zu jener Aversion, die sich gestattet, an Literatur die soziologische Sonde anzulegen und sie damit als Ganzes einem Zweig der Soziologie, nämlich der des Wissens – zu dem die Literatursoziologie gehört – zuzuschlagen; gleichzeitig aber verhindert, Literatur als Quelle für die Soziologie zu nutzen. Die Antwort hat nicht auf sich warten lassen: in der »literarischen Welt«, die um ihr Terrain fürchtet, ist die mehr oder weniger offen demonstrierte Distanz zur Soziologie längst Methode: »Die medizinische Betrachtung der Kunst schärft wie die soziologische den Blick für Tatsachen zweiter Ordnung und stumpft ihn für die Hauptsache ab«[3], behauptete Walter Muschg. Von soziologischer Seite sind Äußerungen wie jene, ein Roman sei nicht nur »Produkt der Verhältnisse, er wirkt nicht nur auf diese Verhältnisse zurück: indem er zur Quelle wird, sammelt er eine Zeit in sich und wird ihr Reservoir«[4] (Krysmanski) ungewöhnlich, weil sie nicht nur auf die Anwendung soziologischer Fragen im literarischen Bereich abzielen, um dem Selbstwertgefühl der soziologischen Disziplin Genüge zu tun. Die Schwierigkeit besteht darin, Romane nicht nur soziologisch zu analysieren, sondern sie als Quelle zu nutzen: bei der hohen Affinität bürgerlicher Schichten zu einer bestimmten Form des zinsträchtigen Gelderwerbs nicht nur an protestantische Ethik und kapitalistischen Geist, sondern auch an Honoré de Balzacs ›Comédie Humaine‹ zu denken.

Beliebt ist und bleibt der Einwand, Soziologie könne als gegenwarts-orientierte Wissenschaft auf Literatur verzichten. In dieser Position, in der zwei lästige Fliegen – Geschichte und Literatur – mit einem Schlag erledigt werden, bleibt von der Historie nichts und von der Literatur die Erlaubnis zum exquisiten Zitat und zum ironischen Aperçu übrig. Wer Literatur als Quelle toleriert, hat diese Grenzen zu überschreiten. Er muß sich vor der ausflüchtigen Attitüde hüten, die sofort abqualifiziert, was sie zu schätzen vorgibt, indem sie auch in der literarischen Welt die gute alte Zeit beschwört: » . . . die Romanliteratur gehört zu den echten Quellen des Soziologen, aber selbst wenn man ein so geistvolles Buch wie das von Simone de Beauvoir über die Mandarine des Pariser Literaturmilieus ansieht, hat man nicht den Eindruck, daß dort die mikroskopische Genauigkeit und lichtvolle Überlegenheit erreicht wurde, die aus den Romanen Emile Zolas unschätzbare soziologische Quellen machen«[5] (Gehlen).

Die – wenn auch zum Teil versteckte – Ablehnung der Literatur als einer wichtigen Quelle, die sich durchaus mit der Etablierung des soziologischen Erkenntnisgegenstandes »Literatur« verträgt, verbindet sich meist mit einer gleich strikten Geschichtsfeindlichkeit. Umgekehrt bilden Plädoyers für den wissenschaftlichen Quellenwert der Literatur auch eine Anerkennung der Notwendigkeit geschichtlicher Betrachtung. Eric Voegelin zum Beispiel, der scharf einer geschichtslosen, »den Menschen als nichttranszendierendes, weltimmanentes Wesen« konstruierenden Anthropologie opponiert, spricht gleichzeitig der Literatur eine überragende Rolle zu: »Stofflich geben ... die Institutionen der Zeit nur geringe Chance eines Zugangs zur Wissensrealität. Wer sich heute z. B. in Deutschland über die großen Probleme des Ordnungsdenkens unterrichten will, wird besser daran tun, sich mit Romanciers wie Robert Musil, Hermann Broch, Thomas Mann, Heimito von Doderer oder Dramatikern wie Frisch und Dürrenmatt zu beschäftigen, als die professionelle Literatur zur Politik zu lesen.«[6] Ein Bekenntnis, das noch erfrischender wirkt, wenn man sich vor Augen hält, daß der Verfasser Ordinarius für politische Wissenschaft ist!

Ähnlich wie Voegelin – das ist für den hier vertretenen Ansatz von großer Bedeutung – den Wert literarischer Quellen insonderheit für Probleme der Ordnung und des Ordnungsdenkens betont, insistiert Leo Löwenthal auf der Bedeutung der Geschichte und glaubt, »beschreibendes Material von höchster Bedeutung« zu gewinnen, »wenn wir unsere Aufmerksamkeit der Frage zuwenden, wie ein literarischer Charakter seine Nichtübereinstimmung mit der gesellschaftlichen Ordnung ausdrückt oder wie er versucht, sie zu rechtfertigen.«[7]

Äußerungen der zitierten Art tragen allerdings immer etwas von der Apologie des schlechten Gewissens an sich. Wer darauf beharrt, La Rochefoucauld etwa habe seinen Wert für die Psychologie – und vielleicht auch Soziologie –, reflektiert vermutlich weniger eine Einsicht in Wissenschaft als die Liebe zu einem Autor, der ihm zu schade dazu ist, bloß privat verwendbar zu sein.

In der Aristoteles zugeschriebenen Frage der »Problemata Physica«, warum alle außergewöhnlichen Philosophen, Politiker, Dichter und Künstler Melancholiker seien, ist bereits das Paradigma verborgen, welches als Prototyp des Melancholikers den Herrscher sieht und Herrschaftsprobleme durch den Bezug zur Melancholie-Frage zu erkennen glaubt. Dieser Zusammenhang, in Verbindung mit der Langeweile, hat sich bis zu Benjamin und zu Th. W. Adorno erhalten:

»Aber der Begriff dieser Langeweile, zu so unvermuteter Dignität erhoben, ist, was Schopenhauers geschichtsfeindlicher Sinn am letzten zugestehen möchte, durch und durch bürgerlich. Sie gehört als Komplement zur entfremdeten Arbeit, als Erfahrung der antithetisch ›freien Zeit‹, sei es, daß diese bloß die verausgabte Kraft reproduzieren soll, sei es, daß die Aneignung fremder Arbeit als Hypothek auf ihr lastet. Die freie Zeit bleibt der Reflex auf den dem Subjekt heteronom auferlegten Rhythmus der Produktion, der auch in den müden Pausen zwanghaft festgehalten ist... Die Langeweile derer jedoch, die nichts zu arbeiten brauchen, ist davon nicht durchaus verschieden. Gesellschaft als Totalität verhängt über die Verfügungsgewaltigen was sie den anderen antun, und was diese nicht dürfen, erlauben jene kaum sich selber.« [8]

Kierkegaard, der die Schwermut unter die Todsünden rechnete und sich zu einer Tradition bekannte, welche die »acedia« verdammt hatte, wählte einen Herrscher als Inbegriff des Melancholikers: Nero. Andere Autoren zählen zu den Melancholikern Tiberius, Rudolph II., Karl V. und Philipp II. In seinem Stück ›El melancolico‹ soll Tirso de Molina 1611 den Charakter seines Helden nach dem Vorbild Philipps gestaltet haben.
Dürers Stich ›Melencolia I‹ war für den Kaiser Maximilian bestimmt, der als saturnfürchtig galt [9]; Huizinga hat überliefert, wie das melancholische Verhalten im Mittelalter zum Hof-Standard wurde: »Es sind nicht in erster Linie jene, die sich endgültig von der Welt ins Kloster oder in die Gelehrsamkeit zurückgezogen haben, die der tiefen Melancholie ihres Zeitalters

den stärksten Ausdruck verleihen. Es sind vor allem die Chronisten und die Modedichter der Höfe, die mangels höherer Kultur und unfähig, aus den Freuden des Geistes Aussicht auf Besserung zu schöpfen, immer wieder die Altersschwäche der Welt beklagen und an Frieden und Gerechtigkeit verzweifeln.«[10] Und du Laurens geht mit seiner Annahme so weit, daß der Melancholiker davon träume, Herrscher zu sein, wenn er sich sozusagen die passende »Rolle« im Traum zulegt: »If an ambitious man become melancholike, he straightway dreameth that he is a King, an Emperor, a Monarke.«[11] Ireland hat schließlich in einer Studie zu zeigen versucht, wie die »Spur einer erblichen Neurose ... in verschiedener Form und Stärke als Epilepsie, Hypochondrie, Melancholie, Manie und Imbezillität auftrat, um schließlich die direkte königliche Linie Spaniens zum Erlöschen zu bringen«.[12] Mit der strengen Auffassung der Melancholie als Krankheit ist dann auch hier der Kreis geschlossen.

Königsmechanismus

Mit den letzten Bemerkungen sollte nur angedeutet werden, wie Herrschafts- und Melancholieproblematik miteinander verbunden sind und welche lange Tradition eine solche Betrachtung besitzt. Die Begrenzung »nach rückwärts« und den Ansatz zu jener Auffassung der Melancholie, die diese mit der Ordnungsproblematik unmittelbar verknüpft – und Ordnung nicht nur als formales Regulativ der Melancholie entgegensetzt, wie es bisher geschildert wurde –, liefert die Beschreibung jener Verflechtungsapparatur, die Norbert Elias den »Königsmechanismus« genannt hat.

Der von Elias nachgezeichnete »Prozeß der Zivilisation« tritt an jener Stelle in sein entscheidendes Stadium, da Monopolisierung von Macht die Inszenierung langer Handlungsketten, Verfeinerung des Affekte-Haushaltes und ein Maß höherer Rationalität ermöglicht. Norbert Elias hat gezeigt, wie in jeder Einherrschaft, also auch im absoluten Königtum, Zentralherr und

Zentralapparat aufeinander angewiesen und miteinander einge-
spielt sind, wobei die besondere Position des ersteren darin
besteht, in diesem Kräftespiel Schiedsrichter und Mitspieler
zugleich zu sein. Die Stabilität dieser Situation ist gewährleistet,
wenn sich innerhalb der Gesellschaft etwa gleich starke Gruppen
gegenüberstehen, die sich mehr oder minder heftig bekämpfen,
ohne sich vernichten zu können, und es dem König auf diese
Art und Weise erlauben, seine Schiedsrichter-Rolle weiterzu-
spielen.

Entscheidend in der Entwicklung wird jene Situation, in welcher
die Differenzierung zwischen Schwert- und Geldadel (noblesse
de robe) dem Königtum die stärkste Macht, die absolute, verschafft. Es handelt sich bei den einander gegenüberstehenden
Schichten keinesfalls um rein antagonistische Gruppen, vielmehr
sind die »Minimaldifferenzen«[13] entscheidend: »Das höchste
Ziel der einzelnen, bürgerlichen Individuen ist es ... für sich und
ihre Familie selbst einen Adelstitel mit seinen Privilegien zu erlangen; und die repräsentierenden Spitzengruppen dieses Bürgertums als Ganzes gehen darauf aus, Privilegien und Prestige
des Schwertadels an sich zu ziehen; sie wollen nicht den Adel
als solchen beseitigen, sondern bestenfalls als neuer Adel an die
Stelle oder auch nur neben den alten Adel treten.«[14]

Gelegentliche Bündnisse der Adelsgruppen mit bürgerlichen
Schichten scheitern, wie etwa die »Fronde«, die Elias eine »Art
von sozialem Experiment« genannt hat und von der Sainte-
Beuve meinte, jeder habe in ihr »einen bewaffneten Scherz« gesehen. Mit der zunehmenden Bedeutung des Geldes wächst auch
der Einfluß des Geldadels: »Unter Heinrich IV. und noch unter
Ludwig XIII. sind die Hofämter ebenso wie die Mehrzahl der
militärischen Chargen und erst recht der Verwaltungs- und Ge-
richtsämter käufliche Positionen und damit Eigentum ihres Inhabers ...«[15] In dieser Situation neigt die Hilfe der selbst aus
dem Adel stammenden Könige sich wieder dem Schwertadel zu;
unter Ludwig XIV. besteht für Nicht-Adlige nur eine Minimal-
chance des Zugangs zum Hof, dieser »erhält ... schließlich ...
seine ausgeprägte Gestalt als Versorgungsanstalt für Adlige auf

der einen Seite, als Beherrschungs- und Zähmungsanstalt der alten Kriegerschicht auf der anderen. Das ungebundenere, ritterliche Leben ist endgültig vorbei.«[16] Damit ist der historische Rahmen skizziert, in dem sich der zweite Ansatz zur Erhellung der Melancholie-Problematik entwickelt. In den von Elias zitierten ›Requestes et articles pour la rétablissement de la Noblesse‹, die der alte Adel an Ludwig XIII. richtet, findet sich bereits ein Hinweis auf den Schwerpunkt, den die Melancholie-Betrachtung von dieser Stelle an gewinnt. In den ›Requestes‹ heißt es, der Adel sei »au plus pitoyable état qu'elle fut jamais ... la pauvreté l'accable ... *l'oisiveté* la rend vicieuse ... l'oppression l'a presque réduite aus désespoir.«[17]

In der Person Ludwigs XIII. wird offenbar, welche Gefahren drohen, wenn der Einzelherrscher seine Ausgleichs- und Schiedsrichter-Funktion vernachlässigt. Der Adel leidet an seiner erzwungenen Muße, die nichts weiter darstellt als das bedrückende Gefühl, von allen relevanten Entscheidungen und Handlungen ausgeschlossen zu sein. Diese gekappte Aktionsbereitschaft braucht ein Ventil: seit Henri III. ist sie im Hof-Zeremoniell gegeben, das noch die Art, wie dem König das Hemd anzulegen ist, und wer wann solches tun kann, peinlich genau vorschreibt. Ludwig XIII. scheint den Wert dieser »sekundären Ordnung«, die sich im Zeremoniell ausgebildet hat, nicht genügend beachtet zu haben. Daher sprach man vom »melancholischen Schauspiel des inneren Hofes«; die Zeitgenossen stimmten darin überein, daß er der »hypochondrische König par excellence« war[18], am Beginn seiner Mémoiren beeilt La Rochefoucauld sich, zu versichern, daß Ludwigs »Unpäßlichkeiten seinen Kummer vermehrten und die Fehler seines Naturells (humeur)«.[19]

Der alte entmachtete Adel, eifersüchtig auf den an Bedeutung immer mehr zunehmenden Geldadel, aber unfähig etwas gegen den König zu unternehmen, ohne sich mit dem Emporkömmling zu verständigen, konnte durch das Zeremoniell in seinen Ambitionen beschnitten werden: es spiegelte ihm eine Welt der minuziösen Regeln und minimal differenzierten Rechte vor, in welcher jeder den ihm zukommenden Platz finden konnte. Der

König sah nicht, wie sein absolutes Desinteresse an den täglichen Hofereignissen von Gefahr nicht nur für die Stimmung des Adels, sondern für die Machtbalance überhaupt war, er vergaß, daß es nicht mehr genügte vage zu verlangen, am Hof solle Ordnung herrschen, wenn man nicht bereit war, diese in allen Einzelheiten festzulegen und für ihre Einhaltung auch zu sorgen.

Die Machtlosigkeit des Adels, aufrechterhalten durch die Balance der widerstreitenden Kräftegruppierungen und nicht mehr abgefangen und kanalisiert in einem System sekundärer Ordnung, dessen Prinzipienstarrheit und hoher Verpflichtungsgrad dem realen Machtverlust seiner Mitglieder entsprechen muß, kommt in jenem Moment zum Ausdruck, da er sich langweilt. Etikette ist ja Zeit-»Vertreib« – ihr Fehlen erst bringt die Zeit zum Bewußtsein und die Erkenntnis, nichts zu tun zu haben, weil man nichts tun kann. Ludwig XIII. aber »sucht kaum Gelegenheiten, die Langeweile zu zerstreuen, die über seinem Hause liegt. Fast immer düster und schweigsam, versteht er nicht, daß sein Hof danach lechzt, in Bewegung gehalten zu werden, Freude zu empfinden, Paraden geboten zu bekommen und daß eine gute Politik darin bestehen würde, ihn zu zerstreuen um ihn von Verschwörungen abzuhalten.«[20]

So entwickelt sich aus der Langeweile des aktionsbeschnittenen Adels erst die Satire, dann die Konspiration und schließlich – die Fronde. Wiederum La Rochefoucauld hat geschildert, von welch hohem Verhaltenseinfluß dieses Gefühl der Langeweile gewesen sein muß: In Paris hatte die Königin Anna (von Österreich) sich endlich entschlossen, den König vom Einfluß Richelieus fernzuhalten, als dieser sich nach Versailles begab und Richelieu ihm folgte. Man beschwor sie, den König zu begleiten, schreibt La Rochefoucauld, »und ihn in einer solchen Lage nicht seiner eigenen Unsicherheit und den Künsten des Kardinals auszusetzen; aber die Furcht, sich in Versailles zu langweilen und dort schlecht untergebracht zu sein, erschien ihr als unüberwindlicher Hinderungsgrund und ließ sie einen so notwendigen Rat zurückweisen. Diese Gelegenheit wußte der Kardinal geschickt zu nutzen . . .«[21]

Für die Langeweile des alten Schwertadels, die unter der Herrschaft König Ludwigs XIII. immer mehr anwächst, um schließlich in der Fronde in einem letzten verzweifelten Aufbäumen zu explodieren, ist die Beziehung zum primären und sekundären Ordnungssystem von entscheidender Bedeutung. Primäres Ordnungssystem meint die institutionalisierte Verteilung realer Macht- und Einflußmöglichkeit, jene Balance etwa, die Norbert Elias als »Königsmechanismus« bezeichnet hat. Sekundäres Ordnungssystem bezeichnet dann ein Derivat hochformalisierter, starr verbindlicher und hierarchischer Vorschriften, Regeln und Privilegien, wie sie z. B. in der Etikette zusammengefaßt sind.

Beide Ordnungssysteme sind voneinander abhängig und bedingen einander: das erste Ordnungssystem der ausbalancierten Kräfte kann vom König – als Zünglein an der Waage verschiedenartiger Machtgruppen – nur dann aufrechterhalten werden, wenn es ihm gelingt, die Balance auf Dauer zu stellen und den Druck der nichtbefriedigten Bedürfnisse auf das zweite Ordnungssystem abzuleiten. An formaler Macht wird hier bereitwillig geboten, was in der Realität versperrt bleibt. Das sekundäre Ordnungssystem ist ein abgeleitetes System[22], es transponiert Über- und Unterordnungsverhältnisse auf eine Ebene »machtlosen« Verhaltens, wenn unter Macht in erster Linie die Möglichkeit verstanden werden soll, nicht nur zu beeinflussen, sondern zu entscheiden: das aber war Privileg des absoluten Königs.

Wie das Beispiel Ludwigs XIII. zeigt, entsteht der Konflikt in jenem Moment, da der Inhaber realer Macht es unterläßt, das sekundäre Ordnungssystem in Gang zu halten. Die Folge ist zunächst ein Abflauen des Handlungszwanges für jene Schichten, die auf das Funktionieren des zweiten Ordnungssystems angewiesen sind, das Bewußtwerden solchen Handlungsentzuges und schließlich – Langeweile. Ennui bedeutet zu dieser Zeit des »Königsmechanismus« Verlust an Entfaltungsmöglichkeiten im zweiten Ordnungssystem und das Bewußtwerden dieses Verlustes. Werden keine Kriege geführt, die Konflikte nach außen verlagern und die Innenspannungen komplementär reduzieren, wird in dem so entlasteten Adel – denn die Verpflichtungen der Etikette stellen zu dieser Zeit Mechanismen der Entlastung dar, die Freiheitsräume liegen gerade in den Verbindlichkeiten, denen man sich unterwerfen darf – ein hohes Maß an Reflexion freigesetzt, das in seine umwälzenden Überlegungen schließlich auch das erste Ordnungssystem einbezieht. Zunächst freilich versucht man, dem vom König vernachlässigten zweiten System der Etikette an Bedeutung zurückzugeben, was es durch die Eigeninitiative des Adels allein gar nicht mehr wiedergewinnen kann: dieses Spiel funktioniert nur, wenn der Schiedsrichter sich ebenfalls seinen Regeln unterwirft. Wie der König und die von ihm ausbalancierten Mächte in einem Interdependenzgeflecht des ersten Ordnungssystems miteinander verbunden sind, so sind sie es auch im zweiten: der hohe Abhängigkeitsgrad beider Systeme macht es unmöglich, die Funktionen des einen aufrechtzuerhalten, wenn die des anderen beschnitten sind.

Hof und Salon

Der *Salon* ist der Versuch, ein neues Ordnungssystem zu errichten, um die Langeweile zu vertreiben, ohne denjenigen daran beteiligen zu können, der sie eigentlich verursacht hat: den König. In der Fronde dagegen erfolgt der letzte und scheiternde Versuch, den durch das Versagen des zweiten Ordnungssystems ins Bewußtsein gerückten Machtverlust mit Gewalt zu reparieren. Stabile geschlossene Gesellschaften wie die des Absolutismus lassen sich als Abblendung des realen, ersten Ordnungssystems durch ein fiktives, unbewußtes, zweites Ordnungssystem charakterisieren. In dem Maße, wie die Mechanismen des zweiten Systems ihre Selbstverständlichkeit verlieren und ins Bewußtsein der Beteiligten rücken, wird auch das erste System bedroht. Beide bilden einen Apparat kommunizierender Röhren, in denen die flüssigen gesellschaftlichen Bewegungen der einen auch die der anderen beeinflussen.

So drückt die in der Etikette nicht mehr abgerufene Handlungsbereitschaft in den Bereich des ersten Systems: aus der Reduktion der Etikette entsteht die Langeweile und aus der Langeweile die Aktion. Hegel hat diesen Zusammenhang auf die allgemeinste Formel gebracht, in dem, was er in der ›Phänomenologie‹ »Leichtsinn wie die Langeweile, die im Bestehenden einreißen« nannte. Die Fronde – als Ausdruck dieser Aktion – scheitert; von La Rochefoucauld selbst »une triste farce« genannt. Die Gründe dafür interessieren hier weniger als die Folgen, die das Scheitern mit sich bringt. Vorher ist nur noch auf jenen Charakter der Erhebung, der von all ihren Historikern gesehen und mit Nachdruck hervorgehoben wurde, hinzuweisen: die einzigartige Verbindung von hohem Handlungszwang und Planlosigkeit, »eine Bewegung ohne Idee, wo die finanziellen Schwierigkeiten, die Armut des Volkes und der eitle Ehrgeiz der Großen eine dieser Partien spielten, deren Ziel niemandem klar ist . . .«[23]; »ein einzigartiger Moment in der modernen Geschichte, besonders in der Verbindung von handlungsfähigen Männern, die beinahe ohne Prinzipien zum Handeln gezwungen wurden, und von Männern der Intelligenz, die scharfsinnig genug waren, diese Aktion zu durchschauen und zu analysieren«[24].

An Äußerungen dieser Art zeigt sich deutlich, daß in der Fronde niemand genau wußte, was er wollte, daß aber jeder einen Grund hatte, den gegenwärtigen Zustand zu ändern. Niemand kannte das Bild der Zukunft, an dem er malen wollte, aber jeder wünschte die Vergangenheit zu fliehen, die kaum hinter ihm lag. Mit dem Scheitern der Fronde etabliert sich erst die vollkommene Balance zwischen den beiden Parteien.

Der von Elias geprägte und hier übernommene Begriff des »Königsmechanismus« besitzt ein dynamisches und ein statisches Moment: er bezeichnet sowohl den Vorgang des Ausbalancierens konträrer Kräfte als auch den erreichten Zustand der Balance. Dieses Gleichgewicht war durch die Fronde gestört worden. Der Adel hatte versucht, sich ein größeres Gewicht zu geben: dieser Versuch mißlang. Repressionen waren die Antwort, mit Gewalt sollte zunächst die Balance wiederhergestellt werden. Soziologisches Fragen wird nun in jenem Moment interessant, da offene Gewalt als Verhaltensalternative ausscheidet. Denn Königtum und Schwertadel sind voneinander abhängig, weil es noch eine dritte Kraft gibt: das aufsteigende Bürgertum, das durch gekaufte Titel versucht, sich dem alten Adel anzupassen. Aus diesem Druck zur Balance erklärt sich auch die Schnelligkeit, mit der in dieser Zeit Querelen vom Zaun gebrochen und umgehend wieder geschlichtet werden: am 2. Juli 1652 wird La Rochefoucauld im Faubourg Saint-Antoine schwer verwundet; am 21. Oktober des gleichen Jahres kehrt der König nach Paris zurück und veröffentlicht eine Amnestie, in welche La Rochefoucauld aufgenommen wird, im November erhält sein Sohn Charles de La Rochefoucauld vom König die Benediktiner-Abtei von Molesmes zum Geschenk.

Von soziologischem Interesse sind aber weniger diese Einzelereignisse als die Verhaltensmechanismen, die sich nach dem Scheitern der Fronde herauskristallisieren. Bisher wurde im »Königsmechanismus« und in seiner Balance-Kontrolle durch den absoluten Herrscher das primäre Ordnungssystem beschrieben: als die in einer Person institutionalisierte Entscheidungsgewalt. Als zweites Ordnungssystem erschien die Etikette des Hofes. Sie bildete den Residualbereich, in welchem der Adel an formaler Macht zugestanden bekam, was ihm in Wirklichkeit vorenthalten wurde. Langeweile hieß jenes Ungenügen am zweiten Ordnungssystem, das sich schließlich zu einem Angriff auf das erste, reale Machtausgleichs-System entwickelte. Nach dem Scheitern dieses Angriffs entstehen nun auf beiden Seiten, jener des Königs und dieser des Adels, charakteristische Verhaltensformen, die ein bestimmtes Verhältnis von Etikette, Langeweile und Melancholie demonstrieren.

Im Verhalten La Rochefoucaulds und am Hofe Ludwigs XIV. zeigen sich in aller Deutlichkeit die Handlungsalternativen, die nunmehr stabilisierend wirken und den Ausgleich von erstem und zweitem Ordnungssystem garantieren. La Rochefoucauld resigniert und bezeichnet seinen Temperaments-Zustand als Melancholie:

»Um zunächst von meinem Naturell zu sprechen, so bin ich melancholisch, und ich bin es in derartigem Maße, daß man mich seit drei oder vier Jahren kaum drei oder vier Mal hat lachen sehen. Meine Melancholie, so scheint mir, wäre dennoch erträglich und beinahe wohltuend, wenn es sich nur um die handelte, die von meinem Temperament herrührt; aber so viel davon kommt von anderswo her und beschäftigt so stark meine Phantasie und meinen Geist, so daß ich meistens träume ohne ein Wort zu sagen oder kaum innerlich an dem beteiligt bin was ich sage.«[25]

La Rochefoucauld schildert in aller Deutlichkeit eine Melancholie, die man heute als exogen bezeichnen würde: er gibt an, seit drei oder vier Jahren kaum einmal gelacht zu haben. Ziemlich exakt bezeichnet dieser Zeitpunkt, um das Jahr 1654 herum, das endgültige Scheitern seiner Pläne. Abgesehen von einem kurzen militärischen Zwischenspiel bei der Belagerung von Lille im Jahre 1667, ändert sich nun das Leben La Rochefoucaulds: aus dem Soldaten wird der Schriftsteller, die Welt wird zum Salon und der Salon zur Welt. Diese Entwicklung ist typisch für die Zeit und in La Rochefoucauld hervorragend repräsentiert: »Leben und Werk La Rochefoucaulds müssen ganz und gar als Schöpfung der gesitteten Gesellschaft betrachtet werden, dieser kleinen, so femininen, so raffinierten Welt; Leben und Werke erlauben es in allen Phasen die Entwicklung des hohen Adels von 1630 bis 1670 zu verfolgen.«[26]
Über dieses geschichtliche Interesse hinaus erlaubt die hier einsetzende Betrachtung eine Analyse resignativen Verhaltens für eine Schicht der Gesellschaft, welche die reale Entwicklung nicht mehr beeinflussen kann, da sie von der maßgeblichen politischen Aktion ausgeschlossen ist. Um zu ermessen, wie stark eine solche Deprivation im gesellschaftlichen Bereich – auch ohne negative, andauernde Sanktionen – sich auf die Psyche des einzelnen auswirkte, muß man im Blick behalten, daß Adlige wie La Rochefoucauld primär auf ein Leben prall von Aktion hin erzogen wurden: »Anstatt sich auf Schulbänken zu langweilen, trat ein Sohn aus Familie damals zehn Jahre früher als heute (Bourdeau schreibt 1895, W. L.) in die Armee und in die Welt ein. Von

Büchern wußte er nichts, aber bald kannte er sich in Aktionen und Emotionen aus.«[27] Daher konnte Segrais schreiben, La Rochefoucauld habe nicht studiert, aber er habe »bon sens« gehabt und die Welt gekannt – Erfahrungen, die einen vielleicht Maximen erdenken, aber noch längst nicht schreiben ließen. In der literarischen Existenz La Rochefoucaulds ist daher eine gewisse Unsicherheit nicht verkennbar – zu der auch die Vermutung paßt, er sei nur deshalb nicht in die »Académie« gekommen, weil er vor der obligaten Rede Angst gehabt habe. Das ist wiederum ein Zeichen von Schüchternheit, die zu den Melancholischen gehört.

Dies alles muß man in Rechnung stellen, wenn man das Ausmaß der Handlungsbeschränkung, die einem La Rochefoucauld auferlegt wurde, würdigen und nicht in den Irrtum verfallen will, anzunehmen, hier habe jemand – wenn auch unter Zwang – bloß das métier gewechselt. Man denkt nicht mehr daran, sich gegen den König aufzulehnen; nach »unten« braucht man sich nicht zu verteidigen, weder um Rang noch Meinung hat man zu kämpfen, und die Langeweile, von der die Maintenon schreibt, wird der ärgste Feind. Diese Langeweile ergreift alle: die Mitglieder der Salons wie die Höflinge, die ehemaligen Frondeure und die Königstreuen. Die Verhaltensmuster, die sich nach dem Scheitern der Fronde im Salon wie am Hof entwickeln, sind an beiden »Orten« darauf angelegt, mit der Langeweile fertig zu werden: die im Adelsaufstand kurzfristig erschütterte Balance des Königsmechanismus hat sich ruhiger denn je eingependelt. In einer Gesellschaft, in der die machtrelevanten Schichten – Schwert- und Geldadel, sowie das Königtum – zunächst keine Spannungen auszutragen haben, kommt es nun darauf an, mit Anstand die Zeit totzuschlagen, mit der man nichts mehr anfangen kann, weil es nichts mehr zu tun gibt. Dabei muß das Gefühl der Langeweile sowohl im Salon wie bei Hof unterdrückt werden. Der Adlige, der seine Langeweile verrät, dokumentiert nachdrücklich seine Machtlosigkeit; der König wiederum ahnt in der Langeweile die drohende Rebellion. Daher ist in einem solchen ausbalancierten Zustand alles darauf angelegt, die eigenen Emotionen zu unterdrücken und sich mit der Freude zu begnügen, die es bereitet, beim anderen die mangelnde Kontrolle zu entdecken. La Rochefoucaulds Maxime zeigt deutlich diesen Zusammenhang von Langeweile und Hemmung des Inneren: »Wir vergeben oft denen, die uns langweilen, aber wir können denen nicht vergeben, die wir langweilen.« (»Nous pardonnons souvent à ceux qui nous ennuient, mais nous ne pouvons pardonner à ceux que nous ennuyons.«) Und ähnlich: »Man langweilt sich fast immer mit den Leuten, mit denen sich zu langweilen nicht erlaubt ist.« (»On s'ennuie presque toujours avec les gens avec qui il n'est pas permis de s'ennuyer.«) [28] Diese Langeweile, die unmittelbar aus der entmachteten und – entlastenden Stellung des Adels entsteht, ist gesellschaftlich vermittelt und ein Phänomen zwischenmenschlicher Aktion, wie es die zitierten Maximen deutlich zeigen. Der ennui erscheint nicht als »Grundbefindlichkeit« menschlichen Daseins und als unabhängig von der jeweiligen gesellschaftlichen Struktur. Es gehört zu den seltenen Ausnahmen, daß die Langeweile abgelöst von der Gesellschaft auftritt, die sie doch erst hervorruft. Die Reduktion zu einem soziologisch nicht mehr befragbaren topos der Daseinsanalytik kündigt sich allerdings an, wenn La Rochefoucauld vom extremen ennui spricht, der die Langeweile schon wieder vertreibt: »L'extrême ennui sert à nous désennuyer.« [29]

Selbst in der gleichsam »privaten« Langeweile der Mme de Sévigné aber ist die Ursache immer noch feststellbar und mit Freimut wird zugegeben, daß es auch Attitüden gibt, die man sich zulegen kann:

»Hier bin ich ganz alleine, meine Gute: ich wollte mich mit keiner anderen Langeweile als meiner eigenen beladen, bis nach Allerheiligen bin ich meiner Phantasie ausgeliefert: keine Gesellschaft verlockt mich dazu, so früh meinen Winter zu beginnen. Es tut mir weh, meine Gute, ihn ohne Dich zu verbringen; an diese Trennung kann ich mich einfach nicht gewöhnen. Wenn ich wollte, würde ich mir ein Air von Einsamkeit zulegen; aber seit ich neulich die Bagnols sagen hörte, daß sie ihren Reflexionen ausgeliefert und ein bißchen zuviel mit sich alleine sei, will ich mich rühmen, den ganzen Nachmittag auf dieser Wiese zu sein, und mich mit unseren Kühen und Schafen zu unterhalten. Ich habe gute Bücher, vor allem die *Provinciales* von Pascal und Montaigne: was brauche ich mehr, wenn ich Dich nicht habe?«[30]

Langeweile ist ein Zeichen entlastender Situation: wenn man nichts tut, kann man sich langweilen; wenn man gezwungen wird, nichts zu tun, verbirgt man die Langeweile, welche die eigene Ohnmacht reflektiert. Dennoch liegt der Salon zu nahe an jener »Welt«, die sich im Hof konzentriert, als daß er zu einem Ort werden könnte, der des letzteren vollkommenes Gegenbild darstellt.[31] Verkehren im Salon auch Leute von Welt, so hat er dennoch nicht ausschließlich jenen Hauch von Mondänem an sich, der schon am Wort haftet – etwas Hausbackenes ist vielmehr auch an ihm, das in Briefen La Rochefoucaulds gut zur Geltung kommt, wenn er etwa an Jacques Esprit schreibt, im Winter werde er wieder nach Paris kommen, und dann könne man erneut am Kaminfeuer »belles moralités« verfertigen; oder wenn er die Marquise de Sablé um die Begutachtung von Maximen und gleichzeitig um einen »Topf Karotten, ein Hammel- und Ochsenragout, wie jenes, das wir hatten, als der Kommandeur von Souvré bei uns aß . . .«[32], bittet.

Bei der Untersuchung der Entstehung von La Rochefoucaulds Maximen hat Gerhard Hess von der »glücklichen geschichtlichen Situation« gesprochen, in welcher die Gesellschaft begann, sich auf sich selbst zu besinnen[33] – dieser Ausspruch spiegelt die Freude des Literarhistorikers über das entstandene Werk, verschleiert aber den Zwangsmechanismus, der sich hier, wie hinter jeder gesellschaftlichen Introversion, verbirgt und der in den Salons der Zeit nie vergessen wurde: nicht nur La Rochefoucauld war sich seiner »halben Ungnade« bei Hofe wohl bewußt.[34]

Im Salon fließt die verhinderte Aktion in eine bereits quasi-arbeitsteilig organisierte Literatur ab: »Jeder dieser Zirkel kultiviert ein bevorzugtes Genre: bei Mlle de Scudéry macht man *Madrigale*; bei Mlle de Montpensier, im Luxembourg, *Portraits*; bei Mme de Sablé, *Maximen*.«[35] Gleichzeitig gewinnt der Salon einen solch hohen Verbindlichkeitsanspruch, daß Gefühlsäußerungen und Emotionen kollektiviert werden: »In dieser Gesellschaft wurden die Freunde der einen die Freunde der anderen, durch ›Ausstrahlung‹, wie die Marquise sagte. Man lachte zusammen und man wurde auch zusammen traurig; denn hier, wo man wie in einer Gemeinschaft lebte, herrschte nicht nur pures Glück, und man hatte die Gewohnheit, Bitterkeit wie Freude zu teilen.«[36] In den Salons verfestigt sich der Zwang, Emotionen mit anderen zu teilen und in der Gruppe abzureagieren. Darin liegt ihre unschätzbare Bedeutung. Trotz ihrer deutlichen Distanz zur »Welt«, das heißt zum Hof, bilden die Salons kein Refugium für Innerlichkeit, vielmehr wird auch hier der eigene Affektzustand noch gesellschaftlich vermittelt und kommunizierbar gemacht. Das zeigen etwa die »Portraits«, in welchen jeder mit Freimut von sich berichtet: *»Découvrir l'intérieur* wird als die allgemeine Absicht bezeichnet.«[37] Das zeigen auch die Memoiren, die man schreibt – wie der Kardinal Retz – nicht zuletzt die Maximen, die Gerhard Hess die »soziabelste« Form der aphoristischen Literatur genannt hat.

Das Zeitideal ist im Salon wie am Hof das gleiche: der honnête homme, von dem Pascal schrieb: »cette qualité universelle me plaît seule«. Es entsteht durch eine nach der endgültigen Ausbalancierung des »Königsmechanismus« betriebene »neue Aristokratisierung der Gesellschaft und eine ... Renaissance der alten ritterlich-romantischen Moralbegriffe«.[38] Ganz im Sinne der von Elias gezeigten Beziehung zwischen Gesellschaftsstruktur und Affekthaushalt wird nunmehr alles darauf angelegt, die Affekte des einzelnen unter Kontrolle zu bekommen: »So sehr Minerva höher steht als Mars, so sehr übertrifft eine diskrete und voraussehende Haltung einen kochenden und grimmigen Mut«[39], heißt es in Fénelons ›Aventures de Télémaque‹, und in seiner um 1680 verfaßten Autobiographie schreibt der Graf Bussy-Rabutin: »Sobald ich auf die Welt gekommen war, ... war meine erste und stärkste Neigung, ein *honnête homme* zu werden und zu großen Ehren im Kriege zu gelangen. Zu diesem Zwecke suchte ich soviel als möglich mit den honnêtes gens Verkehr zu haben.«[40] In den Worten dieses Adligen zeigt sich deutlich die Wirksamkeit der Verhaltensvorschrift, die für die Zeit bindend war: »zu Hause« zu bleiben und seine Affekte auf Dauer zu dämpfen und zurückzuhalten, oder in den Krieg zu ziehen und sich auszuleben. Diese Dichotomie des Verhaltens wird dann unter Ludwig XIV. institutionalisiert: jedes Jahr zog »man« im Frühling für einige Monate in den Krieg und schuf so einen »Vorrat an Aktion«, der die restlichen Monate des »ennui« über anhielt.[41] An Zeugnissen wie dem zuletzt zitierten vermag man die aristokratische Quelle jener Geisteshaltung zu ahnen, die bruchlos den Mythos der Innerlichkeit als »eigentlicher« Daseinsform und einen dezisionistischen Aktivismus zu vereinigen weiß.

Der »honnête homme«, an Vorstellungen von Castiglione und Gracián orientiert und »unbedingt Gesellschaftsmensch« (E. W. Eschmann), ist das institutionell geforderte »Zuchtwesen« par excellence – um den Ausdruck Arnold Gehlens hier zu verwenden. Die Verschiebbarkeit seiner Affekte und der Zwang, diese unter Hemmung zu halten, werden bedingt durch die Fähigkeit des Handelns auf lange Sicht: im »honnête homme« ist wie in einem Brennpunkt die Mischung von Affektdämpfung, Voraussicht und höherer Sitte vereinigt. Gleichzeitig ist damit ein Zustand höherer Rationalität erreicht, und zu Recht weist Georg Misch in diesem Zusammenhang auf das Erbe Descartes' hin und dessen Auffassung, nichts könne unter menschliche Handlungen gezählt werden als »jene, die von der Vernunft abhängen«.[42]

Daß in einer solchen Entwicklung die Tendenz zur Langeweile zumindest im Innern – man kann auch sagen: inmitten der »honnêtes gens« – vorhanden ist, steht außer Zweifel: »Der frühere, ungestüme, übermütige Edelmann wird zum zahmen, wohlerzogenen Höfling. Das bunte, abwechslungsreiche Bild von einst weicht einer allgemeinen Monotonie.«[43] Die Langeweile herrscht unter den »honnêtes gens«, sie plagt eine entlastete Klasse, mag sie sich nun im Salon oder am Hofe aufhalten. Von der Langeweile der Salons wurde bereits gesprochen; aber am Hofe ist sie nicht minder stark: »Die Höflinge ... räkelten sich im abgedämpften Schein der Kandelaber und starben fast vor Langeweile und dem Bewußtsein ihres sinnlosen Daseins.«[44] Saint-

Simon, bester Zeuge der Zeit, sieht seine eigene Neugierde als Rettung: »Täglich fand ich mich über alles durch reine, direkte und gewisse Kanäle unterrichtet – über alle großen und kleinen Dinge. Meine *Neugierde*, unabhängig von anderen Gründen, kam so auf ihre Kosten; und man muß gestehen, ob man nun eine Persönlichkeit ist oder nicht, daß man *nur von dieser Sorte Lebensmittel am Hofe sich nährt*, und ohne sie würde man sich nur langweilen.«[45]

Die Langeweile entsteht durch die gesicherte Balance des Königs-mechanismus. Sie ist Folge der etablierten und auf Dauer ge-stellten Ordnung. Die permanente Affekt-Kontrolle, die sich nur zu leicht das unverbindliche Air zulegt[46], ohne in das Ge-schehen einzugreifen, birgt Gefahren, die ja bereits die Fronde mit-bewirkten und die auch zur Zeit Ludwigs XIV. manchmal, wenn auch nur an den ›Rändern‹ der Gesellschaft hervorbrechen. Die Herzogin von Longueville, die mit La Rochefoucauld liiert war, zog sich nach dem Scheitern der Fronde in die Normandie zurück und

»verfiel in eine tiefe Langeweile. – Mein Gott, Madame, sagte eine ihrer Gesellschafterinnen, die Langeweile nagt an Ihnen; möchten Sie sich nicht amüsieren? Es gibt hier schöne Wälder und auch Hunde, möchten Sie zur Jagd gehen? – Ich liebe die Jagd nicht. – Möchten Sie etwas arbeiten? – Ich liebe die Arbeit nicht. – Möchten Sie spazieren-gehen? – Ich mag keine Spaziergänge. – Möchten Sie etwas spielen? – Das Spiel liebe ich schon gar nicht. – Was möchten Sie denn tun, um sich abzulenken? – Herrjeh, was soll ich Ihnen denn sagen. Ich liebe die unschuldigen Vergnügen nicht.«[47]

Diesem Dialog kommt mehr als bloß anekdotischer Wert zu. Er zeigt, wie weit auch die Wirkung einer Langeweile gehen konnte, die »nur« gesellschaftlich bedingt war, als solche auch angesehen wurde und sich noch nicht auf eine Grundbefindlich-keit berief, die untrennbar zum Menschen gehören sollte. Der Haß auf die »plaisirs innocents« ist der Haß gegen die Lange-weile, aber zu gleicher Zeit auch innere Auflehnung gegen die etablierte Ordnung, an der man schon einmal gescheitert ist und gegen die man nichts mehr unternehmen kann. Die Auflehnung bleibt verbal, weil der Widerstand der Verhältnisse die Insurrektion verhindert; La Rochefoucauld ahnt bereits seine Langeweile voraus, wenn er an Lenet schreibt: »Ich gestehe Ihnen, daß ich mich sehr unbehaglich fühle, denn ich versichere Ihnen, daß ich nicht mehr weiß, was ich tun soll, wenn ich nichts Böses mehr tun werde.«[48] Gewiß steckt in solchen Floskeln modische Koketterie. Sicher wird in diesen Zeiten manchmal nur gehandelt, um Maximen Genüge zu tun, aber es steckt darin die Furcht vor dem Nichts-mehr-tun-Können, vor der Langeweile.

Mehr noch als im Salon, in welchem die Langeweile bekämpft wurde, indem man schrieb statt handelte, Literatur an Stelle von Kriegen betrieb und auch die »negativen« Emotionen kollektiv ertrug und in der Gruppe entschärfte, war es am Hof nötig, der Langeweile Herr zu werden. Vom Unterschied zwischen primärem und sekundärem Ordnungssystem wurde bereits gesprochen; nachdem für den Adel an realen Macht-Chancen immer weniger zur Verfügung stand, schuf der König in der Etikette ein Gegengewicht: ein System von peinlich genau dirigierbaren Aktionen und individuellen, aber allgemein verbindlichen Ordnungspräferenzen, die darin Befindlichen so in Anspruch nehmend, daß sie ihren realen Machtverlust manchmal gar nicht bemerkten. Wenn Hauser schreibt, es hätten sich die Unterschiede zwischen den einzelnen Kategorien des Hofadels verwischt und am Hofe habe es nur noch Höflinge gegeben, so läßt sich diese Aussage schnell korrigieren, wenn man etwa auf La Rochefoucauld verweist und den Ärger über das seiner Frau bereits verliehene und wieder entzogene »tabouret« – das heißt das Recht, vor der Königin sitzen zu bleiben, »la chose du monde qui me touche le plus«[49], wie La Rochefoucauld schrieb – oder auf Saint-Simon, der es zeit seines Lebens nicht verwand, nie am »petit lever« des Königs, das im Hof-Argot die »grandes entrées« genannt wurde, teilgenommen zu haben.

Die Etikette als sekundäres Ordnungssystem aber konnte nur wirken und zur Verschleierung der Langeweile dienen, wenn sich der König dieser Etikette selbst unterwarf und derart suggerierte, wie jeder beliebige (Adlige) an eine bestimmte Kon-

vention gebunden zu sein, ja, ihr besonders aufmerksam nach-
zukommen: »L'exactitude est la politesse des Rois«, wie Ludwig XVIII. es ausdrückt. Diese Spielregel ist die wichtigste für
das Funktionieren des zweiten Ordnungssystems, und Ludwig XIV., gewarnt durch das Scheitern seines Vorgängers Ludwig XIII. bei der Domestikation des Adels, hat sich daran gehalten. Wichtiger als die Fähigkeit des Königs, Ordnung zu
schaffen und sich diesem selbstentworfenen System zu beugen –
Saint-Simon beschreibt mit unverhüllter Bewunderung, wie der
König zum Beispiel seinen Gruß zu differenzieren wußte und
ihn je nach Position des zu Grüßenden und der augenblicklichen
Gnade, die er genoß, unterschiedlich handhabte: bald den Hut
ganz vom Kopf nahm, ihn bald nur berührte, näher oder weiter
von Kopf oder Ohr entfernt hielt, etc. –, wird an dieser Stelle
der Unterschied zur Verhaltensweise im Salon. Die Differenz
zeigt sich in der Stellung zur Langeweile und zur Melancholie.
Am Hofe sich zu langweilen war gestattet – solange man seine
Langeweile zu tarnen vermochte. Immer ist nämlich das Gähnen
in Gegenwart der Mächtigen ein Affront gegen diese. Offene
Langeweile läßt Veränderungen ahnen. Langeweile wurde der
Gegenbegriff zur Etikette – diese war geschaffen, um die Langeweile zu verdrängen, und brachte doch Langeweile hervor: das
wissen wir besonders von Madame de Maintenon.
Es entbehrt nicht einer gewissen historischen Pikanterie, daß
ausgerechnet am Sohne des Herzogs von La Rochefoucauld sich
der Gegensatz von geforderter Etikette und abweichender Langeweile am deutlichsten ausdrückte: »Er war der einzige Vertraute
in den Liebesangelegenheiten des Königs, und der einzige, der,
den Mantel ins Gesicht geschlagen wie er, ihn auf Distanz be-
gleitete, wenn er zu seinen ersten Rendezvous ging«[50], schreibt
Saint-Simon. Dennoch galt er als unfähig zur feinen Lebensart;
trotz seiner hohen Titel spottete man über ihn, und die wenigen
Leute, die er bei sich empfing, nannte der Hof spöttisch »les
Ennuyeux de M. La Rochefoucauld« – die Langweiler Herrn La
Rochefoucaulds. (Vielleicht liegt hier ein Vorbild für Proust,
der in der ›Suche nach der verlorenen Zeit‹ den Salon der Verdu-

rins schildert, die alle Leute, die sie nicht »bekommen«, als »Langweiler« titulieren.)

Ein solcher Titel zeigt, wie das Recht zur offen getragenen Langeweile erkauft werden mußte mit der Entfernung vom Hof. Ennui war das Zeichen der Unzufriedenheit mit den bestehenden Verhältnissen, und es konnte nur jemand sein, der so unver»schämt« war seine Langeweile zu zeigen, von dem Saint-Simon, Entsetzen in der Stimme, berichtet, man habe ihn im Salon beim Schachspiel mit seinem Lakai angetroffen:

»Herrn de Chevreuse und mir, der ich ihm folgte, fehlten die Worte. Herr von La Rochefoucauld bemerkte es und blieb selbst verwirrt ... er versuchte, zu entschuldigen, was wir sahen; er sagte, daß der Lakai sehr gut spielte und daß man Schach mit jedem spielen könnte. Herr von Chevreuse war nicht gekommen, um dem zu widersprechen, ich noch weniger; man zierte sich, setzte sich hin, dann erhoben wir uns bald wieder, um die Partie nicht zu stören, und gingen so schnell wie möglich.«[51]

Durfte man sich nicht langweilen, so war Melancholie noch weniger gestattet: »Der König haßte die Kranken und die Melancholiker.«[52] Der Müßiggang galt als Feind des Ruhmes, die Langeweile als gefährlich, und die Melancholie entsprach nicht dem Ideal des »honnête homme« und war zudem ein Affront gegen das im Hof symbolisierte Herrschaftssystem. Zerstreuung war nicht nur gestattet, sondern gefordert; zahllos sind bei Saint-Simon die »allusions au jeu«. Der Hof war das Reservoir jener »plaisirs innocents«, die Mme de Longueville verabscheute – wie alle, die mehr in ihrem Leben erwartet hatten und nun ihre Enttäuschung verarbeiten mußten. Melancholisch konnte man nur in den Salons sein, und Mme de Sévigné berichtet von der »tristesse incroyable«, in der sie La Rochefoucauld angetroffen habe. Als sie ihrer Tochter von den Unterhaltungen zwischen ihr, La Rochefoucauld und Mme de La Fayette berichtet, heißt es: »Manchmal führen wir Unterhaltungen von einer Traurigkeit, daß es scheint, es bedarf nicht mehr, um uns einzuscharren.«[53] Weinen dagegen war am Hofe gestattet, und zumal in Gegenwart des Monarchen an der Tagesordnung: Die offenen Affekte bieten eben keine Gefahr, weil hier die Abfuhr von jedem beobachtet werden kann; sie unterstehen öffentlicher Kontrolle.

Die »réserve mélancolique« erscheint als typisch für La Rochefoucauld, und so, wie man lernt, »diese Weisheit zu erwerben, die darin besteht, zu wissen, wie man sich langweilt«[54], lernt man auch, seine Melancholie zu ertragen. Der Salon bildet jenen Ort, an dem die Welt – der Hof als Versammlung derer, die die Macht innehaben oder sich einbilden, sie zu besitzen – ferne ist, ohne daß man sie verliert. Die Melancholie der Salons spiegelt nicht Verzweiflung an sich, sondern die Trauer über das, was man besessen, wider. Resignatives Verhalten ist hier nicht grundlos und »tief«, sondern begründet und »oberflächlich«. Retz schreibt in seinen Memoiren, was die Menschen am meisten voneinander geschieden habe, sei, daß jene, die schon Großes getan hatten, darin immer den anderen voraus waren, bereits gesehen zu haben, wie weit sie gehen konnten. Dieses Bewußtsein prägt den Salon, und das gibt der in ihm hausenden Melancholie einen – bei allem Eskapismus – realitätsnahen Zug. Man hat Grund zur Resignation, ist aber frei von jenem Ressentiment, das in *der* Melancholie steckt, die sich auch ihre Enttäuschung erst konstruieren muß: Kulturkritik.

Weltverlust und Weltnähe

Das Interesse, welches hier Fragen der Melancholie und Langeweile entgegengebracht wird, ist zunächst historisch orientiert und gezwungen, vorab deskriptives Material zu sammeln. Dieses soll dazu dienen, generalisierende Aussagen über die behandelten Phänomene zu entwickeln und die Möglichkeit vorzubereiten, solche Aussagen an der Gegenwart auf ihre Anwendbarkeit zu prüfen: Geschichte dient als Hypothesen-Hilfe. Ein solches Vorgehen impliziert die Überzeugung von der Geschichtlichkeit der Kategorien menschlichen Verhaltens, es insistiert auf der Wandelbarkeit bloß vermeintlicher Aprioritäten. Der Untersuchung von Formen der Melancholie, Langeweile und Reflexion liegt kein Konzept zugrunde, an dem diese Phänomene gemessen werden. Bestimmte Perioden der Geschichte liefern Material zu den Auffassungen, die Menschen bestimmter Epochen von Melancholie und Langeweile hatten: dafür vielleicht gemeinsame Nenner zu finden oder deren Vorhandensein abzustreiten ist das eigentliche Ziel.

Bisher wurde die Frage der Melancholie an zwei Themen-Komplexen behandelt. Zunächst legten – ausgehend von der Utopie Robert Burtons – utopische Vorstellungen einen bestimmten Zusammenhang zwischen Melancholie-Konzeption und Ordnungsvorstellung nahe. Dieser Zusammenhang erschien derart eng, daß sich die Vermutung aufdrängte, es handele sich hier um den Endpunkt eines analytischen Kontinuums, jenen nämlich, der Melancholie mit Unordnung verknüpft und dem utopische oder totalplanerische Vorstellungen als Gegenbilder zu einer als Melancholie beschriebenen Unordnung entgegenstehen. Diese Konzeption wurde nicht an der Realität, sondern an Aussagen über Realität und über geplante Realität entwickelt. Als Endpunkt dieses vermuteten Kontinuums konnte dann eine Vorstellung gedacht werden, die – konträr zu der beschriebenen – Melancholie mit dem Ordnungsbegriff vereint. Der Vermutung wurde nachgespürt, indem eine Epoche untersucht wurde, in der Melancholie und Langeweile eine besondere Bedeutung gewinnen: das Frankreich des 17. Jahrhunderts, das Widerspiel von Hof und Salon, La Rochefoucauld und Louis XIV. Die Vermutung, es handele sich hier nicht um eine Melancholie der Unordnung, sondern um jene Form resignativen Verhaltens, die aus einem Zuviel an Ordnung erwächst, konnte bestätigt werden. Dieses Ordnungsprinzip freilich ist nicht starr. Ähnelte es den Herrschaftsformen des despotischen, also in höchstem Maße totalen Staates, würden Analysen der Beziehung von Gesellschaftsstruktur und Affekthaushalt, wie sie Norbert Elias unternahm und anregte, wenig sinnvoll sein, weil einfach die Alternativen menschlicher Verhaltensweisen nicht gegeben wären, die erst ein soziologisches Interesse beanspruchen können. Wittfogel hat für die »orientalische Despotie« beschrieben, wie dort der blinde Gehorsam die einzig rationale Form des Handelns bildete – wer nicht gehorchte, wurde getötet und schied damit aus der Gesellschaft aus: hier endet auch soziologisches Interesse. Die Einschränkung der Alternativen auf die Dichotomie von Leben und Tod läßt soziologisches Fragen nicht mehr zu. Es beginnt wieder, wenn sich zwischen Leben und Tod ein Kontinuum an Verhaltensmöglichkeiten bietet, von denen dann freilich eine der Tod, ob selbstgewählt oder zugefügt, sein kann.

Das Ordnungsprinzip, dem hier die Untersuchung folgte, wurde von Elias als Königsmechanismus beschrieben. Saint-Simon hat bereits vom »mécanisme« Ludwigs XIV. gesprochen, den dieser erfunden habe, um die Höflinge von Politik und Staatsgeschäften abzulenken. Königsmechanismen gibt es demnach auf zwei Ebenen, die als primäres und sekundäres Ordnungssystem umschrieben wurden: im ersten, jenem von Norbert Elias, ist der Mechanismus der Verteilung realer Macht und die Ausbalancierung der Herrschaft gemeint; im zweiten, dem Mechanismus Saint-Simons, wird der erste sozusagen verschleiert. Hier findet sich die Fiktion einer Macht, der sich auch der König unterwirft: die Hofetikette.

Neben dem Hof aber existiert der Salon, Refugium derer, die versucht haben, den Königsmechanismus in Bewegung zu bringen und dabei gescheitert sind. Die Frondeure, erzogen wie alle Mitglieder des Schwertadels für ein Leben voller Aktion, sind die Repräsentanten jener Kräfte, die, der Ordnung der königlichen Gewalt überdrüssig, Ordnung abzubauen versuchen. Es wäre ein Fehlschluß anzunehmen, hier handele es sich um nichts als eine Handvoll machtgieriger Rebellen. Ihrem Handeln fehlt nicht der Rückhalt einer Tradition. Die Konzeption eines auf Dauer gestellten, aber dennoch labilen Gleichgewichtes ist Bestandteil der französischen politischen Philosophie gewesen. Claude de Seyssel beschrieb schon in der ›Grant Monarchie‹ von 1518, daß der König durch das christliche Bekenntnis, die Jurisdiktion der Parlamente, vor allem aber durch die überlieferten Bräuche (ordinances) gebunden sei, denn diese »ont esté gardés pour tel et un si long temps que les princes n'entreprennent point d'y déroger, et quand le vouldroient faire l'on n'obeist point à leurs commandement«.[55]

Das ist etwas anderes als die Berufung aufs Gottesgnadentum, die auch vorhanden ist, vielmehr die Legitimierung von Herrschaft durch ein Kriterium der Immanenz und damit der Kontrolle weit zugänglicher als jedes im transzendenten Bereich befindliche und Auslegung benötigende Prinzip. Derart fixiert, erscheint ein Aufstand gegen die Herrschaft beinahe normal, jedenfalls jenes Pathos entkleidet, das ansonsten dem Streben nach Macht durch Umsturz anhaftet. Die Nonchalance, mit der La Rochefoucauld und vor allem der Kardinal Retz von ihrer Rolle in der Fronde berichten, ist Symptom für eine Rebellion, die sich quasi »im System« hält. In Rankes Schilderung des Schicksals Heinrichs II., Herzogs von Montmorency, kommt dieser Zug der Fronde deutlich zum Ausdruck:

»Wenn irgendwo, so waren die provinzialständischen Ideen in Languedoc lebendig. Man schlug die alten Geschichten nach und fand, daß das französische Königtum vor Zeiten eine sehr schwache Autorität genossen habe, und in diese ursprünglichen Schranken, meinte man, müsse es zurückgewiesen werden ... Ich lasse dahingestellt, ob der Gouverneur von Languedoc, Montmorency, wirklich von solchen Gedanken durchdrungen war: eine Zeitlang hatte man ihm wohl vorgeworfen, daß er gegen den Hof allzu nachgiebig sei. Aber er ergriff sie jetzt als einen Rückhalt für die politische Haltung, die er anzunehmen sich entschloß.
Heinrich II., Herzog von Montmorency ... war eine ritterlich fürstliche Natur, freigebig und glänzend, tapfer und hochstrebend, wie ähnliche Persönlichkeiten aus diesem Hause im Laufe der Zeit so manche hervorgegangen sind. Wie seine Altvordern, schloß auch er sich der königlichen Macht im allgemeinen an; mit Richelieu stand er persönlich in dem besten Vernehmen; man weiß, daß sie miteinander des Abends zu speisen liebten ...«[56]

Montmorencys Verhalten fällt aus den sonstigen Aktionsweisen der Fronde heraus. Sein Vorrücken gegen Castelnaudari, von dem Ranke berichtet, ist nichts weiter als der verzweifelte Versuch zur Aktion, Handlungsexzeß mit zu erwartendem Fiasko:

Montmorency wird gefangen und am 30. Oktober 1632 im Hofe des Stadthauses von Toulouse enthauptet. Vorher hatte er nicht vergessen, Richelieu, der die Exekution angeordnet hatte, »eines der schönsten Bilder aus seiner Galerie« (Ranke) zukommen zu lassen.

Der »Todeswunsch« Montmorencys, das Ende eines Typs, der »die soziokulturelle Entwicklung ... eben *nicht* bestimmte«[57], wie Claessens es beschrieben hat, wird aus dem Scheitern der eigenen Aktion alleine nicht verständlich. Von nicht zu unterschätzender Bedeutung ist nämlich, daß er schon vorher versagt hatte: im Salon. Montmorency war der »illustre servant« der Mme de Sablé gewesen, die sich schließlich von ihm trennte, weil sie an seiner »médiocrité d'esprit« litt![58] Im Schicksal Montmorencys zeigt sich die Verknüpfung der beiden Handlungsalternativen: entweder im Salon oder in der Schlacht zu reüssieren. Nachdem Montmorency im Salon versagt hatte, blieb ihm nach der drohenden Niederlage buchstäblich kein anderer Ausweg als der Tod.

Montmorency ist in seinem Scheitern das Symbol einer Gesellschaft, die sich noch in ihren antagonistischen Teilen aufeinander angewiesen und voneinander abhängig weiß. Diese Dependenz der einzelnen Teile des »Mechanismus« zeigt sich auch in den Erscheinungsformen von Langeweile und Melancholie. Der ennui herrscht bei Hof, wird aber in der Etikette abgefangen; er residiert im Salon und wird kollektiv »verarbeitet« – ein Ausdruck, der wörtlich zu nehmen ist. Die literarische Produktion der Salons ist verarbeitete Langeweile. Dennoch ist La Bruyères Auffassung, die Langeweile sei mit der Faulheit in die Welt eingetreten, für die Welt der Salons alles andere denn passend: die Langeweile der Salons ist die Langeweile mehr der Entmachteten denn der Entlasteten, und die Differenz zwischen dem Bürger La Bruyère und dem Weltmann La Rochefoucauld spiegelt sich noch in den Kategorien, mit denen sie Langeweile beschreiben: für diesen ist Macht der Parameter und der Zwang, sich in Gesellschaft passend zu verhalten; für jenen wird die »bürgerliche« Kategorie der Arbeit entscheidend. In diesem Sinne freilich ist La Bruyères Auffassung der Moderne näher, und folglich hat sich in seinem für die ›Encyclopédie‹ verfaßten Artikel »Ennui« der Chevalier de Jaucourt auf La Bruyère berufen.

Ähnlich verhält es sich mit der Melancholie, die auch hier in engem Zusammenhang mit »ennui« steht: gegen sie und die Langeweile Arbeit als Medizin zu empfehlen wird erst möglich, als sich das Bürgertum so weit emanzipiert hat, daß es die adligen Verhaltensformen kopieren kann. Wie noch gezeigt werden wird, stoßen gerade im achtzehnten Jahrhundert, das – in Deutschland – den ökonomischen und politischen Aufstieg des Bürgertums einleitet, der Wunsch und die Sehnsucht, den Adel nachzuahmen, mit der Notwendigkeit zusammen, zu arbeiten, um erst einmal die Grundlagen für hinreichende gesellschaftliche »Entlastung« zu schaffen – die wiederum Vorbedingung für Langeweile ist. Dem Adel hilft kein Rat zur Arbeit, weil er – z. T. direkt durch Rechtsnormen, Gewerbeverbote etc. verhindert – gar nicht arbeiten kann und darf. Typischerweise erfolgt die Ablehnung der Arbeit als Hilfsmittel gegen Langeweile im 19. Jahrhundert durch Kierkegaard. Begründet wird solche Aversion durch die Berufung auf Langeweile als gesellschaftlich unvermitteltes »Existential« – dahinter steht Kierkegaard, der Rentier.

Die aus der Entmachtung resultierende Langeweile der Salons bringt ein bestimmtes Verhältnis zur gesellschaftlich maßgeblichen Ordnungsinstanz hervor. Die Revolte ist unmöglich geworden, offene Auflehnung als Verhaltensalternative ausgeschieden. Der Drang zur Unordnung aber, geboren aus der Unzufriedenheit mit der starren Ordnung des Hofes, bricht sich Bahn: der Salon wird eine Art »offene Elite« – im gleichen Maße, in dem die Bourgeoisie aufgrund ihrer wachsenden Finanzkraft und des dadurch möglichen Ämterkaufs an Bedeutung gewinnt. Schon früh dringen Bürgerliche in die Salons ein: Vincent Voiture – von dem Condé sagte: »Wäre er von meinem Rang, man könnte ihn nicht ertragen« – bei Mme de Rambouillet, Guez de Balzac – der unter anderem den Begriff der »urbanité« prägte – bei Mme des Loges. Bestimmt der Hof auch weiter die Mode – die öffentliche Meinung bildet sich im Salon, und allmählich wächst die Opposition, die offen nicht auftreten kann, im Intérieur heran. Die Langeweile allerdings schwindet auch aus den Salons des 18. Jahrhunderts nicht. Mme du Deffand schreibt an Voltaire: »Um Himmels willen, retten Sie mich vor meiner Langeweile... Ich kann mich für nichts interessieren, alles langweilt mich zu Tode: Geschichte, Philosophie, Romane, Theaterstücke.«[59] Daher standen zu dieser Zeit die Salons auch jedem offen – mit Ausnahme der Melancholiker.[60] War der adlige Salon deren Zuflucht vor dem Melancholie-Verbot des Hofes gewesen, so konnte der »bürgerliche« Salon – Madame Geoffrin wurde nie am Hofe empfangen – weder »Langweiler« noch Melancholiker gebrauchen: diese hätten den Salon als Institution gefährdet wie früher den Hof. Nun aber blieb kein Ort zum Ausweichen mehr – mit Ausnahme des Individuums selbst. Die Langeweile, die aus dem zitierten Brief der Madame du Deffand spricht, paßt nicht mehr zu jener eines La Rochefoucauld. Hier kündigt sich bereits Chateaubriand an: »Il est l'homme nouveau... C'est un homme d'une sensibilité débordante, baigné dans ses propres larmes. Son âme est religieuse et pleine de sentiment de l'église. C'est le mélancolique qui n'appartient qu'à lui seul.«[61] Dieser Rückzug entspringt weniger einem neuen »Typus«, der auftaucht ohne daß man wüßte warum, sondern einer veränderten gesellschaftlichen Bewußtseinslage, die kein Refugium für Melancholie mehr kennt als das Individuum, das sich höchstens noch die Religion zur Stütze wählen kann. La Rochefoucauld, der »libertin«[62] und Melancholiker im Salon, ist verschwunden – es bleibt Chateaubriand und das »Génie du Christianisme«. Der Höhepunkt in der Entwicklung höfischer Rationalität, im absoluten Staat Ludwigs XIV. verkörpert, bedeutet Ruhe und Ordnung im Inneren – zumindest was die herrschaftsrelevanten Schichten angeht. Die Langeweile dieser Epoche resultiert aus dem Gefühl, nichts mehr verändern, nichts mehr tun zu können: die Gültigkeit der Weltinhalte ist festgelegt.

Die Melancholie ergreift in einer solchen Konstellation jene, die versucht haben, die Herrschaftsverhältnisse zu ändern, und die gescheitert sind. La Rochefoucauld, den man auch den Moralisten der Fronde genannt hat, ist ihr Melancholiker par excellence. Besteht die »Affektmodellierung« der Hofleute vor allem darin, Langeweile nicht zu zeigen oder zu lernen, wie man sich standesgemäß langweilt, so trägt im Salon der Zwang, mit der Resignation fertig zu werden, zur Verfeinerung der Sitten bei. Es wurde bereits geschildert, wie die Verhaltensweisen des Salons, bedingt durch das allgemeingültige Ideal der »honnêteté«, einer sublimierten Affekt-Hemmung unterliegen, und wie gleichzeitig ein starker Öffentlichkeits-Hang die Emotionen kollektiv unter Kontrolle bringt. Die Maximen La Rochefoucaulds sind Ausdruck dieser Kontrolle, gleichzeitig aber auch die Ironisierung jeder Emotion, die ohne psychischen Grund in der Öffentlichkeit beliebig abgerufen werden kann: »Man weint, um die Anerkennung zu gewinnen, weichherzig zu sein; man weint, um beweint zu werden, und schließlich weint man aus Scham, nicht zu weinen.«[63]

Scharf unterscheidet La Rochefoucauld zwischen den honnêteté, die sich als Übereinstimmung privater Motive und deren öffentlicher »Darbietung« zeigt, und der »politesse mondaine«, die nur auf die Öffentlichkeit achtet und sich zu diesem Zwecke auch der Vorspiegelung unechter Emotionen bedient: hier kommt »amour-propre« ins Spiel. Wo sich aber auch die Melancholie zeigt, ob in Form der »honnêteté« oder nur der »politesse mondaine« – immer unterliegt sie dem Zwang zur Konformität, die durch allgemeingültige Ideale und den Druck der etablierten Machtverhältnisse vorgeschrieben ist. Daher hat Ivanoff ausdrücklich betont, daß die Melancholie La Rochefoucaulds sich von der des 19. Jahrhunderts etwa erheblich unterscheidet: »Mais si La Rochefoucauld a des raisons d'être pessimiste et s'il l'est, en effet, on aurait grand tort de se l'imaginer à l'instar des héros byroniens fuyant le monde et haïssant la société.«[64] Im Vorgriff auf ein noch zu behandelndes Syndrom kann hier von Melancholie ohne Weltflucht gesprochen werden.

Auf ihrem Höhepunkt hatte die höfische Rationalität einen derartigen Verbindlichkeitszwang erreicht, daß ihre Verhaltensvorschriften auch für jene galten, die dem Hofe längst entfremdet waren: »Als ein Mittel kollektiver Sicherheit mußte die Gesellschaft nun allen ihren Mitgliedern diese Regeln auferlegen, an die niemand ganz glaubte, die aber nach außen hin Frieden garantieren konnten, während der tödliche innere Konflikt weiterschwelte.«[65] Diesem Zwang zur Konformität unterliegt auch das resignative Verhalten. Immer wieder muß man sich vor Augen halten, daß die Mitglieder einer in höfischer Rationalität ausgerichteten Gesellschaft nach dem Vorbild des honnête homme und des Kriegers erzogen wurden, daß Resignation in diesem System keinen Platz hatte. (Resignation und Melancholie bedeuten dabei verschiedene Punkte auf einem Kontinuum menschlichen Verhaltens, das sich von »Welt« abwendet. Resignation ist das Erlebnis der Vermissung, Enttäuschung und der Niederlage; Melancholie der auf Dauer gestellte emotionale und affektive Zustand, der diesem Moment der Resignation folgt.)

Was der Baron Grimm 1776 schrieb – »Die Unmöglichkeit, fröhlich zu sein, ließ uns den Standpunkt einnehmen, sensibel zu sein und zu Philosophen zu werden«[66] –, gilt bereits für die Gescheiterten des 17. Jahrhunderts. Ein Mann wie La Rochefoucauld, der dazu erzogen wurde, ein Leben in Kampf, Abwechslung und Herrschaft zu führen, mußte erst lernen, seine Sensibilität so zu »führen«, daß sie ihm weniger half, in der Welt voranzukommen, als sich mit Anstand und Maß von ihr abzuwenden. Wer für das Schlachtfeld geschaffen schien, konnte nicht einfach vom Pferd steigen und den Salon betreten. Das heißt nicht, dieser Wechsel der Verhaltensweisen sei unmöglich gewesen – das Höflingsleben war, wie geschildert, geradezu der institutionalisierte Wechsel zwischen Hof und Armee –, schwierig war es nur, die eine Alternativmöglichkeit aufgeben zu müssen und sich ganz der anderen zu widmen.[67]

Die erstaunliche Welt-Nähe jener Melancholie, wie etwa La Rochefoucauld sie verkörpert, beruht auf der Erziehung zu einem Verhaltensideal, das auch nach dem Scheitern hochfliegender Pläne nicht an Gültigkeit verlor. Der Melancholiker des 17. Jahrhunderts blieb demnach »Weltmann« und trotz seiner

Entfernung vom Aktionszentrum, dem Hof, »im System«. Die Melancholie La Rochefoucaulds ist die Melancholie einer geschlossenen Kultur, die ihren Mitgliedern nur Minimalabweichungen innerhalb eines begrenzten Rahmens von Konformität gestattet. Auch im Zustand der Melancholie behält das Ideal der honnêteté seine Gültigkeit, und immer noch wirkt die erlernte Fähigkeit zur Affekt-Modellierung und Sensibilisierung der Emotionen system-erhaltend. Dem entspricht auch die Psychologie der Zeit: sie fordert vom Individuum die Orientierung an seiner Gesellschaft, setzt nicht – wie im 18. Jahrhundert – Psyche und Sozietät gegeneinander. Revolutionär wirkt eine solche Psychologie kaum, gerät aber auch nicht in jene Innerlichkeits-Apologie, die Ergebnis eines zu hohen Anspruchs ist.

Eine geschlossene Kultur, wie sie sich am absolutistischen Hof zeigt, läßt sich auch definieren durch die Verbindung maximaler Verhaltensalternativen von je geringsten Differenzen (nämlich Etikette) und einem Minimum tolerierter Abweichung. Dennoch wirkt in dieser Kultur noch die melancholische Abweichung systemerhaltend, weil sie sich am allgemein akzeptierten Leitbild orientiert. La Rochefoucauld beginnt nicht, den Hof zu verdammen, sondern träumt höchstens davon, selbst zu herrschen, und trauert dem »tabouret« nach, das er nie (für seine Frau) erhielt. Die Melancholie des Salons ist anfänglich noch kollektiv bezogen und immer weltzugewandt. Als die Adligen selbst die vom Herrscher neu inszenierte Aristokratisierung abbauen, indem sie ihre Distanz aufgeben und die ersten Bürgerlichen in die Salons strömen, beginnt jene Abweichung, die aus dem System herausführt. Jetzt, da sich die Salons »nach unten« öffnen und das Bürgertum beginnt, in die Adelskreise einzudringen, fängt der Königsmechanismus kaum sichtbar an, in Bewegung zu geraten. Erst im 18. Jahrhundert erwächst jener Kult der Innerlichkeit, der sich am außer- und gegengesellschaftlichen Vorbild der Natur orientiert. »Den Salon sozusagen in die Natur zu verlegen«[68] entspricht daher, wie Hatzfeld meint, nicht nur der »Gefühlsverwirrung« des Rokoko, sondern auch der Tendenz, die Normen-Instanz aus dem System heraus zu verlagern: sei es ins Individuum alleine oder in die Natur, um eine Beurteilung von außen zu ermöglichen. Die Melancholie des 18. Jahrhunderts – über deren deutsche »Variante« jetzt zu sprechen sein wird – bedeutet auch in Frankreich schon den Rückzug in die Innerlichkeit. Mit der weltnahen Resignation des 17. Jahrhunderts hat sie wenig zu tun. Durch den Wunsch des empfindsamen Einzelnen, zur Natur zurückzukehren, wird erst jene Distanz zur Gesellschaft erzeugt, die eine wirksame Kritik am System gestattet: Rousseaus Nachfolger heißt Robespierre.

IV Zum Ursprung bürgerlicher Melancholie:
Deutschland im 18. Jahrhundert

> ... denn das Deutsche und das Bürger-
> liche, das ist Eins.«
> *Thomas Mann: Betrachtungen eines Un-*
> *politischen*

Bürgerlicher Eskapismus

Einseitig wird in diesem Kapitel das deutsche Bürgertum unter
dem Zeichen der Melancholie betrachtet – um eine Tendenz schär-
fer herauszuarbeiten, die für die Entwicklung Deutschlands entscheidend geworden ist. Progressive Ansätze, wie sie Georg
Lukács etwa in ›Goethe und seine Zeit‹ der ›Zerstörung der Vernunft‹ gegenüberstellt, kommen dabei zu kurz. Betont wird
jener Aspekt der deutschen Misere, der sich aus der permanenten Verspätung der Bourgeoisie ergab: endlich zum fortschrittlichen Kampf gegen den Feudaladel entschlossen, ökonomisch
sich kräftig emanzipierend, sah sie sich bereits am Beginn ihrer
Formierung dem aufkommenden Proletariat konfrontiert. Marx
und Engels haben die Genesis der bürgerlichen Melancholie beschrieben; dieser, als er der Schillerschen Flucht ins Kantsche
Ideal bloß die Vertauschung der platten mit der überschwengli-
chen Misere vorwarf (»Deutscher Sozialismus in Versen und
Prosa«), beide, als sie anprangerten, wie die »ideelle Erhebung
über die Welt« immer nur die Verschleierung der realen Ohnmacht ist. Was die ›Deutsche Ideologie‹ an Stirner denunziert,
wäre zurück auf das 18. Jahrhundert zu projizieren: »Die Einheit von Sentimentalität und Renommage ist die *Empörung*. In
ihrer Richtung nach Außen, gegen Andre, ist sie Renommage; in
ihrer Richtung nach innen, als Knurren-in-sich, ist sie Sentimentalität. Sie ist der spezifische Ausdruck des ohnmächtigen Wider-

willens des Philisters.«[1] Hier ist mehr von der Sentimentalität (als behauptetes Anthropologicum eben: Melancholie) die Rede als von der Renommage und sehr wenig von Versuchen, der philisterhaften Mischung beider etwas entgegenzusetzen. Nur in Kant wird die mögliche Alternative angedeutet. Deren Beschreibung aber bleibt marginal. Um wieder auf die Stirner-Polemik zurückzukommen: Das »kritische Juchhe« klingt vielleicht schwächer, als es einst erklang, um so lauter tönt das »unkritische Miserere«.[2]

Um das 18. Jahrhundert zu charakterisieren, spricht Norbert Elias von der Differenz zwischen der französisch orientierten und sprechenden Oberschicht und »einer deutsch sprechenden, mittelständischen Intelligenzschicht, die sich vor allem aus dem Kreise der bürgerlichen ›Fürstendiener‹ oder Beamten im weitesten Sinne des Wortes rekrutiert und gelegentlich auch aus Elementen des Landadels. Hier also steht eine Schicht, die *weitgehend von jeder politischen Tätigkeit abgedrängt* ist, die kaum in politischen und erst zaghaft in nationalen Kategorien denkt, deren ganze Legitimation zunächst in ihrer geistigen, ihrer wissenschaftlichen oder künstlerischen *Leistung* liegt; dort, ihr gegenüber, steht eine Oberschicht, die im Sinne der anderen nichts ›leistet‹, sondern bei der die Formung des distinguierten und distinguierenden *Verhaltens* im Mittelpunkt des Selbstbewußtseins und der Selbstrechtfertigung steht.«[3]

Elias beschreibt weiter, wie es in dieser bürgerlichen mittelständischen Intelligenzschicht zwar Gedanken und Gefühle gibt, aber »nichts, was in irgend einem Sinne zu einer konkreten, politischen Aktion führen konnte. Der kleinstaatlich absolutistische Aufbau dieser Gesellschaft bot keine Handhabe dazu. Bürgerliche Elemente gewinnen an Selbstbewußtsein, doch das Gefüge der absoluten Staaten war völlig unerschüttert. Die bürgerlichen Elemente sind abgedrängt von jeder politischen Betätigung. Sie durften allenfalls selbständig ›denken und dichten‹, selbständig handeln durften sie nicht. In dieser Situation wird das Schreiben zur wichtigsten Entladung ...« Und, um den Gedankengang zu beenden: Diese zum Schreiben »Getriebenen« lebten oft »vereinzelt oder einsam, Elite gegenüber dem Volk und Menschen zweiten Ranges in den Augen der höfischen Aristokratie. Der Zusammenhang zwischen dieser sozialen Situation und den Idealen, von denen sie reden, der Natur- und Freiheitsliebe, dem einsamen Schwärmen, der Hingabe an die Erregung des eigenen Herzens, ungehindert durch die ›kalte Vernunft‹, wird immer wieder in diesen Werken sichtbar.«[4]

Wichtig in dem hier interessierenden Zusammenhang wird die Untersuchung des Verhaltens einer Schicht – Bürgertum –, die, von politischer Aktion abgedrängt, gezwungen wird, sich u. a. in die Literatur zu flüchten. Elemente dieser Flucht-Reaktion, die von Bedeutung werden, sind bei Elias skizziert: der Begriff des Ideals, der Gegensatz von »Leistung« (Bürgertum) auf der einen, »Verhalten« (Adel) auf der anderen Seite, Naturschwärmerei, Einsamkeitssehnsucht und vor allem der so gefühlvolle wie bedeutungsleere Terminus der »Erregung des eigenen Herzens«: er drückt aus, *wie* sich der bürgerliche Eskapismus dieser Zeit gestalten wird. Der Akzent der Untersuchung liegt auf der Frage nach der Verbindung von erzwungener politischer Abstinenz und der Umgestaltung des »Affekthaushaltes« in eben diesen gehemmten Schichten: eine Beziehung, die in der Literatur der Zeit am deutlichsten zur Geltung kommt. – Karl Mannheim hat in seinem Essay »Towards the Sociology of the Mind« in ähnlicher Weise wie Elias argumentiert – die Konzeption beider Werke fällt in die gleiche Zeit.[5] Ohnehin kann der bereits beschriebene Ansatz als wissenssoziologischer klassifiziert werden – Teil einer Disziplin allerdings, der mehr zugetraut und zugemutet wird als die banal-komischen »Reflexionen über den Jägersmann im grünen oder den Diplomaten im schwarzen Frack«[6] (Adorno).

Das Konzept Mannheims kann hier nicht ausführlich wiedergegeben werden. Zum Beweis für die Möglichkeit, seine Thesen auf die hier untersuchte Zeitspanne anzuwenden, kann das Lob rekapituliert werden, welches die ›Sociology of the Mind‹ anfangs der Hegelschen Phänomenologie spendet: »Hegels System war nicht nur Philosophie, sondern atmosphärischer Ausdruck der Einsicht in vergangene Epochen.«[7] Unter diesen vergangenen

Epochen ist in erster Linie jene betroffen, welche mit dem Aufkommen des Bildungsbürgertums Philosophien wie die Hegels erst ermöglichte.

Mannheims Angriff richtet sich zunächst gegen die Konzeption einer immanenten Geistesgeschichte, welche die Verknüpfung von Ideal- und Realfaktoren zur unzulässigen Präponderanz der ersteren unterschlägt. Die Vertreter dieser Konzeption befinden sich in der »teaching profession«, es sind »meistens Philologen, Historiker und Philosophen« gewesen. Daher glaubt Mannheim schließen zu können: »Eine Existenz, die einige Schritte vom Theater der Ereignisse sich aufhält, neigt zur kontemplativen Betrachtung und ist gewissen Täuschungen über die Natur der Wirklichkeit unterworfen.« Weiter spricht er von der »intramural illusion« dieser Theoretiker des »reinen Geistes« und sieht auch ihre falschen Verallgemeinerungen und Einseitigkeiten durch Handlungsabstinenz verursacht, denn »Handlung entlarvt eine Illusion schneller als Kontemplation«. Mannheim führt die Realitätsflucht und Unterschlagung der sozialen »Zwischendimension« auf die »Übersublimierung des Geistes« seit Luther und auf die aus gleicher Quelle stammende Auffassung der Unabhängigkeit geistiger Freiheit von sozialer Struktur zurück, die in Fichte kulminiert. Das Syndrom von realer Aktionshemmung, Kontemplationsneigung und Vorliebe für absolute Geistkonzeptionen scheint im Deutschland des 18. und 19. Jahrhunderts besonders ausgeprägt: »Dieser Prozeß war durch die hintertriebenen Hoffnungen der deutschen Bauern und der deutschen Mittelklasse des 18. und 19. Jahrhunderts motiviert.« Deutlich wird die Affinität von N. Elias zu Mannheim, wenn dieser fortfährt: »Da ihr ein konkretes soziopolitisches Zentrum für ihre Gedanken und ihre Handlungen fehlte, paßte sich die gebildete deutsche Mittelklasse dem bürokratischen Staat an und vergeistigte die Freiheitsidee zum bloßen intellektuellen Indeterminismus. Dieses introvertierte Konzept der Freiheit ist der Schlüssel der Immanenztheorie geworden und dazu eines der akademischen Haupthindernisse für einen soziologischen ›approach‹ zu Geschichte, Gedankenwelt und Politik.«[8]

Der Gedankengang Mannheims entspricht Argumenten von Norbert Elias; jener allerdings unterschlägt vielleicht zu sehr den Zwangscharakter dieser Entwicklung: »kontemplatives Sich-fernhalten« (contemplative aloofness) ist ein Begriff, der in sich ein zu starkes aktives Moment birgt und kaschiert, wie der bürgerliche Rückzug in die Innerlichkeit von den Machtverhältnissen forciert wurde. Letztlich geht es hier um den zulässigen Punkt des Ideologieverdachtes, der eben noch nicht in der Lage selbst begründbar ist, sondern erst im falschen Bewußtsein, das die widrige Lage rechtfertigt.[9] Diese Problematik aber steht hier nicht zur Diskussion.

Bevor die skizzenartige Beschreibung der Machtlage im Deutschland des 18. Jahrhunderts abgeschlossen wird, muß nachdrücklich auf den hohen Abstraktionsgrad und das Verallgemeinerungsmaß dieser von Mannheim und Elias adoptierten Aussagen hingewiesen werden. In einer Studie, die sich umfassend mit der ›Verbürgerlichung der deutschen Kunst, Literatur und Musik im 18. Jahrhundert‹ befaßt, hat Leo Balet die Schicht des mittleren Bürgertums noch einmal differenziert in eine Gruppe, die in die Klasse der Großbürger aufsteigen wollte, um an der ökonomischen Expansion beteiligt zu werden, und eine andere, welche reaktionär war, »resignierte und ... sich nach der guten alten Zeit mit ihren festen zünftlerischen Bindungen zurück(sehnte) ... Der Fürst spielte unglaublich geschickt den Bürger gegen den Adel und den Adligen gegen den Bürger aus, um beide um so bequemer in Schach halten und seine absolutistische Macht wahren zu können ...«[10]

Weltflucht

Im folgenden wird keine, ohnehin notwendig fragmentarische Kulturgeschichte des 18. Jahrhunderts geliefert. Die Zeit gibt der Untersuchung nur die groben Grenzen vor: die Rede ist von gesellschaftlichen Herrschaftskonstellationen und Affekt-Tendenzen. Die Frage lautet, wie die nach Herrschaft strebende, aber (noch) von ihr ausgeschlossene Bourgeoisie diese Aussperrung verarbeitet.

In seinem Tagebuch hat Wilhelm Dilthey eine Analyse des Weltschmerzes im 18. und beginnenden 19. Jahrhundert versucht. Nach der Versicherung, es seien Grund und Wesen dieses Weltschmerzes selten richtig bestimmt worden, fährt Dilthey fort: »Das 18. und der Anfang des 19. Jahrhunderts, als der Periode des Individualismus, mußten eine durchaus pathologische Literatur hervorbringen, in der das Streben des Individuums, das allgemeine Leben der Menschheit, das Ideal zu erzeugen, weil die Zeit noch nicht reif war, das Ideal im Leben zu begreifen, zur schmerzvollen tötlichen(!) Krankheit ward.« Erinnert man sich der Aussagen Mannheims und jener von Norbert Elias, ganz abgesehen von Marx' konkret-ökonomischen Analysen der »deutschen Misere«, so bemerkt man, wie unangemessen »adäquat«, d. h. aber distanzlos, Dilthey seinen Gegenstand behandelt. Ganz im Sinne einer immanenten Theorie des Geistes wird die soziale Situation ausgeklammert, die Periode des Individualismus gesetzt, ohne nach dem Grunde ihrer Entstehung zu fragen; vom Fichteschen System gesagt, es schaue von den »lichten Höhen des Ideals hinab in das gewöhnliche Treiben der Wirklichkeit« – ohne stutzig zu werden und zu überlegen, wie es wohl auf jene Höhen gekommen sei, und zu fragen, was es dort zu suchen habe. Die Philosophie wendet sich schmerzvoll von den Widersprüchen des gemeinen Lebens ab und begibt sich an das »stille, heilige, reine Herz der Natur. Das ist die Quelle, aus der die tötlichen (sic!) Schmerzen Werthers und Hyperions fließen.« [11]

Die Erwähnung Werthers und Hyperions durch Wilhelm Dilthey zeigt, wie hier Literatur nach idealistischer Prämisse abgeleitet werden soll, wie sehr das Medium des Sozialen vernachlässigt wird. Die Melancholie des Bürgertums, und besonders der bürgerlichen Literatur im 18. Jahrhundert, ist aber der Ausdruck einer bestimmten gesellschaftlichen Situation. Diese Melancholie gibt eine Zeittendenz wieder, die sich klar erkennen läßt, wenn man als Bezugspunkt die tatsächlichen *Machtverhältnisse* und die für die Zeit typischen *Stimmungen* wählt. Benutzt man als Vergleichsmaßstab aber die rationalistische Philosophie, wie es etwa Rudolf Unger getan hat, dann kann man die Selbstgewißheit und Freudigkeit des Zeitalters betonen.[12] Dann muß eben der Pietismus Anlaß der Wendung »zum Innerlichen und Persönlichen« werden, von »haltloser Schwärmerei, weltflüchtiger Askese, leerem Subjektivismus oder spielerischer Gefühlständelei«. Der spezifische Charakter des deutschen Rationalismus aber, einer typischen Philosophie für die »Schule«, nicht für die Welt, wird in solcher Argumentation verkannt. Er wurde nie zu einer gesellschaftsbestimmenden Doktrin, bildete sich allenfalls in Persönlichkeiten wie Lessing, die jedoch isoliert blieben.

Sucht man die historische Klammer nach rückwärts, wenn man die Melancholie des 18. Jahrhunderts analysiert, so stößt man wieder auf das Problem der Ordnung, das sich schon bei der Betrachtung der Utopien und des in ihnen enthaltenen Melancholie-Verbots sowie bei der Untersuchung einer in Ordnung erstarrten Gesellschaft zur Hoch-Zeit des französischen Absolutismus als wichtig erwiesen hatte. Gegenüber dem 17. Jahrhundert zeigt sich im 18. Jahrhundert eine gewisser Ordnungsverlust. Die Stabilität des Absolutismus gerät unter dem Druck der ökonomischen Entwicklung in Bewegung: das wirtschaftliche Gleichgewicht verlagert sich derart, daß schon in der Mitte des 18. Jahrhunderts die Kapitalmacht der Kaufmannschaft die der imitatorisch-absoluten Herrscher der deutschen Kleinstaaterei übertrifft. Dieses wirtschaftliche Übergewicht drückt aber kaum in den politischen Bereich: nur die Geld-Bourgeoisie kann sich von der nahen Zukunft etwas erhoffen, der größere Teil des Kleinbürgertums bleibt von ökonomischer Expansion und von tatsächlicher Herrschaft ausgeschlossen. So wächst der Stachel der Resignation.

Die im wirtschaftlichen Bereich durch das Aufkommen von Geld-Bourgeoisie und -Adel in Bewegung geratene Ordnung stabilisiert sich wieder im Beamtenapparat, gesteigert durch »die Verbürokratisierung des Staates, die Übertragung der Funktionen der autonomen Körperschaften auf Staatsämter, die Vorliebe für Erlasse und Verordnungen und die allgemeine Tendenz zur Reglementierung des öffentlichen und des privaten Lebens«[13], wie Hauser schreibt. Im Gegensatz zu Frankreich, wo der Beamtenadel neben den Hof- und Landadel tritt, wird in Deutschland die Aristokratie selbst zum Beamtenadel, und das Bürgertum muß sich mit den subalternen Positionen bescheiden. Daher rührt seine Passivität, und weil die Intelligenz sich aus den mittelständischen, eben ökonomisch schwachen, Bürgern zusammensetzt, greift diese Passivität auf das ganze Kulturleben über und führt zur fatalen Trennung von Privatheit und Politik. Als Syndrom bürgerlicher Ästhetik wird zu dieser Zeit bereits verbindlich, was Flaubert später als »Dogma im Leben des Künstlers« beschrieb: »als Bürger leben und als Halbgott denken«[14], und Gottfried Benn mit dem Begriff »Doppelleben« bezeichnete.

Wilhelm von Humboldt hat sich – in seiner Schrift über das 18. Jahrhundert – ähnlich geäußert, als er konstatierte: »Nie kann man die äußere Thätigkeit des Menschen genug in die Schranken des Nothwendigen zurückrufen, nie seinen Geist genug in das Gebiet der Unendlichkeit einladen.« Humboldt hat allerdings übersehen, wie sehr diese Maxime bereits von einer Zeit diktiert wurde, von der er selber sagte, man treffe in ihr »häufiger als sonst Passivität und Schlaffheit mit Bildung und Geistesfähigkeit vereint« an, und der er später eine »kränkelnde Gemüthsstimmung« zuschreibt, die »im Leben mehr raisonnirend und empfindsam, als handelnd und thätig macht«.[15]

Erzwungene Hypertrophie der Reflexions-Sphäre, Ausschluß von der realen Machtausübung und der daraus resultierende Druck zur Rechtfertigung der eigenen Situation erzeugen Weltschmerz, Melancholie, Hypochondrie. Die Begriffe können gar nicht getrennt werden, weil sie in der Zeit als synonym gelten und nicht zuletzt daher jeder seine eigentümliche Färbung gewinnt. Diese Situation ergibt sich nicht alleine für das Deutschland des 18. Jahrhunderts, aber doch in einem so ausgeprägten Maße, daß die Betrachtung des außerdeutschen Raumes vernachlässigt werden kann. (Speziell für die deutsche Geschichte ließe sich von hier aus die fatale Beziehung zwischen politischem Verhalten und melancholischer Attitüde aufzeigen: von der Melancholie des deutschen Bürgertums am Beginn seiner ökonomischen

Emanzipation, der die politische nie mehr folgen konnte, bis zu jener »Unfähigkeit zu trauern« [Mitscherlich], die eine adäquate Reaktion auf den politisch-moralischen Zusammenbruch im Faschismus verhinderte. Setzte sich Melancholie dort an die Stelle fortschrittlichen politischen Handelns, so fehlt sie hier als die Trauer um verbrecherisches Verhalten. Kompensation war und blieb das Wirtschaftswunder.)

Von soziologischer Bedeutung wird die Ausbreitung des frühen und personalen Weltschmerzes zu einem allgemeinen oder kosmischen [16], die generelle »Verschiefung des Lebensgefühls« und »des Weltbildes« [17] (Wieser). Denn »das ist das *Merkwürdige der Sentimentalität des 18. Jahrhunderts, daß hier die sentimentale Erkrankung des Einzelnen zugleich die sentimentale Erkrankung der meisten Menschen jenes Zeitalters war* ... Man darf die Sentimentalität dieses Zeitalters als Krankheit bezeichnen, weil die Menschen sich durch sie krank gefühlt haben, wenngleich sich dies Krankheitsgefühl bei ihnen zum eingebildeten Wohlgefühl gesteigert hat«. [18] (Der Schluß dieser Argumentation bedarf der Korrektur. Aus dem Krankheitsgefühl wird kein Wohlbefinden; aber das Bewußtsein, *selbst* die Krankheit zu erzeugen – mag es zugegeben werden oder nicht –, schafft Befriedigung.) Das Phänomen der bürgerlichen Melancholie zeigt sich in der deutschen Gesellschaft des 18. Jahrhunderts in einer schillernden Facettierung, so daß hier einerseits nur vergröbert, zum anderen nur mit einer Auswahl der Erscheinungen aufgewartet werden kann. Diese »Zersplitterung« und Differenzierung des Phänomens ist sicher sekundärer Natur und rührt davon her, daß die Quellen der Zeit zugänglich und von vielen Disziplinen – auch der Soziologie – durchforscht worden sind. Dennoch ist vielleicht am auffallendsten, wie die Melancholie sich hier in einer Klasse ausbreitet, die sich als Ort ihrer Gesellschaftsflucht die Literatur wählt. Der kollektive Charakter der Resignationsphänomene dieser Zeit wird so gebrochen in den individuellen Kunstschöpfungen, die sich der generalisierten Gemütslage nicht entziehen können, sie aber in einer je originalen Weise verarbeiten und widerspiegeln.

Deutlich wird hier, wie die gesellschaftlich bedingte Resignation von diesen Bedingungen gerade freigesprochen werden soll: derart zur Melancholie werdend, die ihre Ursache angeblich nur noch in der Psyche des Individuums hat. Melancholie und Suche nach Originalität gehören zusammen.

Die Nähe zur Renaissance liegt mehr in dieser Sucht nach Originalität denn in den Formen der Resignation. Der »gesellschaftsabgewandte Typus« (Fügen) von Literatur kann erst entstehen mit der bürgerlichen Gesellschaft, die ihr Ziel erreicht hat. Die Genie-Bewegung des 18. Jahrhunderts, die sich in ihrer Sucht nach Originalität die Renaissance vor Augen hält, vermag den Resignations-Druck auch nicht zu mildern.

Gesellschaft und Einsamkeit

Die Einsamkeit ist *das* Thema der Zeit. Ohne den Hinweis auf Johann Georg Zimmermanns Buch, von dem noch zu sprechen sein wird, kommt auch heute kaum eine Reflexion über Einsamkeit aus. Bis ins 16. Jahrhundert erscheint Einsamkeit in sprachlicher Nähe zu »Einheit, Eintracht, Gemeinsamkeit« [19]. Diesem Zustand wird man die Zufälligkeit absprechen müssen, wenn man sich der Beweisführung Karl Mannheims erinnert, daß die immanente Geisttheorie und die Konzeption einer von der äußeren unabhängig zu denkenden inneren Freiheit auf Luther zurückgehen. Die Trennung von Einsamkeit und Gesellschaft ist historisch daher als Sonderfall im Gedächtnis zu behalten. Fern steht unserem in Selbstverständlichkeiten befangenen Denken das Bild jener von K. Vossler beschriebenen spanischen Reclusi oder Inclusi des 15. Jahrhunderts, »die man nicht mit Einsiedlern verwechseln darf, (die sich) in der Nähe von Klöstern oder gar an sehr belebten Straßen und öffentlichen Plätzen ... einmauern ließen – ein Schreck, ein Wunder und Trost für die Vorübergehenden« [20]. Hier sind Einsamkeit und Gesellschaft nicht getrennt, sondern ineinander geschachtelt – auch darin erweist sich die Fähigkeit stabiler traditionaler Kulturen, selbst ein gewisses Maß an Abweichung noch zu integrieren, »aufzusaugen« und »einzubauen«. Eine ähnliche Funktion hatte ja der Salon in Frankreich erfüllt, W. H. Riehl nennt ihn in seinem Familien-Buch »ein dem deutschen Hause aufgepfropftes, fremdes Gewächs« und schildert jene baulichen Veränderungen, die nicht auf Geselligkeit, sondern auf Einsamkeit abzielten: die Isolierung des Familienmitgliedes *im* Hause selbst wurde zur Gewohnheit.

Die Einsamkeitsliebe des Zeitalters entspringt auch ästhetischen Motiven: das Diktum »solitudo musis amica« gilt nicht nur in Tibur, Tusculum und Sils Maria [21], sondern auch für die bürgerlichen Poeten des 18. Jahrhunderts. Der Hang zur Einsamkeit aber hat wie seine poetische Verbrämung die gleiche Quelle: Isolierung von der Macht und Verzweiflung an der Ordnung, die nicht zu durchbrechen ist. Johann Georg Zimmermann hat diesem Hang – vor allem in seinem vierbändigen Werk ›Über die Einsamkeit‹ – am deutlichsten Ausdruck gegeben, ohne ihm zu verfallen; seine Ansichten nähern sich, denen Knigges ähnlich, gelegentlich vor-soziologischer Einsicht, wenn er etwa als einsam definiert »eine in allen Vorurtheilen einer alten deutschen Burg erzogene Dame in jeder Gesellschaft, wo niemand sechszehn Quartiere hat, als sie«. [22] Solche Ansätze aber werden kaum weiter ausgebaut.

Deutlich erkennt Zimmermann in seiner Zeit als bürgerlichen Hang, den Adel, den man nicht erreichen kann, zumindest nachzuahmen: »Deutschland ... war vielleicht nie so gesellig, wie itzt. Alle Zerstreuungen der großen Welt werden in allen niedrigen Ständen nachgeäfft. Allgemein wird die Zeit verschwendet. Mancher, der durch sich selbst nichts ist, hängt sich an andere, um durch sich selbst nichts thun zu müssen. Alleine stehen ist, wie alleine leben, in Deutschland itzt Schande.« (I, 26) Aber: »Alles, was wir treiben und thun, unser Sitzen und Laufen, Wirken und Unterhandeln, hat doch oft am Ende keine andere Triebfeder, als die Furcht vor Langerweile!« (I, 30). Als Ursache der Langeweile erscheint ferner das ebenfalls dem Adel abgeschaute »Visitenwesen« – als Hilfsmittel bleibt die Einsamkeit. Typischerweise rastet dann das spätestens seit Petrarca zuhandene Genie-Motiv ein: denn der »gemeine Mann« kennt weder Langeweile noch Einsamkeit. Diese aristokratoide Auffassung werden Leopardi, Schopenhauer und Nietzsche aufnehmen und verstärken.[23] Und ebenso wie bei Petrarca, der dem »miser occupatus« den »felix solitarius« gegenübergestellt hatte, ist diese Einsamkeit nicht mehr religiös gefaßt, sondern säkularisiert, Ort der Einsamkeit nicht länger das Kloster, sondern die Kleinstadt: »Kleine Städte haben einen unläugbaren Vorzug vor großen Städten, in Absicht auf Umgang mit sich selbst. Welchen Gewinn macht man da von Zeit und Musse, Freyheit und Ruhe; und wie fliehet solches Glück von großen Städten, wo unter dem Unkraut das uns jeder zuwirft, jeder Gedancke ersticket« (III, 228). Freilich ist die Kleinstadt nur dann von Vorteil, wenn man sich vor der »hochadelichen Langeweile« retten kann. Die Inkonsequenz des Zimmermannschen Denkens ist leicht erklärt: seine gegen Jacob Hermann Obereit[24] gerichtete Polemik bekämpfte dessen Ansicht, daß im Kloster sich die echten »Weltüberwinder« befänden. Zimmermann setzte dagegen, daß »schreckliche Langeweile und mannigfaltige Kränklichkeit der Seele und des Körpers . . . bey Mönchen und Einsiedlern eine unläugbare Wirkung der Einsamkeit« (II, 111) sei, wie andererseits der »Trieb zur Einsamkeit . . . das allgemeinste Symptom der Melankolie« darstelle (II, 159).

Diese für Zimmermann verdammenswerte Verbindung von Langeweile, Einsamkeit und Melancholie schwindet sofort bzw. ändert ihren Charakter grundlegend, wenn es sich nicht mehr um die religiöse, sondern um die profane Einsamkeit handelt: »alle Zeit die der Weltling verlieret, ist für den Einsamen gewonnen« (III, 295), heißt es da plötzlich, und den Schriftstellern wird empfohlen, sich »von den Menschen ab(zu)sondern, Wälder und Schatten (zu) suchen, ganz in sich hinein(zu)gehen. Also ist alles was sie thun, und alles was sie gewinnen, immer eine Wirkung der Einsamkeit« (III, 353).[25] Endlich erfolgt dann auch die Rehabilitierung der Melancholie, denn »eine Art von süsser Melankolie, befällt uns . . . bisweilen, im Schoße ländlicher Ruhe, beim Anblick aller Schönheit der Natur« und »Einsamkeit verwandelt zuweilen, aber freylich nicht immer, tiefe Schwermuth in süsse Melankolie« (IV, 38, 196).

Zimmermanns gleichsam verdeckte Einsamkeitsauffassung eignet sich besonders, um die Affinität zum melancholischen Denken der Zeit aufzuweisen. Diejenigen seiner Konzeptionen, die sich über die Bedingungen seiner Zeit zu erheben scheinen, erweisen sich als polemische Ingredienzien gegen eine religiöse Auffassung von Einsamkeit, der gegenüber sich die säkularisierte unterfing, die Welt gegen die »Weltüberwindung« auszuspielen. So betrachtet gewinnt Zimmermann in seiner Polemik Einsicht quasi durch Zufall – etwa im Spott gegen die »leidige Genieseuche in Deutschland«, die vielleicht weniger gewütet hätte, »wenn sie nicht am meisten unter rohe junge Leute gekommen wäre, die in der Entfernung von allem Weltumgange lebten, (und die) in bacchantischer Einsamkeit jene wilden Anfälle von ihrer Selbstheit hatten, und jene jämmerlichen Träume von ihrer Kraft« (II, 9). Wendet er sich wieder der eigenen Auffassung zu, so bricht das gängige Einsamkeitsbild der Zeit durch, und seinem Hang zur »großen Gesellschaft« unterliegt wie dem gleichen Sehnen des befehdeten Obereit nur der Wunsch, »dort mitsprechen zu dürfen, wo keine hemmende Schranke sozialer, ständischer, traditionsgebundener Herkunft dem ›Genie‹ verwehrte, als vollgiltiger (sic!) unter Vollgiltigen (!) aufzutreten, im Gebiete der Kunst«. [26]

Unberührter von solcher, durch Polemik gegen einen Nebenbuhler in litteris erzwungenen Zweideutigkeit erscheint etwa der Übersetzer Johann Nicolaus Meinhard, ein »menschlicher Typ des Zeitalters, der in Romanen, Dramen, Briefen und Wochenschriften ein imaginäres Dasein führte, aber auch in solchen Persönlichkeiten wie Haller, Gellert, Lichtenberg, Hamann und selbst Friedrich dem Großen geschichtliche Wirklichkeit annahm: als Hypochonder«. [27] Zu jener Zeit waren Hypochondrie und Melancholie Synonyme, und so kann in der Darstellung H. Rehders der Bezug zur Melancholie nicht ausbleiben, wenn er schildert, wie Meinhard als Arbeitsort das »stille und idyllische Erfurt« (Kleinstadt-Metapher!) wählte, »angeblich, weil dieser Ort seiner Gesundheit am zuträglichsten war, wirklich, weil er hier in melancholischer Einsamkeit ungestört seinen Arbeiten leben konnte. So verbrachte er fast zwei Jahre ohne alle Bekanntschaft in einem Gasthofe als Fremder ... So verläuft dieses Gelehrtendasein innerhalb enger Grenzen in kontemplativer Monotonie.«[28]

In den Reflexionen Christian Garves »Über Gesellschaft und Einsamkeit«, die mit der Wende zum 19. Jahrhundert erscheinen, sind die Fronten bereits verrückt. Zwar existiert noch das Bild des heimeligen Eskapismus: »Alles demnach, was Stille, Muße und Beharrlichkeit der Beschäftigung zur Cultur des Geistes beytragen kann: das hat der Philosoph bey seiner einsamen Lampe vor den Reichen und Großen, wenn sie in ihren erleuchteten Prunkzimmern versammelt sind, und selbst vor den Herrschern der Erde, wenn sie an der Spitze ihrer Heere stehen, oder in ihren Rathsversammlungen die Schicksale der Völker abwägen, zum voraus.« Dennoch entgehen Garve auch die Nachteile dieser Zurückgezogenheit nicht: »Aber dafür hat er eine andere Klippe zu fürchten, welche für die wahre Belehrung, und noch mehr für die Veredelung des Geistes ebenso gefährlich als die Zerstreuung und die gereizte Sinnlichkeit ist; – ich meine die Erschlaffung, die Trägheit, und eine gewisse Niedergeschlagenheit desselben.«[29] Durchgängig nimmt Garve zur Einsamkeit eine kritische, aufklärerische Haltung ein, und in Äußerungen wie der folgenden ist die Einsamkeits-Auffassung des 18. Jahrhunderts bereits in weite Fernen gerückt: »Im allgemeinen ist immer mit der Einsamkeit etwas Schwermuth, und mit der Gesellschaft Fröhlichkeit verbunden« und: »Uiberhaupt und der Natur der Sache nach scheint Gesellschaft für die Zeiten der Gesundheit, der Heiterkeit und des Vergnügens, gemacht, die Einsamkeit aber der natürliche Zufluchtsort des Kranken, Betrübten und Gebeugten zu seyn.«[30]

In seiner Einsamkeits-Neigung schafft sich das Bürgertum des 18. Jahrhunderts die Vorbedingung für die Wertschätzung der Melancholie. Ohnmächtig angesichts der Herrschaft des Adels wird Natur der Gesellschaft vorgezogen, die Kleinstadt-Idylle der Residenz, die oft genug selbst Kleinstadt ist, gegenübergestellt. In der Einsamkeitsauffassung sind aber noch weitere Ingredienzien der Melancholie-Neigung enthalten: Freundschafts- und Briefkult[31], vor allem aber das Zurückwenden aufs eigene Ich und die Wertschätzung der Affekte. Hier schafft sich die praktische Psychologie der Zeit ein Ventil, um in der erzwungenen Untätigkeit und Machtlosigkeit eine Quelle des Eigenwertes zu finden. Die Innerlichkeit, die die deutsche bürgerliche Literatur zu einem großen Teil im 18. Jahrhundert propagiert, wird erst möglich durch das Ausspielen von Einsamkeit gegen Gesellschaft, Genie gegen Weltling, Muße gegen (adelige) Langeweile, Land gegen Stadt, Kleinstadt gegen Residenz, Natur gegen Sozietät und innerlicher Freiheit gegen äußeren Zwang.

Über den Hofnarren

Die bürgerliche Melancholie weist andere Formen auf als die des entmachteten, weil in mißglückter Revolte gescheiterten Adels. Bereits im Phänomen der Einsamkeit läßt sich die Differenz zeigen: die Kategorie des Einzelnen ist bürgerlicher Natur – adliges Ideal bleibt der Hofmann, der immer auch Weltmann ist, da für den Adel der Hof die Welt bedeutet. Vom Hofe muß die Melancholie verbannt bleiben; Herrschaft kann Traurigkeit nicht dulden – gesteht sie allenfalls dem Herrscher als Privileg zu. Daß die Melancholie am Hofe fehl am Platz ist, zeigt sich bereits im mittelalterlichen Rittertum, wo die Freude als Ausdruck einer »unumstößlichen Forderung des gesellschaftlichen Lebens« erscheint, wo die »Gruppenperson der freudigen Festgesellschaft« mit dem Terminus »werelt« bezeichnet wird. Karl Korn fügt hinzu: »Man wird unwillkürlich an die französische Entsprechung ›monde‹ erinnert.« Hartmann von Aue prägt die Verhaltensregel: »swer ze hove wesen sol, dem zimet freude wol.« Zum Hof gehört das *Freudegebot* – »Trûren ist nur als Schicksal des Einzelnen, sofern er sich von der Standesgemeinschaft sondert, möglich«.[32]

Dieses Junktim von *Melancholie-Verbot* und Weltzugewandt-
heit erscheint typisch für die utopische Konstruktion von Gesellschaft: die zu verwirklichende Totalität des verplanten, in Gesellschaft fugenlos aufgehenden Lebens kennt keine Trauer, weil
sie ja gerade das Glück fabrizieren will. Der Hof darf keine
Trauer zulassen, weil an ihm – das heißt »in der Welt« – sogar
die Affekte geregelt werden. Hoftrauer ist daher Befehl und
durch Etikette verordnete Affektlage. Auch in solchen Mechanismen zeigt sich die Verknüpfung von Herrschaftsrealität und
Affektmodellierung.

Der Hofnarr wird in seiner Blütezeit Institution, »fou du Roi«
ein »titre d'office«. Nicht nur die »Sitte reicher Irländer« ver-
pflichtete den Hofnarren dazu, »durch allerlei Geschichtchen und
Mährchen die Langeweile und Melancholie derjenigen von der
Familie zu vertreiben, welche nicht einschlafen konnten«.[33] Der
Hofnarr ist ein Entlastungsfunktionär, dessen Aufgabe darin
besteht, die Melancholie des Herrschers zu vertreiben und ihn
eben darin zu bestätigen: am Hofe besitzt dieser das Melan-
cholie-Privileg. Gleichzeitig wirkt der Narr als Substitut: er
nimmt auf sich, was den Herrscher – durch den ablenkenden
Affekt – am Herrschen hindern könnte. Daher sind die Clowns
bis heute »offiziell« lustig und lassen die Trauer nur durch-
blicken, wenn sie »privat« sind – ein Erbe der ursprünglichen Hofnarren-Funktion. Daher haben manche Fürsten »auch
an einfältigen, blödsinnigen, melancholischen Leuten und wirklichen Dummköpfen ihr Vergnügen gefunden, und sie als Hofnarren gebraucht«.[34] Der »Hofnachdenker«, wie er bei Brentano
erscheint, verweist auf die Entlastung von der die Melancholie
freisetzenden Reflexion, über welche noch zu sprechen sein wird.
Das Thema ist bei Pascal häufig: »Le roi est environné de gens
qui ne pensent qu'à divertir le roi, et à l'empêcher de penser à
lui. Car il est malheureux, tout roi qu'il est, s'il y pense.«[35]

Akzeptiert wird der Narr, soweit er sich – bei nicht nur erlaub-
ter, sondern geforderter Minimalabweichung – im System hält.
Gibt er »Veranlassung zur Entdeckung von Ordnungswidrig-
keiten und Mißbräuchen« (Balet), endet seine Bevorzugung. Spä-

ter wird Ludwig XIV. einem La Bruyère gestatten, den Hof anzugreifen – wenn nur die Person des Monarchen mit schicklicher
Devotion behandelt wird. Nick setzt dann auch begründet die
Agonie des Hofnarren zur Zeit Ludwigs XIV. an: hier hat bereits der Literat den Narren abgelöst und kann als Objekt der
Kritik den Hof vom Herrscher trennen. Endgültig aber stirbt
der Hofnarr im 18. Jahrhundert – und das verleiht ihm für
diese Untersuchung eine gewisse »Verklammerungsfunktion«.
Balet setzt als sein Ende 1763 an. Wenn er als Grund das Aufkommen anderer Begriffe von Menschenrecht und Menschen-
würde angibt, so sind es nicht nur diese allein, die den Untergang des Narren beschleunigen – wenn auch nicht vergessen werden darf, daß der Narr bei aller vorgezogenen Stellung und
Freiheit im System immer rechtlos blieb, trotz seines Titels.
Daß der Narr im 18. Jahrhundert ausstirbt, hat Nick mit der
Annäherung von Adel und Bürgertum zu erklären versucht:
»Die deutsche Literatur erhob sich auf einmal wunderbar. Es gab
jetzt deutsche Fürsten, welche sich nicht zu öder Kurzweil, sondern zu ernstem Geistesgenuß mit deutschen Schriftstellern um-
gaben. Aus den lustigen Räten wurden da und dort Hofräte,
Geheime Hofräte, ja Geheime Räte...«[36] Der Narr wird aber
nicht zuletzt arbeitslos durch das Aufkommen der *bürgerlichen*
Melancholie. Wenn nicht mehr der Herrscher allein melancholisch sein darf, entfällt die Notwendigkeit einer Institution, die
die gemeine Melancholie vertreibt und gleichzeitig das melancholische Privileg dokumentiert – Baudelaire beschreibt die Zeit
nach der Julimonarchie als Epoche einer »ewigen Traurigkeit«.
Das Bürgertum des 18. Jahrhunderts beginnt die einst dem Herrscher reservierte Attitüde der Resignation zu okkupieren. Aber
die »blinzelnd resignierte Anpassung« (Adorno) bedeutet nur
für kurze Zeit den Verzicht auf die Macht; das Paradox der bürgerlichen Melancholie liegt darin, daß bereits der einzelne sich
eines bisher verschlossenen Privilegs bemächtigt hat. Der Langeweile-Verdacht – wie bei Zimmermann als Vorwurf an die adlige Adresse gerichtet – läuft zurück: für den Adel erscheint das
natürliche Leben à la Rousseau »langweilig und unvornehm«.[37]

Hier wird die Natur zum Indiz von Langeweile, wie für bürgerlichen soupçon einst das adlige Intérieur, in welchem der Hofnarr haust. Die Natur kennt keinen Narren. Mit ihm, der die Langeweile in die Kurzweil umzumünzen hat, beginnt auch die höfische Langeweile sich auszubreiten und unters Volk zu mischen. Nicht länger mehr dient das Machtprinzip als Passepartout für Langeweile, sondern der Geist: Tiere können sich nicht langweilen, so wenig wie angeblich der Durchschnittsmensch, und wenn sie sich doch langweilen, so sind es nur »die feinsten und tätigsten Tiere«, wie Nietzsche feststellt. Im Funktionsverlust des Narren zeigt sich der Übergang von höfischer Melancholie und adligem »ennui« in die bürgerliche Welt.

Wo ist mit dem absterbenden Narren die Funktion des Melancholie-Austreibers geblieben? Zu der einen Richtung der Nachfolger gehört der Dandy à la Brummell, der »seine Herrschaft 1794 (begann)« und Wirkung erzielte, weil »er das Bedürfnis einer gelangweilten und in strenge Konventionen eingeengten Gesellschaft nach Kaprizen befriedigt«.[38] Der Dandy, der einprägsam als Aristokrat ohne Geburtsvorrechte beschrieben wurde[39], löst den Narren ab: der neue Narr legt sich die adlige Attitüde zu. Zum Nachfolger des Narren rechnet auch der Flaneur, den Benjamin in Baudelaire fand: »Die Langeweile im Produktionsprozeß entsteht mit seiner Beschleunigung (durch die Maschine). Der Flaneur protestiert mit seiner ostentativen Gelassenheit gegen den Produktionsprozeß.«[40] Nun vertreibt der Narr nur seine eigene Langeweile – der Kampf gegen die Maschine läßt ihn das Air Don Quijotes gewinnen, der gegen die Windmühlen anreitet.

Mit der Melancholie-Problematik hat Benjamin den Flaneur in Beziehung gesetzt, als er von dessen »Spleen als Staudamm gegen den Pessimismus« sprach. Der sich aufdrängende Vorwurf der ausgenutzten Äquivokation kann sofort abgebogen werden: das zuerst im 14. Jahrhundert in der Form »splen« auftauchende Wort bezeichnet anatomisch die Milz, die charakteristischerweise mit Melancholie verbunden wird und im übertragenen Sinn eine Quelle der Trauer und der Freude ist; zur Zeit Popes schließlich wird spleen zur Bezeichnung einer »schwermütigen Disposition des Geistes«[41]. Bei Baudelaire hat der Spleen sich von der Melancholie gelöst, er ist zu jener Form der Exzentrizität geworden, die es gestattet, den Flaneur mit dem Hofnarren in Verbindung zu bringen. Dem Flaneur wird der Boulevard zum Intérieur, die Welt zum Spiegel, vor dem er leben und sterben muß (Benjamin). Das Detektivische an ihm (Poe) verweist ebenfalls auf den Spürsinn des Narren in einer reglementierten, ihrem Anspruch nach zufallsfreien Welt. »Närrisch« erscheint auch die Verlassenheit in der Menge, die den Charakter Baudelairescher Dichtung bestimmt – Benjamin spricht von der monadologischen Struktur der ›Fleurs du mal‹ [42].

Ebenso könnte der Dandy als Hofnarr ohne Publikum definiert werden – mit der Einschränkung, daß er sich selber zum Publikum werden mag. Mit diesem hohen Anspruch an die Reflexionsfähigkeit beschlagnahmt der Dandy für sich das genialische Etikett: »L'homme de génie veut être *un*, donc solitaire«, sagt Baudelaire und fügt dem traditionellen Einsamkeitsanspruch des Genies die Forderung einer sich selbst genügenden Exzentrizität hinzu: »La gloire, c'est rester *un*, et se prostituer d'une manière particulière.« [43] Von nun an bleibt der Hofnarr mit sich allein – »Le dandysme est une forme dégradée de l'ascèse«, sagt Camus. Seines Publikums beraubt, spielt er für sich. Daß in dieser Situation die Melancholie ersetzt wird durch den Spleen, der als Ziel nur die Exzentrizität kennt, ist offensichtlich. Der Hofnarr, der dazu angestellt war, die Melancholie zu vertreiben – im modernen Jargon ausgedrückt: der »Entertainer« war [44] –, benutzte die eigene Exzentrizität, das heißt Außenseiterposition, dazu, das »Innere« des Systems, den Hof, zu stabilisieren: die den Narren gestattete Abweichung reflektiert die totale Anpassung am Hofe. Der Flaneur und der Dandy stabilisieren mit ihren Attitüden der Exzentrizität kein System, sondern nur sich selbst: wie der Flaneur gegen den Produktionsprozeß, so protestiert der Dandy gegen die Alltagsnorm. Flaneur und Dandy schnurren ein Programm ab, das nicht mehr der Gesellschaft dient, die es aus Distanz genießt, sondern nur mehr dem, der es produziert;

die »gefühllose Isolierung jedes Einzelnen auf seine Privatinter-
essen« (Engels), welche die moderne Warenproduktion charakterisiert, zeigt sich auch im Flaneur. Benjamin hat das bei Baudelaire angedeutet, von dem Mimen gesprochen, »der die Rolle des
Dichters vor einem Parkett und vor einer Gesellschaft zu spielen
hat, die den echten Dichter schon nicht mehr braucht und ihm
seinen Spielraum nur noch als Mimen gibt«. [45]
Ob hier vom Dichter oder Hofnarren die Rede ist, macht keinen
Unterschied: die Narrenfunktion der Literatur steht außer Zweifel. Im Mimen, der einst Dichter war, und im Dandy, der aus
dem Hofnarren erwuchs, zeigt sich die Differenzierung einer Gesellschaft, die bereits zu zersplittert ist, um sich ihren Affekthaushalt von eigens dazu Angestellten wieder in Ordnung bringen
zu lassen. Wo der ennui noch vertrieben werden soll, handelt es
sich um jene organisierte Freizeit, deren Kehrseite die unveränderte Monotonie der Arbeitswelt bildet. So entsteht die Operette – »eine Versicherungsgesellschaft auf Gegenseitigkeit zur
Bekämpfung der Langeweile«, wie Jacques Offenbach sie nannte – in der Epoche des prosperierenden Kapitalismus. Die Institutionen, die Melancholie vertreiben, tun dies noch immer im
Interesse von Herrschaft. Ihre Wirkungslosigkeit aber wächst
mit der Diffusität der Affekte, die sie regulieren sollen. Es gibt
keine Zentren geschlossener und bestimmender Kultur mehr,
von denen sich, wie am absolutistischen Hof, der ennui zumindest oberflächlich fernhalten ließe.
Mit der Auflösung solcher »melancholischen Zentren« geht die
Melancholie auf den über, der sie bannen sollte: das 19. Jahrhundert ist die Zeit der großen melancholischen Einzelgänger.
Damit soll nicht der alte topos des traurigen Spaßmachers hin-
weggezaubert werden: aber jetzt erst hat der Narr die Legitimation und die Fähigkeit gewonnen, die ihm gestatten, seine
Affektlage überhaupt zur Sprache zu bringen. Ein Hofnarr, der
sich auf Melancholie berufen hätte, wäre eine Bedrohung für
das System des Hofes gewesen; der Dandy entwirft sich selbst
als Gegenbild einer Gesellschaft, die ihn bloß mit verwunderter
Gleichgültigkeit oder folgenloser Verwunderung anstarrt.

Auch die »freischwebende Intelligenz« (A. Weber) hat einen Teil der verwaisten Hofnarren-Rolle übernommen. Als das »sichere Kennzeichen eines zunächst freischwebenden Interesses« hat Karl Mannheim »ein baldiges Umschlagen der Stimmung, wenn die Sache schief oder nicht der abstracten Vorstellung gemäß verlief« [46] bezeichnet: alles in allem eine Melancholie freisetzende Disposition. Die Adornosche Kritik schließlich, die der Wissenssoziologie den Vorwurf entgegenschleudert, sie richte »der obdachlosen Intelligenz Schulungslager ein, in denen sie lernen soll, sich selber zu vergessen« [47], zeichnet in ihren Metaphern eine Zerstreuungs-Anstalt, in welcher Narren auf ihren künftigen Beruf präpariert werden. Dieser vermuteten Entwicklung des höfischen Narren vom Spaßmacher des Herrschers zum privilegierten, auf Zeitvertreib abgerichteten Intellektuellen des bürgerlichen Zeitalters kann hier nicht nachgegangen werden. Von der Funktion des Narren haben alle Wissenschaften etwas, die in Gefahr kommen, ihr Erkenntnisinteresse nicht emanzipatorisch zu nutzen, sondern den herrschenden Mächten zur Verfügung zu stellen. In dieser Rolle gefällt sich Soziologie als eine bürgerliche Wissenschaft, die nichts sein will als Soziologie – so wie der Narr einst nichts sein durfte als Narr, um vom Herrscher goutiert zu werden. Wenn Dahrendorf auch meint, noch habe kein Tyrann sich einen »Hofsoziologen« [48] gehalten, wird der Entscheidung darüber erst ein Streit vorauszugehen haben, wer als Tyrann zu bezeichnen sei. Der »Hofsoziologe« ist Nachfahr des Hofnarren geworden.

Flucht in die Natur und Innerlichkeit

Der gescheiterte Frondeur La Rochefoucauld floh in den Salon – seine Melancholie blieb weltnah. Der Bürger im Deutschland des 18. Jahrhunderts, der die Macht noch nicht besessen hat, sie aber – nicht zuletzt dank wachsender ökonomischer Bedeutung – erstrebt, verfällt in eine Melancholie, die sich von der Welt abwendet, weil diese dem Adel »gehört«. Refugien der bürger-

lichen Melancholie sind außerhalb der Gesellschaft zu finden. Die
Wertschätzung der Einsamkeit ist die Voraussetzung für die
Flucht aus der Gesellschaft. »Der Einzelne verdankt ... der
Gesellschaft indirekt sein ganzes Sein. Eben deshalb aber reicht
auch seine Feindseligkeit gegen sie über die nur ethische Feind-
seligkeit weit hinaus. Wiewohl er ihr so viel verdankt, vielleicht
aber auch gerade deswegen, wird er ihr von einer bestimmten
Höhe der Individualisierung und der Reflektivität ab gram«[49]
(Landmann).
Diese Stufe der Reflektivität war für das Bürgertum in jenem
Moment gegeben, da es die Macht wünschte, ohne sie bereits erlangen zu können. Der Bruch erzeugt die Reflexionshöhe des
Wunschdenkens; aus seinem Scheitern an der Realität erwächst
die Melancholie und die Flucht aus der Gesellschaft, Werther ist
der »déserteur du monde«.[50] Die Leibnizsche Monadologie erweist sich als eine »Metaphysik der Einsamkeit« und repräsentiert den deutschen Kleinstaat.[51]
Helmuth Plessner hat von den Fluchtwegen gesprochen, die
einem Denken bleiben, das um den Menschen in seiner Verlassenheit kreist: »in die Hohlräume der Innerlichkeit oder in die revolutionäre Aktion«.[52] Diese Dichotomie ist nicht scharf, weil
sie Refugium und Handlung gegenüberstellt. Ist der Weg in die
Aktion versperrt, bleibt als Alternative zur Innerlichkeit noch
Natur. Mit der Entdeckung der Natur als einem der Gesellschaft entgegenzusetzenden Prinzip melancholischer Flucht beginnen Innerlichkeit und Natur einander zu ergänzen: Einsamkeit als Verhaltensform der Innerlichkeit läßt sich nur in der
Natur realisieren.
Innerlichkeit, Rückwendung des Individuums von der Gesellschaft auf sich selbst, ist Folge bürgerlicher Weltflucht; diese
Flucht wird unterstützt durch Philosophie, die zur Einsamkeit
tendiert und außerdem im 18. Jahrhundert anthropologisch,
empirische Psychologie wird, damit aber die Kultivierung des
Eigenmenschlichen erst ermöglicht.[53] Im Gegensatz zur Affekten-
lehre der Renaissance, überhaupt der Anthropologie des 16. und
17. Jahrhunderts, werden jetzt nicht mehr die »Traurigkeit und

alle ihr verwandten Affekte« als »eine Zusammenziehung des Geistes(,) eine Schwäche und Herabsetzung desselben« verstanden, wie es bereits Descartes getan hatte.[54] Vielmehr führt die durch eine anthropologisch orientierte Philosophie gestützte Bedeutung, die *das* Menschliche gewinnt (eine geschichts- und, wenn auch weniger stark, gesellschaftsfeindliche Kategorie) den Bürger »zu einer intimeren Beschäftigung mit seiner eigenen Menschlichkeit. Diese Reflexion führte naturnotwendig zu einer subjektivistischen Geisteshaltung ... Diese Subjektivität durchdrang das ganze bürgerliche Leben«[55] (Balet). Deutlich genug war gefühlsgesättigte Subjektivität Reflex der nicht erreichbaren Machtposition, stand ihr doch »auch der Mächtigste der Erde, sogar der Fühlende selbst, machtlos gegenüber«.

Die Effektivität, die handelnd nicht zu erreichen ist, wird auf die selbst erzeugten Affekte verlegt: »Das Lustvollste war infolgedessen gerade das Leidvolle, weil das Leid begreiflicherweise die tiefsten Rührungen und Erschütterungen hervorzurufen imstande ist.« Balet gibt heute nur mehr amüsante Beispiele für diese Haltung, etwa die »Darmstädter Lila« (Louise Ziegler), »die sich in ihrem Garten unter Rosenlauben eine Gruft graben ließ, in die sie sich oftmals hineinlegte, um die Gefühle eines Sterbenden oder gar schon eines Gestorbenen nach Herzenslust auszukosten und zu weinen«, oder bei Klopstock, der in der »Ode an Ebert« sich seinen lebenden Freund tot in der Gruft vorstellt, nur um sich »in die Melancholey« zu bringen, oder in jenem Brief von Claudius, in welchem er Gerstenberg bittet: »Schenken Sie uns ein Trauerspiel oder sonst tragische Stücke, damit man so recht weinen muß.«[56] Martin Greiner hat sich der Mühe unterzogen, Johann Martin Millers 1776 erschienenen Roman ›Siegwart. Eine Klostergeschichte‹ auf die Häufigkeit des Weinens durchzuzählen. Demnach wird in allen drei Bänden auf insgesamt 1179 Seiten 555mal geweint, Greiner spricht plastisch von »Kettenweinern«.[57] Selbst Adam Bernd, dessen »eigene Lebensbeschreibung« sonst eine erstaunliche Affekt-Distanz hält, schreibt: »Die Wehmut nahm ie mehr und mehr bey mir zu, und ich konnte unmöglich länger bey der *Compagnie* bleiben, sondern stahl mich von den Hochzeits-Gästen weg, und gieng auf das freye Feld, und ließ meinen Tränen freyen Ziegel und Lauff, die auch so häufig waren, daß ich mich darinnen hätte baden können.«[58]

Mit der Gefahr einer Über-Interpretation, die bei der Ausweitung anthropologischer Theoreme immer gegeben ist, könnte man die Auffassung Plessners, daß Lachen und Weinen[59] sich durch verlorene Beherrschung der Situation auszeichnen, hier anwenden: die Lust am Weinen ist sowohl der Widerschein verlorener Herrschaft (oder der noch gar nicht erlangten) als auch die Dokumentation eines von innen andrängenden Affektes, dessen man sich, wie jedermann – und das ist entscheidend – nicht erwehren kann. Wichtiger bleibt die Feststellung, daß sich hier ein immer stärker werdender Mechanismus zeigt: Isolierung von der Macht erzeugt die auf Innerlichkeit sich rückwendende Melancholie, dieser Rückzug aber vergrößert die Entfernung von der Gesellschaft: »Das Ende dieser tiefinneren Verschiebung des Lebensgefühls, in dem der sentimentale Mensch sich ... bewegt, ist die *psychologische Auflösung des Gefühls in selbstgewähltem Schmerz*, ... (wobei) ... in der ›Ruhe‹ und ›Stille‹ selbstgewählter Einsamkeit sich der sentimentale Mensch immer mehr *gesellschaftlich isoliert*«[60] (Wieser). Zum Ort dieser Isolation wird u. a. die Natur. Innerlichkeit und Naturflucht bieten sich als Auswege an, wenn eine Gesellschaft verlassen werden soll, die einem nichts mehr sagt, weil man in ihr nichts zu sagen hat. Beide Spielarten eskapistischen Verhaltens sind ohne Risiko, weil sie die geltende Ordnung nicht angreifen, mithin alle Chancen haben, frei von negativen Sanktionen zu bleiben: daß die Gedanken frei sind, ist erst im Zeitalter der Gehirnwäsche zum Sakrileg geworden, die Flucht in die Natur hat ihren attraktiven Alternativ-Charakter bis heute nicht verloren. Den »Ort« dieser Natur bündig festzustellen, ist nicht leicht. Wieser hat den »sentimentalen Menschen« als einen *»Übergangsmenschen«* gekennzeichnet, sein Wohnsitz liegt für ihn *»zwischen Land und Stadt«*. Andererseits läßt die im 18. Jahrhundert anschwellende Literatur über das Landleben – nach Balet erreicht sie 1780 ihren Höhepunkt – den Ort der melancholischen Welt-flucht wohl fixieren.

Nimmt man abstraktere Bezugspunkte und stellt analytisch ge-genüber, was sich in der Realität längst ineinander aufgefasert hatte, so lassen sich eher Aussagen machen: Natur ist Gegensatz von höfischer Gesellschaft und vor allem Gegenpol zur Residenz. Ist diese, wie in der Duodez-Staaterei üblich, klein, kann die entfernte Großstadt ebenso Refugium werden wie die Land-schaft vor den Toren. Immer aber ist sie Symbol für einen Be-griff von Ganzheit, den das Bürgertum in einer vom Adel (noch) beherrschten Welt nicht zu finden vermochte: »Die Landschaft wird dort zum umfassenden Symbol des Ganzen, wo das *Indi-viduum* sich dem Unendlichen zuwendet und sich von ihm er-füllt und über sein empirisches Dasein hinausgeführt sieht. Der Mensch des 18. Jahrhunderts erlebt dies noch als Einzelner, der sich von seiner Gesellschaft separiert. Ihm kann die Landschaft nur das wieder bieten, was er in der Gesellschaft aufgegeben hat, ein Ge-genüber, das seine persönliche Existenz befriedigt« [61] (Rehder).

Der Rückzug aus der Gesellschaft bringt eine eigentümliche Ver-lagerung der sozialen Beziehungen mit sich: den Brief- und Freundschaftskult. Im ersten wird die Distanz zur Welt auch noch in die persönliche Beziehung projiziert; der Freundschafts-kult dient weniger als Kontaktform denn als Mittel zur Ver-dopplung der melancholischen Gefühlsschwärmerei. Die Gesell-schaftsaversion läßt höchstens den »anderen« als Spiegelbild zu – nirgends ist vom »generalized other« etwas zu spüren.

Erstaunlich bleibt in diesem Zusammenhang, daß Friedrich H. Tenbruck in einem der wenigen soziologisch orientierten Bei-träge zum Freundschafts-Thema diese vorwiegend im Sinne einer Stabilisierung auffassen konnte: »In der persönlichen Beziehung entgeht der Mensch der Desorganisation, mit welcher ihn die Heterogenität seiner sozialen Welt bedroht.« [62] Bei dieser Inter-pretation wird unterschlagen, daß die Schätzung der persönlichen Freundschaftsbeziehungen im 18. Jahrhundert ein *bürgerlicher* Zug war, der mit dem resignativen Verzicht auf Macht erkauft wurde. Wenn Tenbruck weiter von der »im guten wie im schlechten

Sinne folgenreicher Intensität der persönlichen Beziehungen«
spricht, »die sich als Thema deutscher Welterfahrung bis in dieses
Jahrhundert durchgehalten hat«[63], so kommt auch hier zuwenig
zum Ausdruck, daß es sich um die Erfahrung der deutschen
Bourgeoisie handelt, die ihr Selbstverständnis nicht zuletzt aus
der zugespitzten Differenz von höfischer und bürgerlicher Moral
gewann: in letzterer sind ethische Überzeugungen mit der sentimentalen Haltung verschmolzen.

Langeweile und Melancholie in der Philosophie

Nach Hegels Worten ist die »Weltgeschichte ... nicht der Boden
des Glücks. Die Perioden des Glücks sind leere Blätter in ihr;
denn sie sind die Perioden der Zusammenstimmung, des fehlenden Gegensatzes«.[64] So betrachtet, bilden die Blätter der deutschen Philosophie im ausgehenden 18. Jahrhundert keine Leere
ab, sind vielmehr eng und mit wichtigem Text beschrieben und
reflektieren – Hegelscher Argumentation folgend – das »Unglück«, also den Konflikt und Widerstreit ihrer Epoche.
Damit wird nicht der Versuch unternommen, den deutschen
Idealismus als reinen Spiegel seiner Zeit zu sehen und nur in
dieser Abhängigkeit zu betrachten. Ein solcher Versuch, wie ihn
z. B. Mannheim und Georg Lukács unternahmen, setzt eine
Auseinandersetzung voraus, die das Verhältnis von Soziologie,
Geschichte und Philosophie ausdiskutiert hat oder sich für die
Präponderanz der einen entschieden weiß. Das ist hier nicht zu
verwirklichen; ein solcher Versuch wäre nicht nur wegen der
Komplexität und der zu großen Bedeutung des Unternehmens
wenig erfolgverheißend – damit würde unterschlagen, daß die
Spannung zwischen einer Philosophie, die zur Wissenschaft geworden ist, und einer Soziologie, die sich ihr gegenüber emanzipiert glaubt und sie nunmehr kritisch betrachtet, ein Moment
des fruchtbaren Konflikts und der interdisziplinären Reflexion
von Wissenschaft in sich trägt, das nicht zu eskamotieren, sondern zu bewahren ist.

In der Philosophie des 18. Jahrhunderts findet die Auseinandersetzung zwischen Adel und Bürgertum sich wieder und damit auch die Problematik von Melancholie, Langeweile und Weltflucht. Wird dieser Zusammenhang hier angedeutet, so ohne ein Kausalverhältnis zu behaupten, sondern um die Ähnlichkeit der Problemlage auf verschiedenen Ebenen zu demonstrieren. Nicht zuletzt dienen die hier wiedergegebenen Argumente dem Versuch, ein Pauschalurteil zu widerlegen, das – bezeichnender Fall ideologischen Ideologie-Verdachtes – die Philosophie der Epoche unter Innerlichkeit subsumiert und ihr damit das Verdikt bereitet. Demgegenüber ist daran festzuhalten, daß zumal die Kantische Philosophie – in den hier behandelten Aspekten – sich in einer Nähe zu »Welt« hält, die den Rekurs auf Innerlichkeit verbietet.

Daß Kant die Verwirklichung des guten Willens ins Jenseits verlegte, hat Marx in der ›Heiligen Familie‹ als Ausdruck der »Ohnmacht, Gedrücktheit und Misère der deutschen Bürger« gesehen – ein Urteil, dem sich Engels in ›Feuerbach und der Ausgang der klassischen deutschen Philosophie‹ angeschlossen hat. Zurück treten in solcher durchaus berechtigten Einschätzung die fortschrittlichen Tendenzen der Kantischen Philosophie. Selbst die Trennung der aktiven und passiven Staatsbürger etwa, die § 46 der Rechtslehre in der ›Metaphysik der Sitten‹ vornimmt, ist dafür noch Beweis. 1793 wurde zwar in Frankreich der Unterschied von Aktiv- und Passivbürgern aufgehoben, immer noch blieben aber die Frauen und die im »état de la domesticité« Befindlichen vom Wahlrecht ausgeschlossen. Schelling hat denn auch durchaus als Positivum gesehen, was Marx bei Kant als die *Theorie* der französischen Revolution beschrieb, hat dem Philosophen nicht angelastet, wofür die »Verschiedenheit der Nationen und der Umstände«[65] verantwortlich zu machen war. Daß aber, wie Horkheimer hervorhebt, Kant die Vermittlung transzendenter und immanenter Welt nicht im Glauben allein oder in der Innerlichkeit sieht, sondern im »Leben«, macht ihn geradezu zum Widerpart der rückschrittlichen bürgerlichen Tendenzen seiner Zeit. Die Erkenntnis dieser Vermittlung nämlich führt bei Kant »nicht zur Resignation«[66] – in diesem Punkt kulminiert seine Philosophie als fortschrittliche Alternative zu einer wichtigen, aber verhängnisvollen Tendenz ihrer eigenen Epoche.

In seinen »Beobachtungen über das Gefühl des Schönen und Erhabenen« hat Kant die Welt-Abstinenz ethisch gefaßt: »Schwermüthige Entfernung von dem Geräusche der Welt aus einem rechtmässigen Überdrusse ist edel«, heißt es da, und von der »ächten Tugend aus Grundsätzen« wird gesagt, sie habe etwas an sich, »was am meisten mit der *melancholischen* Gemüthsververfassung im gemilderten Verstande zusammenzustimmen scheint«.[67] Im gleichen Werk findet sich auch eine Passage, die bürgerliche Aversion gegen adlige Langeweile reflektiert: »Derjenige, dessen Reden oder Handlungen weder belustigen noch rühren, ist *langweilig*. Der Langweilige, in so fern er gleichwohl beides zu thun geschäftig ist, ist *abgeschmackt*. Der Abgeschmackte, wenn er aufgeblasen ist, ist ein Narr.« (II, 214). Diese Definition von Langeweile, die ihr die Belustigung wie die Rührung abspricht, trifft ebenso den »honnête homme« wie den »gentleman« – aristokratische Verhaltensweisen[68], die auf maximaler Affekt-Regulierung beruhen und die Umsetzung von innerer Erregung, wenn sie vorhanden ist, ins ziselierte »bonmot« oder eine andere akzeptable, weil stilisierte »Abfuhr« unmittelbar verlangen. Wenn Kant weiter vom Melancholiker oder, wie es hier heißt, über den »Menschen von melancholischer Gemüthsverfassung« spricht, so charakterisiert er ihn wie folgt: »Alle Ketten von den vergoldeten an, die man am Hofe trägt, bis zu den schweren Eisen des Galeerensklaven sind ihm abscheulich« (II, 221). Der implizite Vorwurf richtet sich gegen den Hof und stellt einem System erzwungener Form die Erhabenheit des »natürlichen« Melancholikers entgegen.

Kant ist freilich nicht zum Fürsprecher einer bürgerlichen Philosophie zu machen, die sich nur noch im selbsterzeugten Affekt zu bestätigen und so für den durch die Versperrung von Machtchancen erlittenen »Weltverlust« zu entschädigen wußte. Schon in dem angegebenen Zitat ist von einem »rechtmässigen Überdrusse« die Rede, der die Schätzung der Melancholie an eine von außen, d. h. aber aus der *Welt* stammende Ursache bindet. Bürgerlicher Melancholie und Empfindsamkeit dürften keine auslösenden Ursachen zugeschrieben werden. Vielmehr beharrt der Empfindsame darauf, »aus sich« heraus die Affekte zu schaffen, sein Leid selbst zu konstruieren. Nur so rettet er das Prinzip der Autonomie: für den freien Entschluß, sich selbst etwas anzutun. Bürgerliche Melancholie in Richtung auf Empfindsamkeit ist der paradoxe Versuch, endogene Melancholie zu erzeugen. Kant hat durchschaut, wie das »Erhabene« konstruiert werden kann, und demgegenüber in der »Analytik des Erhabenen« der ›Kritik der Urteilskraft‹ betont: »Darum aber, weil das Urtheil über das Erhabene der Natur Cultur bedarf (mehr als über das Schöne), ist es doch dadurch nicht eben von der Cultur zuerst erzeugt und etwa bloß conventionsmäßig in der Gesellschaft eingeführt; sondern es hat seine Grundlage in der menschlichen Natur und zwar demjenigen, was man mit dem gesunden Verstande zugleich jedermann ansinnen und von ihm fordern kann, nämlich in der Anlage zum Gefühl für (praktische) Ideen, d. i. zu dem moralischen« (V, 265). Ist hier – in der Polemik gegen die »Convention« – der Vorwurf gegen den Hof sicher mitgedacht, so wendet Kant sich speziell gegen die Empfindsamkeit, die zum Betrieb geworden ist. Der durch Konventionen produzierten Erhabenheit stellt er eine von Natur her unvermittelte gegenüber, nicht um bürgerlicher Erhabenheit einen festen philosophischen Grund zu geben, sondern um ihrer Übersteigerung und Übertreibung zu opponieren, wie sich in den folgenden Katalogen bürgerlicher Ideen von Erhabenheit zeigen wird: »Man hat *muthige*, man hat *zärtliche* Rührungen. Die letzteren, wenn sie bis zum Affect steigen, taugen gar nichts; der Hang dazu heißt die *Empfindelei* . . . Romane, weinerliche Schauspiele, schale Sittenvorschriften . . . vertragen sich nicht einmal mit dem, was zur Schönheit, weit weniger aber noch mit dem, was zur Erhabenheit der Gemüthsart gezählt werden könnte« (V, 273). Hier geht die Polemik eindeutig gegen die bürgerliche Spielart der konstruierten Melancholie, sie steigert sich noch

in jenem Passus, da der Vorwurf der Langeweile – traditioneller-
weise vom Bourgeois gegen den Adligen gekehrt – jetzt wider
den Bürger sich wendet: »Die angenehme Mattigkeit, welche auf
eine solche Rüttelung durch das Spiel der Affecten folgt, ist ein
Genuß des Wohlbefindens aus dem hergestellten Gleichgewichte
der mancherlei Lebenskräfte in uns ... Da glaubt sich nun mancher durch eine Predigt erbaut, in dem doch nichts aufgebauet
(kein System guter Maximen) ist; oder durch ein Trauerspiel ge-
bessert, der bloß über glücklich vertriebene Langeweile froh ist«
(V, 273).

An einer anderen Stelle verbindet sich das für Kant charakteristische Syndrom einer Schätzung des Erhabenen durch die
Wahl des Bezugspunktes Natur mit der Abweisung einer konstruierten Erhabenheit in der bürgerlichen Welt. In der »Allgemeinen Anmerkung zur Exposition der ästhetischen reflektierenden Urteile« in der ›Kritik der Urteilskraft‹ heißt es:

»Noch ist anzumerken, daß, obgleich das Wohlgefallen am Schönen
eben sowohl, als das am Erhabenen nicht allein durch allgemeine *Mit-*
theilbarkeit unter den andern ästhetischen Beurtheilungen kenntlich
unterschieden ist, sondern auch durch diese Eigenschaft in Beziehung
auf Gesellschaft (in der es sich mittheilen läßt) ein Interesse bekommt,
gleichwohl doch auch eine *Absonderung von aller Gesellschaft* als etwas
Erhabenes angesehen werde, wenn sie auf Ideen beruht, welche über
alles sinnliche Interesse hinwegsehen. Sich selbst genug sein, mithin
Gesellschaft nicht bedürfen, ohne doch ungesellig zu sein, d. i. sie zu
fliehen, ist etwas dem Erhabenen sich Näherndes ...« (V, 275).

Schon an dieser Stelle wird deutlich, wie pragmatisch Kant formuliert. Die Einsicht des Schlußsatzes beruht auf dem anthropologisch fundierten, geschichtsphilosophisch sich auswirkenden
Prinzip vom »Antagonism« in der Gesellschaft oder der »unge-
selligen Geselligkeit«, wie sie als Motor der Entwicklung in der
›Idee zu einer allgemeinen Geschichte in weltbürgerlicher Absicht‹
beschrieben wird. Selbst im Katalog bürgerlichen Rückzugs aus
der Gesellschaft – den Kant für erhaben hält, wenn er »auf Ideen
beruht« – fehlt keineswegs die Ironie in der Beschreibung, wo-
von »der Hang zur Eingezogenheit, der phantastische Wunsch

auf einem entlegenen Landsitze, oder auch (bei jungen Personen) die erträumte Glückseligkeit auf einem der übrigen Welt unbekannten Eilande mit einer kleinen Familie seine Lebenszeit zubringen zu können, welche die Romanschreiber oder Dichter der Robinsonaden so gut zu nutzen wissen, Zeugnis gibt« (V, 276).

Kant wendet sich nicht gegen die melancholische Absonderung – mag sie als Utopie sich bilden oder im bloßen Wunschtraum –, aber er widersetzt sich einer Flucht aus der Gesellschaft, die mit der Denunziation letzterer verbunden ist. In der zitierten Stelle aus der ›Kritik der Urteilskraft‹ erscheint nirgends der Begriff »Einsamkeit«, der in gängiger Diskussion dazu herhalten mußte, das wertgesättigte Pendant zu Gesellschaft zu bilden, in welcher dann versammelt waren: Trubel, Sittenlosigkeit und die Langeweile der höfischen Schichten. Diese Nähe zu Gesellschaft hat Kant nicht nur mit seinen ästhetischen, sondern auch mit seinen ethischen Überzeugungen in Einklang zu bringen versucht, wie Friedrich Kaulbach gezeigt hat: » . . . die gute Gesinnung schließt aus, daß man sich von der sittlichen Gemeinschaft, dem Reich der Geister, auch sprachlich absondert und sich in ein ›privates‹ Dasein des Handelns, Denkens und Sprechens wegstiehlt . . . Kant sah sich als Autor in die Spannung zwischen dem Kommunikationsethos einerseits und der Verantwortung vor der schweren Sache der Philosophie andererseits versetzt . . .«[69]

Der Begriff »Welt« verhindert an hervorragender Stelle, daß ein Weg ohne Umkehr zur Innerlichkeit eingeschlagen wird, denn »die Welt ist der Schauplatz, auf dem ›das Spiel unserer Geschicklichkeit vor sich geht‹. In ihr müssen wir unsere Erfahrungen sammeln und sie auch wieder anwenden. Wir müssen betrachtend von ihr ausgehen und uns handelnd zu ihr zurückwenden: das bedeutet aber, daß wir unsere Möglichkeiten und Grenzen, sowie unseren Stand gegenüber der Welt begriffen haben müssen.«[70]

Wie Habermas für einen anderen Zusammenhang betont hat, handelt es sich auch hier nicht um »Welt im transzendentalen Verstande: als Inbegriff aller Erscheinungen die Totalität ihrer Synthese und insofern eins mit ›Natur‹«.[71] Hier wird der Weltbegriff vielmehr pragmatisch, entsteht aus einem Denken, »welches selbst die Menschenerfahrung in Gang bringt, auf deren Basis die anthropologische Theorie erfolgte«[72] (Kaulbach).

Welt ist also bezogen auf die »Menschheit als Gattung, aber so, wie sich deren Einheit in der Erscheinung darstellt: die Welt jenes räsonierenden Lesepublikums, das sich damals in den breiten bürgerlichen Schichten eben entwickelt« – wie Habermas betont[73]. Damit ist auch die Betrachtung des Kantischen Begriffs von Melancholie zu einem gewissen Abschluß gelangt: der Melancholie eignet jene Dignität, welche in der Erhabenheit sich verbirgt, aber sie verliert diese sofort, wenn sie zur Folge des gesuchten Affektes und der »Empfindelei« wird. Indem Kant die Melancholie nicht auf eine Natur bezieht, die als die wahre bezeichnet wird und die Lösung von der Gesellschaft erleichtert, wenn nicht zur Pflicht macht, sondern indem er den Bezugspunkt in der Welt und in der Gesellschaft selbst annimmt, widersetzt er sich der Tendenz zur Innerlichkeit, welche seine Zeit prägte.

Ähnlich »gesellschaftsnah« erscheint die Kantische Argumentation in seinen psychiatrischen Ausführungen. Leichter Vorbehalt gegenüber einem von der Empfindsamkeit überstrapazierten Begriff zeigt sich schon in der Definition von 1764 (›Versuch über die Krankheiten des Kopfes‹), daß der »*Melancholicus* ein Phantast in Ansehung der Übel des Lebens« (II, 266) sei, oder in der feinen Unterscheidung der ›Anthropologie‹ zwischen dem Melancholiker und dem zur Melancholie Gestimmten. Zumal die »psychiatrische Systematik«, in welcher Kant definiert: »Das einzige allgemeine Merkmal der Verrücktheit ist der Verlust des *Gemeinsinnes* (sensus communis) und der dagegen eintretende *logische Eigensinn* (sensus privatus)...«[74], projiziert die in den Fragen der Ästhetik und Ethik bereits gezeigte Welt-Nähe in einen Bereich, in dem diese Einsicht vielleicht am schwierigsten zu gewinnen war. Vollends trennt sich die Diätetik Kants, die von ihm behauptete »Macht des Gemüts durch den bloßen Vorsatz seiner krankhaften Gefühle Meister zu sein« – gegen die Hypochondriesucht postuliert (›Der Streit der philosophischen Facultät mit der medicinischen‹, VII, 95 ff.) – vom bürgerlichen Melancholiehang.

Deutlich zeigt sich in der Philosophie der Zeit, wie das Verhältnis zur Natur – im gesellschaftlichen Bereich vom Bürgertum gegen die »Unnatur« des Absolutismus entworfen – an Bedeutung zunimmt. Es scheint, als werde die mangelnde Affinität zum Sozius in die unbelebte Natur projiziert und dort als auch unwesentlich erkannt. Durch den Begriff der Unendlichkeit, welcher ihr traditionell zugesprochen wird, fördert Natur das Sich-ausleben des Einzelnen und lädt zu einer Übersteigerung der Affekte ein, die – wegen der hohen in jener Zeit gegebenen Legitimationschance durch Emotionen (Tränenausbrüche, etc.) – das personale Gegenüber als entbehrlich erscheinen läßt. Zudem darf nicht vergessen werden, daß der Sozialkontakt zwar Chancen zur Affektabfuhr auf vorgeschriebenem Wege bietet, immer aber auch das Risiko in sich trägt, die Antwortbereitschaft des anderen zum angebotenen »Affektaustausch« mißzuverstehen und dadurch frustiert zu werden. So reduziert sich der Kontakt meist auf den einzelnen, der als Ergänzungspartner erst zum Brief- und Freundschaftskult verhilft, oder auf die – von vornherein allerdings in gleicher »Gefühlsrichtung« konditionierte – Gruppe. Bei unbeschränkt sicherer Chance zur Vermeidung von Frustration bieten sich aber Natur als »Partner« an und die »Dinge«, aus denen sie besteht: stumme Rezipienten, die den Affekt-Anspruch sozusagen »hören«, aufnehmen und schon dadurch befriedigen – auch wenn sie nicht zu antworten vermögen.
Helmuth Plessner etwa betont für Schelling dessen »Kompatriotismus mit der Welt«. Was damit und was zumal mit dem hier verwandten Weltbegriff gemeint ist, wird in folgendem Argument sichtbar:

»Wenn es in den ›Wahlverwandtschaften‹ heißt: ›Mit den Bäumen, die um uns blühen, ... mit jeder Staude, an der wir vorbeigehen, mit jedem Grashalm, über den wir hinwandeln, haben wir ein wahres Verhältnis, sie sind unsere echten Kompatrioten‹, dann drückt sich darin nicht nur ein franziskanisches Gefühl aus, sondern eine bis heute ungehobene Erkenntnis.
Schelling hat sich an ihr versucht. Sollte er uns auch kein Führer zu ihr mehr sein, dann gewiß ein Mahner, den Kompatriotismus mit der

Welt gerade da, wo sie keine mehr ist, ernst zu nehmen und ihm seine Wahrheit im Elemente des Gedankens zu erobern.«[75]

Das geschilderte Symptom der Flucht aus der »Gesellschaft« – das bleibt nämlich übrig von der Welt, wenn konstatiert wird, sie sei gar keine mehr – in die Natur ist hier deutlich vorhanden. Kompatriotismus bedeutet weniger Kontakt mit der Welt als mit der Natur, vermittelter: mit einer als Welt verstandenen Natur. Goethe zu zitieren liegt hier nahe; ebenso wie die ›Wahlverwandtschaften‹ hätte sich auch der ›Werther‹ als Exempel angeboten:

»Übrigens befinde ich mich hier gar wohl, die Einsamkeit ist meinem Herzen köstlicher Balsam in dieser paradiesischen Gegend, und diese Jahreszeit der Jugend wärmt mit aller Fülle mein oft schauderndes Herz. Jeder Baum, jede Hecke ist ein Strauß von Blüten, und man möchte zum Maienkäfer werden, um in dem Meer von Wohlgerüchen herumschweben und alle seine Nahrung darin finden zu können.
Die Stadt selbst ist unangenehm, dagegen ringsumher eine unaussprechliche Schönheit der Natur.«[76]

Bei Schelling und dessen »Kompatriotismus« mit der Natur liegt der Gedanke der Melancholie ebenso nahe wie bei Werther. »Auch das Tiefste der Natur ist Schwermut« heißt es, »auch sie trauert um ein verlorenes Gut, und auch allem Leben hängt eine unzerstörliche Melancholie an, weil es etwas von sich Unabhängiges unter sich hat (das *Über* sich erhebt, das *Unter* sich zieht herab).«[77] Jaspers hat darauf insistiert, daß die Verzweiflung Schellings »entweder eine Verstimmung ohne Bezug zur Philosophie oder der hohe Ton einer Unwirklichkeit seines reflektierten Erlebens« sei.[78] In der Vokabel von der »Unwirklichkeit« verbirgt sich die Entfernung von der Welt und vom »Getriebe«, welche sich durch Natur und »Ruhe« wieder abfangen läßt. In dieser Bewegung aus der Gesellschaft in die Natur ist die Vernachlässigung des »socius« angelegt.
Hermann Zeltner hat betont, daß Schelling versucht, »den Menschen zu sehen in seiner Verknüpfung mit den verschiedenen Bereichen des Seins, in seiner Beziehung vor allem zu Natur,

Geschichte, Gott«.[79] Typischerweise ist also bereits hier vom Mit-Menschen nichts zu erfahren. Zeltner nimmt dann in seinen Gedankengang auf, daß in der Philosophie des jungen Schelling die Rolle des Mit-Menschen betrachtet werde: »Allerdings ist ... das Begreifen des ›Individuums in der Rolle des Mitmenschen‹ (Löwith), zwar beim jungen Schelling angelegt, aber später nicht weiterentwickelt.«[80] Diese Entwicklung erscheint auch kaum ableitbar aus der Behauptung eines Kompatriotismus zu den Dingen der Welt, die als Natur gefaßt wird.

Bei einer eingehenden Betrachtung der deutschen Philosophie (zumal des Idealismus) im 18. Jahrhundert und der Frage wie das Syndrom von Weltflucht, Melancholie, Innerlichkeit und Natursehnsucht in ihm sich reproduziert, wäre die durch den Begriff der Arbeit entstehende Differenz entscheidend zu berücksichtigen. Es erscheint nicht zufällig, daß Schellings Auffassung von der »unzerstörliche(n) Melancholie«, die allem Leben anhänge, mit der Tatsache verbunden ist, daß man den Begriff der Arbeit bei ihm vergeblich sucht.[81]

So paßt Fichte, der in ›Die Grundzüge des gegenwärtigen Zeitalters‹ (1804/05) die Langeweile einer Epoche zuspricht, welche »der Idee entbehrt«[82], durchaus sich der für das 18. Jahrhundert charakteristischen Affekt-Psychologie an: »Ich will lieben, ich will mich in Teilnahme verlieren, mich freuen und mich betrüben. Der höchste Gegenstand dieser Teilnahme für mich bin ich selbst ...«[83], entwickelt aber nicht die gängige Naturaffinität: »Ich will der Herr der Natur sein, und sie soll mein Diener sein, ich will einen meiner Kraft gemäßen Einfluß auf sie haben, sie aber soll keinen haben auf mich.«[84] Fichte opponiert der »Naturphilosophie«, die aus der Schwärmerei entsteht, und entwirft ein realistisches Bild des gesellschaftlichen Fortschritts durch zunehmende Spezialisierung und Arbeitsteilung:

»Die eigene Kraft des Menschen soll durch zweckmäßige Verteilung der nötigen Arbeitszweige unter mehrere, deren jeder nur Eines, aber dieses recht, lerne, ... erhöht werden; so daß ohne viel Zeit-, und Kraftaufwand alle irdischen Zwecke des Menschen erreicht werden, und er Zeit übrig behalte, um seine Betrachtung in sein Inneres, und auf das Überirdische zu wenden. Dies ist der Zweck der menschlichen Gattung als solcher.«[85]

So besteht zwar Fichte auf der Langeweile des Zeitalters, gibt auch eine Beschreibung, die sich als melancholische interpretieren ließe. Die Wiedergabe dieser Passage zeigt aber doch, wie weit hier die Kritik davon entfernt ist, »grund«sätzlich zu sein und Tiefe zu beanspruchen: »... ein Zeitalter, das der Ideen entbehrt, wird daher ein schwaches und kraftloses Zeitalter sein, und alles, was es noch treibt, und worin es Lebenszeichen von sich gibt, nur matt und siechend, und ohne sichtbaren Kraftaufwand verrichtend.«[86] Diese Kritik ist scharf, aber sie betrifft nur die dritte der Fichteschen Epochen der Geschichte. Mit solcher historischen Relativierung und der Verwendung eines realitätsnäheren Begriffs der Arbeit – die »Differenz nach vorn« mag man ermessen, wenn man an Hegels Schilderung des Verhältnisses von Herr und Knecht in der ›Phänomenologie‹ denkt – entfällt die notwendige Flucht in die Natur und die Vernachlässigung des Mit-Menschen. Damit wird natürlich nichts über Fichte allgemein ausgesagt, sondern nur über die an einer bestimmten Stelle, etwa in den ›Grundzügen‹, von Fichte vertretenen Positionen. Später wird sich zeigen, daß in bezug auf die hier besonders interessierenden Probleme ›Der geschloßne Handelsstaat‹ ein weit höheres Maß an Rigorosität besitzt.

Hier wird nun die Vermutung angeregt, es könne eine jeweilige geschichtsphilosophische Position von der Stellung ihres Inhabers zu Weltflucht, Innerlichkeit, Melancholie und Naturvorliebe sich bestimmen lassen.

Die Schwierigkeit des Versuches, den »Ort« der bürgerlichen Melancholie zu fixieren, wird offenbar, wenn man zu der Einsicht gelangt, daß jener bürgerliche Naturbegriff, der Einsamkeit und Innerlichkeit, melancholische Weltflucht und Aversion gegen als höfisch-unecht verschriene Langeweile deckt, als formaler einem Begriff von Geschichte und Gesellschaft entgegenzusetzen ist. Zimmermann etwa, der in einem Brief an Haller von Rousseau als seinem »Favorit-Scribenten« spricht, und der diesen gut genug gelernt hat, »um die beste Staatsform mit der geringsten Entfernung des Menschen von der Natur gleichzusetzen . . .«[87], bietet ein Beispiel für den Einfluß, den Rousseaus Geschichtsaversion und dessen Begriff einer Natur des Goldenen Zeitalters auf die Empfindsamkeit hatten. Rousseau hat sich selbst als »peintre de la nature et historien du cœur humain« bezeichnet. In diesen Worten liegt, paradigmatisch für die gesamte bürgerliche Melancholie und Flucht in die Natur, als Ausgleich eine selbstbewußte Subjektivität verborgen, die nur noch die eigene Innerlichkeit als verbindlichen Maßstab anerkennt.

Wie notwendig es ist, den bürgerlichen Naturbegriff formal zu fassen, wird deutlich, wenn man sich erinnert, daß auch Rousseau im zweiten Discours es als sein Ziel beschreibt, »de bien connaître un état qui n'existe plus, qui n'a peut-être point existé, qui probablement n'existera jamais, et dont il est pourtant nécessaire d'avoir des notions justes, pour bien juger de notre état présent«.[88] Hier muß die Ungeschichtlichkeit verblüffen, welche die Metapher vom Naturzustand nur als methodisches Prinzip erscheinen läßt, als »point de vue philosophique«, von dem aus der gegenwärtige Zustand der Menschen und der Gesellschaft betrachtet werden soll. Kurt Weigand hat allerdings in seinem Kommentar diese Vermutung zurückgewiesen, wenn er schreibt: »Diese Stelle spricht für eine Kantianische Auslegung des Discours, demzufolge Rousseau in dem Naturmenschen bloß ein Maß des Menschen als apriorische Bedingung der Geschichte suchte. Allein der Standpunkt des Vorworts ist nicht der des Discours.«[89]

Kant wie auch Rousseau können als Repräsentanten einer bürgerlich orientierten Philosophie aufgefaßt werden. Ihre Differenzen, die bei aller Wertschätzung Rousseaus durch Kant beharrlich zu betonen sind, zeigen zwei Spielarten bürgerlicher Melancholie: diejenige Rousseaus löst sich aus der Starre des auf das goldene, vergangene Zeitalter fixierten Blickes, indem sie rigoros jene Utopie des ›Contrat Social‹ entwirft, in welcher die Metapher vom höchsten Wohl aller das Melancholie-Verbot wieder aufnimmt. Kant scheint die Resignation auf die Spitze zu treiben, wenn er von der Unerreichbarkeit der Zufriedenheit (aquiescentia) für den Menschen spricht. Tatsächlich ist diese Einsicht Verhinderung der Resignation. Entscheidend ist nämlich der Standpunkt, von dem aus der Vorwurf der Resignation erhoben wird. Beharrt man auf der Möglichkeit der total verplanten und geplanten Utopie, so bedeutet die Behauptung, daß der Glückszustand nicht erreichbar sei, das Ende der Utopie. Chancen auf Verwirklichung oder der Ansatz dazu sind in ihr nur vorhanden, wenn sie mit dem Versprechen des Glücks für alle werben kann. Diese Werbung ist der Kantischen Argumentation fremd. Sie verzichtet auf das utopische Glück und kommt eben damit resignativer Verdammung der Gegenwart zuvor. Die Position Rousseaus, jene der versprechenden Utopie, gestattet nicht nur die Distanz von der Gegenwart, sondern erfordert diese komplementär. Der erste und der zweite Discours gehören zusammen.

Im § 61 der ›Anthropologie‹ (VII, 233) spricht Kant »Von der langen Weile und dem Kurzweil«: in der Opposition gegen den »üppigen Menschen«, der alleine sich langweilen kann (»wie man in Paris vom Lord Mordaunt sagte: ›Die Engländer erhenken sich, um sich die Zeit zu passiren‹)«, steckt die von Schadenfreude nicht freie bürgerliche Aversion gegen den Adel und gegen adlige Langeweile als Herrschaftssymbol. Neben dieser Aversion, die das bürgerliche Denken der Zeit auch in seinem Ressentiment unterstützt, liegt in der Auffassung von der Natur, die »den Schmerz zum Stachel der Thätigkeit in ihn (den Menschen, W. L.) gelegt (hat), dem er nicht entgehen kann . . .« (VII, 235), eine Versöhnung von Natur und Gesellschaft: der Zwang zum Handeln fordert Gesellschaft, in welcher gehandelt werden kann – auch das steckt in der »Idee einer Weltgeschichte, die gewissermaßen einen Leitfaden *a priori* hat . . .« (VIII, 30).

Kant und J. J. Rousseau repräsentieren, nicht zuletzt in ihren Schriften zur Geschichtsphilosophie, auch zwei Tendenzen zur *Überwindung* der bürgerlichen Melancholie: bei diesem wird das Melancholie-Verbot beinahe überflüssig, ist erst der ›Contrat‹ geschlossen – bei jenem bleibt der Stachel der Zwietracht in der bürgerlichen Gesellschaft enthalten, die sich in »weltbürgerlicher Absicht« entwickeln soll. Verspricht der Gesellschaftsvertrag Rousseaus das Glück aller – was, wie immer bei solchen Floskeln, das Glück derer meint, die sich anpassen –, so geht Kant nicht so weit: die Ansicht vom Menschen als einem »krummen Holz«, aus dem nichts Gerades mehr werden kann, verbietet es, die Euphorie in die Zukunft zu verlegen. Dafür scheint die Kantische bürgerliche Gesellschaft von Langeweile frei, da ihre Mitglieder zur Tätigkeit angetrieben sind, was nach der besonders im 19. Jahrhundert herrschenden Auffassung die Langeweile ja vertreibt. Dieser Zustand der getriebenen Tätigkeit hat freilich ein Dialektisches an sich, denn mit der Hoffnung, daß endlich einmal »ein Zustand errichtet wird, der, einem bürgerlichen gemeinen Wesen ähnlich, so wie ein *Automat* sich selbst erhalten kann« (VIII, 25)[90], ist mit dem Automatismus die erzwungene Tätigkeit verschwunden – dafür in der Total-Entlastung von der Arbeit die Langeweile wieder zurückgekehrt. So endet Kant mit der Aussicht auf eine bürgerliche Gesellschaft, die den Stachel der Tätigkeit und den Grund zur Melancholie verloren haben wird – vielleicht um den Preis, das zu besitzen, was ihr am Adel so verachtenswert erschien: die Langeweile.

Schopenhauer hat diese ungewünschte Folge gespürt, als er im 4. Buch der ›Welt als Wille und Vorstellung‹ betonte, sollte der Staat seinen Zweck einst vollkommen erreichen, so werde ein Schlaraffenland entstehen, in dem die Langeweile die Stelle all der Übel einnehmen werde, die man nun endlich beseitigt glaubte.[91] Der Prozeß der Entlastung läßt sich nicht beliebig prolongieren, er schlägt endlich einmal in die Belastung um, die am schwersten zu beseitigen ist, weil man im buchstäblichen Sinne dagegen nichts mehr tun kann.

IV Räume der Langeweile und Melancholie

Übersicht

Schon vom Wort her gehören Melancholie und Langeweile zusammen; nicht nur im »ennuy« sind beide verborgen. Ludwig Marcuses Feststellung, im 17. Jahrhundert sei die Melancholie so berühmt gewesen wie zweihundert Jahre später die Langeweile, unterschlägt, wie sehr beide zusammengehören: wie oft aus der manchmal erzwungenen Langeweile die Melancholie erwächst und dem Melancholiker nichts mehr übrigbleibt, als sich in der Langeweile des All-Tags mit sich selber zu beschäftigen. Treffender hat Walter Benjamin, der das 17. Jahrhundert ähnlich wie Marcuse beschrieb, auch dem neunzehnten eine spezifische Melancholie unterlegt – jener Epoche also, die nicht nur für Marcuse als hohe Zeit der großen Sich-Langweilenden gegolten hat.[1]
Spricht man das Wort Lange-Weile aus, so ist der Zeitbezug hergestellt. Erst im 18. Jahrhundert rücken die beiden Partikel aneinander und kaschieren seitdem dürftig den Zusammenhang.[2] In der Langeweile findet man die Zeit lang, man kann sie nicht ausfüllen oder hinbringen, endlich schlägt man sie tot, wenn man merkt, daß sie kein Ende nehmen will. So erscheint die Langeweile als das ewige Einerlei, immer dasselbe, die gähnende Leere.[3] Und schon in diesen Metaphern ist der Raum-Bezug offensichtlich; er ist notwendige Bedingung für die Erkenntnis der Langeweile: Gleichheit kann nur durch ein vergleichbares Ungleiches bestimmt werden, die Identität nur nachgewiesen werden, wenn das Nicht-Identische zuhanden ist. So bildet der Raum den Hinter-Grund für die Sprache und den Fix-Punkt, an dem orientiert erst die Langeweile sich bemerkbar macht.
Die für Wissenschaft wie Literatur gleich wichtigen Erkenntnisse über das Wesen der Zeit, die besonders die Wende zum 20. Jahrhundert prägen, werden zum Teil in den ältesten Auffassungen über die Langeweile vorausgeahnt. Die subjektiv erfahrenen

Stimmungen der Langeweile sind orientiert an einem objektiven Parameter: der *regelmäßig-mechanischen* Zeit, verkörpert im Bild der Uhr. Die Erfahrung der Langeweile, die einem Begriff von Zeit mit genau gleichen Momenten widerspricht, erzwingt die Reflexion auf einen neuen Zeitbegriff, den man den *unregelmäßig-natürlichen* nennen könnte. Er läßt sich bestimmen durch das Verhältnis der Ereignishäufigkeit zur mechanischen Zeit. So ist die gängige Vorstellung von Langeweile orientiert. Daß sie bürgerlichen Charakter trägt, ist nach dem bisher Gesagten unverkennbar. Die Lösung aus der mechanischen Zeit kann nach dieser Auffassung nur gelingen, wenn die Fülle der Ereignisse und des Erlebten die Zeit kürzen. Diese Ereignisse können sich durchaus im Individuum selbst abspielen, dem die Zeit zu lang zu werden droht: Voraussetzung hier wie in der »Aktion nach draußen« ist freilich ein gewisses Maß an Ungebundenheit, das erlaubt, Geschehen zu erzeugen, wo nichts geschehen will. Solches erscheint bourgeoisem Denken in der Etikette nicht möglich, daher wendet sich der Verdacht der Langeweile gegen den Adel. Thomas Manns entgegengesetzte Auffassung von der Langeweile, wie sie im ›Zauberberg‹ vorgetragen wird (»Exkurs über den Zeitsinn«, Berlin und Frankfurt am Main ²1956, S. 94–97), ist daher aristokratischer Natur, weil sie Langeweile durch Gleichförmigkeit vertrieben sieht und nicht durch Veränderung: »Leere und Monotonie mögen zwar den Augenblick und die Stunde dehnen und ›langwilig‹ machen, aber die großen und größten Zeitmassen verkürzen und verflüchtigen sie sogar bis zur Nichtigkeit.« Daß aber auch diese formal betrachtet antibürgerliche Langeweile-Auffassung an der Ortsvorstellung orientiert ist, erscheint in diesem Zusammenhang von besonderem Interesse: die Reflexion über die Langeweile wird nämlich in Gang gesetzt durch »eine merkwürdige Bewandtnis mit diesem Sicheinleben an fremdem Orte . . .«

Kierkegaard, der auf dem besonderen Zeitbezug der Langeweile beharrte und den Begriff der Melancholie mit seiner Kategorie der Wiederholung in Verbindung brachte, hat schließlich einen überraschend raumnahen – und den auf die Kategorie des »Ein-

zelnen« zielenden existential-philosophischen Ansatz ins Soziologische erweiternden – Abschluß seiner Ansichten über Langeweile gegeben. In ›Entweder-Oder‹ endet bereits der »Versuch
einer sozialen Klugheitslehre«, »Die Wechselwirkung« gehei-
ßen, im Raum-Symbol:

»Die Götter langweilten sich, darum schufen sie die Menschen. Adam
langweilte sich, weil er allein war, darum ward Eva erschaffen. Von
diesem Augenblick an kam die Langeweile in die Welt, wuchs an
Größe in genauer Entsprechung zum Wachstum der Menge des Volks.
Adam langweilte sich allein, alsdann langweilten Adam und Eva sich
im Verein, alsdann langweilten Adam und Eva und Kain und Abel
sich im Familienkreis (en famille), alsdann nahm die Menge des Volks
in der Welt zu und langweilte sich en masse. Um sich zu zerstreuen
kamen sie auf den Gedanken, einen Turm zu bauen, der so hoch sei,
daß er emporragte in den Himmel. Dieser Gedanke ist eben so langweilig wie der Turm hoch war, und ein erschrecklicher Beweis dafür,
wie sehr die Langeweile überhand genommen hatte.« [4]

In seinem Tagebuch reflektiert Kierkegaard, wie die Zeit »(dieses
Nacheinander, die Sukzession) des Menschen schlimmster Feind
ist oder doch sein kann«. [5] In der Wiederholung wird aber –
Proust ähnlich – im Gegensatz zur Erinnerung ein positives
Prinzip erblickt: »Ja, gäbe es keine Wiederholung, was wäre
dann das Leben? ... Hätte nicht Gott selber die Wiederholung
gewollt, die Welt wäre nie entstanden«. [6] Schwankt so der Zeitbezug der Langeweile, liefert Kierkegaard dafür im ›Gesichtspunkt für meine Wirksamkeit als Schriftsteller‹, dieser »unmittelbaren Mitteilung« und »Meldung an die Geschichte«, die sech-
zehn Jahre nach der ›Wiederholung‹ erschien, eine soziologische
Auflösung des Phänomens Langeweile, welche die Melancholie
mit einschließt. Einmal wird hier die Disposition dessen, der sich
langweilt und fürchtet, »die Ewigkeit könne langweilig sein«, im
Genie-Begriff erfaßt, einer Zuschreibung also, welche positiver
gesellschaftlicher Sanktionen, der Anerkennung, bedarf, um nicht
nach »innen« und damit in Frustration umzuschlagen. Zum
anderen reduziert Kierkegaard das Schicksal des sich langweilen-
den und melancholischen einzelnen auf ein Raum-Phänomen, das

für das Verständnis von Melancholie und Langeweile mehr vermittelt als die bloß passende Metapher:

»Mehr habe ich nicht zu sagen, nur daß ich zum Schluß einen andern reden lassen will, meinen Dichter, der, wenn er kommt, mir den Platz anweisen wird unter denen, die gelitten für eine Idee. Er wird sagen: ›Das Martyrium, das dieser Schriftsteller erlitt, läßt sich ganz kurz so beschreiben: er erlitt es, *Genie in einer Kleinstadt zu ṣein‹.«* [7]

So verbindet sich in Kierkegaards Schilderung alles zum melancholischen Syndrom, von dem bereits gesprochen wurde: das »Leiden der Innerlichkeit« gehört dazu wie die Feststellung, in einem »Zeitalter der Reflexion« [8] zu leben – hier verbinden sich Melancholie und Langeweile. Die räumliche Fixierung des »Ortes« der Langeweile und der Melancholie in der Kleinstadt trifft weniger das Städtische als das Provinzielle – die Ansammlung eines potentiellen Publikums, das den »Einzelnen« verkennt, der doch »Genie« zu sein vorgibt. Die Metapher von der Kleinstadt bedeutet nicht Polemik gegen die Welt an sich, sondern gegen die Verfassung, in der sie sich befindet, und ist weit entfernt vom Mechanismus der Stadtflucht, wie er im 18. Jahrhundert gang und gäbe war: »Oft reiß ich mich aus der Stadt los und fliehe in einsame Gegenden, dann entreißt die Schönheit der Natur mein Gemüt all dem Ekel und allen den widrigen Eindrücken, die mich aus der Stadt verfolgt haben ...« [9]

Zu Kierkegaards Gegenbegriff der verhaßten Kleinstadt wird nicht Natur, sondern das *Intérieur.* Im Bild der Kleinstadt malt sich weniger der Vorwurf gegen den heimeligen Betrieb als der Haß des Genies aufs Mittelmaß. Hierzu gehört auch die Polemik gegen Kopenhagen, von dem behauptet wird, es habe sich zu einer Kleinstadt entwickelt. Damit wird die Polemik »ökonomisch«, denn im Dänischen bedeutet Kleinstadt die Kaufstadt und den Markt: in Kjøbstad ist beides enthalten. [10] So gewinnt die Kierkegaardsche Polemik ein zusätzliches Air: das aristokratische. Kierkegaard wünscht den Betrieb und den großstädtischen Tumult, aber als entlastet und fern der Arbeit – die passende Überzeugung für einen streng nach Plan lebenden Rentier, der exakt in jenem Moment starb, »da er sein Vermögen aufgezehrt hatte, das auf Zinsen anzulegen er christlich streng sich weigerte«.[11] Im Vorwurf gegen die Kleinstadt verbirgt sich die Suche nach dem aristokratischen Zentrum. Daß dessen Bewohner der Langeweile freilich nicht enthoben sind, hat Kierkegaard gewußt, aber auch den Trost eines solchen Wissens angedeutet: »Alle Menschen also sind langweilig ... Die, welche andre langweilen, sind Plebs, der Haufe, der unendliche Menschenschwarm im Allgemeinen; die, welche sich selbst langweilen, sind die Auserlesenen, der Adel ...«[12] Mit der Nivellierung der Langeweile zu einem allgemeinmenschlichen Merkmal ist der elitäre Zug nicht aufgegeben. Zum Adel stilisiert sich nun empor, wer sich rühmen darf, die eigene Misere zu durchschauen.

Die Wichtigkeit der Argumentation Kierkegaards, die Langeweile und Melancholie schließlich in der formelhaften Metapher vom »Genie in der Kleinstadt« zusammenfaßt, wird deutlich, wenn man erkennt, daß der Raumbezug soziologischer Deutung näher steht als der Bezug auf die Zeit – die mangelnde Affinität zur letzteren hat als unerwünschtes Ergebnis die Geschichtsfeindlichkeit der soziologischen Disziplin kreiert. Maurice Halbwachs hat auf die Bemerkung Comtes hingewiesen, »daß das geistige Gleichgewicht sich zum großen Teil und in erster Linie aus der Tatsache ergibt, daß die materiellen Gegenstände, mit denen wir täglich in Berührung kommen, sich nicht oder wenig wandeln und uns ein Bild der Permanenz und der Beständigkeit darbieten. Sie kommen einer schweigsamen und unbeweglichen, an unserer Unrast und unseren Stimmungswechseln unbeteiligten Gesellschaft gleich, die uns den Eindruck von Ruhe und Ordnung gibt.«[13] So ist der unveränderte wenn auch nicht unveränderliche Raum, der aus den materiellen Gegenständen besteht und aus ihrer Zusammensetzung seine Struktur und Bedeutung gewinnt, konstitutiv für eine soziologische Betrachtungsweise, die darauf angewiesen ist, statische und dynamische Kategorien zu entwikkeln, ohne beide gleichzeitig verwenden zu können. Die Stimmungswechsel der Gesellschaft lassen sich durch die Zeiten hindurch verfolgen, die Art und Weise, mit den veränderten Stimmungen und Affektlagen fertig zu werden, zeigt sich auch an den Vorstellungen der Räume, in denen diese abgearbeitet oder ausgelebt werden.

Das utopische Denken, das aus seinem Brüten die Utopie als System entläßt, kennt – weil gegen die Misere des Augenblicks entworfen – keine Melancholie, aber auch keine Langeweile. Die Trauer über das, was war und immer noch ist, gebiert die Kritik am bestehenden System – sie ist von der Utopie fernzuhalten. Daher wird auch Langeweile verpönt. Planbar ist sie ohnehin kaum: mag höchstens als unerwünschtes Nebenprodukt abfallen, wenn Freizeit berechnet werden soll. Verbleibt die Utopie noch in der Nähe von Cokaygne oder Schlaraffia, so staunt die der Reflexion noch recht ferne, volksnahe Phantasie so sehr über das von der Zukunft Gebotene, daß der Gedanke ans Ende fehlt: vom Essen wird geredet, ohne daran zu denken, daß niemand mehr in sich stopfen kann, als sein Magen ihm gestattet. Die Utopie dieses Stadiums, als im Volksglauben verankert sicher eine der frühesten, kennt keine Langeweile, weil sie aus dem Staunen nicht mehr herauskommt. Schlaraffia ist Wunschdenken und zur Zukunft hin offen: die Kategorie Ende existiert nicht. Sie gibt es in dieser frühen Form der Utopie so wenig wie im Märchen, welches den Gedanken an das Ende in der stereotypen Schlußformel überspielt, daß sie noch heute leben, wenn sie nicht gestorben sind. Und »nur das Märchen, das immer lehrreiche, und das Staatsmärchen wissen vom Tischlein deck dich, vom Schlaraffenland zu erzählen« [14] (Bloch).

Entsteht aus dem Wunschdenken das utopische System, so wächst mit dem Grad der Abstraktion auch die Rigorosität der Planung und die Schärfe der Kategorien, mit welchen sie inszeniert werden soll. [15] »Handle nach Plan!« lautet das oberste Gebot und nicht »Tu was du willst!«, wie Rabelais die Regel der Abtei von Thelem nannte. Kann man in Cokaygne faul herumliegen und auf die gebratenen Gänse warten, die einem – Messer und Gabel schon appliziert – ins offene Maul fliegen, so muß in Utopia gearbeitet werden, mehr um den rechten Appetit zu gewinnen, als den Lebensunterhalt herbeizuschaffen. Cabets »organiser la fortune« ist *das* utopische Motto; wie die Organisation das Glück verkümmern läßt, zeigt die Geschichte der realisierten Utopie, ihre faschistische Perversion bildet die »Organisation des Optimismus«, welche ein Goebbels sich als Ziel gesetzt hatte. Das utopische System ist orientiert am Begriff der Ordnung: sie teilt die Zeit noch auf bis zum Punkt, da es am günstigsten erscheint, neues Leben zu erschaffen, um Utopia zu erhalten (Campanella). Freie Zeit existiert in Utopia nicht, weil es keine Leer-Räume gibt, die von der Planung ausgespart würden. Arbeit wie Muße sind reglementiert. Blochs Diktum über Campanellas ›Sonnenstaat‹ gilt nicht nur für diesen: »Trotz einer noch kürzeren Arbeitszeit als bei More, einer nur vierstündigen, und wiederum kommunistischer Verteilung des Ertrags liegt wohltätige Last der Regel auf jeder Stunde, auch jedem Genuß.«[16] Herrschaft in Utopia soll zum besten aller dienen. Sie ließ sich zu jenen Zeiten, da eudämonistische Utopien noch gedacht werden konnten, als vereinbar mit dem Begriff der Totalität darstellen.

Langeweile aber läßt sich unter diesem Begriff schwerlich subsumieren, kennzeichnet vielmehr einen Rest von Privatheit im Plan, von Spontaneität im Nichtstun. Nichtstun ist mit Langeweile nicht identisch, aber die eudämonistische Utopie visierte keine Form der Arbeit an, die aufgrund ihres stereotypen Ablaufes gestattete, sich zu langweilen und dennoch zu arbeiten. Wer in Utopia arbeitet, hat für Langeweile keine Zeit. Und wer damit zu Ende ist, bleibt verplant: auch in der freien Zeit dem Zwang zur Effizienz unterworfen. Dem Ordnungsdruck der Utopie fügen sich Zeit und Raum: jene, da die Utopie erscheint als »Aufhebung von sozialem Zufall, Einzelfall, Glücksfall . . . *Utopie der Zufallslosigkeit, der Situationslosigkeit*«.[17] Dieser, weil er, nicht nur dort, wo Bloch es betont, »überall gefeiert wird« – der gefeierte Raum ist der verplante und der vermessene. Leerräume sind nicht vorhanden und freie Zeit auch nicht: so ist die Langeweile fern, weil ihr nach der Intention der Planer kein Raum zur Verfügung steht und keine Zeit, in welchen sie sich abspielen könnte. Daher entfällt in »Utopia« als verplanter Welt auch neben den spezifischen und singulären Äußerungen der Psyche die Wissenschaft, die sich mit ihr befassen könnte: Psychologie. »Die vorbürgerliche Welt kennt Psychologie noch nicht, die total vergesellschaftete nicht mehr«[18] (Adorno).

Die Utopie ist das System der totalen Institutionen, und es ist schwer anzugeben, was totaler erscheint: ihr reibungsloses Funktionieren oder die Tatsache ihrer peniblen Kompetenzanpassung, die Reibung und damit auch die Möglichkeit von Konflikten verringert. In seiner Polemik gegen die strukturell-funktionale Theorie hat Ralf Dahrendorf von der Langeweile gesprochen, die eine bestimmte Art der Diskussion in der theoretischen Soziologie mit einem platonischen Dialog gemeinsam habe.[19] In der Beschreibung »Utopias« orientiert sich Dahrendorf an einer bestimmten Utopie: ›1984‹. Dies ist eine jener pessimistischen Utopien, an denen uns hier nicht zu interessieren braucht, ob sie fruchtbares utopisches Denken auf die Zukunft hin abschneiden – zur ideologischen Stütze einer dennoch besserungswürdigen Gegenwart.

›1984‹ kann aber als Endpunkt der Perspektive dienen, will man untersuchen, was den Bewohnern Utopias passiert, wenn sie die Langeweile entdecken. »Winstons größte Freude im Leben war seine Arbeit. Das meiste war langweilige Routine, aber es gab doch auch so schwierige und knifflige Aufgaben darunter, daß man sich darin wie in den Tiefen mathematischer Probleme verlieren konnte . . .«[20] – Orwells Passage zeigt, wie die überwundene Langeweile direkt den Konsens zum verhaßten System stipuliert. Im System der Totalüberwachung ist daher auch kein melancholisches Verhalten möglich und gestattet: objektiv nicht, weil die durchplante Zeit keinen Leer-Raum läßt, in welchem Melancholie sich ansiedeln könnte, subjektiv nicht, weil schon die unzufriedene Miene Abweichung bedeutet: »Winston drehte sich mit einem Ruck um. Er hatte die ruhig optimistische Miene aufgesetzt, die zur Schau zu tragen ratsam war, wenn man dem Televisor das Gesicht zukehrte« (8). Der »beflissen begeisterte Ausdruck« (31) und die Neigung, ein verhaßtes System zu tolerieren, wenn ein Mindestraum an Spontaneität – in der Arbeit für das System – bleibt, garantieren die Anpassung. Der Ausbruch Smith' aus dem System ist auch die Revolte gegen die wachsende Langeweile – typischerweise flüchtet sich die befreite Spontaneität in den privaten Raum (Mr. Charringtons Zimmer). ›1984‹ zeigt den vergeblichen Versuch, in Utopia das Intérieur zu retten, das die Flucht aus der Welt bedeutet: »Das Zimmer war eine Welt für sich, ein Schlupfwinkel der Vergangenheit, in dem sich längst ausgestorbene Tiere tummeln konnten« (137). Das Intérieur bietet Freiheit, viel mehr deren vergebliche Suggestion: »das Zimmer selbst war eine Freistatt« (138). Als am Ende des gescheiterten Ausbruchs aus Utopia Smith umerzogen ist, fehlt ihm auch jener Zustand der Psyche, der ihn zur Abweichung trieb: »Er empfand keine Langeweile, verspürte kein Verlangen nach Unterhaltung oder Zerstreuung« (252). Utopia ›1984‹ ist das System der permanenten, weil genügend flexiblen, Institutionen. Dahrendorf hat die Perspektive etwas verzerrt, wenn er davon sprach, daß »allgemeiner Consensus . . . implizite das Fehlen strukturell erzeugter Konflikte (bedeutet)«.[21] ›1984‹ ist vielmehr ein System, das Konflikte bewußt erzeugt – man denke nur an die Marginal-Gesellschaft der »proles« –, um durch konstruierten Wandel Utopia geschmeidig und funktionsfähig zu erhalten. Erscheint in diesem System die Langeweile, so wird der Wunsch nach einem privaten Zeitvertreib unverdrängbar: da eine private Langeweile nicht eingeplant ist, kann ihr aber offiziell nicht abgeholfen werden. So stellt das Individuum sich aus individueller, aber durch den Apparat verursachter Langeweile gegen das System und – unterliegt.

Die eudämonistischen Utopien zeigen eben darin, was sie kaschieren, wie mangelhaft sie geplant sind. Sie beruhen auf der Vorstellung der als unübertrefflich angesehenen totalen Ordnung, auf einer ein für allemal akzeptierten Liste stereotyper Zeitabläufe und fixierter Präferenzen. In dieser Vorstellung hat die Langeweile keinen Platz – ebensowenig wie die Melancholie, weil beide darauf beruhen, daß sie einzelne Zeitabschnitte subjektiv werten und einzelne Räume privativ beanspruchen: die Ordnung, die als allgemein akzeptiert wird, durch eine neue, »gefühlte« ersetzen. Ob dieser Ersatz in der Trauer oder im Gewahrwerden der nutzlos verrinnenden Zeit liegt, ist für das System unerheblich und gleichermaßen schädlich. Aber die Langeweile des verordneten Systems und der reibungslos geplante Ablauf, welcher Spontaneität als planlos verdammt, decouvrieren sich in jenem Verbot, durch welches private Langeweile zum Sakrileg erhoben wird. Nur die Utopie »nichtinstitutionellen« Charakters, wie Skinners ›Walden Two‹, erlaubt den Ausdruck der Langeweile und hütet sich vorm Optimismus. [22]

Fichtes geschlossener Handelsstaat verbietet die exterritoriale Mobilität: »Zu reisen hat aus einem geschloßnen Handelsstaate nur der Gelehrte, und der höhere Künstler: der müßigen Neugier und Zerstreuungssucht soll es nicht länger erlaubt sein, ihre Langeweile durch alle Länder herumzutragen.« [23] In dieser Aversion gegen die demonstrierte Langeweile verbirgt sich die Norm, nach welcher der Bürger des Handelsstaates gemessen wird: will er ihm angehören, hat er nach Vorschrift zu arbeiten, den wenigen Gesetzen (!) zu gehorchen und sich seiner Zufriedenheit versichern zu lassen: »Das Verhältniß des Volks zur Regierung, und in einem monarchischen Staate, zur regierenden Familie, ist durchaus glücklich.« [24] Glück ist kein Siegel mehr, an dem erkannt werden mag, wie es um den Einzelnen bestellt ist, sondern der Nachweis für die Planer und Regenten des Systems, daß »alles in Ordnung ist«, denn »die Leichtigkeit der Staatsverwaltung, so wie aller Arbeit, hängt davon ab, daß man mit Ordnung, Übersicht des Ganzen, und nach einem festen Plane zu Werke schreite; ...« [25] Der alte utopische Zusammenhang zwischen verordneter Arbeit, Schutz nach außen, Rigorosität der Gesetze im Inneren und daraus resultierendem Melancholie-Verbot ist auch hier vorhanden. Die Idee des Plans verbietet die Langeweile, weil sie die »Leer-Stellen« enthüllt, welche der Plan zu berücksichtigen vergaß. Die Idee des zufriedenen ruhigen Glücks ist zunächst formal aus dem als wünschenswert erachteten »Funktionieren« des Plans deduziert. Die Melancholie als Trauer über Vergangenes hält unnütz auf, wo alles nur vorwärtsgehen soll, denunziert die Totalität der Utopie, weil sie sich aufs Private zurückzieht. Die totale Utopie bezeichnet den einen Aspekt der Dialektik von Privatheit und Öffentlichkeit, deren anderer in der Innerlichkeit sich zeigt. Human ist einmal Öffentlichkeit, aus der ins Private ausgewichen werden kann, zum anderen Privatheit, die nicht zur Innerlichkeit wird. Die geplante Utopie fordert Anpassung und folgert daraus das Glück des Einzelnen; sie unterschlägt, wie die rigorose Ordnung gerade die Langeweile erzeugt und damit den Stachel der Unzufriedenheit. Weil sie die Langeweile vertreibt, wie bei Fichte, und die Melancholie zu überwinden trachtet, wie bei Burton, verrät die planerisch fixierte eudämonistische Utopie ihre Affinität zu beiden.

Utopien wie jene Orwells richten ihren Vorwurf *gegen* die Utopie, weil sie ihre Kritik der Wirklichkeit entlehnt haben. Sie spielen die teilweise verwirklichte gegen die intendierte Utopie aus. Sie übersehen, daß es kaum der Wirklichkeit bedarf, um die utopische Tendenz zu erblicken. Diese wird in den Verboten sichtbar, welchen die Utopier sich beugen: die Planer von Utopia verbieten ihnen die Langeweile, weil sie wissen, daß Langeweile die Folge des totalen Plans ist; sie fordern kategorisch das demonstrierte Glück, weil sie wissen, daß die Behauptung des höchsten Wohls aller sich nur formal wird beweisen lassen – ohne zu verhindern, daß das Individuum sich in private Räume zurückzuziehen versucht, in denen es wenigstens der ungeplanten und nicht-vermessenen Trauer anhängen kann.

Ordnung und Langeweile schließen sich planerischer Intention nach aus. In einem durchgeplanten System kann eine Leer-Stelle vor-gesehen werden, aber keine Zeit für die Langeweile: sie ist nicht planbar; und was der Mensch tut, der sich langweilt, nicht vorhersehbar. So läßt sich Langeweile weder planen noch von dem wünschen, der den Plan realisieren möchte. Ordnungsdenken im gesellschaftlichen Leben verteilt Macht-Chancen. Sollen Ordnungsvorstellungen realisiert werden, muß mit Macht operiert werden. Anders als in Utopia herrscht in der Realität keine Übereinstimmung über die Art und Weise der zu verteilenden Macht oder über den Modus, nach dem sie bereits verteilt ist. Nicht nur mit Macht kann das Bestehen eines Ordnungssystems aufrechterhalten werden – auch mit Dissimulation. Ein solches

Mittel ist die Etikette, und der Hof der Ort, an dem es benutzt wird.

Die Etikette wurde beschrieben als »zweites Ordnungssystem«, als Mittel, um das Existieren eines ersten Ordnungssystems wenn nicht zu verschleiern, so doch akzeptabel zu machen. Da das zweite Ordnungssystem am ersten orientiert ist, ähnelt es ihm mehr seiner Form als seinem realen Gehalt nach; es ist weniger »mit Leben erfüllt«, dafür um so strikter und regelvoller. Damit ist aber auch die Gefahr der Langeweile gegeben. Entgegen wirkt ihr zunächst jene hohe Stufe der Affektmodellierung, wie sie zur Zeit der Machtkonzentration bereits gegeben ist und deren Merkmal nach außen der Hof bildet. Feinheit der Affekte bedeutet Varianzmöglichkeit auf kleinerem Raum: hohe Zahl von einsetzbaren Verhaltensalternativen bei gleichbleibendem »Auslauf« – hier setzt bereits Sublimierung ein.

Die Idee der »Totalität«, wie sie bereits in der Betrachtung von Utopia angetroffen wurde, lebt am Hof weiter: das zweite Ordnungssystem der Etikette muß dem ersten isomorph sein, wenn es funktionieren soll. Jeder hat sich ihm zu unterwerfen, auch der Herrscher, der es nur einer Subordination unter das Prinzip verdankt, daß er in der Realität unterwerfen kann. Die Anpassung an das erste Ordnungssystem läßt sich nicht besser demonstrieren als durch die Verve, mit der man das zweite akzeptiert. Nur der gute Höfling ist auch ein guter Untertan – wenn sich auch bei den Herrschern schnell der Verdacht breitmacht, es könne sich jemand nur deshalb gut anpassen, um in der Wirklichkeit um so besser konspirieren, d. h. aber die Ordnung verletzen zu können.

Da Etikette sich auf einen Begriff von Ordnung in strikter Form reduzieren läßt, erzeugt sie Langeweile – wie jedes System starrer Verhaltensabläufe. Zentralisierte Macht schafft Sicherheit, am Ort der Macht aber das zuerst beruhigende, dann unruhiger und unlustiger machende Gefühl, immer bereits vorher gewußt zu haben, was dann tatsächlich passierte. Der verabscheute Zufall gehört in Utopia zur Tagesordnung; im Königsmechanismus bleibt der Zufall ausgeschlossen, weil er die feine Balance zu stören vermöchte. Zweihundert Jahre später klagt Stendhal die Zivilisation an, die von der Utopie die Ordnung und vom höfischen Verhalten das Maß, die bürgerliche contenance [26] entlehnt: »Maintenant la civilisation a chassé le hasard, plus d'imprévu« [27] – die Welt ist damit kein »Überraschungsfeld« mehr, also im eigentlichen Sinne un-menschlich. (Der Begriff erscheint bei Gehlen freilich in genau entgegengesetzter Bedeutung: als Zustand der Welt, den es handelnd zu verändern, zu planen gilt.) Lucien Leuwen ahnt nicht, wie die Langeweile schon die Gesellschaft der Vergangenheit bedrohte, von der er sich die »plaisirs donnés par une ancienne civilisation« erwartete, Stendhal vergißt, daß man schon früher ausrief, was nun in den Salons von Nancy zum gängigen Stoßseufzer geworden ist: »J'y meurs d'ennui.« [28] Sicherheit nach außen und Langeweile nach innen prägen den Hof; Spielarten des Zeitvertreibs wie etwa der institutionalisierte Wechsel von Kriegs- und Hofleben sowie die Funktion des Hofnarren stützen diese These. Der Salon wird zum Ort derjenigen, die versucht haben, das erste Ordnungssystem zu durchbrechen, und gescheitert sind. Ihr Verhalten bringt eine wichtige Veränderung im Verhältnis von Melancholie und Langeweile mit sich. Durften am Hof weder Melancholie noch Langeweile gezeigt werden, da sie Kritik am System bedeutet und dem Herrscher ein Privileg geraubt haben würden, erfreut sich der Salon einer Freiheit am Rande, die es gestattet, sich in ihm zu langweilen und melancholisch zu sein. Diese Freiheit aber, die sich in der »Welt«, die der Hof bedeutet, nicht »ausleben« konnte, ist auch im Salon bloß tendenziell vorhanden. Schnell genug setzt sich das universale Verhaltensideal durch, das im Begriff des »honnête homme« auf Affektmodellierung insistiert. Die Freiheit sich zu langweilen nämlich ist nur verlockend, wenn man mit ihr etwas anfangen, sie als Brutstätte des Planes benutzen kann. Ist diese Möglichkeit nicht gegeben – und das war nach dem Scheitern der Fronde der Fall –, dann bedeutet die eingestandene Langeweile den immer noch währenden Primat des Hofes, an dem die Langeweile vertrieben ist. Sie zu töten wird nun im Salon zur Maxime; aber der Kampf gegen sie nimmt andere Formen an als am Hof. Die Literatur gehört dazu, wie eine immer mehr sich ausbreitende Tendenz, das starre Ordnungssystem, an dem auch der Salon noch hing, zu lockern. Es entsteht mit der Zeit eine offene Elite, in der die heranwachsen, die einmal das erste Ordnungssystem hinwegfegen werden. Wird die Langeweile des Hofes erträglich durch die Illusion der Macht, die sich hinter den Zeremonien verflüchtigt, so jene des Salons durch die Offenheit, die er sich in der Wahl seiner Mitglieder gestattet und damit auch in den Verhaltensformen, die diese mitbringen. *Exzentrizität* ist eine jener Kategorien, durch die man zeigen konnte, daß man zu einem Kreis gehörte, ohne seinen Maximen verfallen zu sein; es ist eine Verhaltensform mehr des Salons denn des Hofes. Der Weinhändlerssohn Voiture reüssiert im Hôtel de Rambouillet nicht zuletzt wegen der »allure désinvolte«, die ihm etwas Dandyhaftes verleiht und seine »tristesse intérieure« überspielt.[29]

Der »Abbau« der Melancholie ist in den Salons deutlich spürbar. Man muß nur die bereits zitierten Äußerungen der Mme de Sévigné mit jenen vergleichen, die Mme Geoffrin hundert Jahre später machte, als sie den fiktiven ersten Teil ihrer Memoiren zu rezitieren vorgab: »Die Wahrheit meines Charakters, die Natürlichkeit meines Geistes, die Einfachheit und Wandlungsfähigkeit meines Geschmacks haben mich in allen Situationen meines Lebens glücklich gemacht; so werde ich viel Gefallen daran finden, mich selbst darzustellen.«[30] Das ist natürlich auch der Unterschied zwischen einer Adligen und der Bürgerlichen, die den ersten Salon ihrer Zeit innehat, aber die Differenz der speziellen Worte zeigt die allgemeine Tendenz deutlich an. Die Brüder Goncourt haben ihr Ausdruck verliehen:

»Was das 18. Jahrhundert ›Gesellschaft‹ nennt, das existiert für die sozialen Kreise Frankreichs noch nicht. Das Versailles Ludwigs XIV. absorbiert noch alles; und man muß schon bis zur Mitte der Regierung Ludwigs XV. warten, bis das soziale Leben sich von diesem einen Mittelpunkt löst, wieder auf sich selbst besinnt, nach Paris zurückflutet, in die Höhe schießt, sich verzweigt, überall zum Ausdruck kommt und in tausend Häusern zirkuliert. Erst dann erscheint in seiner *Fröhlich-*

keit und *Kraft*, in seinem *Glanz* und seiner *Eleganz*, in seiner *Blüte* und *Vielfältigkeit*, jene große Macht der Zeit, die Versailles schließlich verdrängen sollte: der Salon.«[31]

In den Salons des 18. Jahrhunderts hat ebenfalls die Sentimentalität die Melancholie abgelöst. Weinte man in den Salons des 17. Jahrhunderts gemeinsam, so konnte man zumindest für die alten Frondeure und ihren Anhang annehmen, daß es einen »Grund« gab; nunmehr ist Weinen zum Vergnügen geworden: »In den Salons gibt es nur noch Stegreifproduktionen, schwarze Geschichten, kleine traurige Romane, rührende Erzählungen, die von schönen Erzählerinnen vorgetragen werden; das Vergnügen bestand darin, daß man weinte.«[32] La Rochefoucaulds Portrait machte noch deutlich, wie Trauer in einer solchen Situation als angemessen erscheinen und sich zu Recht aus den Zeitumständen ableiten konnte: Melancholie war die Trauer um den Verlust dessen, was nicht mehr zu wiederholen ist. Sie war damit auch der prestigefördernde Ausweis derer, die überhaupt etwas besessen hatten, um das zu trauern sich lohnte. Der Salon der gescheiterten »Fronde« befand sich mitten in der »Gesellschaft«, pflegte das gleiche Ideal wie der Hof. Mit der zunehmenden Entfernung der Salons vom Hof in Versailles nach Paris entfernen sie sich auch im übertragenen Sinne. Es gilt nicht mehr das höfische Affekt-Modell, welches noch einem La Rochefoucauld vorschrieb, die Gründe seiner Melancholie darzulegen. Mit dem Eindringen der Bürger in die Salons schwindet das Ideal der gehemmten Affekte und was sich nun auslebt, ist nicht mehr Melancholie, sondern Sentimentalität.

Kannte Utopia weder das Individuum noch die Gruppe, sondern nur das Kollektiv aller, welche Utopia bilden, so wird für die Langeweile wie die Melancholie im Salon entscheidend, daß sie in der Gruppe abgefangen wird. Die längst vermittelte Höhe der Affektabfuhr im gesellschaftlichen Bereich gestattete es den Mitgliedern der Gruppe, neue und prestigesichernde Mittel des Zeitvertreibs zu finden: erstaunlich bleibt, welch hohes Maß an Befriedigung literarische Aktivität jener Gruppe zu bieten vermochte, die sich angeschickt hatte, den Staat umzuwälzen.

In Utopia, dem Lande »Nirgendwo«, droht tendenziell überall die Langeweile – selbst bei Marx verbirgt sich diese Einsicht, wenn er für die Mitglieder der künftigen Gesellschaft erträumt, jederzeit den Beruf wechseln zu können: auch ein Mittel gegen Langeweile![33] Im höfischen Absolutismus ziehen Langeweile und Melancholie an zwei Zentren sich zusammen: am Hof und im Salon. Beide Arten sind zunächst nur dadurch unterschieden, daß man sich im ersten Zentrum langweilt, aber es nicht zugeben darf; am zweiten sich ebenfalls langweilt, aber je länger, je mehr und freimütiger davon spricht und – in der Gruppe – alles tut, um neue und wirksame Mittel gegen die Langeweile zu finden. Mit dieser Konzentration der Langeweile an zwei »Orten« beginnt der »ennui« in Aktion umzuschlagen. Am Hof, als dem auf Dauer gestellten Ordnungssystem, wird dieser Zusammenhang institutionalisiert im Wechsel von Hof- und Kriegsleben – dazu vergleiche man nur die Schriften des Prinzen von Ligne ›Mélanges militaires et sentimentaires‹ (!) –; zum Krieg bildet die Jagd das zivile Pendant, war wohl auch wegen der Chance zur Vertreibung von Langeweile Privileg des Adels.

Die Fronde stellt den gescheiterten Versuch dar, ausgehend von einem Zentrum und dann gegen es mit der Langeweile fertig zu werden. Ihr Scheitern bedeutet für den Frondeur den Abschied vom Hof. Nicht im strengen Sinne, daß er sich dort nicht mehr sehen lassen kann: die Vertrauensbasis aber, die man für Hofamt und Hofansehen sich erst mühsam erwerben mußte, war verspielt. Die Melancholie der Salons entwickelte sich erst in ganzer Stärke, als die versuchte Umsetzung von Langeweile (die schon unter Ludwig XIII. im Gespräch war) in Aktion mit einem kompletten Mißerfolg geendet hat. Nunmehr bilden sich Mechanismen der Abfuhr von Langeweile aus, die sich auf den Salon als Gruppe stützen können. Damit ist einerseits eine hohe Chance zur Erreichung dieses Zieles gegeben, weil die Homogenität der Mitglieder und ihres Lebensschicksals gleiche Verfahrensweisen anregt; andererseits eine Flucht in grüblerischen Solipsismus zwar nicht verhindert, aber gehemmt. Muster einer solchen Bewältigung von Langeweile in »Weltnähe« ist das literarische Verhalten, in dem der »Andere« als potentieller Kritiker, Konsument und Ko-Autor bereits mitgedacht ist. Dieses »Sozius-Prinzip«, das höfischer Literatur immer eignet, weil sie den Abnehmer-Kreis kennt und sich daher zu keiner Ausnahme-Attitüde hochstilisieren muß, schafft eine Enklave in der Gesellschaft und stützt sich auf das Ideal des »honnête homme«. Betrachtet man La Rochefoucauld, so muß erstaunen, wie schnell er aus der Rolle des Haudegens schlüpft und in die des Literaten überwechselt, wobei dieser Begriff heute eine andere Prägung trägt und mehr oder minder nur das Objekt der Hauptbeschäftigung anzeigen will. Die Flexibilität La Rochefoucaulds ist nicht nur Persönlichkeitsmerkmal, sondern Kennzeichen der Zeit. Einer der Höhepunkte in der Entwicklung der Zivilisation zur Affektmodellierung zeigt deutlich, daß damit nicht nur eine Verfeinerung in bestimmter »Richtung« verstanden werden muß, sondern auch eine hohe Bereitwilligkeit und (anerzogene) Fähigkeit, »gehemmte« Affekte umzuleiten und an anderer, »passenderer« Stelle einzusetzen. Daß hier so etwas bei Beibehaltung des gleichen Lebensideals – einer normativen Leitinstanz also – gelingt, zeigt an, auf wie minimalem Raum eine solche Affektverfeinerung und -umleitung möglich war. Sie scheint u. a. ein Mittel gegen das Aufkommen des Ressentiments zu sein, das ja »seinem Boden nach vor allem auf die jeweilig *Dienenden, Beherrschten,* auf die vergeblich gegen den Stachel einer Autorität Anlöckenden beschränkt«[34] ist. Wenn Max Scheler weiter betont, daß der Motor der Ressentiment-Kritik weniger der Wille zur als die Scheu vor Macht sei, wird so deutlich, daß im Salon Ressentiment keinen Platz hatte. Schelers Ressentimenttyp hat etwas Introvertiertes an sich (er bringt z. B. als Illustration Tertullian, der ja bei C. G. Jung als ausgesprochenes Beispiel des Introvertierten fungiert) – im Salon aber finden sich keine Introvertierten. Eher ist der Salon ein Versuch, Tendenz zur Introversion durch Gruppenaktivität zu sperren und damit die Nähe zur Gesellschaft zu erhalten.

Die Fronde war gescheitert, aber »ehrenvoll unterlegen«, weil »Gleiche«, Adlige gegeneinander gekämpft hatten! Darauf wurde schon hingewiesen, als von der Schnelligkeit die Rede war, mit der Sozialbeziehungen auch zwischen ehemaligen Feinden in dieser Zeit nach dem Ende eines Konfliktes wiederaufgenommen oder sogar in der Feindschaft noch beibehalten wurden (Ludwig XIV. – La Rochefoucauld; Montmorency – Richelieu). Die Langeweile des Salons wird in der Welt vertrieben, und die Melancholie derer, die im Salon verkehren, hält sich in erstaunlicher Nähe zu jenen verlorenen Räumen und Beziehungen, die doch erst Anstoß zur melancholischen Haltung geworden sind. Interessant wäre es, die gesellschaftliche Dynamik der Salons zu untersuchen, die von jenem Moment an wächst, da die Bourgeoisie in ihnen heimisch wird – bis zur Revolution. Danach scheint die Bewegung wieder rückläufig zu werden, Proust mußte sich im Leben so anstrengen wie Swann in der ›Recherche‹, um in die Salons des Faubourg Saint-Germain zu gelangen. Erst als die Bürger schon die Salons bevölkerten, kam dort das Ressentiment auf.

Bei der Betrachtung von Langeweile und Melancholie im Deutschland des 18. Jahrhunderts zeigt sich deutlich die Verknüpfung beider Phänomene an bestimmten »Räumlichkeiten«. Anders als bei den gescheiterten Frondeuren handelt es sich bei der Schicht, für die hier Melancholie zur Eigenbestätigung und Langeweile als Adels-Verdacht nützlich wird, nicht um eine gescheiterte »Clique«, sondern eine – auch ökonomisch – aufstrebende Schicht: das Bürgertum. Die hier verwendeten Kategorien sind natürlich zu unscharf. Speziell wird unter dem Bürgertum diejenige Schicht verstanden, die sich noch nicht mit dem Adel arrangiert hatte, andererseits aber auch noch nicht genügend Macht besaß, um ihm offen entgegentreten zu können. Es zählen dazu vor allem die Angehörigen der Bourgeoisie, die es verstanden, ihrem aufkommenden Ressentiment literarischen Ausdruck zu verleihen oder sich in die Wissenschaft zu flüchten. So eingegrenzt erscheinen diese Gruppen ja auch bei Mannheim, Elias und Balet. Im übrigen liegt hier einer der Ansätze, die nur zu leicht der Zuschreibung von Melancholie für eine bestimmte *Schicht* zugrunde liegen können. Die Verknüpfung der Melancholie mit der Genieproblematik krankt seit Aristoteles daran, daß man zuwenig beachtete, wie nicht nur derjenige melancholisch zu sein braucht, der fähig ist, sich darüber zu äußern. Leichthin wurden die Unterschichten davon freigesprochen, sich je zu langweilen oder sich melancholisch zu fühlen, und ihnen dieser Mangel dadurch versüßt, daß man beides als höchste Qual den oberen Schichten zuschrieb. Diese Thematik ist damit noch längst nicht erschöpft; sie kann hier nur angedeutet werden. Es soll verhindert werden, daß der Eindruck entsteht, es werde etwa das Bürgertum des deutschen 18. Jahrhunderts als melancholisch geschildert. Ob es das war oder nicht, spielt – ganz abgesehen von der Fragwürdigkeit derartiger Kollektivzuschreibungen – keine Rolle. Entscheidend ist, daß im Prozeß der Entwicklung und gesellschaftlichen Einordnung eine bestimmte, von der Macht (noch) ferngehaltene Schicht ihre Position als melancholisch *beschrieb*. Zu fragen bleibt dann allgemein, welche Funktion eine Zuschreibung in solchen Begriffen erfüllen sollte, und an dieser Stelle: welche Raumvorstellungen sich damit verknüpfen.

Dem Bürgertum des deutschen 18. Jahrhunderts, das sich nicht mit dem Adel arrangiert hat oder sich wegen noch mangelnder ökonomischer Ressourcen mit ihm nicht arrangieren kann, diskriminiert diesen als »langweilig«. Durchgängig erscheint der Hof in der Literatur der Zeit als ein starres System nutzloser Regeln, geboren aus der Willkür der Fürsten und zu nichts anderem dienend als der Aufrichtung künstlicher Schranken zwischen falschem Hof- und wahrem Menschen-Leben. Der Vorwurf der Langeweile, die ja die Sucht nach Neuem aus sich hervorbringt, verknüpft sich mit einem moralischen Totalverdacht: der Adel erscheint nicht nur als korrupt, sondern auch moralisch minderwertig, zumindest unter dem Bürgertum stehend. Gegen welchen präzisen »Ort« sich aber der Langeweile-Verdacht der Bourgeoisie richtet, ist bei der Kleinstaaterei schwer auszumachen, von Fall zu Fall verschieden und richtet sich nach der Art der Residenz, die als formales Prinzip, nämlich Herrscher-Sitz gedacht ist und weniger als einheitliches Raum-Bild erscheint.

Scheler hat davon gesprochen, daß der Ressentiment-Mensch »unwillkürlich Dasein und Welt zur Rechtfertigung seiner inneren Verfassung des Werterlebens« verleumdet.[35] Diese Beziehung trifft auch für den Auszug des Bürgertums aus der »Welt« zu. Welt bedeutet hier eine Metapher von Gesellschaft, die wiederum abgeflacht im Begriff der Geselligkeit erscheint. Geselligkeit wird angesehen als der Ort des Scheins und der Verstellung, als Zwang »sich anders zu geben als man ist«, als permanente Aufforderung zur positiv sanktionierten Lüge. Mit solchem Makel versehen, setzt die bürgerliche Ideen-Flucht – denn realiter ließ sie sich nicht immer durchführen – aus der Gesellschaft (= Geselligkeit) ein. Als Gegenbild erscheint die Einsamkeit, unter der nicht viel mehr verstanden wird als ein Allein-Sein, das bereits durch seine Entfernung vom Trubel der Geselligkeit Wert erringt. Als Ort dieser Einsamkeit wird Natur aufgefaßt. Der Begriff ist allgemein genug, um verwendbar zu sein; er suggeriert zu gleicher Zeit die Entfernung vom Verderbten wie die Rückkehr zum Ursprünglichen und hat so in Rousseaus Einleitungsworten zum ›Emile‹ deutlichen Ausdruck gefunden: »Tout est bien sortant des mains de l'Auteur des choses, tout dégénère entre les mains de l'homme.«[36] Die *bürgerliche* Alltags-Psychologie des 18. Jahrhunderts erkennt deutlich, wie hemmend Gesellschaft auf das Ausleben von Affekten wirkt; sie ist nicht bereit, diese Hemmung und Zurückhaltung als einen Wert anzuerkennen, der ja in der Tat ein ursprünglich *aristokratischer* ist. Auch daher wird die Natur zum bürgerlichen Ort der Melancholie: sie gestattet das Ausleben der Affekte, da sie keinen von Menschen gesetzten Hemmungen unterliegt. Aber die bürgerliche Psychologie verlangt noch mehr: das Verdoppeln der Empfindung. Der andere erscheint als Mittel zur eigenen Affekt-Verstärkung, nicht so sehr als Sozius, mit dem man sich in einer Welt (= Gesellschaft = Geselligkeit) zu verständigen hat. So entstehen Brief- und Freundschaftskult, in denen weniger ein Rudiment sozialer Beziehungen sich andeutet als eine Übersteigerung der eigenen Sucht nach Empfindung, die einer machtlosen Klasse als Merkmal der Bestätigung dient.

Die Natur als Ort der bürgerlichen Melancholie enthält die Idee der bürgerlichen Haltung in allen ihren Spielarten und Nuancen: sie kündet von einer Schicht, der die Gesellschaft nichts sagt, weil sie in ihr nicht zu Wort kommt; sie gestattet Entfernung vom Getriebe bei gleichzeitiger Rechtfertigung dieses Eskapismus; sie erlaubt das schrankenlose Sich-aus-leben der Innerlichkeit eben deswegen, weil sie unbegrenzt ist; sie läßt sich als Refugium gegen adlige Residenz konstruieren und wird daher – nach dem beliebten modus des »Wie-du-mir-so-ich-dir« – vom Adel wiederum als langweilig bezeichnet und als Verdachtsmoment gegen die Bourgeoisie verwandt. (Eine Überschneidung bürgerlicher und adliger Tendenzen zeigt sich dagegen in der Gartenbaukunst. Als auch der Adel anfängt, die französischen konstruierten Gärten à la Nôtre aufzugeben, und seine Vorliebe für den englischen, »natürlichen« Garten entdeckt, übernimmt er damit ein bürgerliches Prinzip. Auch hier läßt sich die allmähliche Assimilation von Aristokratie und Bourgeoisie nachweisen.)

Vergegenwärtigt man sich noch einmal das Gesagte, so werden die engen Beziehungen zwischen Langeweile, Melancholie und den Räumen, in denen sie sich »abspielen«, deutlich. Immer wurde hier von Gruppen gesprochen – den Planern und Bewohnern von »Utopia«, den Höflingen und im Salon Lebenden, dem Adel und dem Bürgertum –, und es besteht ja »zu jeder Epoche eine enge Beziehung zwischen den Gewohnheiten, der Geisteshaltung einer Gruppe und dem Aussehen des Raumes, in dem sie lebt«, wie Maurice Halbwachs bemerkte.[37] Wie sehr dabei die Einstellungen wechseln, je nachdem man die gleichen Schichten verschiedener Nationen oder die verschiedenen Schichten der gleichen Nation vergleicht, zeigt eine Gegenüberstellung der deutschen und französischen Bourgeoisie. In der deutschen Bürgerlichkeit des 18. Jahrhunderts verbinden sich Stadtflucht, Natursucht und Innerlichkeit. In der französischen Bourgeoisie setzt schon früh der Drang zur Stadt ein, weil dort »étaient les offices, la vie polie, tout ce qui pouvait tenter les plus instruits«[38] (Aynard). Daher entfällt auch die resignative Haltung, die zumindest in der ersten Hälfte des deutschen 18. Jahrhunderts für das Selbstverständnis des Bürgertums entscheidend ist; sie fehlt bereits im 17. Jahrhundert, in welchem »le costume, l'étiquette, le langage, les divertissements, tout ce qui est social, prend une grande importance dans la bourgeoisie, comme il arrive aux classes en état d'évolution, où tout est en discussion.«[39] Urbanität und Gesellschaftsdrang verbinden sich hier, wie dort Natursehnsucht und Innerlichkeit. Die von Robert Minder geprägten Formeln des »inneren Reiches« und der »Einbürgerung des Dichters« dokumentieren nicht nur den Unterschied von französischer und deutscher Literatur, sondern kennzeichnen auch die Differenzen in der geschichtlichen Entwicklung zweier Bourgeoisien, von denen die eine 1789 erreicht und die andere ihre Innerlichkeit über die permanent scheiternden Revolutionsansätze hinweg »retten« kann.[40]

Intérieur

Adorno hat ausgesprochen, es sei, um »das Bild des Intérieurs geschichtlich zu explizieren, ... eine Soziologie der Innerlichkeit not. Deren Idee ist nur scheinbar paradox. Innerlichkeit gibt sich als Restriktion der humanen Existenz in eine Privatsphäre, die der Macht von Verdinglichung enthoben sein soll. Als Privatsphäre aber gehört sie selber, ob auch polemisch, dem gesellschaftlichen Gefüge an.«[41] Das bürgerliche Intérieur des 19. Jahrhunderts erscheint als Fortsetzung in dem hier behandelten Zusammenhang von Melancholie, Langeweile und den Räumen, in denen sie »herrschen«. Bei Adorno wird es mehr oder minder explizit dargestellt. Indirekt wird das Intérieur mit der Langeweile verknüpft, d. h. charakteristischer und in bekannter Weise mit der Darstellung eines Unternehmens, das die im Intérieur lauernde Langeweile vertreiben soll:

»Geismar zitiert aus einer Jugendschrift Kierkegaards eine Schilderung jener ›Ausgänge in der Stube‹, die die Produktion des isolierten Einzelnen merkwürdig erhellt. Von einem ›Johannes Climacus‹ – dem Pseudonym, das später Kierkegaards eigenen Standpunkt deckt – wird da berichtet: ›Wenn Johannes zuweilen um die Erlaubnis ausgehen zu dürfen bat, wurde es ihm meistens abgeschlagen; hingegen schlug ihm der Vater als Ersatz zuweilen vor, an seiner Hand auf dem Fußboden auf und ab zu spazieren. Beim ersten Hinsehen war dies ein ärmlicher Ersatz und doch ... etwas ganz anderes war darin verborgen. Der Vorschlag wurde angenommen, und es wurde Johannes ganz überlassen zu bestimmen, wo sie hingehen wollten. Dann gingen sie aus der Einfahrt, zu einem naheliegenden Lustschloß, oder hinaus zum Strande, oder auf und ab in den Straßen, ganz wie Johannes es wollte; denn der Vater vermochte alles. Während sie nun auf dem Fußboden auf und ab gingen, erzählte der Vater alles, was sie sahen: sie grüßten die Vorübergehenden, Wagen lärmten an ihnen vorbei und übertönten des Vaters Stimme, die Früchte der Kuchenfrau waren einladender denn je ...‹ So geht der Flaneur im Zimmer spazieren; Wirklichkeit erscheint ihm allein reflektiert von bloßer Innerlichkeit.«[42]

Ist damit der Zusammenhang zwischen Langeweile und Intérieur gegeben – wobei das Intérieur als der Ort erscheint, an welchem Langeweile auftritt und, um Herrschaft zu sichern (Vater-Johannes bei Kierkegaard), vertrieben werden muß –, so ist auch zur Schwermut der Bezug nicht fern; Adorno sieht ihn durch den Reflexionsspiegel hergestellt, dessen Funktion darin besteht, »die endlose Straßenlinie solcher Mietshäuser in den abgeschlossenen bürgerlichen Wohnraum hineinzuprojizieren; zugleich der Wohnung sie unterwerfend und die Wohnung mit ihr begrenzend ... Der aber in den Reflexionsspiegel hineinschaut, ist der untätige, vom Produktionsprozeß der Wirtschaft abgeschiedene Private. Der Reflexionsspiegel zeugt für Objektlosigkeit – nur den Schein von Dingen bringt er in die Wohnung – und private Abgeschiedenheit. Spiegel und Trauer gehören darum zusammen.« Schwermut »gehört zum Intérieur, an welches ›Stimmung‹: die Konstellation der Sachgehalte sie bindet. Wie dort das geschichtliche Bild als mythisch sich präsentiert, so stellt hier bloße Natur: das melancholische Temperament als historisch sich dar. Damit aber als dialektisch und als ›Möglichkeit‹ von Versöhnung. – Die innere Geschichte der Melancholie ist von Kierkegaard, gleich der der Subjektivität insgesamt, in Indifferenz gesetzt zur äußeren Geschichte ...«[43] Spiegel und Trauer gehören zusammen – in diesem Satz steckt die Verbindung der melancholischen Situation des Intérieurs mit der Erkenntnis von Weltverlust und steigendem Reflexionsdrang. Der Spiegel bietet die Außenwelt als bloßen Schein dar: als Realität ist sie dem, der den Spiegel benutzt, längst verloren. Gleichzeitig zeigt sich aber in der Metapher des Spiegels die Chance, sich selbst zu betrachten und zumindest das Intérieur zu verdoppeln: es als Realität und gleichzeitigen Schein zu sehen. Hier verbinden sich Verlust von Welt, Rückwendung aufs gespiegelte Subjekt des Intérieurs, also Reflexion, mit der Trauer darüber, die Welt verloren zu haben. Adornos apodiktischer Satz unterschlägt aber die Bedingtheit der spezifischen Situation oder macht sie zumindest nicht genügend deutlich: nicht immer braucht der Spiegel den Weltverlust zu dokumentieren und als Kompensation den Schein eben der verlorenen Welt ins Intérieur zu blinken: Intérieur, Spiegel und Melancholie hängen nicht notwendig zusammen. Auch der Dandy, der – wie Baudelaire es beschrieben und Camus es erweitert hat – vor dem Spiegel stirbt (Wildes ›Dorian Gray‹), nachdem er vor ihm gelebt hat, gehört in diesen Zusammenhang. Exzentrizität und Spiegel passen zueinander wie dieser zu Innerlichkeit. Die Verbindung von Innerlichkeit und Naturhang dagegen ist Charakteristik bürgerlicher Gesellschaft geblieben. Die Utopie von Paul Scheerbarts ›Glasarchitektur‹ (1914) belegt deren Kontinuität. Entworfen gegen die utopiestörende »*langweilige* Frontarchitektur der Backsteinhäuser« (75) zieht die Glasarchitektur Natur ins Intérieur, welches »Sonnenlicht und das Licht des Mondes und der Sterne nicht nur durch ein paar Fenster in die Räume läßt – sondern gleich durch möglichst viele Wände, die ganz aus Glas sind – aus farbigen Gläsern« (11). Zum »Paradies auf der Erde« wird, was Innerlichkeit im heraufdämmernden technologischen Zeitalter bewahrt: »Wenn ich in meinem Glassaale bin, will ich von der Außenwelt nichts hören und sehen ... Hab' ich Sehnsucht nach Himmel, Wolken, Wald und Wiese – so kann ich ja hinausgehen oder mich in eine Extra-Veranda mit ›durchsichtigen‹ Glasscheiben begeben« (47). Im Laufe seiner Entwicklung bleibt dem Bürgertum, das sich ökonomisch emanzipiert, Natur nicht Fluchtort, sondern wird als Besitz kassiert, umgeben von Glaswänden, die der besessenen Natur den Schein der freien verschaffen sollen. Es ist die Illusion des Bourgeois-Kapitalismus: »Für *bescheidene* Ansprüche ist somit jedem *Villenbesitzer* leicht möglich, zu einer Glasarchitektur zu gelangen« (12). Offenheit zur Natur bildet das Pendant zum Bewußtsein der herrschenden Klasse, in Gesellschaft auf Distanz achten zu müssen. [44]

Rüstow hat in einem Aufsatz über die Einsamkeit Flaubert zitiert, der im Zusammenhang mit ›Madame Bovary‹ über die vielen mittelmäßigen Menschen sprach, von denen jeder seine »eigene fensterlose Welt der mittelmäßigen, törichten Dummheit« habe. Rüstow hat später die an Leibniz erinnernde Metapher aufgenommen: in der Beschreibung der Einsamkeit und des Spiegels, der in ihr eine wesentliche Rolle spielt, ist fast immer die fensterlose Monade mitgedacht. [45] Aber kaum einmal wird gefragt, ob diese Metapher von Leibniz her einfach in Zusammenhänge des 19. Jahrhunderts gestellt werden darf. Es scheint nämlich, daß im Wandel dieses Bildes sich die veränderten gesellschaftlichen Bedingungen abprägen, die auch die Auffassung des Intérieurs und des die Welt als Schein heimholenden Spiegels verändern. Mit Deutlichkeit hat Friedrich Kaulbach in seinem Aufsatz »Subjektivität, Fundament der Erkenntnis und lebendiger Spiegel bei Leibniz« [46] auf einen Zusammenhang aufmerksam gemacht, der konträr zu dem erscheint, was etwa Adornos Interpretation Kierkegaards beabsichtigte. Bei Kaulbach wird deutlich, wie in der Rede vom Spiegel einst versucht wurde, jene menschliche Subjektivität zu erkennen und sich ihrer zu bedienen, die bei Kierkegaard längst die Flucht aus der Welt angetreten hat. Bei Leibniz ist der »Spiegel ... der Kopernikanische Standpunkt, den das Bewußtsein durch ein Überschreiten der Grenzen des Hier und Jetzt gewonnen hat ... Auf diese Weise illustriert die Rede vom Spiegel den Überschritt des Bewußtseins zur Perspektive der Objektivität und Weltartigkeit.« [47] Man braucht nur den Begriff der »Weltartigkeit« dem von Adorno benutzten der »Objektlosigkeit« oder jenen der Objektivität der Kategorie des

»Einzelnen« gegenüberzustellen, um zu erkennen, wie sich das Bild gewandelt hat. Gewiß handelt es sich bei Leibniz um »Modellstufen«, d. h. »in Modellsystemen zum Ausdruck kommende, je bestimmten Stand-Punkten gemäße philosophische Prospekte auf die Welt und die Gegenstände in ihr«[48], und bei Kierkegaard um eine reale Auseinandersetzung mit der Welt, die in der Flucht ins Intérieur und die konsequente Haltung des »Einzelnen« mündet: dennoch hat sich die Haltung zur Welt hier grundlegend verschoben, mag sie nun im Modell oder in körpernaher Erfahrung betrachtet werden. Die Seele als »eine kleine Welt« (Leibniz) oder die »Befreundung eines jeden Dinges mit jedem anderen«[49] dokumentieren die Verknüpfung der philosophischen Situation mit einer Weltsicht, die der prästabilierten Harmonie vertraut, der Vereinzelung gerade das Streben nach der »harmonia mundi« entgegensetzt; im Intérieur des 19. Jahrhunderts herrscht die Melancholie, die ihren Weltverlust mit dem Bild der Welt kompensiert, das ihr der Spiegel erscheinen läßt.

Dieser Rekurs auf eine im Zusammenhang mit der Einsamkeit und Melancholie des 19. Jahrhunderts oft verwendete Metapher Leibnizscher Prägung war nötig, um zu zeigen, wie keineswegs eine Situation der Reflexion zur Negierung von Welt, Flucht vor den Spiegel und zur Melancholie der Innerlichkeit führen muß. Aus der ihrer noch selbst gewissen Subjektivität konnte einst vielmehr ein System entstehen, das auf Weltbewältigung aus war und optimistischen Charakter trug. Im Wandel der Metapher von Leibniz bis Kierkegaard dokumentiert sich Aufstieg und Fall der Aufklärung.

Wird bei Adorno das Spiegel-Motiv auch zu ausschließlich mit dem im Intérieur des 19. Jahrhunderts lebenden einzelnen verknüpft, so darf die Wichtigkeit des Hinweises darauf, wie sehr die Melancholie des 19. Jahrhunderts eine des einzelnen ist und die Langeweile fern von Hof und Residenz überall angetroffen werden kann, nicht unterschlagen werden. Rüstow hat in seinem erwähnten Aufsatz auf diese Tatsache hingewiesen, er hat die Schwierigkeiten hervorgehoben, in diesen »Vereinzelungen« noch die soziologische »Strömung« zu erfassen. Die Schwierigkeit besteht tatsächlich darin, die verschiedenartigen Persönlichkeiten auf einen Nenner zu bringen. Viele bieten sich an; aus ihnen typische auszuwählen, macht Mühe. Zum anderen meldet sich damit die Gefahr, aus der Fülle von »casestudies« einen platten statistischen Durchschnitt zu konstruieren, der dann als Tendenz der Epoche zu gelten hätte. Dennoch soll die Untersuchung über Räume der Langeweile und Melancholie mit der Nennung dreier Namen abgeschlossen werden: Maine de Biran, Proust und Valéry. Daß hierbei erneut die Literatur ein Übergewicht erhält, ist Absicht. Die Schwierigkeit, etwa die Langeweile eines Benjamin de Constant, Chateaubriand und Sénancour zu generalisieren, steigert sich, wenn man auf die Lebensumstände der Betreffenden zurückgreift und mikrowissenssoziologisch versucht, ihre Ansichten aus ihren Lebensumständen abzuleiten. Das ist ein biographisches Unterfangen, das seine Berechtigung haben mag, soziologischer Fruchtbarkeit aber weitgehend ermangelt. Wichtiger erscheint es für einen soziologischen Ansatz daher, die Literatur gelegentlich als *direkte* Quelle zu nehmen und weniger nach ihrer materiellen Abhängigkeit von der Wirklichkeit als nach der Übereinstimmung ihrer Strukturen mit dieser zu fragen, wie Lucien Goldmann es intendiert: »La relation entre la pensée collective et les grandes créations individuelles littéraires, philosophiques, théologiques, etc., réside non pas dans une identité de contenu, mais dans une cohérence plus poussée et dans une homologie de structures, laquelle peut s'exprimer par des contenus imaginaires extrêmement différents du contenu réel de la conscience collective.«[50]

Maine de Biran: *homme intérieur und homme extérieur*

Maine de Biran erwähne ich, weil in seinen im Februar 1814 beginnenden ›Journaux‹ sich deutlich jene Wende ankündigt, die Melancholie und Langeweile von nun an endgültig als Kategorien des einzelnen erscheinen läßt. Erst durch diese Reduktion, die soziologisch-historisch am stärksten bedingt ist durch die

Auflösung traditionaler Kulturen und fixierter Herrschaftsverhältnisse, wird es möglich, Langeweile und Melancholie als »Exi-
stenziale« aufzufassen, die »im Menschen« stecken und denen
angeblich keine bloß »äußerliche« soziologische Fragestellung
beizukommen vermag. (Literatursoziologisch wäre auch nach den
Beziehungen zu fragen, die das Tagebuch als literarische Form
mit Melancholie und Langeweile verknüpfen. Es scheint, als ob
eine soziable Form der Melancholie [La Rochefoucauld] auch
eine soziable Literatur [Aphorismen, Maximen] erzeugt, eine
Melancholie der Innerlichkeit dagegen sich ins Tagebuch zurückzieht.)
Bei der Untersuchung der Räume, in welchen Melancholie oder
Langeweile sich finden, war offensichtlich, daß beiden bestimmte
Orte zugeschrieben wurden, wobei diese Zuschreibung je nachdem
variierte, ob die zuschreibende Schicht ihre Langeweile gestehen
konnte (Salon) oder nicht (Hof); ob sie Langeweile als Vorwurf
benutzte (Bürgertum gegen Adel am Hof im Deutschland des 18.
Jahrhunderts) und sogar mit ethischen Überzeugungen verknüpfte oder Langeweile und Melancholie total aus dem System aus-
plante (Utopie). Bei Maine de Biran zeigt sich deutlich, wie
weder Melancholie noch Langeweile an einen Ort fixiert erscheinen:

»Parti de Paris ... je suis arrivé à Grateloup le 3 février ... Je me
plaignais à Paris de l'existence du mouvement; je me plains ici de son
défaut. Dans la capitale, le nombre des objets, la variété des occupa-
tions et des mobiles d'activité me mettent dans une sorte d'étourdisse-
ment et d'embarras, incompatible avec le bonheur ... Ici au contraire,
les mouvements imprimés à ma sensibilité par l'habitude d'une vie
active et toute extérieure sont beaucoup plus prompts que ceux des
objets d'impression dont je suis entouré et ceux-ci ne pouvant se
mettre en équilibre avec mes dispositions, il en résulte de la langueur
et de l'ennui. Où est le point d'équilibre et comment le trouver?«[51]

Daher wird die Langeweile – und bei Maine de Biran explizit
auch die Melancholie – sowohl in der Einsamkeit wie in der
Gesellschaft erlebt: » ... je jouis de ma solitude et de quelques
heures d'un repos absolu, tout le monde étant à la messe. Etat

languissant et maladif; promenade; *farniente* sans plaisir, étour-dissement«, heißt es am 2. Juni 1816 über die Langeweile in der Einsamkeit, und am 1. Januar 1817 wird die Langeweile am Hof nur durch einen bevorzugenden Akt des Königs vertrieben, der aber nicht zur Regel wird: »Je commence l'année par une sorte de disposition méditative qui contraste avec mon activité obligée par les circonstances. J'ai éprouvé de l'ennui et de la souffrance aux Tuileries: une bonne parole du Roi m'en a payé.« Daher bleibt auch keine Einsamkeit als »Fluchtort« übrig: »Il s'agit de se faire dans son âme une solitude où *le monde ne puisse pas pénétrer*; si cette solitude était une fois faite, je pourrais braver le monde et tout son tumulte; mais tant que la solitude de l'âme dépendra du lieu, du temps, de la disposition sensitive etc... il n'y aura pas de paix assurée.« (6. Dezember 1823)[52]

Für Maine de Biran besteht keine Möglichkeit mehr, der Melancholie und der Langeweile zu entfliehen und etwa einen Ort ohne Langeweile gegen den, an welchem sie herrscht, auszuspielen. Die soziale Bedingtheit der Langeweile hebt sich für ihn auf; ihren Bestimmungsgrund setzt Maine de Biran in sich selber, er prägt den Typus des »homme intérieur«: »Je reste par mes habitudes ou mes dispositions naturelles *homme intérieur*, sans néanmoins pouvoir en exercer les facultés actives; d'où il suit que je ne suis rien ni au dedans ni au dehors.« (November 1818). Und Maine de Biran ist sich durchaus bewußt, mit dieser scharfen Unterscheidung von *homme extérieur* und *homme intérieur* etwas Neues geschaffen zu haben: »La distinction de l'homme *intérieur* et de l'homme *extérieur* est capitale et sera le fondement de toutes mes recherches ultérieures: il s'agit de faire nettement le partage, ce qui n'a été encore fait par aucun philosophe, même par ceux qui paraissent avoir poussé le plus loin la méditation.« (28. Oktober 1819)

Maine de Birans Typologie, die bis in Einzelheiten der Jungschen Trennung des Intro- vom Extravertierten entspricht, ist die Folge einer Erfahrung, welche ihre Erlebnisse des ennui und der Melancholie nicht mehr genau zu fixieren vermag. Deutlich spricht das die Passage vom »ni au dedans ni au dehors« aus. Mit der Unmöglichkeit, die eigene Affektlage zu lokalisieren, bleibt nur noch der Ausweg, sie einem Typus zuzuschreiben. Als solcher enthüllt sich der homme intérieur. Ihn charakterisiert gleichermaßen das »*désintéressement* des choses au dehors« wie die Überzeugung, zum Handeln nicht geboren zu sein – womit die bereits angedeutete Verbindung von Intérieur, Weltverlust (Objektlosigkeit) und Reflexionsdrang wieder hergestellt ist. Trotz der Nähe der verwendeten Begriffe unterscheidet den homme intérieur vom einzelnen im Intérieur eine wichtige Nuance: Maine de Biran erkennt im homme intérieur einen Typus, dem ein anderer entgegengesetzt werden kann. Er stellt eine der Möglichkeiten menschlichen Verhaltens dar, das in spezifischer Weise an den Phänomenen der Langeweile und Melancholie exemplifiziert wird. Bei Kierkegaard und der auf den Begriff der Existenz abzielenden Philosophie handelt es sich in dem einzelnen, der seine Langeweile und seine Melancholie zu ertragen hat, um keinen Typus. Der melancholische und der sich langweilende einzelne erkennt vielmehr in sich, was im Menschen überhaupt steckt: Langeweile und Schwermut. Ist die Unterscheidung bei Maine de Biran auch exklusiver – niemand kann zum Introvertierten werden, der nun einmal extravertiert ist –, so besitzt der Erkenntnisprozeß des einzelnen in der Kierkegaardschen und auf ihn sich berufenden Philosophie eine höhere Dignität: hier wird *der* Mensch erkannt, dort nur ein Typus. Ähnlich sind sich beide Konzeptionen in der Nähe zu einer Elite-Theorie, die im Bereich der Spekulation über Langeweile und Melancholie ja immer angesiedelt ist. Maine de Birans Typus besitzt den höheren Exklusivrang, weil er – auch potentiell – nicht jedem Menschen zukommen kann; Langeweile und Melancholie als Existenzialien erkannt zu haben, bedeutet die höchste Endgültigkeit der Aussage, die gefällt werden kann: über *den* Menschen. Immerhin bleibt bei Kierkegaard noch der Raum des Intérieurs, auch wenn es vor der Welt verschlossen bleibt; bei Maine de Biran nur noch das Innere des bestimmten Typus.

Vielleicht bildet die ›Recherche‹ neben Balzacs ›Comédie Humaine‹ das wichtigste Romanwerk der Neuzeit, das sich soziologischer Analyse anbietet. Das Werk als Ganzes hätte als Gegenstand der Untersuchung zu dienen. Da dies hier nicht möglich ist, wird mit Nachdruck betont, daß es sich um nicht mehr als bruchstückhafte Aperçus zum Thema der Verknüpfung von Melancholie und Langeweile in bestimmten Räumen handeln kann.[53]

Wie bei kaum einem anderen Dichter verbindet sich das Bild Prousts mit jenem des Intérieurs; dem Zimmer am Boulevard Haussmann Nr. 102, von dem Proust, als er es von seinem verstorbenen Onkel erbte, enttäuscht sagte, es besitze vergoldeten Zierat an einer fleischfarbenen Wand, pausenlos sei es vom Lärm des Stadtteils erfüllt und die Bäume wüchsen zum Fenster herein. Das sollte sich ändern. »Endlich verfiel er auf ein wirksames Mittel: er ließ sein Zimmer ganz und gar mit Korkeiche ausschlagen. Zwischen vier korkgepolsterten, für die Außengeräusche undurchlässigen Wänden also schrieb er sein großes Buch.«[54] Dieses Bild, das man mit einiger Berechtigung der fensterlosen Monade vergleichen kann – Proust spricht in der ›Recherche‹ an ähnlicher Stelle davon (VI, 635) –, taucht auf, wenn man vom Proustschen Intérieur spricht. Die hier eingestreuten Ausführungen wollen zeigen, wie dieses Intérieur sich wieder erheblich von jenem unterscheidet, das bei Kierkegaard geschildert wurde.

Die Rezeption Prousts ist zu einem großen Teil – an das Wort des Autors sich klammernd – vom Begriff der Zeit ausgegangen. Am nachdrücklichsten hat dann Georges Poulet in seinem Buch ›Marcel Proust. Zeit und Raum‹ (L'Espace Proustien) dieser Vereinseitigung widersprochen, darauf hingewiesen, daß der Zeitbegriff der ›Recherche‹ demjenigen Bergsons radikal widerspricht[55] und die Bedeutung des Raumes herausgestellt: »Prousts Zeit ist verräumlichte, nebeneinandergestellte Zeit.«[56]

Bei Proust wird das Intérieur zu einem Ort, von dem aus – im Leben wie im Roman – »Welt« wiedergewonnen werden kann.

Die Isoliertheit Prousts war schließlich gesellschaftlich bedingt, wie Hannah Arendt bei ihrer Schilderung des Faubourg Saint-Germain betont hat: »Individuelle Reflektion und gesellschaftliche Spiegelung sind nur verschiedene Stadien des gleichen Vorgangs, so daß die individuellen Reflektionen auch dann noch gesellschaftlichen Charakter haben, wenn das Individuum sich entschlossen hat, sich von der Gesellschaft zurückzuziehen – wie Proust selbst, als er aus der Gesellschaft in die raffiniert abgeschiedene Isoliertheit verschwand, in der er schließlich sein großes Romanwerk schuf.«[57] Die »notorische Langeweile« des Faubourg Saint-Germain prägt auch die »Suche nach der verlorenen Zeit«. Swann, der dem Faubourg ähnlich distanziert gegenübersteht und von diesem wiederum so distanziert betrachtet wird wie der Erzähler der ›Recherche‹ und Proust selber, entwickelt geradezu ein Palliativ gegen die Langeweile in dem, was Proust die »Experimente einer unterhaltsamen Soziologie« (III, 127) nennt, die darin bestehen, der ungeschriebenen Etikette ein Schnippchen zu schlagen und die verschiedenartigsten Leute zusammen einzuladen. Im Salon der Verdurins wurden alle Leute als »Langweiler« bezeichnet, bei denen die Verdurins »nicht verkehren konnten« (VIII, 610) – hier scheint Proust Saint-Simon zu paraphrasieren; Mme Verdurin schließlich sieht ein wichtiges Moment ihrer Erziehung darin, daß man ihr in jungen Jahren beigebracht hat, sich langweilen zu lernen (X, 380), und auch im Faubourg selbst herrscht die Langeweile, weil die in ihm Wohnenden zumeist wie die Fürstin »zu überlegen über ihr Ursprungsmilieu (waren), um sich darin nicht zu langweilen ...« (VIII, 387). Wenn daher Bergotte in der ›Recherche‹ dem Erzähler gegenüber vermutet, vielleicht gäbe es »Meisterwerke, die unter Gähnen zustande gekommen sind« (IV, 503), so darf man für Proust sicher folgern, daß die Langeweile des Faubourg und zum Teil auch jener, die strebten in ihn aufgenommen zu werden, sein Werk mitbestimmt hat.

Man kann sogar die Auffassung vertreten, daß die Leistung Prousts wesentlich darin besteht, die Langeweile meisterhaft dargestellt zu haben – was wiederum damit zusammenhängt, daß »die Probleme der Proustschen Menschen ... einer saturierten Gesellschaft (entstammen)«.[58] Diese Gesellschaft lebt an einem bestimmten, fixierten Ort, der ihr das elitäre Gepräge gibt, dem Faubourg Saint-Germain; ihre Öffentlichkeit ist der Salon, der nicht weniger das Air des Marktes entwickelt denn dieser. Gleichzeitig ist das Intérieur nicht nur der Mittelpunkt, von dem aus die Langeweile beschrieben wird, sondern auch Stätte melancholischer Empfindung. Schon der Schüler Proust schreibt von dem »Zentrum der Dinge, von denen jedes mir großartige und melancholische Gefühle und Empfindungen verschafft, die ich genieße«.[59] Die genießende Melancholie bedeutet hier weder die Aufnahme des alten topos von der »süßen Melancholie« noch den Mechanismus einer ideologischen Verklärung der Affektlage, von der man sich doch nicht befreien kann. Melancholie und das sie verursachende Element erscheinen vielmehr als begrüßenswerte Hilfsmittel, um die Realität erkennen und anschließend literarisch darstellen zu können: » ... es ist doch so, daß nur das Leiden an einer Sache uns möglich macht, deren Mechanismen, welche man sonst gar nicht kennen würde, zu bemerken, zu begreifen und zu analysieren« (VII, 80). Das ist ein eminent reflexiver Akt, »weil wir, da die wahre Wirklichkeit nur durch den Geist offenbar wird, das heißt Gegenstand eines geistigen Aktes ist, wahrhaft nur erkennen, was wir durch das Denken wieder erschaffen müssen und was das Alltagsleben uns vielmehr verbirgt« (VII, 239).

So wird das Intérieur, in welchem der Roman entsteht, zum Ort, von dem aus Welt erkannt und beschrieben wird – eine ähnlich ›soziale‹ Haltung, wie sie der Erzähler gelegentlich in der ›Recherche‹ einnimmt:

»Obwohl ich schwieg, glich diese Übung doch einer Konversation und nicht einer Betrachtung, meine Einsamkeit aber einem im Geiste vorgestellten Salon, in dem nicht meine eigene Person, sondern erdachte Gegenspieler meine Reden bestimmten und in dem ich, anstatt Gedanken Gestalt zu geben, die ich für wahrheitsentsprechend hielt, bei der Gestaltung von solchen, die mir mühelos kamen, ohne einen Weg von außen nach innen zurückzulegen, jene rein passive Lust empfand, die jemand, den schlechte Verdauung plagt, im Zustand völliger Ruhe genießt.« (III, 202)

Bei Proust wird das Intérieur weniger zum Ort der Weltflucht als zum Ort, an welchem Welt »bewältigt« wird: im Roman. Daß er die Form des Systems annimmt, in dem die Einzelteile alle aufeinander bezogen sind und ihre spezifische Funktion erst am Ende des Romans, das heißt aber bei Kenntnis des gesamten Systems, erkennen lassen, erscheint nicht ohne Bedeutung – in einem Brief Prousts an Jacques Rivière (7. Februar 1914) heißt es: »... endlich finde ich einen Leser, der *errät*, daß mein Buch ein dogmatisches, durchkonstruiertes Werk ist!«[60] Das »Phänomen des unfreiwilligen Gedächtnisses«, in dem die verlorenen Augenblicke wiedergewonnen werden wie die verlorenen Orte, schließt eine melancholische Haltung aus, die sich ja gerade charakterisieren läßt durch die Trauer um das, was verloren ist und nicht mehr gefunden werden kann oder von dem man resigniert auch nur annimmt, so sei es und müsse wohl auch so sein. Das »Vermögen des Herbeizitierens der Außenwelt« (XI, 91) ist für Proust ebenso ein Merkmal des im Intérieur Lebenden wie die Fähigkeit, die Vergangenheit zu beschwören oder sich von ihr – ungewollt – überraschen zu lassen; es ist aber »der Optimismus ... die Philosophie der Vergangenheit« (XI, 343). Damit ist das Intérieur zum Ort geworden, an dem in der Beschwörung der Vergangenheit nicht die Melancholie brütet, sondern das Vertrauen dessen, der sich die Welt in der Konstruktion des literarischen Systems neu erschafft. Mit größter Berechtigung kann hier auf die Leibniz-Metapher vom Spiegel zurückgegriffen werden, wie es Poulet getan hat:

»Und vielleicht ist das deutlichste und am ausdrücklichsten metaphorische Symbol für diese Beziehung zwischen der Vielfalt und der Einheit des Werkes das von Marcels Schlafzimmer in Balbec, dessen Wände von einem verglasten Bücherschrank verdeckt werden, in dessen Scheiben die Farben des Himmels in einer Serie von ganz verschiedenen Bildern widergespiegelt werden ... Die Metapher ist also von einer absoluten Genauigkeit ... Wenn Prousts Roman zu Ende geht und wenn das Bewußtsein, das unablässig die Geschehnisse registriert hat, in der Lage ist, einen abschließenden klärenden Rückblick darauf zu werfen, geschieht es, daß im Geiste dessen, der das Ganze überschaut, die diskontinuierliche Vielfalt der Episoden, die bis dahin einer Serie von isolierten und nebeneinandergestellten Bildern glich, einer kohärenten Pluralität von Bildern Platz macht, die sich aufeinander beziehen, die sich gegenseitig erhellen und die, um es ganz auszusprechen, eine *Komposition* bilden ... Man kann also keine andere Schlußfolgerung ziehen als die, daß Proust Roman mit dem Beweis seiner inneren Kohärenz endet.« [61]

Die formale Nähe dieses Verfahrens zu dem des utopischen Denkens ist offensichtlich. Im Begriff des Systems, für den hier – mit Poulet – auch der der Komposition [62] stehen kann, treffen sich die Verfahrensweisen. Kohärenz ist beider höchstes Ziel: das kann auch »Harmonie« genannt werden. Aber während die Utopie die Harmonie in die Zukunft projiziert, zieht Proust sie durch das Mittel des unfreiwilligen Gedächtnisses (mémoire involontaire) aus der Vergangenheit: die wiedergefundene Zeit entspricht einer verwirklichten, rückwärts gewandten Utopie. Aus dieser verwirklichten Utopie ist die Melancholie verschwunden, da die verlorenen Orte und Zeiten sich wiedergefunden haben; verschwunden ist auch die Langeweile, da der andauernde Prozeß des unfreiwilligen Sich-Erinnerns (der diametral der »Grausamkeit der Erinnerung« [XI, 201] gegenübersteht) die Langeweile des Stillstandes nicht entstehen läßt.
Die Antwort, daß in der Proustschen Utopie nach rückwärts die Welt sich wiederfindet, muß aber modifiziert werden. Denn der Ort der Erfüllung – Proust hat von der »Enttäuschung der Erfüllung« (VI, 511) gesprochen – ist ein System, das sich durch die Erinnerungen zwar der vergangenen Realität bemächtigt hat, in der Genugtuung darüber aber die Realität der Gegenwart aussparen kann. Die Weltnähe des Proustschen Intérieurs besteht nicht wie jene des Salons in der *tatsächlichen* Nähe zur Welt, sondern der *fiktiven*: jener der Literatur. Das System, das sich als welt-nahe und welt-gewinnend wieder konstituiert, gewinnt seine Legitimität für den, der es selber erzeugt. Schon bei der Frage, wie es mit der Legitimität für denjenigen bestellt sei,

der das System nachschafft, das Werk rezipiert, stockt die Antwort. Die wiedergewonnene Zeit Prousts besitzt ihren optimistischen Charakter durch ihr hohes Maß an Unverbindlichkeit; zwar deklariert sie nicht eine solipsistische Innerlichkeit als die allein wahre und diffamiert nicht die Welt; verweist aber auf eine zweite Wirklichkeit, die der ersten entspricht: als Schein. So wird das Spiegel-Motiv auch darin sichtbar, daß die Welt-Nähe Prousts durch den Spiegel suggeriert, in ästhetischer Konstruktion gewonnen ist. Sie genügt dem Dichter als Typus und der Literatur als Bezugsgruppe. Bei Valéry wird sich zeigen, wie dieses Moment des Konstruktiven, System-Schaffenden seine Geltung aus der Ästhetik bezieht: ein Moment des Scheins, der sich einredet, das Sein wiedergewonnen zu haben.

Paul Valéry und Monsieur Teste

> »Der Intellekt bleibt ein privater, und das ist das melancholische Geheimnis des Herrn Teste.«
> *Walter Benjamin: Zum gegenwärtigen gesellschaftlichen Standort des französischen Schriftstellers*

Die Tendenzen im Riesenwerk der ›Suche nach der verlorenen Zeit‹ sind noch verstärkt ablesbar aus den knapp 100 Seiten des ›Monsieur Teste‹. Valéry selbst hat Monsieur Teste dahingehend interpretiert, es gäbe für diesen kaum einen Gedanken, der »nicht vom Gefühl begleitet wäre, daß er nur vorläufig sei ... Sein starkes und kurzes Leben verströmt sich in der Überwachung des Mechanismus, durch den die Verhältnisse zwischen dem Bekannten und dem Unbekannten eingesetzt und geregelt werden. Ja, es wendet seine dunkeln und übersinnlichen Kräfte daran, hartnäckig die Eigenheiten eines *isolierten Systems* zu erdichten, in dem das Unendliche nicht vorkommt«.[63] Mehr noch als der ganze Duktus der Interpretation erinnert der Begriff des »isolierten Systems« an Proust und zeigt in dieser Deutlichkeit der Benennung die Ähnlichkeit der Tendenz. Stark ist auch die Affinität zum Ordnungsbegriff: verspricht jedes System Ordnung, so ist das isolierte System deren Garantie.

»Dummheit ist nicht meine Stärke« – so beginnt ›Der Abend mit Herrn Teste‹, und es paßt zu Monsieur Teste selber. »Herr Teste war vielleicht vierzigjährig. Seine Sprechweise war außergewöhnlich rasch und seine Stimme klanglos. Alles an ihm trat zurück, Augen wie Hände. Er hatte indessen soldatische Schultern, und sein Schritt war von einer Regelmäßigkeit, die verblüffte. Sprach er, so erhob er nie den Arm oder nur den Finger: *er hatte die Marionette getötet.* Er lächelte nicht, sagte weder guten Tag noch guten Abend; er schien das ›Wie geht es Ihnen?‹ nicht zu hören« (19). Dauer und Zeit interessieren Edmond Teste, »Er sorgte für die Wiederholung gewisser Ideen; er begoß sie mit dem Element Zahl« (20). Teste träumt von seiner »eigenen Formbarkeit«, er war »das in seinem Formenwandel aufgehende Wesen, einer, der sein eigenes System wird« (21), hatte »keine Meinungen. Ich glaube, er vermochte sich *nach Belieben* zu ereifern, in dem für ein bestimmtes Ziel erforderlichen Maß. Was hatte er aus seiner Persönlichkeit gemacht? Wie sah er sich? ... Nie lachte er, nie streifte der Widerschein von Unglück sein Antlitz. *Er haßte die Melancholie*« (22, H. v. m.). Auch Langeweile ist ihm fremd, denn als der Erzähler versucht, Teste sich »gewöhnlich« vorzustellen, schreibt er: »Er liebt, er leidet, er langweilt sich« (25). Schließlich wird das Appartement von Teste beschrieben:

»Ich sah nicht *ein* Buch. Nichts verriet das übliche Arbeiten an einem Tisch, unter einer Lampe inmitten von Papieren und Federn. In dem grünlichen, nach Minze riechenden Zimmer war rings um die Kerze bloß das finstere abstrakte Mobiliar – Bett, Uhr, Spiegelschrank, zwei Armstühle –, als seien es Vernunftwesen ... Nie hatte ich stärker den Eindruck des Beliebigen. Es war irgendein beliebiges Logis, analog der beliebigen Unbekannten der Theoreme – und vielleicht ebenso nützlich. Mein Gastgeber lebte in dem allgemeinsten Interieur. Ich dachte an die Stunden, die er in diesem Stuhl durchmachte. Ich hatte Angst vor der unendlichen Traurigkeit, die dieser reine und banale Ort möglich machte ... Herr Teste sprach vom Geld ... Ich höre seine gedämpfte und verlangsamte Stimme, welche die Flamme der einzigen Kerze, die zwischen uns brannte, tanzen machte, in dem Maß, wie er mit Mattigkeit sehr große Zahlen erwähnte. Achthundertzehnmillionenfünfundsiebzigtausendfünfhundertfünfzig... Ich lauschte dieser unerhörten Musik, ohne der Rechnung zu folgen. Er teilte mir die Schwankungen der Börse mit, und die langen Folgen von Zahlennamen ergriffen mich wie ein Gedicht. Er verknüpfte Ereignisse, die Erscheinungen in der Industrie, den öffentlichen Geschmack und die Leidenschaften, wieder die Zahlen, die einen mit den anderen. Er sagte: ›Das Gold ist gleichsam der Geist der Gesellschaft.‹« (31–33)

Faßt man zusammen, was die angeführte Schilderung über Herrn Teste aussagt, so fällt auf: dieser richtet sein Leben, das weitgehend aus Denken besteht, mechanisch ein; er lebt in Beliebigkeiten; im allgemeinen Intérieur; charakterisiert die Gesellschaft durch das Geld; kennt keine Melancholie und Langeweile. Diese verkürzte Schilderung ähnelt Claessens Aufsatz über ›Rationalität revidiert‹ und Niklas Luhmanns ›Reflexive Mechanismen‹. Mit Luhmann kann an Monsieur Teste abgelesen werden, wie »Reflexivität Zivilisationsprodukt und Zivilisationsbedingung ist«.[64] Ebenso stark ist der Eindruck, Teste liefere das, was Luhmann vermißt: eine »Theorie der Komplexitätsreduktion«. Wie Luhmann würde Teste es ablehnen, unter Entlastung »eine Tendenz zu spannungslosem, bequemem Dasein zu verstehen. Sie ist ganz im Gegenteil eine Einrichtung zur Aufnahme und Verarbeitung von Komplexität...« Im reduzierten Intérieur schließlich dokumentiert sich – nach außen gestülpt – die »Steigerung der menschlichen Fähigkeit zur Absorption von Komplexität im Verhältnis zur äußerst komplexen Welt...«[65]
Claessens schildert im Anschluß an Norbert Elias die Entwicklung zur höheren Rationalität durch Befriedung von Räumen, die dadurch erfolgende Möglichkeit der Konzeption langer Handlungsketten und Verfeinerung der Sitten. Einen großen Schritt zur modernen Rationalität bedeutet das Phänomen des Geldes, das nach Simmel als Symbol für Proportionen und Form der Tauschbarkeit angesehen wird. Über die Stufe der »Distanzierung zu den Dingen dieser Welt« und dem Sich-Durchsetzen

des Intellekts gegen »die traditionsverbundene, nach Seinsverpflichtung begierige Emotionalität« erscheint als »Ingredienz der Rationalität die Beliebigkeit«.[66] Damit ist die Nähe der beiden Aufsätze von Claessens und Luhmann zu den Gedanken von Valéry dargelegt. Monsieur Teste erscheint als Reflexionstyp in einer hochkomplexen Welt, in welcher alles darauf ankommt, mit dieser Komplexität fertig zu werden. Ein Hilfsmittel dazu ist für Teste das Intérieur. Entscheidend wird allerdings, daß es sich hier in nichts mehr um das Intérieur des 19. Jahrhunderts handelt, von dem auch bei Proust beinahe noch gesprochen werden kann, in dem es um die Konstruktion einer Privat-Sphäre geht, die sich in der »Welt« nicht mehr verwirklichen läßt.[67] Das Intérieur Testes ist das beliebige, austauschbare; es ist nicht mehr privat, sondern gewinnt in seiner Austauschbarkeit den Charakter des Öffentlichen. Teste flieht nicht vor der Komplexität der Welt: er reduziert die Komplexität des »Zuhause« und überläßt einzig seinem Denken eine gewisse Eigenständigkeit. In einer Welt, in der das Private als Fluchtort in Mode ist, ähneln sich die privaten Räume wie das Einerlei der Welt, aus denen sie doch erst zur Flucht verhelfen wollen. Darin liegt die Chance von Teste: eben weil sein Intérieur sich vom gängigen Privatraum unterscheidet, ist es fixierbar und eigen»artig« geworden. Die Beweglichkeit ist mit der Beliebigkeit des Intérieurs gegeben, die die Chance bietet, »überall« zu Hause zu sein, die Sicherheit aber mit der Ähnlichkeit, in welchem dieses Zimmer mit seinem Bewohner der Welt gleicht: Teste ist das Paradigma der beliebigen Welt, und die Zahlen, die er murmelt, sprechen vom Tauschcharakter der Dinge außerhalb.

Teste ist nicht mehr an das Intérieur gebunden, weil er Abwechslung, die not tut, in der Reflexion zu finden weiß. Daher ist Langeweile ihm fremd; der Gast stellt sich endlich vor, wie Teste sich langweilt, um ihn sich ähnlich zu machen. Valéry, der vorhatte, »Das System« zu schreiben[68], hat es im »testisme« längst geschaffen. Anders als bei Proust erscheint aber als System nicht die geordnete Fülle der wiedergefundenen Zeiten und Räume, sondern das Denken dessen, der sich in seiner Beliebigkeit der

Welt angepaßt hat. Die äußere Konformität gestattet Teste die Beweglichkeit seiner Reflexionen. Die Frage nach der Unterscheidung von Welt und Innerlichkeit, wie sie einst gestellt wurde, bildet für Teste kein Problem mehr, ist nicht mehr »fragwürdig«. Ein privates Refugium ist unnötig, wenn das bloße Funktionieren des Geistes in seiner Beliebigkeit erhalten bleibt. Teste hat sich über die Außenwelt stabilisiert: die frei flottierende Reflexion entschädigt vollkommen. Ein Moment der Ungeordnetheit aber bleibt: die Melancholie. Der Haß auf sie ist der einzige Affekt, den Teste sich gestattet; er reflektiert ihre tatsächliche Drohung. Der Denker Teste hat seine Psyche noch nicht unter Kontrolle bekommen: vollkommen könnte man ihn nennen, wenn er sie erst vertrieben hätte. Die Melancholie stellt auch hier ein Moment der Unordnung dar, wobei diese aber in den einzelnen abgeflossen ist. In völligem Gegensatz dazu steht die Kontrolle über die Langeweile. An dieser Stelle muß mit Nachdruck das gleiche wie bereits bei Proust betont werden: ›Teste‹ trägt ebenso wie das System der ›Recherche‹ elitären Charakter. Die Lösungen, die hier gefunden werden, sind solche des ästhetisch geprägten Einzelgängers. Der Erzähler bei Proust, dem die unfreiwillige Erinnerung (mémoire involontaire) die Welt zurückbringt, hat diesen Charakter – wie Teste, der in der Fixierung eines beliebigen Intérieurs der steigenden Komplexität von Welt entgegenwirkt.

Wandel der Langeweile: »Camp«

Der Zusammenhang literarischer Konzeptionen mit der Behauptung der Vertreibungsmöglichkeit von Langeweile drängt auf eine ästhetische Generaluntersuchung. Das ist nicht beabsichtigt, wenn auch Phänomene wie in der Malerei etwa Piet Mondrian und die Monochromatik, in der Literatur der französische »nouveau roman« und eine gewisse Tendenz in der modernen Musik sich anbieten: »Soweit Musik unreflektiert betrieben wird, soweit ihre Schwierigkeiten nicht selber von ihr als Voraussetzung erkannt und in sie selbst aufgenommen werden, artet sie aus in die bloße Wiederholung von bereits hundertmal Gesagtem, in eine Art Tautologie der Welt, die überdies eine Aura um die Dinge legt, höchstenfalls das Traurige als Unabänderliches und womöglich als ein So-sein-Sollendes bestätigt«[69] (Adorno). Hier kann zum Abschluß nur ein Hinweis darauf gegeben werden, wie weit bereits heute ästhetische Formen und Spielregeln die Langeweile okkupieren und glauben, sich ihr damit bereits entzogen zu haben.

In einer Polemik gegen Max Bense hat Horst Enders betont, welche Rolle die Langeweile in einer Theorie der Texte spielt, wie sie auch von Bense propagiert wird. Enders schreibt: »Die Langeweile bildet sozusagen die Verständigungsgrundlage bei dem Versuch – dem der einfache Reim auf ›Reduzierung‹ höchst fragwürdige Dienste leistet –, die experimentelle Poesie durch die geschichtliche Verfassung zu sanktionieren.«[70] Das Paradox liegt auf der Hand: Langeweile, einst Zeichen dafür, daß Kommunikation mit der ewig gleichen Welt nicht mehr möglich war, wird jetzt eben zum Mittel der Kommunikation. In der wohl mit Recht als »fragwürdig« charakterisierten Reduzierung steckt die Nähe zur fundamental-ontologischen Absicht: Langeweile als Grundbefindlichkeit, die allen Menschen eignet, müßte auch als Verständigungsmittel dienen können. Enders weist aber auf einen zu wenig beachteten zweiten Reduzierungseffekt hin: »Solange sich die Textliteratur als einen Anfang begreift, wozu sie durch allerlei theoretische Verstellung angehalten wird, und nicht als das vorläufige Ende eines gut sichtbaren literatur-historischen Prozesses, wird sie sich ihre Langweiligkeit weiter aus einem hochgeachteten spirituellen Hintergrund und aus der Reduzierung der vitalen menschlichen Existenz rechtfertigen lassen – während theoretische Entschlüsse nicht stattfinden.«[71] Damit wird im Namen »vitaler menschlicher Existenz« gegen Langeweile als Stil-Prinzip polemisiert. Heute brauchte Enders auf solche wenig präzisen Vokabeln nicht zurückzugreifen: in der Camp-Bewegung, wie sie etwa Susan Sontag beschrieben hat, ist der Langeweile als ästhetischem Prinzip der Garaus gemacht worden. Camp, von dem Susan Sontag selbst sagt, er sei nicht zu beschreiben, kann hier nicht definiert werden, immerhin sind Andeutungen möglich. Susan Sontag schreibt: »Gleichgültigkeit ist das Privileg der Elite. Im 19. Jahrhundert ist der Dandy der Stellvertreter des Aristokraten in Fragen der Kultur; Camp ist der moderne Dandyismus. Camp ist die Antwort auf das Problem: Wie kann man im Zeitalter der Massenkultur Dandy sein?« Die Antwort ist relativ simpel: man goutiert die Massenkultur nach einem schwer fixierbaren Auswahlprinzip. (Einige Beispiele für ›Camp‹: »die Lampen des Glaskünstlers Louis Comfort Tiffany, das Brown Derby Restaurant auf dem Sunset Boulevard in Los Angeles, *The Enquirer*... Aubrey Beardsley-Zeichnungen, *Schwanensee*, Bellinis Opern ... gewisse Postkarten der Jahrhundertwende... die alten Flash-Gordon-Comics...«) Wird dem Dandy die Pose »der Verachtung oder der Langeweile« vorgehalten – zu Unrecht erwähnt Susan Sontag hier wenig später ›Monsieur Teste‹ –, so unterscheidet sich gerade darin Camp vom Dandyismus:

»Der Dandy alten Stils haßte das Vulgäre. Der Dandy neuen Stils, der Liebhaber des Camp, schätzt das Vulgäre. Wo der Dandy unentwegt abgestoßen oder gelangweilt sein würde, fühlt sich der Kenner des Camp unentwegt amüsiert, erfreut. Der Dandy hielt sich ein parfümiertes Taschentuch unter die Nase und neigte zur Ohnmacht. Der Kenner des Camp saugt den Gestank ein und rühmt sich seiner starken Nerven... Das ist natürlich ein Bravourstückchen, das letztlich durch die Drohung der Langeweile provoziert wird. Die Wechselbeziehung zwischen Langeweile und Camp kann kaum überschätzt werden. Camp-Geschmack ist seinem Wesen nach nur denkbar in reichen Gesellschaften, in Gesellschaften oder Kreisen, die in der Lage sind, die Psychopathologie des Überflusses zu erleben.«[72]

›Camp‹ erscheint kurz gesagt als Dandyismus ohne Elite-Anspruch, wenn man von der Frage absieht, ob nicht hinter der Schätzung der Massen-Kultur ein elitärer Drang sich versteckt: das zu goutieren, was die Masse (der Kunstkonsumenten) nicht kennen will. Der (behauptete) fehlende Elite-Anspruch bedingt den Verzicht auf Schätzung der Langeweile, wie sie dem Dandy als elitärer Ausweis nötig erschien: Leopardi, Schopenhauer und Nietzsche sind von daher alle Dandys. So hat der Dandy die Aristokratie amüsiert, wie diese immer die Bohème schätzte. Der Gegner des Bohémien ist der Bourgeois. Die Exzentrizität des Bohémien verspricht dem Adel die Vertreibung der Langeweile, suspekt muß sie dem erscheinen, der Ruhe, d. h. aber Unbeweglichkeit, als erste Bürgerpflicht ansieht. Mit dem Verzicht auf Langeweile als Legitimationsinstanz verschwindet auch der Grund zur melancholischen Attitüde: die Psyche dessen, der für »Camp« eintritt, schwärmt für Gesundheit.

»Camp« ist ein weiterer Versuch, mit der Langeweile ästhetisierend fertig zu werden. Die Ersetzung des Seins durch Schein wurde bereits bei Kierkegaard angedeutet und bei Proust weiterverfolgt. Hier hat »Camp« seine Ahnen. Susan Sontag zitiert Sartres Anmerkung in ›Saint-Genet‹: »Eleganz ist diejenige Verhaltensweise, die das höchste Maß von Sein in Scheinen umwandelt.«[73] In diesem Sinne hatte bereits Proust von der Gesellschaft als dem »Reich des Nichtigen« (X, 372) gesprochen. Das Sein, das in Schein verwandelt wird, ist die ästhetische Antwort auf die Frage, wie mit dem Verlust von Welt fertig zu werden sei. Die Schätzung des Scheins hängt zusammen mit der Existenz der »Überflußgesellschaft«: die Legitimität der Auffassung vom bloßen Schein der Welt leitet sich von dem beruhigenden Gefühl ab, genug zu besitzen, um für Manipulationen freie Hand zu haben.

Kennt die Utopie, von der diese Betrachtung ausging, keine Langeweile und keine Melancholie, weil sie eine neue Welt entwirft, in der beide nichts mehr zu suchen haben, so entrinnt »Camp« der Langeweile, weil ihm alle Dinge wichtig werden können und ihre beliebige Austausch- und Ersetzbarkeit die Garantie permanent wechselnden Genusses bietet. Diese Aussicht vertreibt auch die melancholische Attitüde. Darin stimmen utopisches Denken und »Camp« überein. Aber während die Utopie die politische Total-Planung in die Zukunft projiziert, verharrt »Camp« bei den tauschbaren Dingen der Gegenwart. Hatte die Utopie keine Räume für Langeweile mehr, weil es nur noch das durchgeplante Utopia gab, kennt »Camp« die Langeweile nicht, weil die Beliebigkeit der Weltinhalte eine Fixierung des Geschmacks und der auf ästhetischen Genuß reduzierten Verhaltensweisen nicht gestattet. Ist utopisches Denken erzwungene und eingleisige Politik, so gipfelt »Camp« in der unpolitischen Haltung: »Es versteht sich von selbst, daß die Erlebnisweise des Camp unengagiert, entpolitisiert – oder zumindest unpolitisch ist.«[74] War Langeweile nach dem Willen der utopisch Denkenden einst aus politischen Gründen nicht mehr möglich, so schwindet sie im »Camp«, weil die Räume der Welt so beliebig geworden sind wie ihre jederzeit im ästhetischen Spiel verwendbaren Inhalte.

Die Schilderung der »Räume« von Langeweile und Melancholie liefert eine weitere Klammer, in welcher beide Phänomene sich verbinden lassen: das Syndrom von Handlungshemmung und Reflexion. Nach dessen Explikation kann noch einmal die Raum-Thematik aufgenommen werden: die Vermutung liegt nahe, daß Reflexion, die aus der Hemmung von Handeln entsteht, sich aus der Gesellschaft zurückzieht, in welcher gehandelt werden muß. Langeweile und Melancholie wären dann aus Handlungshemmung und Reflexion zu begreifen, und die Freisetzung von Reflexion erst bildete den Anlaß, sich aus bestimmten Räumen zurückzuziehen und in andere zu »retten«. Dieser Weg ist kein grader, der aus der Gesellschaft ins endlich fensterlose Intérieur geht; ebenso kann er zur Natur führen, in welcher Innerlichkeit sich frei fühlen kann, oder in die Beliebigkeit, die der ästhetischen Aktion gestattet, von der Langeweile verschont zu bleiben.

Exkurs über die Raumproblematik in der psychiatrischen und psychopathologischen Melancholie-Diskussion

Die Phänomene der Langeweile und der Melancholie wurden bisher auf bestimmte Formen des »Raumes« bezogen, in denen sie sich »abspielen«. Als Voraussetzung diente dabei die These von der Nützlichkeit der Raum-Betrachtung für eine soziologisch orientierte Analyse: mehr als der Begriff der Zeit scheint der des Raumes Gelegenheit zu bieten, wie auf Umwegen soziale Strukturen zu erfassen und in Raum-Metaphern zu analysieren. Die Vermutung von Maurice Halbwachs, daß »der Träumende die Zeit noch viel vollständiger als den Raum des Wachseins« verläßt, würde bedeuten, daß die Kategorie des Raumes für das menschliche Verhalten näher an Realität liegt und daher auch schwerer von ihr abzulösen ist.[1] Es erscheint nicht ohne gewissen inneren Zusammenhang, daß auch im Rahmen dieser Teil-Analyse die These von Norbert Elias, nach welcher aus der Befriedung von Räumen durch monopolisierte Gewalt die Chance zur Verfeinerung der Sitten und damit zu gesteigerter Rationalität entsteht, Bedeutung hat. Als ein weiteres Beispiel unter vielen möglichen sei nur auf Begriffe Simmels wie die der »Kreuzung sozialer Kreise« und der »Kontinuität der Lokalität« hingewiesen. In seiner Abhandlung über die »Soziologie des Raumes«, die später in die ›Soziologie‹ eingearbeitet wurde, hat Simmel programmatisch formuliert:

»Kant definiert den Raum einmal als die Möglichkeit des Beisammenseins; die Vergesellschaftung hat, in den verschiedenen Arten der Wechselwirkung der Individuen andere Möglichkeiten des Beisammenseins – im geistigen Sinne – zustande gebracht; manche derselben aber verwirklichen sich so, daß die Raumform, in der dies wie bei allen überhaupt geschieht, für unsere Erkenntniszwecke besondere Betonung rechtfertigt. *So fragen wir im Interesse der Ergründung der Vergesell-*

schaftungsformen nach der Bedeutung, die die Raumbedingungen einer Vergesellschaftung für ihre sonstige Bestimmtheit und Entwickelungen in soziologischer Hinsicht besitzen.«[2] (H.v.m.)

Ohne damit eine notwendige Präponderanz des Raumbegriffs zu unterstellen, ist die Bemerkung notwendig, daß Simmels Vergleich der Soziologie mit Geometrie und Mikroskopie räumlich orientiert ist: die Spannung seiner formalen Soziologie entsteht auch aus dem Versuch, abstrahierte, raumbezogene Vorstellungen mit dem historisch vermittelten Beispiel, also mit dem Zeitfaktor, zu vereinigen.[3] (Gewöhnlich werden auch Zeitbegriffe ohne Hemmung räumlich umgesetzt: eine Stunde bedeutet dann nichts mehr als die Drehung eines Zeigers um einen nach sozialer Übereinkunft gewählten Raumabschnitt.) Ähnlich unterstützt die räumliche Prägung der Sprache selbst das hier Gesagte: weil wir in Raum-Begriffen denken, erscheint uns dieser Bezug als selbstverständlich und nicht mehr »hinter«fragbar, er hat seine Dignität »in« sich und bedarf keiner »äußeren« Legitimation. Näher an soziologische Fragen gerückt: denkbar sind Strukturen ohne Bezug auf den Zeitfaktor (d. h. letztlich Funktionen), Funktionen aber bedürfen der bereits vorhandenen Strukturen, um überhaupt denkbar zu sein!

So gewinnt der Raum-Bezug, der kategorial in der Sprache verankert zu sein scheint, seine Bedeutung auch in der psychologischen, psychoanalytischen, psychiatrischen und psychopathologischen Literatur. Im folgenden wird der psychologische Bereich vernachlässigt und nur vom Melancholie-Problem gesprochen. Dabei ist entscheidend, daß die Verknüpfung soziologischer Fragestellungen mit den oben genannten Disziplinen nicht nur in jenem Residual-Effekt besteht, der darauf abzielt, als Objekt einer Wissenschaft zu begründen, was durch die andere nicht mehr erfaßbar ist. Angemessen wäre er wohl nur zu beurteilen, wenn neben einer Diskussion der eigentlichen Problematik die beständige Reflexion darüber mitliefe, was am Residual-Effekt durch die Erfordernisse und neidischen Querelen der arbeitsteilig organisierten Wissenschaft vermittelt sei. Im Rahmen eines Exkurses kann dies nicht geleistet werden. Allerdings soll das Bewußtsein davon, daß wissenschaftlicher »approach« nicht nur von der Sache, sondern auch vom Interesse der auf Eigengeltung bedachten Disziplin bestimmt sein kann, die Kritikfähigkeit an Fächern schärfen, die beständig auf Sicherung von Wissenschaftsräumen bedacht sind. Kraepelins Animosität gegenüber Kant und Hegel und deren Versuch, »über Klassifikation und Entstehung von Geisteskrankheiten eine Meinung zu haben«[4], bildet ein Beispiel der eifersüchtigen Absicherung gegen eine Philosophie, die bereits Wissenschaft geworden war. Diese Abweisung ist der Soziologie nicht fremd, vielmehr für sie konstitutiv: zumal im Verhältnis zu den Geisteswissenschaften.

Dabei darf nicht übersehen werden, daß es Bereiche gibt, in welche einzudringen soziologisches Fragen sich verwehren sollte, weil von vornherein abzusehen ist, wie dürftig die Antwort ausfällt. Damit ist weder ein Frageverbot ausgesprochen noch Vorschub zur Ausweitung des Ideologieverdachtes geleistet. Diese »Bescheidenheit« entstammt vielmehr der pragmatisch orientierten Bemühung, sich Zeit zu bewahren, um einmal die Fragen zu formulieren, auf welche eine sinnvolle Antwort möglich erscheint, dann diejenigen Fragen zurückzuhalten, bei denen der Antwort-Effekt fraglich ist, und schließlich jene aufzugeben, bei denen nicht mehr geantwortet werden kann. Ähnlich wie die Abstinenz von der Metaphysik (Helmuth Plessner) bietet sich auch eine Abstinenz gegenüber anderen Wissenschaftsbereichen an, mögen sie auf ihrer Autonomie beharren oder nicht. Wenn daher im folgenden von Aussagen der Psychoanalyse, der Psychiatrie und der Psychopathologie die Rede ist, so bedeutet das keinen getarnten Versuch, das Objekt dieser Disziplinen in die Soziologie hineinzuziehen – wohl aber die Absicht, Ähnlichkeiten der Aussage aufzuzeigen und Vermutungen darüber anzustellen, wie in diesen Bereichen einer wissenssoziologisch orientierten Fragestellung Antwortmöglichkeiten erst zu verschaffen seien.

Die Notwendigkeit, wenn nicht einer besonderen soziologischen Fragestellung so doch eines vorerst noch diffusen soziologischen Interesses wird unmittelbar deutlich, wenn etwa Hans Hoff in einem Beitrag über ›Das veränderte Erscheinungsbild der Melancholie‹ davon spricht, daß die »Melancholie *unserer Zeit* sich in Krankheitsbildern äußert, die im Vergleich zu den klassischen Formen weniger klar und *dem Leben anscheinend besser angepaßt* sind«.[5] (H.v.m.) Diese Interpretation kann wohl soziologische Aufmerksamkeit erregen; die sich anbietende Erklärung aber tendiert paradoxerweise in eine Richtung, die den soziologischen Ansatz zu verbauen scheint: zu fragen wäre nämlich zuerst, ob tatsächlich die Krankheit differenzierter und angepaßter geworden ist und sich nicht vielmehr die Methoden der Wissenschaft so verfeinert haben, daß die Einsicht gegenüber einem an sich unveränderten Phänomen »zu tief« geworden ist und dieses gar nicht mehr erkennen läßt.

Von gleicher Wichtigkeit erscheint die Bemerkung Hoffs, daß trotz veränderten Erscheinungsbildes der Melancholie der sie auslösende Faktor »die Gefahr der drohenden Isolierung in sich« trage.[6] Damit ist auch von klinischer Seite am Phänomen der Melancholie der Rückzug auf das vereinzelte Ich als wesentlich hervorgehoben. Wenn Hoff weiter von der Bedeutung der »existentiellen Auslöser« spricht, zu denen er etwa Stillschwierigkeiten der Mütter[7] rechnet, und die Wichtigkeit der »Mutter-Kind-Beziehung« betont, so ist mit deren Störung oder gar Fehlen eben die Störung einer »in philosophisch-anthropologischer Betrachtung unübergehbare(n) soziale(n) Formation«[8] (Claessens) gemeint, mithin auf einen Bereich abgehoben, der als legitimer Gegenstand der Soziologie angesprochen werden kann. Melancholie stellt sich so als verhinderter Zugang zur Welt und ihrer Bewältigung dar und bedeutet das Zurückwerfen des Menschen auf eine Situation, in welcher ihm Welt entzogen wird. An dieser Stelle wird nicht gefragt, ob evtl. auch Kranke (Melancholiker) aus »eigenem Antrieb« sich isolieren und sich sozusagen selbst Weltverlust beibringen. Diese Frage ist in bezug auf den je einzelnen soziologisch irrelevant; sie wird von nicht zu unterschätzender Bedeutung, wenn im Vergleich mehrerer Epochen und Kulturen nach den strukturellen Bedingungen gefragt wird, die Isolation begünstigen oder verhindern, ein Problem, das sich vor allem Michel Foucault gestellt hat.[9] Der »Weltverlust« *eines* Kranken ist soziologisch meist uninteressant; die resignative Haltung La Rochefoucaulds ist es nicht, wenn darauf verwiesen wird, wie im Salon der Zeit eine sozial akzeptierte Form geschaffen wurde, durch die eine standesgemäße Melancholie möglich ward.

Die Beziehung der Weltverlust-Problematik zur Konzeption Freuds, der zu den drei Voraussetzungen der Melancholie Regression der Libido ins Ich, Ambivalenz und Objektverlust rechnete, ist hier besonders im Verhältnis zum Begriff der Regression offensichtlich. Ähnlich bestimmt sich auch die Melancholie im Vergleich zum »Normalaffekt der Trauer« durch »eine tief schmerzliche Verstimmung, eine Aufhebung des Interesses für die Außenwelt« – ist aber von der Trauer dadurch unterschieden, daß bei dieser »die Welt arm und leer geworden« ist, bei der Melancholie dagegen »das Ich selbst«.[10] Man erkennt, wie in der Auffassung Freuds die Melancholie sozusagen einen Raum »weiterrückt«, sich der Möglichkeit eines soziologischen Zugriffs mehr entzieht. Soziologischem Fragen verweigert sich die Problematik des leeren Ich weitgehend – eher böte sich die Möglichkeit an, nach Strukturen zu fragen, die Weltverlust bedingen und indirekt so auch Ich-Verarmung begünstigen. In der Terminologie Freuds ausgedrückt, würde eher das Trauerphänomen, in dem die Verarmung der Welt offenbar wird, soziologisch zu erfassen sein. Bemerkenswert erscheint in diesem Zusammenhang, wie auch der Standpunkt Binswangers, der sich methodisch von Freud distanziert, sich soziologisch orientierter Analyse versperrt – weil es in seiner Absicht liegt, Heidegger folgend, »Geisteskrankheiten von ihrer Seinsverfassung aus darzustellen«, und die Wissenschaft Husserls hier »für die Psychiatrie dasselbe (leistet) wie die Biologie für die Körpermedizin«.[11]

Tellenbach, der sich in seinem Aufsatz ›Die Räumlichkeit der Melancholischen‹[12] explizit mit der hier angeschnittenen Problematik befaßt, hat in besonders interessanter Weise die Ordnungsmit der Raumproblematik verknüpft durch den Hinweis auf Heinrich von Gent, der von den mathematisch-imaginativen

Typen sagte, sie seien »Melancholiker und können hervorragende Mathematiker werden, aber nur schlechteste Metaphysiker; denn sie vermögen ihren Geist nicht emporzuschwingen über Orte und Größen, in welchem alles Mathematische begründet ist«.[13] An diesen historischen Exkurs anschließend – wie überhaupt ein großer Vorzug der Veröffentlichungen Tellenbachs zum Melancholie-Problem darin besteht, Forschungsergebnisse der Geschichte, Altertumskunde, Mythologie, Ikonographie und Literatur zu verwenden – betont der Autor das Überwiegen von Hausfrauen und »Genauigkeitsberufen« unter den Melancholikern[14], die Bedeutung der Ordnung in der Arbeitswelt, das »unalltägliche Maß an Akkuratesse« (55), das Erlebnis des Tages als »Arbeits- und Ordnungseinheit«, den »perniziösen Zirkel von Umfang und Genauigkeit des Leistens« (57), »strukturale Sensibilität für Ordnung« (66) und die »Grenzenhaftigkeit seiner Ordnung« (104) für den Melancholiker.

Die Beziehungen des Raums zum Ordnungsbegriff sind alt; schon Aristoteles betont die Möglichkeit, Kontinua wie den Raum durch Zahlen auszudrücken und ihnen so diskrete Quanten zu substituieren (Kategorienschrift). Diese sind aber abstrakte Größen und allgemeinere. Die Reduktion der Raum-Vorstellung auf Zahlbegriffe als Ordnungsbegriffe bedeutet daher mit höherem Abstraktionsgrad auch größere Entfernung von der Realität. Schließlich bleibt nur der Innenraum übrig: »Mein Blick ist stets nach innen gerichtet«[15] sagt eine Patientin Tellenbachs, und dieser kommt zu der in den bisherigen Verknüpfungszusammenhang passenden Feststellung von der *Beliebigkeit* des Räumlichen für das melancholische Erleben: »Im melancholischen In-der-Welt-Sein zeigt sich innerweltlich Seiendes in einer durch reines Vorhandensein, richtungs- und gegendlose Entrücktheit, schließlich in einer durch die Beliebigkeit des Punktuellen gekennzeichneten Räumlichkeit.«[16] In der »Konstellation der *Inkludenz*« sieht Tellenbach dann das »Eingeschlossenwerden oder Sicheinschließen des depressiven Typus in Grenzen, die er schließlich nicht mehr auf den regelmäßigen Vollzug seiner Ordnungen hin übersteigen kann...« (113). Als

Beispiel solcher Inkludenz, die von der »Remanenz«, etwa bei Kierkegaard, unterschieden wird, erscheint Werther. Wenn Tellenbach als weitere Phänomene zur Inkludenz vom Rahmen der Familie, der Ehe, dem Alleinsein, der Umzugsdepression und der Wohnung spricht, so wird das angedeutet, was in der bisherigen Untersuchung als die Melancholie des Intérieurs bezeichnet wurde. Hier ist das Intérieur noch weiter reduziert worden: auf das Ich selbst. Damit scheinen sich höhere Differenzierungsmöglichkeiten zu bieten, wie etwa die zwischen Kierkegaard und Werther als Typen remanenter[17] und inkludenter Melancholie. Diese Unterschiede sind soziologisch kaum faßbar – dafür erscheint bei Tellenbach nicht die in unserem Rahmen doch erhebliche Bedeutung beanspruchende Differenzierung, die dadurch entsteht, daß Kierkegaard als Ausweichort nicht mehr über die Möglichkeit zur Flucht in die Natur verfügt wie noch Werther.

Als Prinzip einer »psychotherapeutischen Melancholie-Prophylaxe« gilt für Tellenbach die »Einübung im Transzendieren«.[18] Diese bedeutet einmal die Übersteigung des fixierten Raumes, ist zum anderen mit der Ordnungsproblematik verknüpft: »Der Typus, in dessen Struktur die Möglichkeit angelegt ist, melancholisch zu werden, gravitiert mit jener Konstanz, die dem Typischen eignet, zur Eindeutigkeit des Festliegenden, Konstanten, Geregelten, Gesicherten, kurzum: zu einer Form von Ordnung in allen Daseinsbezügen, welche durch eine progressive Eliminierung des *nur Möglichen*, des Möglichen vor allem als der möglichen Unordnung, gekennzeichnet ist... Das Wesen des melancholischen Typus ist bezeichnet durch eine Tendenz, sich ausschließlich im Endlichen aufzuhalten und die Einübung jenes Übersteigens der Endlichkeit zu vernachlässigen, ohne welches das Dasein keiner Metamorphose fähig ist.«[19] Letztlich bedeutet der Begriff der »inkludenten Melancholie« – hierin dem der »remanenten« durchaus ähnlich – die Fixierung im Räumlichen und die damit entstehende Unmöglichkeit, Räume zu wechseln. Darin steckt Hypertrophie der Ordnung, der Tellenbach ausdrücklich eine Tendenz zur Unordnung, welcher Begriff in der Nähe von »Möglichkeit« liegt, als Prophylaxe entgegenhält. Ist die Beziehung der Raum-Problematik zu dem bisher Geschilderten offensichtlich, so wird die Dichotomie von Ordnung und Unordnung noch eine Ausweitung erfahren.

Dumas schreibt den Melancholischen als den »retirés du monde« ein entsprechend höheres Maß an »coenesthésie« zu, sie sind erfüllt von einem »sentiment de faiblesse et d'ennui«. Deutlich verbirgt sich in der Schilderung dieses melancholischen »Rückzugsverhaltens« das reflexive Moment, wenn Dumas vom »sujet, séparé du monde extérieur par la maladie, replié sur lui-même«[20] spricht. Wichtiger erscheinen noch die Ausführungen Norman Camerons[21], der schon von seinen Voraussetzungen her soziologischem Fragen offen ist, wenn er gegen Kahlbaum und Kraepelin aufgrund empirischer Untersuchungen von Rennie berichtet: »This finding contrasts strikingly with the old contention that manic and depressive disorders are unrelated to personal and situational factors« (498). Von Bedeutung erscheint mir die Aussage Camerons, daß »the patient in a retarded depression is characteristically involved in delusional convictions, in a pseudocommunity which is relatively well-organized and centers about his actual or imagined shortcomings« (508). Die Auffassung Camerons über die Bildung von »pseudo-communities« bleibt nicht auf manisch-depressive Psychosen beschränkt. Entscheidend ist auch nicht so sehr der Bezug zur Melancholie allein, als vielmehr zu einem Zustand des isolierten Solipsismus, der nach Cameron dahin tendiert, die verlorene Gesellschaft »begrifflich« nachzuschaffen oder verlorene Welt in der Vorstellung zu rekonstruieren. Die Annahmen Camerons können hier nicht überprüft werden. Sie deuten an, wie wichtig das im Menschen als »formales Instinktprinzip« (Claessens) vorhandene dialogische Modell zu sein scheint: es ist so wichtig, daß es nicht nur sogar im »Abweichenden« und Kranken erhalten bleibt, sondern sich sozusagen weiterentwickelt und formal ähnlich funktioniert wie im normalen Verhalten »zur Welt hin«. In bezug auf die Raum-Problematik der Melancholie wäre von dieser – überprüften und umfassender rezipierten – Position aus erneut zu zeigen, wie Melancholie trotz Weltverlustes in der »Nähe von Welt« bleibt: allein schon um das kommunikative Prinzip zu wahren, das aufzugeben die Psyche des Menschen nicht leicht zu veranlassen ist.[22]

Hier handelt es sich nur um Andeutungen, wie im Rahmen einer soziologisch orientierten Melancholie-Betrachtung Ergebnisse der Psychologie, Psychopathologie, Psychoanalyse etc. zu verwenden wären. Dieser Exkurs beschränkt sich auf das Melancholie-Problem, weil es unter diesem Etikett und trotz des allgemein zugestandenen definitorischen Dilemmas in den genannten Disziplinen bereits seit langem behandelt wird. Beziehungen zum Problemkreis der Langeweile wären leicht aufzuzeigen, selbst zum topos des utopischen Denkens: Binswanger z. B. schließt sich in seiner Studie über ›Melancholie und Manie‹ eng an Husserls »Phänomenologie des inneren Zeitbewußtseins« an und leitet die Schwere der melancholischen Krankheit aus diesem gestörten Zeitbewußtsein ab. Die Kategorien der Protentio, Retentio, Präsentatio werden dabei entscheidend. Ohne damit vorbehaltlos der Bedeutung der Phänomenologie für den hier angeschnittenen Untersuchungsgegenstand zuzustimmen, läßt sich eine Analyse des gestörten Zeitbewußtseins – die ja auch für die Langeweile von hoher Bedeutung ist – mit der soziologischen Problematik verknüpfen. Denn »wenn Geisteskrankheiten Folgen des Scheiterns in *zwischenmenschlichen Beziehungen* sind, dann muß sich bei der Durchforschung ihrer Motivierungen zeigen, wie unsere sozialen Beziehungen zueinander in *Wirklichkeit* sind« (Mitscherlich).[23] Daraus wäre dann zu folgern, wie ein gestörtes Zeitbewußtsein der Melancholie als Krankheit zugrunde liegt und damit auch utopisches Denken als Möglichkeit beschneidet. Schon bei Tellenbach kam zum Ausdruck, wie Melancholie eine Verarmung des Möglichkeits-Bereiches bedeutet, bis schließlich aus dem Mangel an Alternativen Hemmung des Verhaltens und Verarmung der Weltbezüge entstehen. Mit dieser Verhinderung utopischen Denkens, wieder aus der Störung des Zeitbewußtseins resultierend, ist der Zusammenhang zur bisherigen Betrachtung »eudämonistischen« utopischen Denkens und des darin enthaltenen »Melancholie-Verbots« gegeben. Diese Beziehung wird aber nicht dadurch charakterisiert, als seien hier direkte Einflüsse vorhanden, als entstehe etwa der Hang zum utopischen Denken aus einem Übermaß nach »vorne« gerichteten Zeitbewußtseins, das dann vielleicht als Negativ-Bild der Melancholie zu fassen sei. Analysen dieser Art, die letztlich nur auf eine Psychographie der Utopisten à la Lange-Eichbaum hinausliefen, sollen damit nicht vorgenommen werden.

Von größerer Wichtigkeit erscheint vielmehr der Hinweis auf das Auftauchen homologer Strukturen, wie sie bereits in der Untersuchung der Räumlichkeiten melancholischen Daseins in der Psychopathologie und der Beschreibung der »Sozial-Räume« melancholischen Verhaltens zum Ausdruck kamen. Zu hüten hat man sich freilich vor schnellen Schlüssen aus der Erkenntnis homologer Strukturen, einer Erkenntnis, die eher die Simplizität des eigenen Erkenntnisvermögens zu spiegeln scheint als die zur Formel geschrumpfte, angebliche Kompliziertheit der Welt. Der Strukturalismus ist ein Versuch, der komplexen Entsprechung unterschiedlicher Phänomene durch Rekurs auf den Strukturbegriff systematisch gerecht zu werden. Nicht immer aber bieten sich die Analogien so offen an wie in den Vergleichen Lucien Goldmanns zwischen Roman und Gesellschaft. Zwar hat auch Michel Foucault den Wahnsinn als eine »Gesamtstruktur« beschrieben, angesichts derer eine Kultur ihre Werte erprobt, sich der Krankheit gegenüber aufgeschlossen oder verstockt, empfindlich oder stumpf verhält (›Psychologie und Geisteskrankheit‹). Wie sich die Struktur der Privatwelt aber mit der Gesellschaftsstruktur in Beziehung setzen läßt, ist damit noch nicht entschieden. Die Suche aber muß weitergehen, um nicht als immanent und unveränderbar zu deklarieren, was vielleicht doch zu ändern wäre.

Die Beziehung zum Bereich der sozialen Struktur kann für Psychologie, Psychopathologie etc. und das von ihnen untersuchte Objekt hergestellt werden. Dabei interessiert hier weniger die Beziehung verschiedener Wissenschaften, die wissenssoziologisch besonderes Interesse beanspruchen darf. Weit mehr wäre darauf zu achten, wie sich in den Inhalten und Formen pathologischer

Aktionen Funktionen und Strukturen der sozialen »Normalwelt« reproduzieren. Das Pathologische diente dergestalt als ein Bild, aus dem auf den Bereich des Sozialen extrapoliert werden könnte. Die Mitteilung Camerons von der »pseudo-community«, welche sich die »retardiert Depressiven« aufbauen, kann als Beispiel dafür dienen, wie sozial vermittelt auch Inhalte und Formen pathologischen Handelns erscheinen. Daß hier nach den unterschiedlichen Geisteskrankheiten differenziert werden muß, steht außer Frage. Immerhin scheint eine erhebliche Diskrepanz zwischen dem »pragmatischen Ansatz« Camerons und einer Auffassung zu bestehen, die Geisteskrankheiten auf den Seinsbegriff Heideggers bezieht und neben der Melancholie als »einer klinischen Krankheitsform« die »sogenannte existentielle Schwermut als eine besondere *Daseinsform*« (Binswanger) [24] begreift.

Die Homologie zwischen melancholischem Verhalten »in der Welt« und melancholischem Verhalten als Krankheit hat bereits Paracelsus geschildert, als er betonte, »das der mensch ist die klein welt, darumb hat er in im alles was die gross welt begreift und in ir hat, gesunts und ungesunts«. [25] Sicher meint Paracelsus hier den behaupteten Zusammenhang mikro- und makrologischer Strukturen, zwischen kosmologischer Spekulation und individualer Betrachtung – dennoch könnte diese formale Vergleichsmöglichkeit für den pathologischen und sozialen Bereich festgehalten werden. Sándor Radó hat den Homologie-Gedanken verdeckt geäußert, als er davon sprach, daß sich der »melancholische Vorgang« »nicht an der richtigen Stelle, in der Relation zur Objektwelt, sondern unter der Voraussetzung einer narzißtischen Regression lediglich zwischen den einzelnen seelischen Instanzen des Kranken abspielt«. [26] Dennoch bleibt zu bezweifeln, daß »the pathology of personality is not, as such, subject matter for the sociology of deviant behavior« (Cohen) [27]. Sicher ist sie es nicht in der inhaltlichen Problematik des Einzelfalles. Aber es bliebe auch hier zu fragen, ob nicht ein Vergleich von Handlungsstrukturen soziologisch relevant sein könnte: »In general, a sociological field is concerned with the structure of interactional systems, not with personalities, and the distribution and articulation of events within those systems« (Cohen)[28]. So definiert könnte auch die pseudo-community Camerons Gegenstand soziologischer Analyse werden – im Zusammenhang mit einer Betrachtung soziologisch ermittelbarer Strukturen überhaupt. Denn die Definition Cohens ist rein formal und daher bei entsprechender Transponierung der Beziehungspunkte in dem hier angedeuteten Sinne durchaus verwendbar.

Das Interesse dieser methodologischen Bemerkungen geht nicht dahin, die Verbindungspunkte zwischen Soziologie und Psychopathologie in der Art zu sehen wie etwa Hollingshead und Redlich in ihrer Arbeit über ›Social Stratification and Psychiatric Disorders‹[29] oder Kleiner und Parker mit ›Goal-Striving, Social Status, and Mental Disorder: A Research Review‹[30]. Die letztgenannten Autoren haben denn auch gegen Ende ihrer Übersicht davon gesprochen, daß »the research cited in this section indicates that the stability of socio-economic position in predicting mental disorder is open to question«.[31] Damit scheinen Versuche auf diesem Gebiet nicht weitergekommen zu sein als bereits 1913 Ludwig Stern.[32] Zum anderen haftet Untersuchungen dieser Art immer etwas vom »Streit der Fakultäten« an, über dessen Fruchtbarkeit man geteilter Meinung sein kann – ganz abgesehen von den massiven ideologischen Implikationen, die sich gelegentlich in solchen Untersuchungen zeigen.[33]

Eher wäre, mit Herbert Marcuse gegen die »Revisionisten«, auf den soziologischen Charakter der psychoanalytischen Begriffe[34] hinzuweisen. Marcuse verwendet »psychologische Kategorien, da sie zu politischen Kategorien geworden sind«, betont, daß »private Verwirrungen ... heute in viel unmittelbarerer Weise die Verwirrung des Ganzen (widerspiegeln), und die Heilung persönlicher Störungen ... viel direkter als ehedem von der Heilung der Gesamtstörung ab(hängt)«.[35] Dieser Satz unterstellt – wie so oft in »aufklärerischer« Absicht – die Wichtigkeit der gegenwärtigen Epoche, aber er hypostasiert sie nicht zur einzig wichtigen. Zu Recht, denn schon in Burtons Vorhaben, das Land von der Melancholie zu befreien, um auch der Melancholie des einzelnen abzuhelfen, spiegelt sich eine Ahnung der Vermittlung soziologischer und psychologischer Kategorien, sozialer und psychischer Strukturen. Mag auch in unserer Zeit die Beziehung der Kategorien deutlicher hervortreten: nichts berechtigt dazu, die Ansätze zu einer Erfassung der homologen Strukturen auf die Gegenwart zu beschränken. Vielmehr deutet sich gerade im historisch gestellten Problem der Melancholie an, wie eine solche »formale Übereinstimmung« von großer Fruchtbarkeit sein kann.

VI Beliebigkeit und Verbindlichkeit

Das Prinzip der Melancholie-Definition durch Unordnung war bei Merton formaler Natur und abgeleitet aus der Idee eines auf die Funktionalität seiner Teile ausgerichteten Systems von Gesellschaft. Im beginnenden 17. Jahrhundert ist die formale Orientierung auch vorhanden; Burtons endlose Aufzählungen melancholischer Fälle und Abarten sind derart komplex, daß sie nur mehr von einem Begriff so hoher Allgemeinheit wie dem der »Unordnung« gedeckt werden – untrennbar verbunden aber mit der unreflektierten, das heißt durchaus noch selbstverständlichen Möglichkeit inhaltlicher »Füllung« durch Konstruktion eines utopischen, melancholie-freien Gegenentwurfs. Merton paraphrasierend könnte man – je nach Standort – sagen, Robert Burton habe den Fehler begangen oder noch die Fähigkeit besessen, »Theorien höchster Reichweite« zu entwickeln. Aber auch in Mertons Beschreibung der Melancholie, die sicher in einen Bezugsrahmen mittlerer Reichweite (middle range) eingebettet ist, verbergen sich Universalbegriffe maximaler Deckungsbreite wie jene von Ordnung und Un-Ordnung.

Am Beispiel der Utopien und von ästhetischen Programmen utopischen Einschlags (Futurismus) wurde diese Orientierung der Melancholie-Diskussion am Ordnungsbegriff weiter verfolgt. Sie führte zu der Vermutung, daß utopisches Denken (mit der Tendenz zur Verfestigung im utopischen »System«), daraus resultierende Aktions- und Planungs-Orientiertheit, Melancholie-Verbot und institutionalisierte Abwehr von Langeweile zu einem Syndrom verschmelzen. Eng hängt dabei die Handlungsorientiertheit der utopischen Entwürfe mit dem Versuch zusammen, in solchen Systemen mögliche Unordnung auszuschalten. Dazu gehört ebenso derjenige, der sich schmollend oder resignierend zurückzieht, wie ein anderer, der trotz Einspannung in einen Apparat der diktierten Arbeit und Muße leere Zeit und leere Räume findet, um sich zu langweilen. Georges Duveau hat auf den Aktionscharakter der Utopie, besonders bei Mannheim, mit Nachdruck hingewiesen, als er schrieb, Utopien »s'orientent dans le sens d'une activité qui s'efforce de changer la réalité conformément aux buts poursuivis . . .« [1] Der Nachdruck liegt hier einmal auf der Aktivität, zum anderen auf der Konformität, die ihr Ziel ist. Der Trauernde und der Langweiler weichen gleich doppelt ab: beide handeln nicht – darüber wird im Kapitel über »Handlungshemmung und Reflexion« zu sprechen sein – und verhalten sich eben dadurch nicht konform. So tendiert die total verplante Gesellschaft – und die totalitären im Westen wie im Osten bilden die realistische Probe aufs Exempel – dahin, die Melancholie des einzelnen ebenso unmöglich zu machen wie die Gründe, die zu seiner Langeweile führen könnten. Der Begriff »Hirnwäsche« ist deutlich genug: er wirkt, weil das Hirn Objekt eines profanen Vorgangs ist. Aber er meint auch die totale Sauberkeit, die schon immer einen Gegenbegriff zur Melancholie gebildet hat: »Was ist die schwarze Farbe . . . anderes, als sozusagen die Stilisierung der Beschmutztheit? Weiter gingen die Ägypter, wenn sie sich das Gesicht mit Kot bestrichen, sich in der Asche wälzten, oder andere Völker, die ihr Gewand einrissen. Priamus wälzte sich zum Zeichen der Trauer um Hektor auf einem Düngerhaufen.« [2]

Die Bewohner Utopias sind meist so zufrieden, weil sie ihre Hirnwäsche schon hinter sich haben; in ›1984‹ verschwinden Melancholie wie Langeweile, als der Apparat seine Wirkung getan hat. Ihn nur mit Zwang gleichzusetzen, wäre verfehlt: perfide wird die Psyche des Einzelnen gemodelt, bis sie den Zweck des Ganzen internalisiert und mit dem eigenen Wunschdenken identisch gemacht hat. Ähnlich strikt ist der Druck zur Beseitigung der Unordnung: in Utopia wird jeder erfaßt und alles registriert, damit kein Raum übrigbleibt, in dem private Langeweile entstehen könnte. Im Boston Bellamys werden die Hauptmahlzeiten in Speisehäusern eingenommen und damit in einer Öffentlichkeit, die ihr wichtigstes Merkmal verloren hat: die Spontaneität dessen, der sich in sie begibt und die Freiheit besitzt, sie jederzeit wieder zu verlassen. Oft genug schlägt der Zwang zur Totalität um in das Gelächter, das sich aus der Unvollkommenheit nährt. Aber diese Diskrepanz ist in Utopia nicht mehr vorhanden, weil die Differenz von Plan und Realität verschwunden ist: die Realität *ist* der verwirklichte Plan. Jorge Luis Borges hat in realitätsnaher Fiktion von der Erstellung einer Landkarte berichtet, die schließlich die gleiche Fläche bedeckte wie das Gebiet, welches sie abbilden sollte.[3] Das Streben nach perfekter Ordnung, die – einmal verwirklicht – keine Langeweile und auch keine Melancholie mehr entstehen lassen würde, trägt aber in sich eine eigenartige Dialektik. Je höher der Grad an Ordnung ist, der erreicht wird, je feiner die Abstimmungen im System sind, je genauer eine Aktion zur anderen passen muß – desto anfälliger wird das System. Die Utopisten haben dunkel geahnt, daß Systeme, die bestehen sollen, sich selbst regulieren, d. h. aber auch abweichen können müssen. Sie haben diese als notwendig erahnte Abweichung in die Freizeit gesteckt, die sie den Utopiern ließen. Aber auch diese Freizeit war verplant und bar jeder Spontaneität – der Ordnungsexzeß der Utopien ließ keine Ausnahme zu. Daher rührt ihre Fragilität. In Beaurieus ›Elève de la nature‹ wird ein Kind, das einer Dynastie gefährlich werden könnte, in einem Käfig gefangen gehalten. Immer wird es zur gleichen Stunde gefüttert. Dumpf lebt es dahin. Da geschieht eines Tages »un malheur ... qui me fait naître des idées«. Die Fütterung war unpünktlich erfolgt: »Jusqu'à cet accident qui causa une grande secousse dans mes organes, je n'avois fait que végéter au fond de ma cage, plûtot comme une plante que comme un animal. Je devins alors un nouvel être, je sentis mes facultés s'étendre.«[4] Diese Fähigkeiten, die sich entwickeln, beenden auch Utopia: sie entstehen aus dem Durchbrechen einer Ordnung, die zu fragil, weil zu perfekt gewesen ist.

Es liegt nahe, jetzt zu dem aus dem utopischen Denken (oder System-Denken) ermittelten Begriff der Melancholie als Un-Ordnung, der besagt, daß Melancholie aus Un-Ordnung entsteht, oder Un-Ordnung ist, oder sie hervorruft und daher als »abweichendes Verhalten« (Merton) beschrieben werden kann und/

oder wieder »in Ordnung« gebracht werden soll – etwa durch Propagierung der Utopie (Burton) –, einen Gegenbegriff zu finden. Den analytischen Ansatz liefert der Aufsatz ›Rationalität revidiert‹ von Claessens.[5] Zunächst entscheidend wird dabei der Begriff der Beliebigkeit, der in sich eine Art der Weltbetrachtung darstellt, in welcher »die Weltinhalte eigentlich gleichgültig, d. h. in ihrem Wertanspruch *gleich gültig* geworden sind. Da nun ein Wertanspruch aber schon aus rein pragmatischen, im tieferen Sinne anthropologischen Gründen, nämlich: um Handeln überhaupt zu ermöglichen, um dem ›besoin de faire quelque chose‹ des Menschen ein Ziel oder Ziele zu setzen, notwendig ist, kann man auch sagen, daß diese Weltansicht die Welt als *beliebig* ansieht.«[6] Da hier nur die Entwicklung eines analytischen Ansatzes im Vordergrund steht, der später die Siebfunktion übernehmen soll, aus der Fülle möglicher Melancholie-Beschreibungen ein Kontinuum mit zwei hinreichend genau fixierbaren Endpunkten auszusondern, kann von der Beschreibung ergänzender Implikationen, die der Aufsatz von Claessens enthält, abgesehen werden. In dem Satz, daß Beliebigkeit eine Weltansicht meint, der die Weltinhalte gleichgültig, d. h. gleich gültig geworden sind, kann der auftretende Begriff von Welt anthropologisch beschrieben werden: als Summe dessen, was auf den Menschen wirkt, als umfassendes »Gegengefüge« (Uexküll), welches sich dem Menschen entgegensetzt.

Es wird nun bereits aus dem hohen Grad an »Extremität«, den der Begriff »Beliebigkeit« besitzt, einsichtig, nach einem Gegenwort zu fragen, welches das vermutete Kontinuum, auf der einen Seite durch »Beliebigkeit« begrenzt, nach der anderen abschließt. Dieser Gegenbegriff wird »Verbindlichkeit« genannt. Er ist konträr zu Beliebigkeit und beinhaltet im Gegensatz dazu eine Weltansicht, für welche die Weltinhalte nicht gleich gültig, sondern einem Dominanzaspekt unterworfen sind. In seinem zitierten Aufsatz erwähnt Claessens Ansätze zu einem frühen Denken in Beliebigkeiten, deren Repräsentanten er in Demokrit, im mittelalterlichen Nominalismus und in Montaigne sieht. Ohne zu beanspruchen, mehr als ein Aperçu zu geben, muß an dieser

Stelle darauf hingewiesen werden, daß auf einer Skala möglicher Melancholie-Ansichten Demokrit als Repräsentant eines frühen Denkens in Beliebigkeit sich auf jener Seite des Kontinuums befindet, die Melancholie aus Unordnung entstanden ansieht. Das war auch die Ansicht Robert Burtons, der seine Utopie unter dem Pseudonym Democritus Junior schrieb. [7]

Claessens beantwortet die naheliegende Frage, warum die einmal konstituierte Beliebigkeit sich nicht durchsetzen könne, mit dem Hinweis darauf, Denken in Beliebigkeit müsse so lange leer laufen, als noch die entsprechende technische Verfügbarkeit fehle. Addiert man zu dieser Argumentation den neu eingeführten Begriff der Verbindlichkeit, so läßt sich vermuten, daß zwischen Beliebigkeit, Verbindlichkeit und technischer Verfügbarkeit ein gewisser Zusammenhang besteht. Um historisch »innezuhalten«: Verbindlich gegenüber einer Tendenz zur rationalen Beliebigkeit wirkten z. B. in der Antike die polis, im europäischen Mittelalter und in der Neuzeit die kirchliche Autorität. Sokrates und Galileo Galilei sind Exponenten jener Konflikte, in denen sich polis bzw. Kirche (noch einmal) gegen eine Beliebigkeitstendenz durchzusetzen verstanden. Wichtig zur Unterstützung der These, daß Beliebigkeit ohne entsprechende technische Verfügbarkeit wirkungslos sei, erscheint der Hinweis darauf, daß trotz des großen Autoritätsverlustes der Kirche in nach-reformatorischer Zeit »weiterhin unvermindert das Bedürfnis nach *einheitlicher* Weltanschauung und Lebensgestaltung« bestand, wie Georg Stieler die Entstehung des »Rationalen Systems« im 17. und 18. Jahrhundert erklärt – ein Versuch, der im übrigen deutlich zeigt, wie der System-Begriff mit der Verbindlichkeitsthese eng verbunden ist. [8] Mit der wachsenden Verfügbarkeit technischer Mittel [9] wird dem Menschen nicht nur ein Denken in Beliebigkeiten quasi durch die normative Kraft des Technischen aufgezwungen, sondern es werden auch die Ansprüche einer wie immer gearteten, auf Verbindlichkeit zielenden Instanz reduziert. Diese Instanz darf nicht nur als Herrschaftsphänomen gesehen und mit einem Machtapparat identifiziert werden, sie kann sich ebenso in der verhaltensbestimmenden Kontrolle internalisierter Regeln zeigen, die den Handelnden stärker bestimmen, als jeder Außendruck es tun könnte.

Als ein Endpunkt läßt sich der Zustand beschreiben, an dem Beliebigkeit und technische Verfügbarkeit so dicht einrasten, daß für Verbindlichkeit kein Raum mehr bleibt. Am anderen Ende des Kontinuums möglicher Weltansichten ist dann mit der technischen Verfügbarkeit auch die Möglichkeit zur Beliebigkeit geschwunden: es bleibt die Verbindlichkeit, die starre Normierung der Weltsicht. Dieser Zustand kennzeichnet die primitive Mentalität, wie Gehlen sie in »Urmensch und Spätkultur« beschrieben hat: jedes Weltding *ist* nicht einfach »etwas«, das manipuliert werden kann, sondern *bedeutet* etwas, ist starr determiniert. Diese Weltsicht bauen Monotheismus und wissenschaftliche Zivilisation in gleicher Weise ab. Beide Weltsichen, beliebige wie verbindliche, sehen die Weltdinge in ganz verschiedener Perspektive: erscheinen für das Stadium der Beliebigkeit alle Weltaspekte gleich gültig, so im Bereich der Verbindlichkeit bestimmt, das heißt geordnet und einem Dominanz-Aspekt unterworfen. Entscheidend wird nun die Tatsache, daß menschlichem Handeln in jedem dieser Bereiche Schwierigkeiten in ganz ähnlichen »Kategorien« erwachsen. Nach einem Wort Arnold Gehlens muß der Mensch unterscheiden, um sich entscheiden, d. h. aber auch handeln zu können. Damit hängt die Erkenntnis eines »Systems der Weltorientierung und Handlung« zusammen: »Daß Erkenntnis und Handlung schon an der Wurzel untrennbar sind, Weltorientierung und Handlungsführung *ein* Prozeß, ist philosophisch von größter Bedeutung und auch da festzuhalten, wo später beide Seiten mehr auseinandertreten.« [10] Als ein auf Handlung angewiesenes Wesen, das sich erst zu dem machen muß, was es ist, bedeutet für den Menschen der Vorgang der Entscheidung und der Handlung einen lebenssichernden Prozeß.

Bezieht man die in den Begriffen Beliebigkeit und Verbindlichkeit angelegte Ordnungsproblematik auf diesen Sachverhalt, so zeigt sich, daß beide »extreme« Weltsichten dem menschlichen Handlungsdrang Widerstände entgegensetzen. Im Zustand der Beliebigkeit erscheinen die Dinge gleich wert und austauschbar, ihre Gleichwertigkeit bedeutet totalen Präferenz-Verlust. Nur Präferenzen aber ermöglichen es, Entscheidungen zu treffen.[11] Wo sie fehlen, herrscht das Chaos des »grau in grau«, der Mensch wird verunsichert; er unterliegt einem Zuviel an Entscheidungsdruck, es gibt »too much discriminative strain«. Im Zustand der Verbindlichkeit werden für den Menschen die Dinge abgeblendet, mit denen er nichts »anfangen« soll. Der Rest an verfügbarer Weltsicht ist nach Präferenzen streng vordeterminiert. Menschliches Handeln läuft in einer so vorgeprägten Welt wie in Schienen ab: maschinenmäßig und einlinig geordnet. In der Terminologie Arnold Gehlens: die Welt ist für den Menschen kein »Überraschungsfeld« mehr. Herrscht im Zustand der Beliebigkeit das Chaos der Gleichgültigkeit, das nach Stabilisierung und Festmachen von Beweglichkeit ruft[12], so im Stadium der Verbindlichkeit die Hypertrophie der unumstößlichen Ordnung. Wird der Mensch da durch ein Zuviel an Entscheidungsdruck verunsichert, so hier durch ein Zuwenig: es herrscht »too less discriminative strain«. Handeln im Sinne des Unterscheidens, also des Bestimmens von »Welt« und des Sich-Entscheidens in ihr ist nicht mehr möglich, weil der ganze Unter- und Entscheidungsprozeß dem Menschen bereits »abgenommen« ist – in Form jenes, bereits in der sprachlichen Beschreibung schillernden Vorgangs, der Entlastung durch »Wegnehmen« bedeutet. Die gleiche Dialektik hat Claessens in den Prinzipien der Offenheit, die möglichst viele Freiheitsgrade fordert, und der Ordnung, die sie beschränkt, geschildert.[13] Mit dem angeschnittenen Begriff der Ordnung ist die Beziehung zur Melancholie-Problematik gegeben. Der hier unternommene Exkurs sollte die Möglichkeit, eine Melancholie der Unordnung von einer der Ordnung zu unterscheiden, analytisch stützen. Melancholie, die als Unordnung bezeichnet wird, muß von einem Standpunkt aus so benannt werden, der als Parameter der Wertung den Ordnungsbegriff benutzt. Diese Wertung erfolgte bei Merton – sie wurde charakteristisch für Utopien, die als Systeme normierter Weltsicht beschrieben wurden, in denen Melancholie Abweichung und eine Usurpation von Freiheitsgraden bedeutet, die das System nicht gestatten kann.

Mit der Schilderung der Melancholie La Rochefoucaulds wurde deutlich, daß ein solcher Zustand des Affekthaushaltes (N. Elias) erreicht werden kann, weil die Welt zu sehr »in Ordnung«, zu wenig »Überraschungsfeld« und in ihren Machtverhältnissen determiniert ist. Die Melancholie des Frondeurs resultiert aus dem fehlgeschlagenen Versuch, ein starres System in Bewegung zu bringen. Die verhängte Sanktion bedeutet erzwungene Ruhe, Entlastung auf Befehl. Diese aber trägt deutlich den Charakter der Sanktion in sich. Die Wendung La Rochefoucaulds zur Literatur resultiert natürlich aus dem in der Zeit zur Verfügung stehenden Muße-Reservoir eines hohen Adligen: sie war à la mode. Aber darin steckt mehr als die Flucht in einen gleichsam vorbereiteten »Binnenraum« adligen Zeitvertreibs. Die Form dieser Literatur – die Maxime – würde es nahelegen, auch hier mit Lucien Goldmann zu argumentieren und zu fragen, ob nicht die in sich geprägte und feste, aber als Gattung betrachtet schillernde und »bewegliche« Form des Aphorismus und der Maxime ein Gegengewicht zu der oktroyierten Ordnung des arbeitslosen Frondeurs bildet. Das aber ist eine Frage, die erst durch eingehende literatursoziologische »Feld-Forschung« entschieden werden könnte. Wichtiger im Zusammenhang mit La Rochefoucauld erscheint die Kategorie der Langeweile, die so eng mit der Melancholie verknüpft ist. Sie kann bestimmt werden als ein Zustand der Welt, in welchem die Weltdinge einander gleich sind und durch den Zeitaspekt keinen Abwechslungs-Charakter gewinnen. Auch hier kann von Beliebigkeit gesprochen werden, aber es handelt sich um eine Beliebigkeit, die alle Dinge gleich macht, weil man mit keinem etwas anfangen kann und auch nicht darf. Dieser Zustand der Langeweile schafft das melancholische Klima: Beliebigkeit ohne Verfügbarkeit. Schwer nur ist der Herrschaftsaspekt von dem der Melancholie zu trennen: eindeutig spiegelt die Trauer La Rochefoucaulds die vorenthaltenen Macht-Chancen.

Die Bedeutung des Zusammenhanges von Herrschaftsproblematik und Melancholie wird besonders deutlich, wenn man die Situation der deutschen Bourgeoisie im 18. Jahrhundert mitbetrachtet. Auch hier kann in gewissem Sinne von Entlastung gesprochen werden. Den Bürgern war der Bereich der Herrschaft verschlossen; regiert zu werden aber bedeutet eine Chance der Entlastung, die sich das deutsche Bürgertum noch nie hat entgehen lassen. Freilich entwickelte sich auch aus dieser Abschneidung von den Herrschaftsräumen ein ökonomischer Ehrgeiz, der Macht später – auf Umwegen – dennoch herbeischaffen sollte. Die Melancholie schrieb das Bürgertum zur Zeit des ablaufenden Absolutismus sich selbst zu: es war stolz darauf. Anders als für einen La Rochefoucauld bedeutete das nicht die Trauer um die verlorene Macht, sondern die Resignation vor denen, die herrschten. Im Vergleich dieser zwei Melancholien wird deutlich, daß man zu entscheiden hat, wie weit die jeweilige Melancholie von »Welt« entfernt liegt; das heißt von den Schaltstellen, an denen geherrscht wird und Herrschaftsrechte verteilt werden. Das System der Salons entwickelt sich ursprünglich als eine zweite »Welt« neben der des Hofes; hier gilt das gleiche Verhaltensideal, und die Melancholie ist eine Affektlage der Gruppe, nicht des einzelnen. Dieser wird mit zunehmender Weltflucht immer bedeutsamer: die bürgerliche Psychologie betont die Affekte des je einzelnen, die höchstens durch einen – als Spiegel wirkenden – Freund verstärkt werden. Im 19. Jahrhundert gibt es nur mehr Melancholiker, aber keine Melancholie mehr, wenn auch die Rede vom »mal du siècle« wie früher von der »Werther-Krankheit« ist: Etikettierungen dieser Art sind billig zu erlangende Legitimationshilfen. So nimmt durch die Geschichte das Maß an personaler Langeweile und an Exzentrizität zu, die aufgewendet wird, um Langeweile und Melancholie zu vertreiben oder auch um nur mit ihnen zu kokettieren. Mit wachsender Beliebigkeit wächst auch die Beweglichkeit; ästhetische Theorien wie die des »Camp« bilden den Abschluß einer Tendenz zur Beliebigkeit, die keinerlei »Vor«urteile mehr kennt, sondern sich der Wertung des Augenblicks überläßt. Für die »Fakteninnenwelt« (Gehlen) kann alles zum Gegenstand werden, sogar die eigene Subjektivität: das beliebte Objekt von Reflexion und Melancholie.

Auch die Betrachtung der Räume von Melancholie und Langeweile kann mit der Problematik von Beliebigkeit und Verbindlichkeit verknüpft werden. Die totalgeplante Utopie kennt keinen Freiheits»raum«; in ihr ist noch die freie Zeit determiniert; der Konflikt des Einzelnen mit dem System entsteht, wenn dieser versucht, sich privat zu verhalten. Damit ist Abweichung auch räumlich faßbar, und die Sanktionen folgen auf der Stelle. Utopia kennt keine Alternativen und will deshalb auch keine Melancholie kennen. Aber die totale Verbindlichkeit schafft *die* Langeweile, aus der die Melancholie entsteht; zwar wird immer Cokaygne geplant, und doch entsteht schließlich Sparta, wie es Danton bereits Saint-Just vorgeworfen hat.

Im Salon entwickelt sich ein Mechanismus, der die freigesetzte Beweglichkeit der »entlasteten« Adligen abfängt und unter Kontrolle hält. Das Bedürfnis nach sich auslebender Beliebigkeit, das immer entsteht, wenn Macht entzogen wird, wird hier in der Literatur verwirklicht. Im Salon hält Beliebigkeit sich nahe an Welt; bleibt Abweichung unter Kontrolle; bedeutet Melancholie keinen Grund zu weltflüchtigem Solipsismus, sondern die Bedrohung durch einen Affekt, der – orientiert am Verhaltensideal des seine Gefühle regulierenden »honnête homme« – in der Gruppe abgearbeitet wird.

Die bürgerliche Melancholie ist weiter von »Welt« entfernt, da sie verzichtet auf etwas, das sie nicht kennt: Herrschaft. Daher wird auch das Maß der Beliebigkeit, das sich entwickelt, größer: im Begriff der Natur ist die Abhängigkeit von Gesellschaft ebenso mitgedacht wie im Intérieur die Flucht vor ihr. Natur und Intérieur sind die Räume, in denen Innerlichkeit (und damit immer auch Beliebigkeit) sich »ausleben« kann: orientiert nicht an den gängigen Verhaltensvorschriften der Welt, sondern an Gesetzen, die höchst abstrakt, allgemein und aus Opposition gegen den Adel entworfen sind. Bürgerliche Melancholie opponiert gegen den herrschenden Adel, indem sie die faktischen Normen durch die Berufung auf ein Gesetz, das »nicht von dieser Welt« ist, eskamotiert – Phantasie ist eine bürgerliche Kategorie. Ein solches Gesetz ist leichter zu übertreten als ein wie immer geartetes, aber durch höchst reale Schranken in der Gesellschaft sanktioniertes. So wird die Berufung auf Natur und Innerlichkeit Voraussetzung der exzentrischen Haltung. Ein solches Agieren »am Rande« ist auf den Mittelpunkt bezogen, von dem es sich entfernt, und der ihm erst das Maß für die erstrebte Entfernung liefert. Der Exzentriker ist so abhängig vom Schock des Bürgers, der ihn legitimiert, wie der Melancholiker vom Mitleid dessen, von dem er sich unterscheiden möchte – exzentrische Melancholie ist kein Paradox, sondern oft genug die Regel. Die größte Entfernung von Gesellschaft leistet sich kaum, wer auf seiner Innerlichkeit beharrt. Gefällt sich bürgerlich orientierte Melancholie in einer Pose, die bewundert werden will in einer Welt, von der sie doch nichts hält, so beginnt bereits hier der Umschlag des Konzeptes der individuellen Beliebigkeit in eine Tendenz zur Verfestigung und Verbindlichkeit. Diese Folge bürgerlicher Melancholie ist wie unbeabsichtigt, sie erinnert an die Gehlensche Kategorie der »sekundären objektiven Zweckmäßigkeit«, weil auch sie Institutionen schafft, ohne es zu wollen, manchmal vielleicht gegen das ausdrückliche Eigen-Interesse. Aber ästhetische Haltungen, die zur Mode werden – wie die »Wertherkrankheit« und auch das »mal du siècle« – wirken eben verfestigend und zerstören endlich den individuellen Anspruch, der sie schuf. Neben dieser unbeabsichtigten Folge einer Tendenz von der Beliebigkeit weg zur erneuerten Verbindlichkeit läuft der ausdrückliche Versuch einher, die freigemachten Beweglichkeiten wieder abzufangen: Gehlen hat mit aristokratischer Emphase auf die zerstörerische Wirkung hingewiesen, die sich zeigt, wenn Individuen aus ihren Institutionen herauskatapultiert werden oder sich selbst daraus entfernen. So erscheint das Paradox, daß mit zunehmender Exzentrizität der Hang zur erneuten Verfestigung stärker wird: die Literatur selbst wird zum Apparat und in ihren Schöpfungen system-ähnlich. Namen über Namen wären zu nennen. Proust und Joyce, Musil und Broch, Beckett und Heimito von Doderer. ›Der Mann ohne Eigenschaften‹ tritt mit dem gleichen Anspruch der universalen Geltung auf wie die ›Merowinger‹; nichts weniger als die Welt – verkörpert in Dublin – bildet den Gegenstand des ›Ulys-

ses‹ wie – im Faubourg Saint-Germain – den der ›Suche nach der
verlorenen Zeit‹. Und ›Murphy‹ und ›Godot‹ stehen nicht stumm
für sich, sondern repräsentieren eine ganze Welt, die verstummt
sein soll. Darauf zielt das bereits erwähnte Wort Voegelins, man
müsse heute Literatur lesen, wenn man die großen Ordnungssysteme kennenlernen wolle. Die freigemachte Beweglichkeit der
modernen Rationalität – Beliebigkeit – ist dort bereits abgefangen, wo sie entfesselt wurde: im Ästhetischen.

Die enge Verknüpfung der Problematik von utopischem Denken,
Melancholie und Langeweile beruht nicht zuletzt auf ihrer gemeinsamen Affinität zum ästhetischen, zumal literarischen Bereich. Entscheidende Bedeutung kommt dabei dem Begriff der
Entlastung zu: Utopia entlastet seine Bewohner so weit, daß in
der eudämonistischen Spielart die Folgen nicht weniger total sind
als in der pessimistischen: übrig bleibt das bar aller Spontaneität verplante Individuum. Langeweile bedeutet den Zustand
befohlener Entlastung wider Willen. Melancholie ist Reaktion
gegen eine Situation der Entlastung, ohne die Chance, damit
etwas anfangen zu können: Entlastung kann als Hilfsmittel nur
wirken, wenn die Kategorie der Zukunft noch offen ist. Diese
bleibt aber der Melancholie ebenso versperrt wie paradoxerweise der Utopie. Der einmal erreichte Zustand der Glückseligkeit kann nicht mehr verbessert werden. Utopia als der in die
Literatur verpflanzte Wunsch nach Totalplanung und einem
Höchstmaß an Ordnung erwächst aus der widerborstigen Erfahrung an der Realität; entwirft aber oft genug in ihren Gegen-
bildern, selbst wenn diese eudämonistisch konzipiert sind, Aspekte, die nur wieder die Sehnsucht nach der verdammenswerten
Realität zu erzeugen vermögen. Die Spannung von Fiktion und
Realität bleibt erhalten. Bereits adlige Langeweile wird literarisch in Produktion umgesetzt; erzwungene Entlastung schafft
hier einen Ausgleich für diejenigen, die ihre spezifische »Welt«
verloren haben. Der bürgerliche Literat, der sich in die Brust
wirft und die Langeweile als Kreuz des Adels brandmarkt, vergißt, daß aus solcher Langeweile entstand, was er gegen den
Adel ausspielt: Literatur. Ebenso vergißt der antibürgerliche

Exzentriker, daß seine Entfernung von der Welt zusammenhängt mit der Weltflucht- und Innerlichkeitskonzeption dessen, gegen den er opponiert: den Bürger.[14] Die exzentrische Melancholie betont wie die bürgerliche – weil sie permanent auf Echtheit und Tiefe insistiert – das bloß Modische an ihrem Gehabe. Die Frage nach der Legitimation von Melancholie wird an dieser Stelle akut. Die bürgerliche Melancholie bedeutet eine Art des Weltverlustes, die sich erheblich von der des melancholischen Adels unterscheidet. Dieser hatte eine Welt verloren, jene eine aufgegeben, die sie noch gar nicht besessen hatte. Gemeinsam aber ist beiden Arten des Weltverlustes, daß sie vom Handeln als einem Wirken in der Welt und auf die Welt abgeschnitten sind: in dieser Form der Handlungshemmung finden sich utopische, adlige, bürgerlich-innerliche und exzentrisch-ästhetische Melancholie.

VII Handlungshemmung und Reflexion

Einführung

Nach einer fünfjährigen im Gefängnis der Inquisition verbrach-
ten Haftstrafe kehrte der spanische Dichter Fray Luis de León
(1527–1591) nach Salamanca zurück, um dort seine Vorlesungen wiederaufzunehmen. Eine zahlreiche Schar von Zuhörern
erwartete bei seinem ersten Auftreten nach der Haft eine bittere
Abrechnung oder zumindest eine Schilderung seines Leidens.
Aber Luis de León begann »mit den Worten, die in der ganzen
spanischen Welt berühmt und symbolisch geworden sind: ›De-
cíamos ayer‹ ... (Dicebamus hesterna die) – und setzte den
Unterricht an dem Punkte fort, wo er fünf Jahre zuvor stehen-
geblieben war« [1] (Vossler). Luis de León bietet das einprägsame
Beispiel für ein Verhalten, dessen ruhige Gelassenheit bereits
im 16. Jahrhundert Aufmerksamkeit erregte und für uns so
stilisiert wirkt wie das Agieren der Personen in den Dramen des
spanischen und französischen Klassizismus. Sieht man von der
entscheidend religiösen Prägung eines solchen Verhaltens ab, so
erringt es seine Wirksamkeit zu einem großen Teil aus der Tatsache, daß hier ein ganz untypischer und auffälliger Zusammenhang von Reflexion und Handlungshemmung vorliegt. Einker-
kerung als »Verhängung von Langeweile« (Müller-Eckard) erregte schon das Interesse Schopenhauers, der auf die hohen
Selbstmordraten bei Gefangenen hinwies. Die Vorstellung der
kleinen, kargen, bedrängenden Zelle liefert dem Denken das
paradigmatische Bild für einen Zustand der Handlungshemmung,
in dem der Eingekerkerte zu einer letzten Handlung sich auf-
raffen mag: dem Suizid. Luis de León gibt das Beispiel eines
Verhaltens, das die Gefahren der Hemmung in der Meditation
und der religiösen Versenkung überwand und nicht selbstzer-
störerischer Reflexion anheimfiel.
Gerade weil Luis de León ein so untypisches Beispiel liefert, ist

daran zu erinnern: auf diese Art mit der verhängten Reflexion fertig zu werden ist Sache eines in der Meditation Geübten, Bestätigung für den, der Weltentsagung als Ziel seines Handelns gewählt hat.[2] Näher steht uns als Bild dessen, was unter Reflexion und Handlungshemmung verstanden werden soll, Gontscharows 1859 erschienener Roman ›Oblomow‹, aus dem eine ganze Verhaltensklasse russischer Prägung ihren Namen erhalten hat: die »Oblomowerei«. Oblomow hat Vorläufer in der russischen Literatur – u. a. bei Puschkin und Gogol –, auf die hier nicht näher eingegangen werden kann: *er* ist zur entscheidenden Figur geworden. Träge liegt Oblomow auf seinem Sofa, plant große Dinge, entwirft rosige Zukunftsbilder und tut – nichts. Dobroljubow hat von der »typischen Gestalt« Oblomows gesprochen und davon, daß wir »in diesem ganzen Oblomowtum ... mehr als die gelungene Schöpfung eines starken Talents (sehen); wir finden darin ein Produkt des russischen Lebens, ein Zeichen der Zeit«.[3] Nach Dobroljubow langweilte sich Oblomow bei allem, was er tat – nicht zuletzt deswegen, weil er dauernd die Sinnfrage stellte. Er hat ein »gar zu schlaffes Temperament« und neigt zum »idyllischen, tatenlosen Glück«. Gegen die rein geistesgeschichtliche Interpretation Walter Rehms, die Oblomowerei sei nur durch die nach Rußland eindringenden »idées anglaises et allemandes« verursacht worden, hat sich Wilhelm Goerdt mit einsichtigen Argumenten gewandt:

»1762 erließ Zar Peter III. sein Dekret ›Über die Freiheit des Adels‹. Der Adel wurde damit vom Staatsdienst befreit, er brauchte nicht mehr beim Militär oder in der Zivilverwaltung zu dienen ... Der Adel ... durfte seine Güter behalten, und das bedeutete, daß der Bauer weiterhin verpflichtet war, seinem adligen Gutsbesitzer durch seine Arbeit den Lebensunterhalt und darüber hinaus in vielen Fällen ein vergnügliches und angenehmes Leben in den Hauptstädten Rußlands und Europas zu verschaffen ... Es ist die gesellschaftliche *Nichtigkeit* Rußlands, die dem Adel die Sophistik eines Tuns und Denkens im Als-Ob, eines illusionären Planens und eines Handelns unterhalb jeder Wirklichkeit fast zur Pflicht macht. Das ist die *Geburtsstunde der Oblomowerei* ...«[4]

Goerdts Interpretation liefert entscheidende Stichworte: entlastete Klasse, Handlungslosigkeit, Illusion, Wirklichkeitsverlust. W. Hilsbecher ist in seiner Studie über Oblomow dem hier angeschnittenen Thema noch näher gekommen, als er davon sprach, daß Oblomow den Schmerz in der Langeweile auflöse, und daß die Phantasie »jeder möglichen Handlung vorauseilend, ... ihn zum Nichtstun (zwingt)«.[5] Oblomows Verhalten, oder besser: seine Enthaltsamkeit von jedem Handeln, ähnelt dem, was hier unter Handlungshemmung verstanden werden soll. Daß dabei keine Gewalt eingesetzt wird, Oblomow ferner als Vertreter einer entlasteten adligen *Klasse* erscheint, aber sich doch auf sein *Naturell* herausreden könnte – Dobroljubows Hinweis auf das Temperament legt das bereits nahe –, gibt ihm freilich den dichterischen Reiz des Willkürlichen und Nicht-Hinterfragbaren, an dem soziologisch orientiertes Interesse meist enden muß. Immerhin mag dieser unsterbliche Typ aus der russischen »Gutsbesitzerliteratur« im Gedächtnis bleiben als Verkörperung einer Form von Handlungshemmung, die nicht erzwungen ist und sich mehr durch Spekulieren ins Blaue und im unverbindlichen Tagtraum wie in der schweifenden Phantasie äußert als in der bohrenden Reflexion.

Ob man bei der Vorstellung von Handlungshemmung und der daraus resultierenden Freisetzung von Reflexion nun an Oblomow auf seinem Diwan oder an Boethius im Gefängnis denkt, »am Halse angekettet, ein Buch in der Hand ... tatenlos und ohne Hoffnung ...«[6] – immer muß man sich vergegenwärtigen, daß die Hilfsmittel, die gegen die Reflexion empfohlen wurden, unterschiedlich waren und ganz andersartige Wirkungen zeigten: die Tröstung der Religion, die Luis de León, und die »consolatio philosophiae«, die dem zum Tode verurteilten Boethius halfen, hätten einem Oblomow kaum ein müdes Interesse entlocken können. Hier geht es nicht um Differenzen des einzelpersönlichen Erlebens und der individuellen Ansprechbarkeit, sondern um Strukturbedingungen und gesamtgesellschaftliche Lagen, die erst die Variabilität der menschlichen Reaktionsbereitschaft erzeugen: es waren im sechsten nachchristlichen Jahrhundert andere als im Spanien der Inquisition und unterschieden von der russischen Gesellschaft im vorrevolutionären Jahrhundert.

Immer mehr aber entwickelt sich als Heilungsvorschlag gegen die Reflexion in ihrem Übermaß der Rückgriff auf die Handlung, das einfache Tun in seiner ganzen Banalität und platten Wirksamkeit: »Dem Kunstlehrling muß man zurufen: Produziere! Und wenn's Brotkügelchen wären! Sieh' zu, daß sie schön rund sind! Nur nicht grübeln, immer machen!«[7] Dieser Rat Feuchterslebens entwickelt eine Diätetik der simplen Tätigkeiten, wie sie auch Valéry geschildert hat:

»Der Philosoph benagt seine Fingernägel. Der General kratzt sich den Schädel. Der Mathematiker zupft an seinen Haaren. Bonaparte schnupft und schnupft. Woher kommen *die Lösungen*? Aber anderseits, auch einer, der sich langweilt, pfeift unaufhörlich, bohrt gleichgroße Löcher in sein Papier; saugt an seiner Pfeife, geht auf und ab – und macht, was der Pendel der Pendeluhr macht... Das Kinn, die Nase, die Stirne, der Finger, die Beine, die Haare: Werkzeug der Meditation. Auch das Ofenrohr gegenüber, der Baum Kants. Diese Gegenstände, dieses Beißen und Knabbern sind Orientierungszeichen.«[8]

Später wird Arnold Gehlen in seiner Anthropologie ein Bild vom handelnden Menschen entwerfen, das orientiert ist an solchen Minimal-Aktionen und sich ausdrücklich gegen eine Reflexion richtet, die den Menschen abhält von dem, wozu er bestimmt sein soll: zum Handeln.

Galen bereits nannte unter den die Melancholie befördernden Faktoren das übermäßige Denken, Constantinus Africanus urteilte ähnlich und empfahl als Heilmittel körperliche Bewegung; »multa cogitatio« galt als Ursache der Melancholie bei Rufus v. Ephesus, Rhazes und Marsiglio Ficino; Thomas v. Aquin sprach von der acedia, die »non movet ad agendum, magis retrahit ab agendo«; Diderot im Zusammenhang mit dem von der Gesellschaft isolierten und handlungsbeschränkten Menschen von den »pensées extravagantes«, die »germeront dans son esprit comme les ronces dans une terre sauvage«; John Donne geißelte die »thougthfulness« als Melancholie-auslösend; Schopenhauer fand das Leben eine mißliche Sache und entschloß sich, »es damit hinzubringen, über dasselbe nachzudenken«, Schäffle nannte das »melancholische Temperament ... sehr ungeeignet für die energische Action«; eine »Folge seiner Altersmelancholie« soll das »historisch schwerwiegende Versagen der strategischen Aktivität des Tatmenschen Blücher in den Kämpfen von Laon« gewesen sein[9], und Joachim Ritter hat von der Ansicht berichtet, daß sogar »das Nachdenken über das Lachen melancholisch macht«[10] – Helvetius allerdings fand, der Mensch habe gerade seinen Geist erhalten, um sich nicht zu langweilen. Radin schließlich hat eine Geschichte des Winnebago-Clans überliefert, die den Zusammenhang von Reflexion, Tatenlosigkeit und trauriger Disposition auch für eine ganz andere, entfernte Kultur verständlich macht: »Am Anfang saß ›Earthmaker‹, Erdmacher, im leeren Raum. Als er sich seiner selbst bewußt wurde, existierte nirgendwo etwas. Er fing an, darüber nachzudenken, was er wohl tun sollte, und schließlich begann er zu weinen.« Diese Erzählung führt Radin an, um den Typ des »Denkers« zu charakterisieren, einer Ausnahmeerscheinung, denn »wie bei uns selbst herrscht auch bei den Naturvölkern der Tatmensch in überwältigender Mehrheit vor«.[11]

Aus den hier gegebenen Beispielen, die sich um unzählige der verschiedensten Herkunftsbereiche ergänzen ließen, wird die große Bedeutung sichtbar, die das Phänomen der Reflexion – verbunden mit der Melancholie – erlangt hat. Auf solche Implikationen wurde bereits gelegentlich hingewiesen; ja es läßt sich sagen, daß weder utopisches Denken noch Melancholie oder Langeweile behandelt werden können, ohne auf diesen Zusammenhang einzugehen. In geraffter Darstellung sollen noch einmal die Verbindungen zur Erscheinung der Reflexion als Handlungshemmung für die drei historisch orientierten Hauptkomplexe gegeben werden. Anschließend liefert die Anthropologie A. Gehlens einen analytischen Ansatz zur Erklärung der durch Handlungshemmung ausgelösten Reflexion mit Melancholie-Folge und wirft weitere entscheidende Fragen auf, die allerdings weitgehend als Fragen bestehenbleiben müssen.

Der enge Zusammenhang utopischen Denkens mit einer die Reflexion freisetzenden Handlungshemmung zeigt sich zuerst in der Person dessen, der »Utopia« entwirft. Sofort erscheint die Gestalt Campanellas, der bei wiederholten Foltern insgesamt siebenundzwanzig Jahre inhaftiert war und dem gestattet wurde, »die Überfülle seiner Gedanken niederzuschreiben«.[12] Das zeigt ein Moment der Phantasie und der Reflexion, damit enthüllt sich ein Grundzug utopischen Denkens. – Eben weil es sich literarisch dokumentiert, ist utopisches Denken Zeichen der Handlungshemmung. Robert Burton, der schrieb, um seine Melancholie zu vertreiben, der gelehrt war und überlieferte, wie sehr bereits in der Antike das übermäßige Studium als Melancholie-Ursache bekannt war, entwarf seine Utopie Englands, weil er als armer Intellektueller nie hoffen konnte, seine Gedanken in die Tat umzusetzen. Zu behaupten, die Utopie sei aus der Handlungshemmung entstanden, heißt, die Utopisten ernst zu nehmen: sie hätten kaum nur gedacht und entworfen, wenn sie hätten handeln können. Morus, der Lord High Chancellor, taucht als Gegenbild auf, doch Duveau hat gerade von ihm in diesem Zusammenhang gesprochen: »Platon est un déçu comme More, mais il est déçu parce qu'il n'a pas pu agir, alors que More est déçu par l'action.«[13] Das ist auch eine Form der Handlungshemmung, die sich freilich enger an die Realität hält und dementsprechend »wirklicher« auch ihr Wunsch- und Fernbild gestaltet. Grundsätzlich aber entsteht nach Duveau die Utopie aus einer »détente nostalgique«, sie ist die »détente de l'homme alors que le mythe, c'est la *tension*«.[14]

Utopisches Denken ist die Vorbereitung zur Darstellung einer Enttäuschung an der Welt, nach Sorel liegt einer der Züge der Utopie darin, daß »le monde présent peut être considéré avec tristesse«.[15] Diese Traurigkeit der Welt setzt utopisches Denken in Gang, weil Handeln unmöglich ist, oder eine Aktion, die unter utopischer Flagge startet, aber bald scheitern muß, weil sie vergißt, daß es die Härte und Widerstandsfähigkeit des Realitätsprinzips gibt. Auch indirekt ist die Traurigkeit der erlebten Welt – die als Verlust kultureller Selbstverständlichkeiten durchaus geschildert werden kann, denn Selbstverständlichkeiten bieten zum Trauern keinen Anlaß – in der Utopie nachweisbar: am Melancholie-Verbot, das die Utopie durchzieht und wider die erlebte Wirklichkeit proklamiert wird. Von zwei Seiten läßt sich so der »melancholische« Charakter der Utopie eingrenzen: von der Entstehung des utopischen Denkens her, das sich aus der Handlungshemmung in dieser Welt herleitet, und von der eskamotierten Melancholie im endlich erreichten Utopia. In dieser Stabilisierung liegt eine Ähnlichkeit der Utopie zu den Sekten, die Mühlmann als *Stabilisierung auf niedrigem Niveau* bezeichnet hat. »Sie entspricht psychologisch dem Zustande der Resignation, nachdem die eschatologischen Hoffnungen sich nicht erfüllt haben, so daß man jetzt beginnen muß, sich auf dieser Erde mit dem Gegebenen zu arrangieren; soziologisch nennen wir das ›Institutionalisierung‹.«[16] Aus ähnlichen Elementen baut sich die Utopie auf – wenn auch in umgekehrter Richtung. Am Anfang steht das Ungenügen am Arrangement mit der kritisierten Gegenwart; die Hoffnungen, die sich hier nicht erfüllt haben, werden in die Zukunft verlegt; die Resignation wird hinter sich gelassen und verbleibt in der Welt; Institutionalisierung aber findet auch statt, und zwar in genau jenem »Überhang von Zukunftsprojektion« (Mühlmann), der – vor dem resignativen Scheitern – charakteristisch für die eschatologische Vorstellungswelt war. So wird utopisches Denken im System der Utopie zu einer »composition d'institutions imaginaires« (Sorel).[17]

Versteht man Institutionen einfach als auf Dauer gestellte Handlungsfolgen in voraussehbaren Abläufen, so läßt sich die projektive Institutionalisierung der Utopie auch vom Zusammenhang von Reflexion und Handlungshemmung her begreifen. Utopia entsteht aus der Reflexion am Ungenügen dieser Welt, sie endet im Bild einer besseren, in der die Reflexion nichts mehr zu suchen hat, weil alles »in Ordnung« ist. In Utopia wird gehandelt, und die Fülle der durchgeplanten Institutionen, die für Utopia entworfen werden, beweisen es. Je ungenügender die Gegenwart erscheint, desto bunter wird Utopia und desto genauer die Verheißung des Glücks. Das Reflexionsmaß steigt mit dem Ausmaß der Handlungshemmung, und dieses wiederum bildet ein untrügliches Indiz für die Nähe oder Ferne von »Welt«. Aber beinahe jeder, der sich aufrafft, das System einer neuen, einer besseren Welt zu entwerfen, sieht sich von der alten, schlechten enttäuscht, daher liegen alle Utopien weit weg von der Welt, sind »fruits de méditations plus ou moins arbitraires, de rêveries plus ou moins orgeuilleuses: exercice de la pensée pure sans grand rapport avec le réel«[18] (Duveau).

Auch die Beziehung zum Raum kann mit der Problematik von Reflexion und Handlungshemmung in Beziehung gebracht werden. Utopia entsteht als zusammengezogener Raum, »Pläne für die Umgestaltung der gesellschaftlichen Verhältnisse, besonders solche, die bis in die Einzelheiten hinein ausgedacht waren und auf eine endgültige Ordnung abzielten, sind ... immer zunächst für einen geschlossenen Raum entworfen worden« (Freyer).[19] Damit paßt zusammen, daß die Geschichte in der Utopie »zum Stillstand gekommen« ist, daß die Utopie sich als erste Form darstellt, »in der die Geschichte als vollendbar gedacht worden ist«.[20] Enge des Raumes und dessen Überschaubarkeit bieten die Chance für das glatte Funktionieren der utopischen Institutionen; die stillgelegte Zeit verhindert die Reflexion, die sich ja als Mittel der Veränderung erwiesen hat – Utopia ist der Beweis. So endet Utopia als vollendetes Gegenbild zur Realität: die alte Welt ist so verändert, daß an ihr nichts mehr verändert werden kann, weil der erreichte Raum endgültig ist; Utopia hat die Zeit vertrieben – damit natürlich auch die Langeweile –, nachdem es in die Zeit projiziert worden war; Utopia ist aus der Melancholie an der Welt und ihrem Ungenügen entstanden und endet mit der Unmöglichkeit der Reflexion, dem Verbot der Melancholie und der Verheißung stabilen Glücks auf überschaubarem Raum.

La Rochefoucauld: homme d'action und homme de pensée

Trotz der großen Bedeutung, die La Rochefoucauld – den Tendenzen seiner Zeit entsprechend – dem »Naturell« des Menschen zuspricht, schildert er im ›Portrait‹ seine Melancholie als erworbene. Sie ist das Resultat der gescheiterten Bemühungen der Frondeure, das Ende eines auf Aktion abgestellten Lebens. Die Reflexion La Rochefoucaulds wächst in diesem melancholischen Klima; sie ist eine Folge der Handlungshemmung: » ... l'irrésolution jointe à l'humeur mélancolique n'est-elle pas la marque caractéristique d'un homme chez qui l'esprit d'analyse tue la spontanéité volontaire? Un excès de réflexion entrave toujours les ressorts de l'action. Ainsi, l'auteur des *Maximes* m'a fait souvent penser au malheureux prince de Danemark«[21], sagt Ivanoff. Ähnlich betont Vinet die entscheidende Bedeutung der »inaction«; Bourdeau, der auch von der »seconde mélancolie« spricht, macht auf den Zusammenhang von Reflexion und Handlungshemmung aufmerksam: »Homme de réflexion et d'analyse, d'hésitation et de perplexité, timide, refoulé sur lui-même, au lieu de suivre énergiquement une ligne de conduite, il s'observe, il s'interroge, il cherche à démêler en lui-même et chez les autres les secrets mobiles. Nous voyons apparaître avec lui *l'esprit critique,* rare dans l'époque précédente, qui tend à entraver l'essor de la volonté, à paralyser l'action.«[22] Reflexion, die sich bei La Rochefoucauld als Reaktion auf jene Form der Handlungshemmung begreifen läßt, die eine gesellschaftlich relevante Aktion nicht mehr gestattet, muß im gleichen Rahmen betrachtet werden, wie das bei der Melancholie bereits geschehen ist. Bedeutet Melancholie die Reaktion der Psyche – oder das, was als Reaktion vorgegeben wird – auf den Entzug relevanter Handlungsmöglichkeiten, so formt die Reflexion mehr die Ersatzhandlung, die erfolgt: die literarische Betätigung. Wenn Hess vom literarischen Ehrgeiz des Frondeurs spricht, so ist mit »Ehrgeiz« ein zu aktionsgesättigtes und weltzugewandtes Wort gebraucht. Literatur war für La Rochefoucauld Ersatz, wichtig, aber nicht bedeutsam genug, um den Ehrgeiz noch anzustacheln.

193

Literatur, und ganz sicher die der ›Maximen‹, ist vielmehr Ausdruck einer resignativen Haltung, die sich in erstaunlicher Nähe zur Welt hält.

Diese Weltnähe, die verhindert, daß die Reflexion zum Weltverlust wird, ist hier entscheidend. »Mais si la vie d'action lui échappe, si la vie de cour se ferme devant lui, il lui reste la vie de société, où l'esprit seul donne rangs«[23] (Hémon). Aus diesem Satz wird deutlich, daß die Ordnung der damaligen Herrschaftsverhältnisse es gestattete, erst zu resignieren und dennoch in Weltnähe zu bleiben. Der »Königsmechanismus« diente in erster Linie dazu, die Königsherrschaft im Gleichgewicht zu halten, die absolut in ihrem Anspruch, aber nicht total war: Freiheitsräume blieben ausgespart. Einer dieser Räume war der Salon, der nicht nur einen Ersatz für jene bot, die am Hofe nicht mehr erscheinen durften, sondern einen selbst in der Langeweile daran denken ließ, daß es am Hof noch schlimmer zuging: »Avant que d'être à la cour, je n'avais jamais connu l'ennui; mais j'en ai bien tâté depuis«, schrieb Madame de Maintenon, als sie den Hof kennengelernt hatte, und weiter: »Les jours de fête sont les plus ennuyeux.«[24]

Der Hof freilich ist der einzige Ort, an dem von der Macht etwas zu sehen und auch zu erreichen ist, wenn man sich der primären Ordnung – der absoluten Unterwerfung unter den Herrscher – beugt und sich in den Finessen der sekundären auskennt; etwa weiß, daß der »cravatier« des Monarchen diesem keineswegs die Krawatte zurechtrücken darf, wenn sie nicht richtig sitzt, sondern zu warten hat, bis der »maître de la garde-robe« oder zumindest ein »officier supérieur« erscheint. Diese Etikette, die aus der demonstrierten Macht und der Bereitwilligkeit sich ihr zu unterwerfen erwächst, fehlt im Salon. Dafür entstehen hier andere Verfeinerungen, und der »lyrisme porté dans la gourmandise« (Hémon), der sich in den Briefen La Rochefoucaulds an Mme de Sablé immer wieder ausdrückt, ist ein liebenswürdiges Beispiel dafür.

Zwar entsteht Reflexion aus Handlungshemmung – die natürlich nicht immer, wie hier, durch die Herrschaftsverhältnisse erzwungen sein muß –, bietet aber neben der Privation auch eine gar nicht zu unterschätzende Entlastungschance. Diese muß allerdings wahrgenommen werden können, wie es bei La Rochefoucauld der Fall war; ein anderer Gescheiterter, wie Montmorency, hätte auch bei Schonung seines Lebens in der Gesellschaft dahinvegetieren müssen, weil er bereits aus einem Salon hinausgeworfen worden war. Reflexion als Entlastungschance ist an die Person dessen gebunden, der sich auch entlasten *kann*. Der Entlastungsmechanismus verringert die Folgen möglicher Handlungen; er reduziert sie zu einem Minimum, weil die Reflexion Aktion ohnehin verhindert. Kleinigkeiten können damit als »qualités négligeables« behandelt werden; ein »esprit de finesse« kann sich entwickeln, der nicht unbedingt darauf achten muß, ob das geprägte bonmot auch dem Monarchen gefällt. Auf beschränkten Raum werden höhere Freiheitsgrade erreicht, die – da ambitionsentlastet – ein Maß an Spontaneität erreichen, das am Hof nicht herrscht. Hier sind alle Dinge von Bedeutung, und der Druck der königlichen Allgewalt ist so groß, daß Kleinigkeiten Riesenausmaße annehmen und aus einem Mißgeschick im Handumdrehen tödliche Konsequenzen erwachsen, wie für jenen Vatel, der »maître d'hôtel« des großen Condé war und dem das Unglück passierte, bei einem Ausflug der königlichen Jagd-Gesellschaft nach Chantilly seine Vorräte zur Neige gehen zu sehen: »On soupa; il y eut quelques tables où le rôti manqua à cause de plusieurs dîners où l'on ne s'était point attendu. Cela saisit Vatel; il dit plusieurs fois: ›Je suis perdu d'honneur; voici un affront que je ne supporterai pas...‹«.[25] Und er tötet sich mit seinem Schwert (1671). Gewiß ist hier einiges dem Charakter Vatels zuzurechnen, sicher war der Ehrbegriff der Zeit ohnehin von einer Rigorosität, die heute schwer zu verstehen, geschweige denn nachzuvollziehen ist: entscheidend bleibt, daß sich die rigorose Haltung entwickelt, weil der König, der absolute Herrscher, anwesend ist. Wohl kaum hätte Vatel sich in sein Schwert gestürzt, wäre ihm für ein Essen in einem Salon der Stadt das »rôti« ausgegangen. (Am Vorabend der Revolution nennt Mercier Vatels Handlungsweise »verrückt«!)

In der Gesellschaft des Königsmechanismus bedeutet die Chance zur Reflexion zwar die Gewißheit, nichts »mehr werden zu können«, aber auch die Beruhigung, daß einem nicht mehr viel passieren kann. Gefährdet ist der Handelnde; in der Reflexion kann man nur noch in Gedanken Fehler begehen. Diese Form der entlastenden Reflexion und die Endgültigkeit, mit der feststeht, daß man in dieser Welt nicht mehr aktiv werden und seine Ambitionen spielen lassen kann, prägen die Melancholie eines La Rochefoucauld. Sie hat sich bei ihm besonders stark gezeigt; sie wird kennzeichnend für die Gesellschaft der Epoche. Aus dem Salon der Mme de Sablé gehen nicht nur die ›Maximen‹ von La Rochefoucauld hervor, sondern auch die der Mme de Sablé selber, die ›Pensées diverses‹ des Abbé d'Ailly, die ›Fausseté des vertus humaines‹ von Jacques Esprit und die ›Maximes, Sentences et Réflexions morales et politiques‹ von de Plassac de Méré. Die Haltung La Rochefoucaulds erscheint so eingebettet in einen Kosmos möglicher Handlungsalternativen, die sicher in ihrer Wirksamkeit begrenzt waren, dafür aber die Chance boten, relativ unkontrolliert und mit einem hohen Maß an Freiheit vollzogen zu werden. Die Revanche des Gescheiterten vollzieht sich in der Literatur, La Rochefoucauld »a écrit un de ces livres de rancune obstinée qui sont la revanche des vaincus. Revanche des espérances déçues à la fois et de l'orgueil asservi; revanche aussi de l'homme d'action qui a toujours plus observé qu'agi, et qui, plus que jamais, dans l'impuissance où il est d'agir, cherche une consolation dans la joie délicate d'observer, dans le plaisir amer de se souvenir« [26] (Hémon).

Mit Hémon gegen Vinet kann man wohl behaupten, daß die Maximen ein »livre systématique« bilden; sie sind ebenso ein System, wie das Leben La Rochefoucaulds es in seiner Folgerichtigkeit als »homme d'action« und »homme depensée« gewesen ist. Seine Melancholie fällt in die Hälfte seines Lebens, als er von Handlungen gesellschafts-relevanter Konsequenz abgeschnitten, den Bedrohungen und Chancen der Reflexion ausgeliefert war. Wie sich die freigesetzte Reflexion in der Literatur stabilisierte, festigte sich die Melancholie des Gescheiterten im Salon, in einer

»société« fern vom Hofe, ausgeschlossen vom Zentrum der Macht. Die Gesellschaftsnähe der Melancholie und die Stabilisierung der freigesetzten Reflexion sind einmal zurückzuführen auf eine entlastete Klasse: Adlige, die in der Literatur nicht nur dilettieren, sondern sich neue Handlungsräume schaffen konnten; dann auf das Fortbestehen eines gemeinsamen Ideals, des »honnête homme«, dem Hof wie Salon anhingen; nicht zuletzt auf das Phänomen der im »Königsmechanismus« ausbalancierten Herrschaft, die absolut, aber nicht total war und Freiheitsräume tolerierte, in denen die Gescheiterten mit Anstand resignieren konnten.

Melancholischer Machtverzicht: Deutsches Bürgertum

Wilhelm von Humboldt charakterisierte das 18. Jahrhundert in den Zusammenhängen, die hier geschildert werden, als er schrieb:

»In unsern Tagen ... wo man häufiger als sonst Passivität und Schlaffheit mit Bildung und Geistesfähigkeit vereint antrifft, ist der Werth einer ausser sich productiven Kraft schon zu sehr herabgesunken, und durch übertriebene Vorstellungen von demjenigen, was der Mensch, unabhängig von aller äussrer Thätigkeit, seyn könne, verdrängt worden ... wir bedenken nicht, dass ein Leben, das keine grosse That, kein wichtiges Werk, nicht einmal das Andenken an eine nützliche Geschäftigkeit unter einer grössern Anzahl unserer Mitbürger hinterlässt, ein verlornes und vergebens verschwendetes Leben ist.«

Und weiter sprach er von dieser »kränkelnden Gemüthsstimmung«, die »auch unserm Zeitalter, mehr als den vorigen, sogar unsrer Nation, mehr als den auswärtigen, eigen (ist). Sie ist es, welche ... uns überhaupt im Leben mehr raisonnirend und empfindsam, als handelnd und thätig macht.«[27] Humboldt beschreibt Reflexionshang und die Abwesenheit von Aktion, er bedenkt aber nicht die gesellschaftlichen Ursachen dieser Situation, und er unterschlägt dabei, daß es sich um die spezifische Lage der deutschen Bourgeoisie handelt, die von den Zentren der Macht, den Höfen und Residenzen, noch ferngehalten wird;

die vielleicht die Posten eines Hofmeisters oder subalternen Kanzlisten, nie aber eine wirkliche Machtposition erreichen kann. Humboldts Kritik spiegelt die bürgerliche Situation wider, weil er von den sozialen Bedingungen weitgehend absieht und noch die Handlungshemmung, das wuchernde Räsonnement und die Empfindelei als selbstverursacht und autonom gewollt ansieht.

Erinnert man sich der Wertschätzung, die Wertherkrankheit, Hypochondrie und Melancholie im 18. Jahrhundert genossen, so entfernt Kant, wenn er Melancholie und Handlungshemmung in Beziehung bringt, sich entschieden vom bürgerlichen Standpunkt, ja er wendet sich gegen die bürgerliche Psychologie der Empfindsamkeit: »Auf sich selbst zu lauschen und unaufhörlich die Aufmerksamkeit auf den Zustand seiner Empfindungen zu richten nimmt dem Gemüt die Tätigkeit in Ansehung anderer Dinge und ist dem Kopf schädlich ... Die innere Empfindlichkeit, da man durch seine eigenen Reflexionen gerührt wird, ist schädlich ... Analysten erkranken leicht«, und der Melancholische fühlt »das Hindernis des Lebens«.[28] In diesen beiläufigen Notizen Kants ist eindeutig gezeigt, wie Melancholie in ihrem Reflexionshang sich von der Welt entfernt und auf sich selbst zurückzieht. Bürgerliche Empfindsamkeit bedeutet den Rückzug vom Weltgetriebe ins Innere des Empfindenden; daß dieser Weg nicht unbedingt einer Bereicherung gleichkommt, sondern, durch das Abgeschnittensein von der Wirkung nach außen, eher verarmt, betont Kant. Er tadelt freilich mehr die falsch gewählte Therapie, als daß er die Ätiologie analysiert.

Ursache des Reflexionshanges im deutschen Bürgertum ist eben die erzwungene »Entlastung« von der Macht. Aus dieser erzwungenen Reflexionshaltung sind alle Sublimationsformen abzuleiten, die das Bürgertum entwickelt: die Wertschätzung des Inneren, Freundschafts- und Briefkult, Weltflucht, Einsamkeit und die Verachtung des Adels. Goethe hat den Zusammenhang oft geschildert, am deutlichsten in jener Werther-Szene, in der dieser aus Versehen in einer adligen Gesellschaft bleibt und endlich vom Grafen von C., der ihm eigentlich wohlgesonnen ist, hinauskomplimentiert werden muß: »Der Graf drückte meine

Hände mit einer Empfindung, die alles sagte. Ich strich mich sacht aus der vornehmen Gesellschaft, ging, setzte mich in ein Kabriolett, und fuhr nach M . . ., dort vom Hügel die Sonne untergehen zu sehen und dabei in meinem Homer den herrlichen Gesang zu lesen, wie Ulyß von dem trefflichen Schweinehirten bewirtet wird. Das war alles gut.« [29] Hier ist alles in einer Szene beisammen: die Entmachtung des Bürgers, Demütigung durch den Adel, Flucht in die Natur und Literatur. Der objektive Zwang, von den geltenden Normen gefordert, wird in der Person des Grafen deutlich, der Werther durchaus schätzt, dem sogar – hohes bürgerliches Lob! – Empfindung zugesprochen wird, der aber nicht handeln kann, wie er möchte, sondern handelt, wie er als Angehöriger des Adels es tun muß. Daher fühlt Werther sich »zur Unthätigkeit berechtigt«, daher rühren auch seine Melancholie und die Flucht in die Aktion, Kennzeichen der aus Handlungshemmung resultierenden Melancholie: »Ich hatte etwas im Kopfe, davon ich Euch nichts sagen wollte, bis es ausgeführt wäre: jetzt, da nichts draus wird, ist es ebensogut. Ich wollte in den Krieg; das hat mir lange am Herzen gelegen.« [30] Reflexion bedeutet nichts weiter als den Zwang (und die Chance) des Zurückwendens des Menschen auf sich selbst, wenn er vom Handlungsdruck entlastet ist. Diese »Entlastung« kann ungewünscht, weil durch die Herrschaftsverhältnisse bestimmt, erfolgen. Das ist die Situation der deutschen Bourgeoisie. Die Reaktion schlägt nach innen: »Ach, was ich weiß, kann jeder wissen – mein Herz habe ich allein«, wie Werther schreibt. Die kommunikativen Bindungen zur Gesellschaft werden damit weitgehend gelöst, und es bilden sich Ersatzformen, die dem Individuum ein höheres Maß an emotionaler Gratifikation liefern. Im ›Wilhelm Meister‹ hat sich die Situation gewandelt, wenn auch nicht grundlegend geändert. Dem Bürger bleibt noch das Theater, um eine »öffentliche Person« zu werden; die Erziehung zur Gesellschaft endet damit, »daß sich das Subjekt die Hörner abläuft« (Hegel). Der Reflexionsaspekt der bürgerlichen Melancholie bedeutet keine Erscheinung der Ratio, sondern die Rückwendung der entmachteten Subjektivität auf sich selbst und den Versuch, aus der

Handlungshemmung ein Mittel der Selbstbestätigung zu machen. Zumal der Pietismus, dessen Einfluß auf die bürgerliche Melancholie nicht unterschätzt werden kann, besitzt diesen Aspekt der Reflexion: »Man rechnet die Wege und Absichten der göttlichen Vorsehung in so ausgeklügelter, fast raffinierter Art aus, daß man diese Art paradoxer Religiosität als einen ›negativen Intellektualismus‹ bezeichnen könnte. Man wird unwillkürlich an den Gott Leibnizens, den großen Kalkulator, gemahnt, nur daß der pietistische Gott in der Welt der kleinbürgerlichen Sorgen aufzugehen scheint.« Die Reflexion überhaupt wird zum Legitimationsgrund und zum Fundament einer neuen Ethik: »Das pietistisch-sentimentale Grundgefühl beruht auf einem Überwiegen schmerzvoller Gefühle, religiös gesprochen: peinvoller Sündengefühle, die der inneren Zwiespältigkeit entspringen. Diese ursprünglichen Unlustgefühle werden nun aber in positive Gefühle, in ›Genüsse‹ umgeformt. In einem zweiten Bewußtseinsstadium wird man seines Leidenszustandes inne, man ›reflektiert‹ über ihn und beginnt, ihn zu *genießen*. Man sucht sich nicht nur in bitteren Klagen zu erleichtern, sondern man schwelgt geradezu mit einer starken Wollust in selbstersonnener Marter und Askese. Der Pietismus hat eine Ethik des Selbstgenusses mit negativem Vorzeichen geschaffen: die Seligkeit des unseligen Selbst gilt es zu genießen« [31] (Günther).

In säkularisierter Form wird diese Ethik zur bürgerlichen schlechthin: gilt es auch nicht immer die konstruierte Freude am unseligen Selbst, so doch die Wertschätzung der eigenen, entmachteten Position. Dafür liefert der Pietismus ein religiöses Muster. Wie immer im Zusammenhang von Reflexion, Handlungshemmung und Melancholie wird auch hier die Literatur als Ausweg für sozial versperrte Wege von Bedeutung, Elias hat vom Schreiben als »Entladung« gesprochen. Als Ausdruck dieser Entladung kann man präziser Lyrik und besonders den Roman nennen, über welchen Lukács – auf die Gattung bezogen – gesagt hat, das »Reflektierenmüssen ist die tiefste Melancholie jedes echten und großen Romans«. [32] Formal entspricht das genau der bürgerlichen Lage – insoweit ist Lukács' Aussage eine Antizipation der

Thesen Lucien Goldmanns. So nimmt die spätere Distanzierung, die Lukács zu seiner Theorie vorgenommen hat, nicht wunder, entstand diese doch nach ihm »in einer Stimmung der permanenten Verzweiflung über den Weltzustand«.[33] Der Roman wird die literarische Sublimationsform bürgerlicher Melancholie.

Wandel des Arbeitsbegriffs

Die Utopie entsteht aus dem Unvermögen, Realität zu beeinflussen und auf Gesellschaft zu wirken. Dieses Abgeschnitten-Sein von Aktion findet sein Widerspiel in der Utopie selbst: sie ist als Gebilde »imaginärer Institutionen« aufs engste mit der Notwendigkeit von Arbeit verknüpft. Selbst die marxistische Verheißung einer »arbeits-losen« Utopie kann formal auf den gleichen Nenner gebracht werden, weil die Schaffung des Paradieses von einem gewaltigen Aktions-Stoß abhängt, der dieses erst herbeiführt: der Revolution. Die Revolution als geballte Aktion entschädigt das Proletariat für die auferlegte, erzwungene Handlungshemmung; sie gestattet es gleichzeitig, die Arbeit abzuschaffen oder in das Belieben des einzelnen zu stellen, der Jäger, Fischer oder kritischer Kritiker sein mag, wie Marx geschrieben hat. Ähnlich verfahren auch alle Utopien von der Art des Schlaraffenlandes: erst muß gearbeitet werden, um dann die Ruhe und die Faulheit zu genießen, und wer die Mühe scheut, sich durch den großen Hirsebrei zu essen, wird nie nach Schlaraffia oder Cokaygne gelangen.

Die eudämonistische Utopie, die in ihren Einzelheiten weiter ausgemalt ist und sich nicht mit der Pauschal-Schilderung von Schlaraffia zufriedengibt, verfährt der Arbeit gegenüber ambivalent. Sie will den Druck der Zwangs-Arbeit mildern, die Arbeit aber keinesfalls aufheben, um nicht Anlaß zu unkontrollierbarer Muße zu geben. Daher wird ein vernünftiges »Maß« an Arbeit eingeplant, gerade genug, um Melancholie zu vertreiben und die ökonomische Sicherheit von Utopia zu gewährleisten. Die ausgebauten eudämonistischen Utopien versprechen

ja weit weniger das Blaue vom Himmel herunter als das rechte
Maß, mit dem jeder sich bescheiden muß, aber auch zufrieden
sein kann. Da die verhängte Arbeit nicht total sein darf, um den
utopischen Gedanken nicht zu gefährden, gelangt auch die
Muße unter Kontrolle: die Auffassung von der Freizeit als der
»Fortsetzung der Arbeit mit anderen Mitteln« (Habermas) ist
keine Erfindung der wissenschaftlichen Zivilisation oder des
gegenwärtigen Zeitalters, sondern trägt utopischen Charakter.
Für eine entlastete Klasse – wie den Adel – stellt sich das Ar-
beitsproblem in besonderer Weise. Hier ist das Ideal der Antike
lebendig, das Arbeit als nichtmenschlich und für Sklaven angemessen ansah und den Gegenbegriff der Kontemplation entwickelte. Bedeutet die Entlastung von der Arbeit auch eine dop-
pelte Gratifikation – die unmittelbare, von Mühe befreit zu sein,
und die mehr mittelbare, seinen Status durch Nichts-Tun zeigen
zu können (Veblen) –, so ist sie in gleicher Weise Belastung: »Erfahrung scheint zu lehren, daß eine Gesellschaftsschicht, die es
nicht nötig hat zu arbeiten, künstliche Grenzen erfinden und sich
setzen muß, um die Forderungen der äußeren Notwendigkeit zu
ersetzen. Zeremonie, selbst die des kaiserlichen Hofes, wurde
wohl kaum so sehr als Hemmung denn als willkommene Stütze
empfunden ... Ordnung und Gewohnheit erleichterten dem Fürsten und seinen Hofbeamten viel Arbeit; wenn sie aber ihre
Pflichten ernst nahmen, so blieb immer noch genug zu tun. Die
meisten Bewohner der Residenz aber hatten nichts Ernsthaftes
zu tun, ihre Vergnügungen waren ihre größten Pflichten und ihr
schlimmster Feind die Langeweile«[34] (Bruford). An dieser Langeweile, die erträglich nur erschien, weil sie dem Adel nach außen
als Symbol der Gratifikation dienen konnte, differenziert sich
das Verhältnis von Adel und Bürgertum. Dem Adel ist es unmöglich, seine Langeweile »abzuarbeiten«, weil dies die frei-
willige Aufgabe eines präsentablen Privilegs bedeuten würde.
Zumindest ist eine Form der Arbeit unzulässig, die sinnvoll erscheinen mag und in ihrer Verrichtung immer wieder die Sinnfrage neu stellt und gleichzeitig auch beantwortet. Eine solche
Arbeit wäre mit dem Klima der Selbstverständlichkeit unverein-

bar, in dem Privilegien nur genossen werden können; bereits die zu große Freude über eine Auszeichnung zeigt, daß man sie nicht verdient; was man zu Recht erwartet, genießt man ohne Präsentation nach außen.

Zunächst entwickeln sich – besonders am absolutistischen Hof, wo der Adel seine Privilegien in einer ihn entmachtenden Umgebung genießt – institutionalisierte Mechanismen, um der Langeweile abzuhelfen: Krieg nach außen, Jagd im Innern und in Friedenszeiten. Dadurch aber bleibt die Langeweile des Hofes immer noch vorhanden. So entsteht eine Form der sinnlosen Arbeit, die zu nichts anderem dient, als die Zeit totzuschlagen. Der französische Hof wird Vorbild für die Mode der Handarbeiten, seit »1770 beschäftigten sich die Damen mit ›parfilage‹, dem Aufdröseln von Goldtressen«. Daß der einzige »Sinn« dieser Arbeiten darin besteht, den ennui zu verscheuchen, zeigt das Gedicht der Mme du Deffand, das sie an eine Freundin schickt: »Vive le parfilage/plus de plaisir sans lui!/Cet important ouvrage/Chasse partout l'ennui.«[35] Die »Belastungs-Mechanismen«, die den Folgen einer Überentlastung und der daraus drohenden Langeweile entgegenwirken sollen, nehmen auch beim Herrscher ähnliche Formen an. Ernst August von Weimar empfängt 1729 die »Berichte seiner Architekten, Gärtner und Minister«, und Bruford kommentiert zu Recht: »Die Reihenfolge dieser Aufzählung ist bemerkenswert!«[36] Der Hang zur überflüssigen und nebensächlichen Arbeit, zur Beschäftigung mit den Dingen, die »am Rande« liegen, ist nur möglich, weil Herrschaft hier garantiert und gesichert ist und erst die Möglichkeit bietet, unnütze Unternehmungen guten Gewissens zu betreiben.

Der entlastete Adel dokumentiert seine Langeweile. Das Bürgertum bekämpft eben diese – weil sich so eine Möglichkeit bietet, die eigene Handlungshemmung zu überspielen und in der Reflexion, der Rückwendung aufs eigene Ich, die Legitimation zu finden, die der Adlige, da er die Herrschaft besitzt oder zumindest an ihr partizipiert, gar nicht zu suchen braucht. Wendet sich der Adel dem puren Zeitvertreib zu, der nicht nur sinnlos sein darf, sondern es auch sein muß, um nicht als Arbeit zu gelten, so entwickelt das Bürgertum eine Ethik, die gegen den Adel gerichtet ist und sich auf »die Menschheit« beruft. Hier wird die Sinnfrage gestellt, weil sie nicht so sehr die eigene Position begründen als eine andere erschüttern soll.

Sicher wären Sentimentalität und melancholische Reflexion auf eigenes Ich und Gemüt relativ folgenlos geblieben, wenn sich nicht allmählich die ökonomische Bedeutung des Bürgertums gesteigert hätte. Von da an verschieben sich die Gewichte, und das Bürgertum entdeckt ein anderes Mittel, um sich gegen den Adel zu behaupten und gleichzeitig der eigenen Melancholie zu entfliehen, die in ihrer handlungshemmenden Form dem wirtschaftlichen Erfolgsstreben nicht gerade eine günstige Unterstützung von der psychologischen Seite her bietet. »Ja es könnte bald so weit kommen, daß man einem Hang zur *vita contemplativa* ... nicht ohne Selbstverachtung und schlechtem Gewissen nachgäbe. – Nun! Ehedem war es umgekehrt: die Arbeit hatte das schlechte Gewissen auf sich«, heißt es bei Nietzsche im Aphorismus 329 der ›Fröhlichen Wissenschaft‹. Dieser Wandel der Arbeitsauffassung ist bürgerliches Werk; als die Bourgeoisie erkannt hatte, daß auf ökonomischem Weg die Macht zu erreichen war, war auch ein Mittel gefunden, um dem Adel zu begegnen und gleichzeitig von der eigenen, ehemals gesuchten Melancholie loszukommen. Es täte eine Spezialuntersuchung not, um festzustellen, wie mit der wachsenden wirtschaftlichen Macht des Bürgertums der Arbeitsbegriff von Bedeutung und Arbeit als Palliativ gegen die Melancholie angesehen wird.

Erst von dem Moment ab, da die Melancholie nicht mehr als erwünschte Affekt-Lage des Bürgertums erscheint, weil dieses in der Arbeit ein besseres Mittel der Selbst-Legitimierung gefunden hat, wird es möglich, die Melancholie für den einzelnen zu reklamieren. Die »Werther-Krankheit« des 18. Jahrhunderts ist Kennzeichen der Bewußtseinslage einer ganzen Klasse; bereits das »mal du siècle« ist ein Etikett, unter dem sich nur einzelne Melancholiker subsumieren lassen. Hier beginnt die Entwicklung, die von der Melancholie zum Spleen und vom Melancholiker zum Dandy führt: zum bürgerlichen Literaten mit aristokratischer Manier.

Dazu gehört bereits Kierkegaard, der die Langeweile durchaus aristokratisch faßt: als eine Auszeichnung für wenige. Einerseits ist die Langeweile nämlich objektiv, und der Grundsatz, von dem Kierkegaard ausgeht, ist der, daß alle Menschen langweilig sind. Andererseits können nicht alle diese Langeweile erkennen, »denn freilich kann Müßiggang durch Arbeit aufgehoben werden, da dies ihr Gegensatz ist, Langeweile aber kann es nicht, wie man ja auch daraus ersieht, daß die alleremsigsten Arbeiter, die in ihrem emsigen Summen am meisten umherschwirrenden Insekten, die allerlangweiligsten sind; und wenn sie sich nicht langweilen, so kommt das daher, daß sie keine Vorstellung von dem haben, was Langeweile ist; so aber ist die Langeweile nicht aufgehoben ...« [37] Hier spricht der Privatier, der ökonomisch so abgesichert ist, wie es der Adel in seiner Herrschaft einst war: Langeweile gilt beiden als Privileg. Das Aristokratische an dieser Haltung setzt sich fort bis zu den Dandys, bis zu den modernen Literaten wie Proust, der – ganz abgesehen von seiner gesundheitlichen Verfassung – die typisch aristokratische Phobie gegen das Arbeitsleben entwickelt, und bis zu Musil, der schreibt: »Das Edle ist langweilig, es ist unbewegt.« [38]

In der Reflexionshaltung der bürgerlichen Literatur schießen so zwei Traditionsströme zusammen: der eine entstammt der aristokratischen Verehrung der Langeweile, die das Ausgezeichnet-Sein dokumentiert, wobei dieses freilich aus einem Akt der Erkenntnis (wie bei Kierkegaard) und nicht mehr aus der privilegierten Zuteilung von Machtchancen besteht. Der zweite rührt von der ursprünglich bürgerlichen Reflexionsneigung her, die als Eigen-Legitimierung die Rückwendung auf die Innerlichkeit ansah. Aus diesen beiden Quellen fließt eine Form literarischer Haltung, die sich un-bürgerlich geriert und besonders von der Bourgeoisie verachtet wird, weil sie sich zum Teil auf aristokratische Verhaltensvorbilder stützt, zum anderen Prinzipien anhängt, die das Bürgertum längst über Bord geworfen hat. Wo die »leisure class« sich ihres erarbeiteten Rechts zum Nichts-Tun erfreut, dokumentierte der exzentrische Literat in seinem Leben und seinem Werk, wie nötig er es hatte, die Langeweile zu vertreiben, die ihn auszeichnete. Melancholie ist eine bürgerliche Verhaltensweise, die das Bürgertum seit dem Kapitalismus abgelegt hat; der ennui war nie bürgerlich: er gehört der Aristokratie und den Außenseitern, die schon immer in den adligen Salons willkommener waren als im bürgerlichen Wohnzimmer.

Exkurs über die Problematik von Handlungshemmung und Reflexion in Psychologie, Psychiatrie und Psychopathologie

Der Zusammenhang von Reflexion und Handlungshemmung spielt auch in der psychologischen, psychopathologischen und psychiatrischen Melancholie-Literatur eine große Rolle. Werden auch nicht immer die gleichen Begriffe verwendet, so lassen sich die beschriebenen Phänomene doch dieser Dichotomie zuordnen. Dabei erscheint es hier unerheblich, daß dieses Charakteristikum nicht nur für Melancholie allein gilt, u. a. auch Autismus und paranoidem Verhalten zugesprochen wird. Entscheidend für diesen Exkurs ist nicht die Herauspräparierung eines Symptomenkomplexes, der nur für Melancholie gilt und daher konstitutiv ist, sondern die Frage nach der Übereinstimmung bisher geschilderter Anzeichen von Melancholie mit den in der genannten Literatur beigebrachten. Pierre Janet hat die hier diskutierte Problematik in zweien seiner Aufsätze bereits im Titel verdeutlicht. Im ersten Beitrag ›The Fear of Action‹ wird der Zusammenhang von Handlungshemmung und Reflexion noch diffus angedeutet: »The patients who are ill-satisfied with their action watch themselves and by dint of observations, through anxiety about themselves, they fall into a sort of perpetual auto-analysis. They become psychologists; which is in its way a disease of the mind.«[1] Janet hebt im folgenden weiter auf die Transformation und Verkehrung von Handlungen aus Furcht vor ganz bestimmten Aktionen ab. Im Zusammenhang mit Melancholie wird das Syndrom fixiert, das hier von Bedeutung erscheint: »In all fear of action there is, first of all, a check of action . . . in the case of melancholia there occured a check of action . . .«, und in indirekter Form der Zusammenhang des Melancholiebegriffes mit der Arbeit als Heilmittel dargestellt: »The investigations of pathological psychology have shown us the evil of sadness, and, at the same time, have evidenced a very important thing: the value of work and joy.«[2]

Diesen Zusammenhang von Arbeit als Heilmittel und Melancholie reflektiert auch Freud, wenn er schreibt: »Du wirst heute die Beimengung von Melancholie in meinem Brief vermissen ... Das macht ... ich bin schon in Arbeit und voll guter Hoffnungen.«[3] Die Bedeutung der Hemmung hat Freud in der schon erwähnten Arbeit ›Trauer und Melancholie‹ herausgestellt: »Die Melancholie ist seelisch ausgezeichnet durch eine tief schmerzliche Verstimmung, eine Aufhebung des Interesses für die Außenwelt, durch den Verlust der Liebesfähigkeit, durch die *Hemmung jeder Leistung* und die Herabsetzung des Selbstgefühls, die sich in Selbstvorwürfen und Selbstbeschimpfungen äußert und bis zur wahnhaften Erwartung von Strafe steigert.«[4] Und an anderer Stelle berichtet Freud von »einem höchst respektablen Mann, selbst akademischer Lehrer«, der in eine Melancholie verfiel, »die ihn für die nächsten Jahre von jeder Tätigkeit ausschaltete«.[5] In diesen Schilderungen kommt die bürgerliche Auffassung der Melancholie zur Geltung, die sich immer da ankündigt, wo Arbeit als Palliativ gegen Melancholie gedacht werden kann – wie beinahe karikaturenhaft in Carlyles »Arbeiten und nicht verzweifeln«. Meist erscheint in der Darstellung der Melancholie die Hemmung nicht ausschließlich als *Handlungs*hemmung, wie sie bisher geschildert wurde. So beschreibt Hoff dieses Symptom weit universaler: »Diese (Hemmung, W. L.) wirkt sich psychisch in einer Verlangsamung aller Erlebnisvorgänge, des Gedankenablaufes (!), der Aufmerksamkeitszuwendung, der affektiven Mitbeteiligung (psychische Anästhesie) und motorisch in der Schwierigkeit, sich morgens aus dem Bett zu erheben, eventuell als Versagen jeder sprachlichen Äußerung und als Stupor aus.«[6] Ribot spricht daher von den »maladies de la volonté«, für Schultz-Henke erscheint jede echte Gehemmtheit als Leid.[7]

Dennoch ist die Hemmung der Melancholischen zumindest in einem großen Teil als Hemmung der Handlung zu verstehen. Eine Parallele dazu kann sogar im tierischen Verhalten nachgewiesen werden, wie Maier es versuchte, der nach Ratten-Versuchen zu folgenden Aussagen kam: » ... the state of resignation is unique in that it does not represent a condition of goal orientation and it does not describe a type of action that is an end in itself. Rather it represents a *state in which action is lacking,* but which was preceded by types of frustrated behavior. Perhaps it represents an escape from reality in which further frustrations cannot be aroused«, und: »Resignation implies a rather complete loss in motivation and no effort to alter the state. It differs from other frustration-investigated symptoms in that *behavior is lacking.* A depressed individual likewise seems unable to respond constructively and lacks interest in his surroundings.«[8]

Der Zusammenhang von Reflexion und Handlungshemmung wird aber hier nicht durch Reduktionen unterbaut, sondern durch »phänomenologische« Aufweise gewonnen: in den Schilderungen der Kranken selber. Dumas sprach vom »loi d'inhibition«, das sich in den Krankenäußerungen folgendermaßen zeigte: »Les malades se déclarent incapables d'action ...«[9] Daß die Kasuistik Dumas' geeignet erscheint, dieses Junktim wieder zu schwächen, kann den Wert solcher generalisierender Aussagen nicht mindern.[10] Räsonniert wird schließlich nur noch über die »inaction«, das Motiv des Weltverlustes erscheint in den »retirés du monde«[11], Langeweile tritt in widersprüchlicher Form auf: einmal als Symptom der Melancholie (Marie D., 39 Jahre, fühlt »un sentiment de faiblesse et d'ennui«)[12], zum anderen als vermißtes Konstituens der »gesunden« Situation: »Je ne peux plus réfléchir ... je ne m'ennuie pas, je ne sais plus m'ennuyer ...«[13] Patienten Völkels erklären, »sie müsse(n) jetzt Dinge zehnmal *überlegen,* bei denen sie früher kaum Schwierigkeiten gehabt habe(n)«[14], erklären sich für »matt und antriebslos« (43), sind »in ihrer Motorik ... deutlich verlangsamt« (53) und leiden an »stiller, *gehemmter Traurigkeit*«. (97).

Kraepelin kennzeichnet Melancholie »durch Hemmungen, die sich der Ausbildung eindeutiger Entschlüsse und deren Umsetzung in Handlungen entgegensetzen«.[15] Patient 1 erklärt, »er habe nicht mehr arbeiten können«[16], »seit sechs Wochen könne sie nicht mehr so arbeiten«, meint Patientin 2 (S. 8), ein anderer

Kranker »verfiel in Grübeleien« (249) und »verlor die Freude an der Arbeit«, ein letzter »grübelte vor sich hin« (252). Krafft-Ebing verweist auf die Bedeutung der Langeweile in den Klagen der Melancholischen [17]; die Briefe des zweiten von ihm mitgeteilten Falles können eine besondere Aufmerksamkeit beanspruchen: »Die Gedanken sind ganze Schwadronen, sind meine Tyrannen und ich bin stets zum Denken getrieben . . .« (16). »Auch in der besten Zeit bin ich in den allerschlimmsten Gedanken . . .« (17). »Ich fühle mich fast immer getrieben, etwas zu verüben, und weiß nicht, was ich verüben soll.« (18). Eine andere Patientin spricht vom »Denkzwang« (51), wieder eine andere »machte ihr ganzes vergangenes Leben zum Gegenstand einer peinlichen Reflexion . . .« (53) und behauptet von sich, sie »habe zuviel in den Spiegel geschaut«. Eine Professorenfrau beklagt die »peinliche, unablässige Ideenjagd« (61). Eine weitere Melancholische ist »arbeitsscheu« [18], eine andere »fing an zu grübeln« (324), verfiel in »verzweifeltes Brüten« (327), ihr kommen »beständig . . . trübe, quälerische Gedanken« (398), sie ist »stets zum Denken getrieben« (398), »fühlt sich gelangweilt« (458).

Dreyfus betont: »Das *Handeln* des Melancholischen wird stets erheblich in Mitleidenschaft gezogen.« [19] »Ich komme in der ganzen Welt herum mit meinen Gedanken«, sagt eine fünfzigjährige Frau; ein Kranker hatte nicht das »Gefühl der Denkunfähigkeit«, »doch bewegten sich seine Gedanken immer im Kreise herum, so daß er weder zu einem Schluß, noch zu einem Entschluß kommen konnte« (94). Eine Kranke berichtet folgendes: »Die Krankheit . . . habe ganz langsam mit ›Schwäche und Gedanken‹ begonnen. Sie habe immerzu denken müssen, die Gedanken seien haufenweise gekommen. Sie habe nicht mehr arbeiten können, die Glieder seien wie lahm gewesen« (101). Und eine andere: »Ich wollte gern arbeiten und konnte nicht . . . Ich habe mehr zu denken gehabt, ein Gedanke ist auf den andern gefolgt« (106). Einmal lautet die Diagnose: »Unfähig zur einfachsten Tätigkeit. Schmerzhaft empfundene Hemmung« (139). Ich zitiere jetzt noch weitere Auszüge aus Krankenberichten: »›Ich mag nicht mehr schaffen‹ . . . Die Kranke erzählt ferner,

daß sie in der letzten Zeit wenig geschlafen habe, im Wachen
habe sie ›immer nachdenken‹ müssen« (143). – »Sie erinnert sich,
daß ihr zu Beginn der Krankheit das Arbeiten trotz des inten-
sivsten Willens sehr schwer gefallen sei ... ›Ich mußte damals
sehr viel denken, mehr als sonst‹« (199). – Dreyfus gibt dann
folgende Zusammenfassung: » ... Arbeitsunfähigkeit wird nicht
durch die Angst, die Ruhelosigkeit, das Absorbiertsein von besonderen Vorstellungen bedingt, sondern durch ein deutlich zum
Bewußtsein kommendes Gefühl innerer *Lähmung,* durch eine
Hemmung. Das *Denkvermögen* war in den allermeisten unserer
Fälle nicht gestört, während gerade bei den klassischen Manisch-
depressiven diesbezügliche Klagen so sehr charakteristisch sind«
(303).
Auch Tellenbach liefert zum Zusammenhang von Reflexion und
Handlungshemmung wichtiges Material. Kranke berichten, sie
hätten Tag und Nacht gegrübelt, ihr Blick sei stets nach innen
gerichtet [20]; an anderer Stelle ist von »unsicherer Reflexion auf
Vergangenes« die Rede, von der »Einbuße des Könnens in der
Hemmung«. [21] Über Melancholische allgemein wird gesagt, charakteristisch sei für sie »die ständige Bereitschaft zur Reflexion
auf ihre Schuld« [22], die »überdurchschnittliche Bereitschaft zur
Reflexion auf die eigene Schuld«, die »Reflexion auf das Vergangene« (26). In seinem Hauptwerk über Melancholie [23] spricht
Tellenbach vom »Untätigseinmüssen« der Depressiven (27), übernimmt Kraepelins Diktum von der »Traurigkeit mit Hem-
mungsgefühl« (45), betont, wie leicht der Melancholiker aus dem
Verzagen am zu »hoch« angesetzten eigenen Anspruch »ins Grübeln« komme (57), und gibt in einer Patientenäußerung deutlich
den Zusammenhang von Arbeit und Grübeln wieder: »›Am
Tage hätt man doch Zeit zum Nachgrübeln, aber das kommt
dann nur nachts‹ – was insofern nicht ganz zutraf, als sie tags-
über unausgesetzt tätig war und sicher keine Zeit zum Grübeln
hatte« (66). Die Gewissensbisse der Melancholischen entstehen
durch »ständig zunehmende Reflexion« (74), kennzeichnend ist
ein »schweres Hemmungssyndrom« (76), eine Patientin meint:
»Wenn ich nun noch länger in diesen Büchern lese, diesen Ge-

danken nachgehe, so weiß ich, daß ich ins Grübeln und dann wiederum in eine Depression hineinkomme« (77). Caroline Th. dreht sich in ihren Gedanken immer um sich selbst herum (86), Maria K. erzählt: »Ich muß beschäftigt sein; so herumsitzen, ohne etwas in der Hand zu haben, kann ich einfach nicht« (89).

Diese Äußerungen können natürlich in ihrer Zufälligkeit nicht beanspruchen, ein auch nur annähernd vollständiges Bild des melancholischen Zustandes zu liefern. Unterschiede müßten aufgezeigt werden, wie etwa die Differenz der Auffassung Binswangers, der weniger auf die Hemmung als die »Veränderungen im Aufbau der zeitlichen Objektivität« insistiert.[24] Dennoch bleibt der Zusammenhang von Handlungshemmung und Reflexion überall nachweisbar, selbst in abgelegenen Phänomenen menschlichen Verhaltens, etwa der Blasiertheit, wie Petrilowitsch gezeigt hat[25], im autistischen Denken oder ganz allgemein im Schmerz, der als »eine positive Handlungshemmung« verstanden werden kann, dabei sich aber auch »mit der größeren Ausfaltung der Intelligenz und des Bewußtseins entwickelt«[26] (Bleuler).

Von Bedeutung erscheint ferner das Spiegelmotiv. V. Gebsattel spricht von Vorkommnissen, »in denen der Arzt die Depression nur ›heilen‹ kann, indem er dem Patienten Mut macht zu ihr. Nichts ist hier die Not dem Notleidenden auszureden, sondern umgekehrt: aufgestellt muß sie werden rings um ihn, wie ein Spiegel seines in die Irre der Lebensflucht ausgewichenen Daseins.«[27] Und Schottlaender berichtet von einem Patienten, der sich ein Spiegelkabinett aufbaute. »Er gab sich die Dramatik selbst...«[28] Der Spiegel erscheint hier als Rekonstitution der verlorenen Beziehung zu Gesellschaft; aber gerade die Verdoppelung des Ich, welche Sozietät vortäuschen soll, erlaubt den Rückschluß auf die Krankheit.

Oft wird den Melancholischen allerdings die Hemmung so weit zugesprochen, daß sie auch als Denk-Hemmung erscheint. Was darunter genau zu verstehen ist, kann man ohne weiteres nicht ausmachen. Meist ist damit die Unfähigkeit gemeint, in Richtung auf erst zu erfolgendes Handeln produktiv »vor«zudenken.

So läßt sich die Denkhemmung mit der Handlungshemmung verbinden. Unter dem Aspekt der frei flottierenden, nicht zielgerichteten, sondern die Dinge hin- und her-wendenden Reflexion zeigt sich der Zusammenhang von Handlungshemmung und Reflexion, der in den Berichten der Kranken wie ihrer Ärzte in der Dichotomie von Grübelsucht und Arbeitsunlust bzw. -unfähigkeit erscheint. Formal ist damit ein Zusammenhang wiedergegeben, der sich als entscheidend für das Melancholie-Problem überhaupt erwiesen hat. Ob nun bestimmte Verhaltensweisen »in« Gesellschaft bereits pathologisch durchsetzt sind und so »unbemerkt« ihren Krankheitskeim in sich tragen, oder ob selbst in den Kranken die Alternativen des gesunden Daseins sich spiegeln, ist hier nicht zu entscheiden. Wichtig bleibt die formale Konsonanz, die die geschilderte Dichotomie von Reflexion und Handlungshemmung auf jedem Gebiet in ihrer Wichtigkeit bestätigt. Als Programm wäre zu formulieren, bei solchen Parallelismen nicht stehenzubleiben. Deren Schilderung setzt naiv voraus, was präzise als Resultat einer historisch bedingten Dissoziation sich begreifen ließe. Aus diesem Erkenntnisinteresse hat Michel Foucault die vergessene Synthese von Wahnsinn und Vernunft wiederherzustellen versucht (›Histoire de la folie à l'âge classique‹, Paris 1961); ähnlich ist Klaus Dörner verfahren (›Bürger und Irre. Wissenschaftssoziologische Untersuchung über die Entstehung der Psychiatrie in der bürgerlichen Gesellschaft Englands, Frankreichs und Deutschlands‹, unver. Manuskript). Bei der Behandlung des Melancholie-Problems entstünde so die Aufgabe, die soziale Einschätzung melancholischen Verhaltens in der Gesellschaft (bis zur Genie-Verehrung) im Zusammenhang mit der Denunziation asozialer Handlungsweisen (Krankheit, Verrücktheit) zu betrachten, zumal den ökonomischen Abhängigkeiten nachzuspüren, die bei gleicher Affektlage, identischem psychischen Zustand, den Herrschenden die Integration ermöglichen wie die Unterprivilegierten der strafwürdigen Abweichung überführen.

VIII Melancholie und die Suche nach Legitimation

Das Problem

Melancholie ist ein Zustand der Psyche. Er bildet sich aus oder wird als ausgebildeter vorgegeben, wenn Resignation den Charakter der End»gültigkeit« angenommen hat – womit bereits die Legitimationsfrage aus der Sicht dessen, an den sie gestellt wird oder der sie sich selber stellt, beantwortet ist und zwar »endgültig«. Melancholie erscheint als dauerhaft und nicht auflösbar; in dem hier interessierenden Zusammenhang wird besonders jene Form der Melancholie bedeutsam, die gleichsam die verfestigte Reaktionsform auf »etwas« ist, was dem Menschen »zustößt«. In Begriffen der Psychopathologie wäre hier von exogener Melancholie zu sprechen. Handlungshemmung ist Ursache oder Folge, manchmal beides zugleich in dem Sinne, daß die erzwungene Handlungshemmung sich bis in Bereiche erstreckt, in die Macht »von außen« gar nicht gelangen kann. Damit zusammenhängend wuchert der Reflexionsdrang.

Das Bedürfnis nach Legitimation tritt auf, wenn nicht bereits ein Zustand der Apathie erreicht ist, der überhaupt keine Reaktion mehr zuläßt. Davor ist Weltverlust in dem Sinne zu beobachten, daß in Richtung auf Welt nicht mehr gehandelt werden kann. Damit ist aber ein Verlust der Selbstverständlichkeiten erreicht, der die Legitimationsfrage unmittelbar nach sich zieht und dahin tendiert, neue Selbstverständlichkeiten aufzubauen. Ob das überhaupt gelingen kann und Selbstverständlichkeiten nicht von außen zuwachsen, unbewußt übernommen werden müssen und durch das Ins-Bewußtsein-Rücken ihren selbstverständlichen Charakter gerade verlieren – eines der großen Themen Arnold Gehlens –, ist eine wichtige Frage, die aber beiseite geschoben werden soll. Hier interessiert der Versuch, mit dem Verlust an Selbstverständlichkeiten fertig zu werden, und weniger der Erfolg, der ihm beschieden ist. Dabei muß noch einmal betont werden, daß an keiner Stelle gefragt wird, ob es sich auch »tatsächlich« um Melancholie handele. Was tatsächlich Melancholie ist, wird gar nicht zu entscheiden gewagt. Vielmehr erscheint es von Bedeutung zu fragen, wie es kommt, daß jemand sich als Melancholiker bezeichnet oder von anderen so bezeichnet wird, und wie er dann darauf reagiert; welche Umstände ihn selbst oder andere dazu bringen, sich (oder ihn) so zu bezeichnen, und was damit für ihn – auch an Legitimation! – gewonnen sei. Es ist also nur vielleicht von Melancholikern die Rede, ganz sicher aber von Menschen, die sich als Melancholiker bezeichnen, und von gesellschaftlichen Situationen, die auf eine solche Benennung und die daraus folgenden Verhaltensformen einen bestimmenden Einfluß ausüben. Legt man nun dem Menschen das Paretosche »besoin de faire quelque chose« zugrunde, so erreicht die Legitimationsfrage bei der Behandlung einer als Syndrom von Handlungshemmung und Reflexion verstandenen Melancholie ein besonderes Gewicht.

Melancholie der Renaissance: Ficino oder Überlieferung als Verbindlichkeitsdruck

Marsiglio Ficino ist eine der bedeutendsten Gestalten in der Geschichte des Melancholie-Problems, und die nur kursorische Erwähnung wird seiner Bedeutung nicht gerecht – eine Unterlassung, die damit entschuldigt werden kann, daß es hier nicht darum geht, die historischen Gewichte genau zu berücksichtigen. Die entscheidende Problematik kann in einem längeren Zitat von Panofsky-Saxl erschöpfend aufgezeigt werden:

» ... es ist kein Zweifel, daß er (Marsiglio Ficino, A.v.m.) ursprünglich, trotz aller Vertrautheit mit Dante und dem antiken Neuplatonismus, seinen Saturn doch wesentlich als Unglücksplaneten und seine Melancholie doch wesentlich als trauriges Verhängnis empfand; wir vermögen geradezu den Augenblick zu bestimmen, da sich in seinem Denken die Anschauungen des Proklos und des Aristoteles gegenüber den Anschauungen eines Cecco d'Ascoli und Constantinus Africanus durchzusetzen begannen. In einem Brief aus den 70er Jahren (des 15. Jahrhunderts, A.v.m.) schreibt er nämlich seinem besten Freund Giovanni Cavalcanti etwa so: ›Ich weiß in diesen Zeiten sozusagen gar nicht, was ich will, vielleicht auch will ich gar nicht, was ich weiß, und will, was ich nicht weiß. Die Sicherheit, die Dir die Güte Deines in den »Fischen« stehenden Jupiter gewährt, wird mir durch die Bösartigkeit meines im »Löwen« rückwärtsschreitenden Saturn verweigert.‹ Aber ihm wird eine entrüstete Antwort: wie er, als Christ und Platoniker, den Sternen einen unheilvollen Einfluß zutrauen könne – er, der doch alle Ursache habe, ›jenes höchste Gestirn‹ als einen guten Planeten zu verehren... Klag ihn also nicht an, der Dich über die andern Menschen ebenso erhob, als er selbst über die andern Planeten erhaben ist. Dringend bedarf es, glaube mir, einer Palinodie, und wenn Du klug bist, singst Du sie sobald als möglich.‹ ...

Marsiglio Ficino hat die Palinodie gesungen. Schon seine Antwort ist ein Widerruf: ›Wegen meiner allzugroßen Furchtsamkeit, die Du gelegentlich an mir tadelst, klage ich mein melancholisches Temperament an, das mir als etwas äußerst Bitteres erscheint und das ich nur durch häufiges Lautenspiel ein wenig lindern und versüßen kann... das hat, so dünkt mich, der Saturn von Anfang an mir eingeprägt, der mitten im Wassermann, dem Aszendenten meines Themas, stand... doch wozu hab' ich mich hinreißen lassen? Ich sehe schon, Du wirst mich wiederum und nicht zu Unrecht zu einer neuen Palinodie an den Saturn zwingen. Was also soll ich tun? Ich werde einen Ausweg suchen und entweder sagen, daß die Melancholie, wenn Du so willst, *nicht* vom Saturn kommt – oder, wenn anders sie notwendig von ihm kommen *muß*, dann will ich dem Aristoteles beistimmen, der gerade sie für eine einzigartige und göttliche Gabe erklärt.‹ – Und wenige Jahre später erscheinen die drei Bücher ›de Vita triplici‹, – die Diätetik des saturninischen Menschen.«[1]

Der hier wiedergegebene Briefwechsel zwischen Ficino und Cavalcanti enthüllt einen zeit-typischen, komplexen Legitimationsvorgang. Ficino empfindet seine Melancholie als verhängnisvoll. Ein solches Empfinden wurde in der Renaissance nicht als »natürlich« betrachtet: kannte doch Ficino seinen Dante und die neuplatonische Auffassung! Er hätte eigentlich »wissen« müssen, wie er zu fühlen hatte.[2] Ficino versucht, Melancholie durch Rückgriff auf den psychischen Zustand zu legitimieren, wobei der

Legitimationsvorgang durch makro-logische Argumentation, astrologische Auslegung, unterbaut wird. Keinesfalls handelt es sich um das Ausspielen von mikro- gegenüber makrologischer Legitimation. Vielmehr geht es darum, eine astrologische Anschauung, die näher an Psyche liegt und daher als »natürlicher« erscheinen mag, gegen eine andere Anschauung durchzusetzen, die »künstlicher« erscheint, aber den Vorteil der zu jener Zeit als höher erachteten historischen Dignität auf ihrer Seite hat. Der Versuch mißlingt, und man kann nach dem wiedergegebenen Briefwechsel keinen Zweifel daran haben, daß Ficino sich schnell umstimmen ließ. Der Ausspruch: »Ich werde einen Ausweg suchen und entweder sagen, daß die Melancholie, wenn Du so willst, *nicht* vom Saturn kommt . . .«, ist der letzte Versuch, den natürlichen Zustand der Psyche zu retten, ohne die Tradition zu brüskieren – indem der Zusammenhang zwischen Melancholie- und Saturnproblematik einfach geleugnet wird. Aber so einfach war Tradition nicht zu eskamotieren, und Ficino nimmt den Einwand, der kommen muß, vorweg, resigniert, indem er sich zur aristotelischen Tradition bekennt, in deren Nachfolge die Frührenaissance in Florenz die Nobilitierung der Melancholie bewirkte. Dante schildert im XXI. Gesang des ›Paradieses‹ die Saturn-Sphäre als Reich der Kontemplation, daher wird auch die Melancholie, »was sie beinahe bis heute geblieben ist, *zur typischen Haltung des modernen Genies*«.[3]

Ficinos zuletzt akzeptierte Legitimation seiner Melancholie könnte man mit Riesman als »traditionsgeleitet« bezeichnen: hier setzt Überlieferung sich gegen Psyche durch. Besonders ausgeprägt ist dies bei Ficino der Fall, der sich wegen seiner Melancholie nicht mit deren Nobilitierung tröstet – das wäre beinahe die Legitimation der »kognitiven Dissonanz«, von der noch zu sprechen sein wird –, sondern sogar zum Trost gezwungen wird. Erinnert man sich der Problematik von Beliebigkeit und Verbindlichkeit, so kann man hier feststellen, wie eine traditionsorientierte Verbindlichkeit gegen Beliebigkeitstendenzen des einzelnen sich durchsetzt – Marsiglio Ficino versucht den Verbindlichkeitsanspruch der Tradition zu negieren, um die Beliebigkeit der Psyche zu retten. Die Nobilitierung der saturninischen Melancholie aber ist nicht aufzuhalten. Da so die Genie-Haltung in äußerst wirksamer Weise fundiert wird, enthält dieser Verbindlichkeitsdruck ein Paradox: eben weil die Verbindlichkeit sich durchsetzt, wird die Chance größerer Beliebigkeit vorbereitet. Als später von der Astrologie nach Aufklärung und naturwissenschaftlicher Revolution nicht mehr viel übriggeblieben ist, besteht der Genie-Typus immer noch. Astrologischer Verbindlichkeit und Spekulation entbunden, kann sich im Genie nun Beliebigkeit entfalten: nur noch – der Intention nach – an die eigene Person gebundenes Denken und Handeln. Zumindest ist diese Haltung *möglich* geworden: gerade Ungebundenheit wird zum Ausweis der genialischen Situation, nachdem die ursprüngliche Verbindlichkeitsinstanz ein für allemal verschwunden ist. Daß dafür andere Instanzen ihren Einfluß geltend machen, daß endlich die Attitüde des Außenseiters gesellschaftlich in all ihrer Ungebundenheit gefordert wird, bedeutet den erneuten Umschlag in eine Verbindlichkeit, die sich desto besser tarnen kann, je mehr sie verhüllt, wie die zugestandene Beliebigkeit institutionell bereits eingeplant und gefordert wird. Das an Vorschriften der makrologischen, kosmologischen Spekulation gebundene Genie war der Gesellschaft gegenüber weit unabhängiger als jene Außenseiter, deren Abweichung funktional für das Ganze ist und von den Angepaßten als Rückendeckung gefordert wird. Damit tritt auch die Legitimationsfrage in ein neues Stadium: nun erst kann das »Innere« ausgespielt werden, wie es etwa die Stürmer und Dränger versuchten. Diese Legitimation ist bereits Rückzug: Reflex der Machtlosigkeit, der fehlenden Verfügbarkeit im weitesten Sinne. Der Rückzug ins Innere stabilisiert nur die Ohnmacht gegenüber den Verhältnissen: die solipsistische Legitimation kann allein für den einzelnen gelten. Aus dieser Unverbindlichkeit flüchtet sie in einen neuen Außenhalt: die Natur liefert jetzt, was für die Renaissance die Astrologie leistete. So verschiebt sich mit wachsender, aber machtloser Beliebigkeit nur der Bereich der Spekulation, an den jene ohnmächtig sich hält.

Melancholie und Mystik: Sabbatai Zwi, Nathan von Gaza und der Abbau kognitiver Dissonanz

Der hier behandelte »Fall« liefert Anregungen, wie das Phänomen Melancholie in manchem seiner Aspekte durch Leon Festingers Theorie der kognitiven Dissonanz erschlossen werden kann. In dem Beitrag ›Dissonanz und Interaktionssequenzen‹ von Peter Schönbach ist bereits eine Aufarbeitung der Theorie Festingers erfolgt.[4] Diese wird daher nicht mehr rekapituliert.

Schönbach beschäftigt sich mit der von Gershom Scholem erstmals in ihrer Bedeutung erkannten Beziehung zwischen Sabbatai Zwi und Nathan von Gaza, der des ersteren Prophet wurde. Die Geschichte Sabbatai Zwis wird hier nach Schönbachs Darstellung wiedergegeben:

»Sabbatai Zwi, 1626 als Sohn eines jüdischen Händlers in Smyrna geboren, wurde als Jüngling wie viele seiner Zeit unter dem Eindruck der entsetzlichen Massaker der Chmelnickij-Kosaken unter Juden und Polen im Jahre 1648 von einer mystischen Erregung und Erlösungshoffnung ergriffen, die sich in ihm, nicht zuletzt auf Grund einer Prophezeiung des kabbalistischen Buches Sohar über das Jahr 1648 als Anbruch der Zeit der Wunder, zum Glauben verdichtete, er selber sei zur Erlösung der Juden berufen. Sabbatai entschloß sich zu einer symbolischen Manifestation seiner Sendung und sprach den vollen Gottesnamen in der Öffentlichkeit aus, ein Sakrileg, das ihm die Verbannung aus seiner Heimatstadt Smyrna eintrug.

Nach vielen Jahren eines unsteten Wanderlebens gelangte er 1662 nach Jerusalem. Schon damals hatte er etliche Anhänger gefunden, die an seine messianische Sendung glaubten; aber erst in den nächsten Jahren, nach der Begegnung mit Nathan, erklärte er sich öffentlich zum Messias und fand jenen ungeheuren Zulauf, der ihm die Tore Smyrnas zum königlichen Empfang öffnete, als er 1665 mit zahlreichen Jüngern dorthin zurückkehrte. Seine Gegenwart in Smyrna steigerte die Begeisterung der Massen in Erwartung der nahen Wende zu ekstatischer Besessenheit. Der Alltag galt nichts mehr, die Arbeit wurde vernachlässigt, Kinder von neun oder zehn Jahren wurden miteinander verheiratet, um die Zeugung vieler Kinder, das heißt, die Inkarnation vieler Seelen vor dem Abschluß des Tikkun, der Wiederherstellung des zerbrochenen

Ganzen durch den Messias, zu ermöglichen. Die Erregung breitete sich über ganz Europa aus ... Anfang 1666 endlich brach Sabbatai mit seinen Freunden per Schiff nach Konstantinopel auf, um seiner Ankündigung gemäß dem Sultan die Krone zu entreißen. Sogleich nach seiner Ankunft wurde er auf Geheiß des Großwesirs verhaftet und nach kurzer Gefängnishaft in Konstantinopel in die Festung Gallipoli gebracht, wo er ein relativ bequemes Leben führen und dank der Bestechung türkischer Behörden durch seine Anhänger schließlich nahezu fürstlich Hof halten konnte. Der Sultan, Mehmed IV. zögerte, Sabbatai hinrichten zu lassen, da er die Bildung einer Sekte um eine neue Märtyrerfigur verhüten wollte. Ignorieren konnte er den wachsenden Anhang Sabbatais freilich auch nicht; so befahl er, Sabbatai nach Adrianopel und vor sein Angesicht zu bringen. Die Umgebung des Sultans riet zu einem Bekehrungsversuch, mit dem sein Leibarzt, ein jüdischer Renegat, beauftragt wurde. Erstaunlicherweise gelang dieser Versuch ohne Mühe. Vor den Sultan geführt, setzte Sabbatai noch auf der Schwelle den Turban auf als Zeichen seines Übertritts zum Islam. Der Sultan, erfreut über die glatte Lösung des Problems, verlieh Sabbatai den Namen und Titel Mehmed Effendi und den Hofgrad eines Türhüters.« (259–260)

Für Schönbach beginnt die Konversion erst mit dem Auftritt des Nathan von Gaza interessant zu werden. Dieser hatte Sabbattai, der manisch-depressiv war, als Patienten kennengelernt. Manische Perioden »und depressive, die von schwerer Melancholie und Dämonenfurcht erfüllt waren, wechselten ab mit Phasen einer relativ normalen psychischen Verfassung, in der er seine antinomistischen Handlungen nicht verstand und tief bereute. Hier offenbaren sich die kognitiven Grundelemente einer extremen Dissonanz, die auf rationale Weise zu reduzieren Sabbattai wegen seiner Krankheit nicht imstande war; vielmehr erneuerte sich durch die zyklischen Perioden seiner Psychose die Dissonanz immer wieder und wurde noch verstärkt durch Reaktionen der Umwelt, aus der ihm abwechselnd konsonante und dissonante Elemente zuflossen« (262). Die wichtigsten Dissonanzen entstehen für Nathan von Gaza durch seine Vision vom Erlöser Sabbatai, der er aus Furcht vor einem Irrtum nicht nachzugeben wagt; sowie durch die Exaltationen Sabbatais, die durch dessen manisch-depressive Phasen entstehen; letztlich durch die

Apostasie des Messias. Die erste Dissonanz wird gelöst, als der Messias auf der Suche nach Heilung von seinen Leiden zu Nathan kommt, der von nun an seiner Vision Glauben schenkt. Die zweite Dissonanz löst er, indem er seine theologische Schrift ›Drusch ha-Tanninim‹ (Abhandlung über die Drachen) verfaßt. Hier beschreibt Nathan, »und zwar unter ausdrücklichen Hinweisen auf die psychotischen Symptome Sabbatais, daß beim Bruch der Gefäße auch die Seele des Messias in den Urraum abgestürzt sei und in dessen untersten Regionen im Gefängnis der Kelipoth, der dunklen Kräfte, festgehalten werde, bedrängt von Schlangen, die sie zu verführen suchen. Im Kampf mit den Schlangen arbeite die Seele des Messias an ihrer Perfektion; erst wenn sie ihre Vollendung erreicht habe, könne sie ihr Gefängnis endgültig verlassen und den allgemeinen Tikkun einleiten« (263).

Schönbach vermutet, daß diese Rechtfertigungsschrift Nathans auch zur Apostasie Sabbatais verholfen habe, weil sie ein entscheidendes konsonantes Element dazu beitrug, »nämlich die ›Erleuchtung‹, daß auch der extreme Frevel des Abfalls vom Glauben noch von ihm als Leidensstation auf seinem Weg zur Erlösung seiner selbst und der Welt gefordert sei« (263). Die Dissonanz der Apostasie löste Nathan schließlich in der ›Sefer ha-Beri'a‹ (Theorie der Schöpfung). »In diesem Buch, das er 1670 vollendete, lehrte Nathan in extremer Steigerung seiner frühen Theologie, daß es nicht genüge, wenn der Fromme außerhalb des Bösen stehe und versuche, die in den Kelipoth gefangenen Funken zu sich heraufzuziehen. Die letzten und schwierigsten Phasen des Tikkun ließen sich nur vollenden, indem der Messias in das Reich der Unreinheit hinabsteige, um die Funken von innen her aus dem Gefängnis zu lösen ... Der Verrat des Messias wird als schwierigster Teil seiner Mission gedeutet; erst am Ende seines Weges in das dunkle Reich bricht die Erlösung durch« (264).

Für die Melancholie-Problematik wird die Bedeutung der Beziehung von Sabbatai und Nathan zunächst in dem offenbar, was Gershom Scholem über Mythos und Kabbala ausführte.

Scholem spricht von den zwei wichtigen Mächten des jüdischen Lebens, *Halacha* (Gesetz) und *Agada* (Legende), und anschließend von einem besonderen Mythos: »Der agadische Mythos des *Jalkut Re'Ubeni* drückt die geschichtlichen Erfahrungen des jüdischen Volkes nach den Kreuzzügen aus, und man darf sagen, daß dies mit um so größerem Nachdruck geschieht, indem es überhaupt nicht erwähnt wird. Das tiefe Eindringen in die verborgenen Welten, dem man hier auf Schritt und Tritt begegnet, steht in direktem Verhältnis zum sinkenden Umfang ihrer Welterfahrung.« Und weiter heißt es: »Es gibt den systematischen Versuchen kabbalistischer Theologie eine besondere Note, daß hier mit den Mitteln eines den Mythos ausschaltenden Denkens die Konstruktion und Beschreibung einer Welt geliefert werden soll, in der wieder etwas vom Mythos lebt.«[5] Damit ist zunächst wieder jenes Weltverhalten gezeichnet, das Weltverlust kompensieren muß: hier durch den Versuch der mystischen Rekonstruktion. Daß so ein Klima der Melancholie entsteht und entstehen muß, hat auch Peter Schönbach angedeutet: »Es ist kein Zufall, daß die jüdische Geschichte einen so instruktiven Beleg für die Bedeutung kognitiver Dissonanz als Motor der historischen Entwicklung bietet. Immer wieder litten Juden unter dem Schicksal, daß ihr Handlungsfeld sowohl durch die Strenge der rabbinischen Gesetzeshüter als auch durch den Druck einer feindlichen Umwelt eng begrenzt war und daß die daraus entspringenden Dissonanzen nur durch kognitive Neuorientierungen, selten durch simple Verhaltensänderungen sich mindern ließen. Ein frühes, ergreifendes Beispiel ist die Ausbildung des Chassidismus mit seinen Idealen der Askese, der Ataraxie und des Altruismus während der ersten Kreuzzüge als konsonante Ideologie zu den Leiden jener, die, den Tod durch Kreuzfahrerhorden vor Augen, von ihrem Glauben nicht abließen, eher selbst sich entleibten« (266).

Scholem hat darauf hingewiesen, daß Sabbatai Zwi psychisch krank war. »Man hat das schon öfters vermutet und von Paranoia oder Hysterie gesprochen. Aber eine Unmenge von unmittelbaren Zeugnissen beweist, daß seine seelischen Krankheits-

zustände von anderer Art waren: er war ein ganz ausgespro-
chener Manisch-Depressiver . . .«[6] Dies hat stärker noch Siegmund Hurwitz betont: »Was aus diesen spärlichen Mitteilungen
(von Gandor und Laniado, A.v.m.) zunächst hervorgeht, ist
die Tatsache, daß zuzeiten Sabbatai Zwi an Melancholie und
Schwermut litt, zu anderen Zeiten dagegen – wie es heißt –
›von großer Freude‹ erfüllt war. Laniado bezeichnet die Melancholie als ›ein von Gott auferlegtes Leiden‹. Wir erinnern an eine
andere Führergestalt der jüdischen Geschichte, nämlich an König Saul . . . In den Zeiten der Melancholie und Depression verfällt Sabbatai Zwi einer lähmenden Passivität.«[7]
In den Versuchen zur Dissonanzminderung bei Nathan zeigt
sich, wie Melancholie und Manie in einem System verarbeitet
werden. Bei ihm erscheint die melancholische Phase als »Ver-
hüllen des Angesichtes« oder »Fall«, die manische Phase als
»Erleuchtung«. Damit ist Melancholie negativ gekennzeichnet.
Aufgehoben wird diese Negativität in der mystischen Spekulation: »Melancholie und Erleuchtung, Fall und Aufstieg stellen
nach dieser Lehre nicht anderes dar, als Stufen in dem großen
Weltprozeß des *Tiqqun*. Im Zustande der Depression, wenn
der Messias in den Abgrund steigt, sind die Schlangen über-
mächtig und quälen ihn, während in der Erleuchtung es der
Seele des Messias gelingt, ihre Macht zu brechen.«[8] Damit erscheint Melancholie im Rahmen der Ordnung-Unordnung-Di-
chotomie, die das Problem immer begleitet hat. Hurwitz bringt
das deutlich zum Ausdruck: »Immer in Zeiten der Desorientiert-
heit, des Chaos und der Zerrissenheit wird von innen her der
Versuch einer Ordnung, einer Harmonie und einer Ganzheit
gemacht. Die kollektive Messiaserwartung jener Zeitepoche bedeutet psychologisch, d. h. von innen her gesehen, nichts anderes,
als die Konstellierung des *Archetypus der Ganzheit*. Zu dieser
äußeren kollektiven Hoffnung kommt eine von innen her gestellte Forderung an den individuellen Menschen Sabbatai Zwi,
seine eigene Ganzheit zu verwirklichen. Und hier versagt er.«[9]
Von hier aus gesehen scheint es, als sei das Phänomen der kognitiven Dissonanz und ihrer Minderung für die Melancholie-Frage

von allgemeiner Bedeutung. Es stellt ja bereits die aristotelische Ansicht vom Genie-Charakter der Melancholischen eine solche Dissonanz-Minderung und damit auch Legitimitätssteigerung dar. Sicher kann dieses Problem aber nicht alleine auf der individual- oder sozialpsychologischen Ebene behandelt werden. Erinnert man sich an den Briefwechsel zwischen Ficino und Cavalcanti, so ermißt man den Unterschied der Dissonanzminderung gegenüber der Beziehung zwischen Nathan von Gaza und Sabbatai Zwi. Hier wird die Melancholie als Phase eines Ordnungs-Unordnungs-Ablaufes angesehen und bedeutet – obwohl negativ gefaßt – ein notwendiges Moment dieses Prozesses. Ficino dagegen, obwohl persönlich gegen die Nobilitierungstendenz eingestellt, übernimmt unter Druck eine Auffassung, die ihre Legitimation nur aus der Überlieferung her besitzt. So gesehen stellt die mystische Eingliederung der Melancholie als negativem, aber notwendigem Teil eines geschichtlichen Prozesses eine sublimere Art der Dissonanzminderung und der Legitimation dar. Bei einer eingehenderen Untersuchung der Beziehung von Melancholie und kognitiver Dissonanz, die nur angedeutet werden konnte, würde deren Fruchtbarkeit sich schnell erweisen. Die Frage nach der Dissonanz spielte bereits bei der Behandlung der Melancholie im Salon und der bürgerlichen Melancholie eine große Rolle. Auch die These vom Weltverlust wäre in solche Überlegungen einzubauen. Als Hypothese läßt sich formulieren, daß mit dem Ausmaß des Weltverlustes auch die Dissonanz und der Druck zu ihrer Reduktion wächst. Dabei kann das Kontinuum des möglichen Dissonanz-Abbaus von der Ataraxie bis zum Handlungsexzeß (Montmorency) führen und gelegentlich beide Formen verbinden. Nicht zuletzt zeigt der Hinweis auf die Verklammerung von Melancholie-Problematik und kognitiver Dissonanz die Notwendigkeit, Geschichte einzubeziehen und die Frage nach den großen Ordnungssystemen (Ideologien, Weltanschauungen, Religionen, mystische Strömungen, Mythen) nicht zu unterschlagen.

»Die Schwermut ist etwas zu Schmerzliches, und sie reicht zu
tief in die Wurzeln unseres menschlichen Daseins hinab, als daß
wir sie den Psychiatern überlassen dürften ... Wenn wir also
hier nach ihrem Sinn fragen, so ist damit auch schon gesagt, daß
es uns nicht um eine psychologische oder psychiatrische, sondern
um eine geistige Angelegenheit geht.«[10] So schreibt Romano
Guardini über den »Sinn der Schwermut«. Er stellt die Sinnfrage, die immer auch die Frage nach der Legitimation darstellt
– denn was als sinnvoll anerkannt wird, ist eben dadurch legitimiert. Gemessen an den zitierten Sätzen, in denen kurzerhand
von der elitären Warte herab Psychologie und Psychiatrie der
Geist abgesprochen wird, ist der Sinn der Schwermut in dieser
Untersuchung nicht zu finden. Spricht Guardini von der »konstitutionellen Trauer«, so unterschlägt er die gesellschaftliche Abhängigkeit solcher Konstitutions-Merkmale und kommt zu einer
Definition, die an emphatischer Tiefe und Vieldeutigkeit nichts
fehlen läßt: »Die Schwermut ist die Not der Geburt des Ewigen
im Menschen.« Auch der elitär ausgerichtete, ideologisch ver-
brämte Nachsatz fehlt nicht: »Vielleicht sagen wir besser, in
bestimmten Menschen ...«[11] Kritiklos übernimmt hier Guardini,
woran wissenschaftliche Reflexion sich erst zu reiben hätte: den
Rückzug der melancholischen Legitimation ins Innere, in die
Konstitution, aufs Anthropologische. Diese Reduktion aber liegt
weniger in der Natur der Melancholiker begründet als in den
Umständen, die sie dazu veranlaßten, von sich als Melancholikern zu reden und sich für solche zu halten.
Überblickt man die in dieser Untersuchung bisher mit Schwerpunkt behandelten Gebiete, so stellt man fest, daß die Frage der
Legitimation von Melancholie und melancholischem Verhalten
durch Reduktion auf Anthropologie in allen von Bedeutung
war. Am stärksten war dies der Fall bei der bürgerlichen Melancholie des 18. Jahrhunderts. Die Weltflucht und Handlungshemmung der Bourgeoisie läßt keinen anderen Ausweg offen
als den nach innen: Innerlichkeit und Melancholie hängen zu-

sammen. Der normative Aspekt der Reduktion wird ideologisch genutzt: das Bürgertum entwickelt ein allgemeingültiges Ethos, das – wie immer bei der Verschiebung der Normenlegitimierung auf eine höhere Abstraktionsebene – gegen die in Wirklichkeit Herrschenden gerichtet ist: den Adel. ›Kabale und Liebe‹ faßt diesen Gegensatz deutlich. Gemessen an dem, was als »menschlich« gilt, erscheint der Adel »unmenschlich«.

In Utopia wird Melancholie denunziert: sie ist als Störungselement im Plan unerwünscht. Gleichzeitig wissen die Schöpfer Utopias aber nur zu gut, daß die Totalität ihres Vorhabens erheischt, auch den Menschen zu planen. So wollte bereits Burton die Melancholie der Individuen heilen, um seine Utopie eines melancholie-freien England zu schaffen. Die Planung der menschlichen Psyche, wie sie zuletzt die ›Brave new world‹ zum Programm erhebt, ist nur der negative Reflex der Erkenntnis, daß Melancholie im Innern des Menschen verankert sein kann und es nötig ist, diesen Bereich planend zu erfassen.

Am geringsten ausgebildet erscheint die Reduktion auf anthropologische Grundannahmen in der Melancholie des Salons. Im Porträt von La Rochefoucauld kam deutlich zum Ausdruck, wie hier geradezu die Chance zur Legitimation durch Reduktion versäumt wird, und wie der Verfasser des Porträts zugibt, seine Melancholie als Anlage durch äußere, exogene Faktoren verstärkt zu sehen. Dieser Verzicht auf totale Reduktion – sie ist natürlich teilweise vorhanden in dem, was »naturel« genannt wird – ist bedingt durch die Weltnähe der Melancholie und die Weltnähe des Salons, in dem sie »verarbeitet« wird. Zusätzlich wirkt in diese Richtung das Verhaltensideal des »honnête homme«, welches ein Handeln auf Welt hin meint und keines, das sich von ihr zurückzieht. Weltnähe und reduktive Legitimation bedingen einander komplementär: je größer die Nähe zur Welt, desto geringer der Zwang, die Legitimationsbasis fern von Welt zu suchen; je schmerzlicher der Weltverlust, desto weiter der Rückzug in die Innerlichkeit. So betrachtet, zeigt sich die Melancholie des Salons der bürgerlichen entgegengesetzt. Die utopische Austreibung der Melancholie bestätigt den Zusammenhang: hier wird eine Gegenwelt entworfen und damit auch eine Gegen-Melancholie. Die Gefahr für Utopia liegt nur in den Überresten von Welt, die sich halten und damit Melancholie befördern würden. Auch daher rührt der Totalitätscharakter der Utopie: es gibt keine Utopie der kleinen Schritte.[12]

Reduktion liegt vor, wenn Byron von seinem »ennui« als Anlage, Constant ebenso von seinem »humeur« spricht und Baudelaire plant, die »Lettres d'un atrabilaire« zu schreiben. Deutlich kommt der Vorgang der Reduktion, der sich mit zunehmender Reflexionsneigung verstärkt, bei Maine de Biran zum Ausdruck:

»Le sentiment de l'âme que j'appelle tristesse ou *mélancolie*, diffère essentiellement, *tota natura,* de l'affection de malaise ou de l'inquiétude qui se lie à un mauvais état des nerfs ou à certaines dispositions organiques. Le sentiment est aussi désirable que l'affection est fâcheuse; à celui-ci se lient tous les progrès de l'intelligence et les plus nobles excursions de nos facultés... Quand j'éprouve ce sentiment de tristesse... je crains d'évaporer ce sentiment mélancolique, je me tiens en moi-même, je m'y enveloppe, je cherche à pénétrer dans les profondeurs de mon âme, je réfléchis sur le *moi*, etc....«[13]

Das ist Reduktion, und wenn auch ausdrücklich von den »dispositions organiques« abgesehen wird: die »profondeurs de mon âme« sagen das gleiche, haben nur die höhere Dignität des Wortes für sich. Daß Maine de Biran vom Typ des »homme intérieur« gesprochen hat, gehört in diesen Zusammenhang. Konsequent müßte der Vorgang der Reduktion weiter betrieben werden. Geschieht das, wird ein Punkt erreicht, an dem er sich gegen sich selbst wendet und keine Legitimation mehr liefert. »Wenn aus den Tiefen des kreatürlichen Bereiches, an das die Spekulation des Zeitalters mit den Banden der Kirche selber sich gefesselt sah, die Melancholie aufsteigt, so war ihre Allmacht erklärt. In der Tat ist sie unter den kontemplativen Intentionen die eigentlich kreatürliche, und von jeher hat man bemerkt, daß ihre Kraft im Blick des Hundes nicht geringer sein muß als in der Haltung des grübelnden Genies«[14] (Benjamin).

Damit nähert sich die Legitimation für Melancholie wieder der Stelle, an welcher Melancholie überhaupt ihren Ausgang nahm:

bei der Elemente-Spekulation. Legitimation aber vermag damit nicht mehr geleistet zu werden. Das kann vielmehr nur geschehen, wenn dem legitimierenden Akt eine auszeichnende Funktion zukommt, wenn die Legitimation den, der sie sucht, gleichzeitig für diese Suche entschädigt. Wenn alle Melancholiker sind – wie Burton schrieb, um eben die Melancholie abzuschaffen –, besteht für Legitimation überhaupt kein Anreiz mehr, weil es niemanden gibt, demgegenüber man sich legitimieren könnte. Legitimation verlangt vielmehr die Chance der Besonderheit; fällt diese weg, erlischt auch die Legitimationsgrundlage. Zu sein »wie alle« liefert Legitimation nur im störungsfreien Vollzug des Handelns. Wird aber Handeln, wie in der Melancholie, gehemmt, bedarf es einer auszeichnenden Legitimation – zumal die Handlungshemmung nicht alle trifft. Wenn der Mensch tatsächlich »das unglücklichste und melancholischste Tier« ist, wie Nietzsche meinte, besteht wenig Anreiz, sich zu dem zu bekennen, was ohnehin allen eigen ist. Daraus kann geschlossen werden, daß die Legitimationschance für Melancholie dort besteht, wo dem Menschen die Reduktion auf Anthropologie offensteht, gleichzeitig aber Mechanismen eingebaut werden, die diese Reduktion nicht allen in gleichem Maße gestatten. Wenig Trost liegt in der Erkenntnis, geschlagen zu sein wie alle; mehr in der Attitüde des Getroffenen, der sich im Glauben wähnen kann, der Leidende sei auserwählt. Dies ist die stärkste Legitimation, die sich erlangen läßt. Sie erscheint unabhängig von Faktoren der Außenwelt und braucht nicht zu fürchten, ihres elitären Anspruchs verlustig zu gehen. Auch hier liegt eine der Wurzeln für die Verbindung von Genie- und Melancholieproblematik.

IX Melancholisches Klima und anthropologische Reduktion – Die Philosophie Arnold Gehlens

> »Es ist Zeit für einen Gegen-*Rousseau*,
> für eine Philosophie des Pessimismus
> und des Lebensernstes.«
> *Arnold Gehlen: Das Bild des Menschen*
> *im Lichte der modernen Anthropologie*

Was unter dem »melancholischen Klima« der Philosophie Gehlens verstanden werden soll, kann zunächst eine Betrachtung des Hauptwerkes ›Der Mensch‹ in der ersten Auflage (1940) zeigen. Da heißt es von den Obersten Führungssystemen, daß sie gegenüber der »Ausgesetztheit« des Menschen und seiner Welt die *Interessen der Ohnmacht* vertreten, »indem sie an den Grenzen der Macht Unterstützung leisteten, besonders gegenüber den Tatsachen des Mißerfolgs, des Leidens, Zufalls und Todes; indem sie Praktiken der Lenkung der Schicksale zeigten, Magie, Orakel usw., Trost und Hoffnung einflößten, und den Verkehr mit den Übermächten, den Göttern vermittelten.«[1] Eine weitere Leistung der Obersten Führungssysteme besteht im »*Gegenwillen* des ungebrochenen Lebens gegen die vom Menschen bewußt erfahrenen oder sogar vorausgesehenen Antriebskatastrophen«. Hier wird bereits die Nähe zur Melancholie deutlich; offensichtlich in folgendem Satz:

»Die Mißerfolge auch wohlerwogenen und dringlichsten Handelns, die Unerfüllbarkeit des elementaren Anspruchs auf ›mehr Leben‹ und die darin bedingte *Depression,* die unberechenbar einschlagenden Schicksale, die Krankheiten, der gewisse Tod sind Erfahrungen, die einem bewußten und dem ›Überraschungsfeld‹ der Welt ausgesetzten Wesen niemals erspart werden. Dies sind Erfahrungen der Ohnmacht, und sie sind unaufhebbar, im Wesen des Daseins des Menschen mitgegeben...« (457, H.v.m.)

Dazu nennt Gehlen »die Phantasie des Menschen ... eine lebens-

fördernde, in die Zukunft tragende, der Resignation entgegen-
arbeitende Gewalt« und sagt über den Zustand der primitiven
Mentalität: »Der ungeheure *Resignationsvorrat*, der die Kehrseite unseres exakten Sachwissens ist, ist noch nicht erworben,
die Gegeninteressen gegen die Ohnmacht zeigen sich in ursprüng-
licher Kraft« (458/459). Die Obersten Führungssysteme geben
die Leistungen der »abschließenden Weltorientierung, der Hand-
lungsformierung und der Überwindung der Ohnmachtsgrenzen«
(461), »die drei Quellen, die wir unterschieden haben, folgen
eindeutig aus der Gesamtverfassung des Wesens Mensch in seiner
Welt, und damit wäre unsere Anthropologie zu einem Abschluß
gebracht, der ihrem Entwurf als elementarer Anthropologie entspricht« (467).
Die Depression wird als konstitutiv für den Menschen gesetzt –
nichts anderes ist Melancholie, oder: nicht anders versteht sie
sich selbst. Die gegen-resignativen Kräfte, die diesen Zustand
überwinden helfen, sind die Obersten Führungssysteme, sich in
sie einzupassen ist für den dem Überraschungsfeld Welt ausgesetzten Menschen notwendig, will er die Melancholie bannen.
Dabei ist historisch zu differenzieren: im Verlauf der Geschichte
hat sich ein Resignationsvorrat angesammelt, den abzuarbeiten
den Obersten Führungssystemen weit schwieriger gelingt als zu
Zeiten ihrer ursprünglichen Kraft. Alle Menschen sind also, von
der Definition des *Wesens* Mensch her, zur Melancholie bestimmt, weil sie die Ohnmachtserfahrung ihrer Konstitution
nach durchleiden müssen – nichts kann dagegen helfen als die
sich der Ohnmacht entgegenstemmende Kraft der Obersten Führungssysteme. Damit ist ein enger Zusammenhang zwischen der
anthropologischen Verfassung des Wesens Mensch und den Führungssystemen behauptet.
Nun ist das hier erwähnte Kapitel aus der Erstauflage von besonderer Wichtigkeit, weil es zu den wenigen Passagen seines
Werkes überhaupt gehört, die Gehlen umgeschrieben hat. Dazu
heißt es im Vorwort der 4. Auflage (Bonn 1950): »Weshalb das
neu geschriebene letzte Kapitel an die Stelle des früheren trat,
wird im Text ausführlich begründet. Die gegenwärtig vorherr-

schenden Formen des instrumentellen und des historisch-psychologischen Bewußtseins messen den Raum des Geistes nicht aus. So hat das letzte Kapitel auch den Zweck, in Forschungen einzuführen, die an den Problemen der Entstehung der Kultur und der elementaren sozialen Institutionen Gesetze des Geistes aufzeigen wollen, welche in jenen Formen nicht erscheinen.« Die wichtigste Modifikation besteht darin, daß Gehlen den teleologischen Aspekt der Institutionengründung aus einer primären subjektiven Zweckmäßigkeit aufgibt und die Gründungsfunktion dem ideativen Bewußtsein zuspricht, dessen Schöpferkraft sich »in der *Gründung von Institutionen* ausweist, die wesensmäßig in einer idée directrice, einer Führungsidee zentrieren«.[2] Hier klingen dann die Obersten Führungssysteme auch sprachlich wieder an, die nun durch Institutionen und deren idées directrices ersetzt wurden.

Entscheidend ist für den diskutierten Zusammenhang, daß sich zwar Stufen zwischen anthropologische Basis und Institutionen-Überbau einschieben – etwa das ideative Bewußtsein –, davon die »melancholische« Ausgangssituation aber völlig unberührt bleibt. Denn der Mensch führt sein Leben »nicht aus Spaß, und nicht zum Luxus des Nachdenkens, sondern aus ernster Not« (17), er ist »das gefährdete oder ›riskierte‹ Wesen, mit einer konstitutionellen Chance, zu verunglücken« (32). Die historische Differenzierung fehlt nicht, denn »das allgemeine Merkmal der *Subjektivität*« ist »das Stigma des Menschen in einer Zeit des Institutionen-Abbaus«, und mit Churchill kann Gehlen sagen: »Was es auch sei, eines Mannes Leben muß an ein Kreuz geschlagen sein, sei es das des Gedankens oder das der Tat.«[3]

So ist andeutungsweise das »melancholische Klima« beschrieben, in dem die Gehlensche Philosophie ansetzt. Bevor die Rede auf die Institutionen kommt, die ohne dieses Klima gar nicht denkbar sind, muß der Zusammenhang von Handlungshemmung und Reflexion genannt werden, der charakteristisch für die Melancholie-Problematik erschien. Schon früh zeigt sich bei Gehlen, daß Nichthandlungsbegriffe, vor allem jener der Reflexion, als Residualbegriffe behandelt werden. Bereits vor dem Einfluß der Pragmatisten erscheint Reflexion bei Gehlen als Handlungshemmung, etwa in der ›Theorie der Willensfreiheit‹ (1933) oder in dem aus dem gleichen Jahre stammenden Beitrag ›Wirklichkeitsbegriff des Idealismus‹. Reflexion gilt nicht nur als Handlungshemmung, weil der Handlungsbegriff für die hier vertretene Anthropologie entscheidend wird und daher alle Probleme von der Handlung her – nicht umgekehrt – gelöst werden müssen. Der Mensch, der als instinktverunsichertes Mängelwesen darauf angewiesen ist, sich die Welt verfügbar zu machen und sie umzuarbeiten, kann dies nur durch den lebenssichernden Prozeß der Tätigkeit. Jede Reflexion, d. h. jeder Moment, in dem über Probleme nachgedacht wird, statt sie sofort »anzupacken«, hemmt damit einen lebenssichernden Prozeß. Daher kann Reflexion auch als »Weltverlust« angesehen werden.

Es erscheint nun schwierig, die bei Gehlen als melancholisch beschriebene anthropologische Ausgangssituation – die der *konstitutionellen* Ohnmacht und Depression nämlich[4] – mit dem Konzept einer Reflexion als Handlungshemmung zu verbinden, die als charakteristisch für Melancholie galt, von Gehlen aber im Rahmen seiner Handlungstheorie abgelehnt werden muß. Die Polemik gegen die Reflexion vertrüge sich tatsächlich nicht mit einem melancholisch orientierten Ausgangsklima, wenn nicht als Klammer die Theorie der Institutionen vorhanden wäre, die beide Konzepte vereinigt, ja auf ihnen beruht. Erst die Institutionen garantieren die Außenstabilisierung: »Angesichts der Weltoffenheit und Instinktentbindung des Menschen ist es durch nichts gewährleistet, daß ein gemeinsames Handeln überhaupt zustande kommt oder daß es, einmal vorhanden, nicht morgen wieder zerfällt. *Gerade in diese Lücke tritt ja die Institution*, sie steht an der Stelle des fehlenden automatischen Zusammenhanges zwischen Menschen, und gerade sie verselbständigt sich zur Sollgeltung, wie wir eingehend beschrieben haben.« Und: »Alles gesellschaftliche Handeln wird nur durch Institutionen hindurch effektiv, auf Dauer gestellt, normierbar, quasi-automatisch und voraussehbar.«[5] Die Institutionen liefern so, auf dem Umweg über die Invarianzen des Außen, auch die Innenstabilisierung für »die von Natur her unstabilen, plastischen und variablen Bereiche« in der menschlichen Konstitution.

Daher erscheint Gesellschaft in ihren Institutionen dazu konstruiert, die anthropologischen Forderungen, die aus dem Wesen des Menschen resultieren, einzulösen. Da er zum Handeln bestimmt ist, hat Gesellschaft die Aufgabe, diese Bestimmung zu realisieren und das Handeln zu stabilisieren. Das »Umschlagen in die Eigengesetzlichkeit« der institutionellen Mechanismen und die »Sollgeltung«, die sie gewinnen und dem Menschen schließlich oktroyieren, stellen sich diesem nicht gegenüber, sondern entlasten ihn: »Was wir jetzt nachweisen wollen, ist dies, daß eine eigentlich persönliche und in die vorhandenen Institutionen schöpferisch und überhöhend eingreifende Motivbildung gerade jene Entlastung voraussetzt, die im institutionalisierten Verhalten beschrieben wurde.«[6]

Hier muß auf einen besonderen Charakter des Gehlenschen Handlungsbegriffs aufmerksam gemacht werden: er erscheint im Zusammenhang mit dem Arbeitsbegriff, mehr noch: ist zu ihm oft synonym gebraucht.[7] Erinnert man sich dessen, was über die bürgerliche Melancholie gesagt wurde, so wird hier ein entscheidender Zusammenhang sichtbar. Arbeit erschien als Gegenmittel bürgerlicher Melancholie – entwickelt nach der ökonomischen Emanzipation der Bourgeoisie –, das es gestattete, den Raum der Innerlichkeit jenen zu überlassen, die sich wirtschaftlich nicht betätigen konnten oder wollten: der freischwebenden Intelligenz. Ähnlich erscheint hier der Arbeitsbegriff mit dem der Handlung verbunden: als Arznei gegen die konstitutionelle Depression, als Antidot gegen Melancholie. In der Handlung ist die Reflexion ausgehängt und damit auch der melancholische Anreiz; umgekehrt kann gegen die Melancholie die Handlung (Arbeit) wirken.

Die Sicherheit dieser Abwehr durch Handlung kann aber nur durch Institutionen gewährleistet werden, die das Handeln stabilisieren. Damit kommt ein zweiter antimelancholischer Faktor ins Spiel: der Ordnungsbegriff. Erscheint der ursprüngliche Zustand des Menschen als instinktentbunden und verunsichert, so sind damit Metaphern für Unordnung mitgeliefert; ein Wort wie das von der »fürchterlichen Natürlichkeit« impliziert die Annahme des ursprünglichen Chaos. Demgegenüber sind Institutionen Ordnungs-Instanzen, sie schreiben Präferenzen vor, an denen menschliches Handeln sich orientieren kann. Handlung wie Institution wirken so in gleichem Maße und mit gleicher Verve gegen angelegte Unordnung und konstitutionelle Melancholie: sie tendieren dazu, Ordnung zu schaffen und damit der Melancholie entgegenzuwirken. Durch Handlungen wie durch Institutionen, die zum Handeln auffordern, werden auch Handlungshemmung und damit der Reflexionshang beseitigt. So entfällt eine »atmosphärische« Voraussetzung für Melancholie. Das anthropologische Konzept Gehlens ist durchaus »melancholisch« konzipiert, seine Institutionenlehre ist das anti-melancholische Rezept.

Hielte sich die Philosophie Gehlens in diesem gewiß nicht engen Rahmen, wäre ihre Nähe zu einer an Melancholie, nämlich einem konstitutionellen Zustand des Menschen – der Anlage zu Depression und Unordnung – orientierten Auffassung nachzuweisen. Die Parallelen gehen aber weiter, weil Gehlen hier nicht endet, sondern einen Deutungsrahmen großen Stils liefert, der in Kulturkritik ausläuft. Diese orientiert sich am Konzept von Handlung und Reflexion. Da die Institutionen und damit auch die ihren Bestand erst verbürgende Gesellschaft gestützt werden müssen, weil erst sie menschliches Handeln stabilisieren und auf Dauer stellen, wird Reflexion verdammt, weil sie den Menschen vom Handeln abhält. So erscheint die Reflektiertheit als »verlorene Unschuld«, die Reflexion, »ursprünglich die hohe Kunst, die Zweideutigkeit zu stellen«, als »Funktionsform der Subjektivität« und als modische «Leidenschaft(en) à la Werther (!) oder à la Kierkegaard« (!), »chronischer Zustand und Merkmal ... des Massenbewußtseins«, überhaupt als das Symptom einer Epoche, deren behauptete Subjektivität Gehlen als Angriffspunkt wählt. Die negative Bestimmung der Reflexion auf der Basis der fundamentalen anthropologischen Argumentationen setzt sich so fort bis in den Überbau der Kulturkritik, und daß hier eine Polemik gegen melancholische Attitüden vorliegt, erscheint sicher, wenn ausgesprochen melancholische »Typen« wie Werther und Kierkegaard die Ziele des Angriffs bilden. Dagegen entwirft Gehlen ein Bild von Gesellschaft als einem Skelett festgefügter Institutionen, die höchstens im Laufe der Zeit verändert und umgruppiert, aber nicht umgestürzt werden. Der Begriff der Handlung gewinnt so allmählich eine doppeldeutige Färbung: er beinhaltet Veränderung nur noch im menschlichen Binnenbereich, legt aber dem Menschen ansonsten auf, »sich vom tätigen Leben konsumieren zu lassen, wie es doch wohl sein soll« [8] – will er nicht als Introvertierter abgetan werden.

In dem für die Gehlensche Kulturkritik wichtigen Beitrag ›Das Ende der Persönlichkeit?‹ (1956) heißt es:

»Als in der Zeit des Hellenismus die endlosen Siege und Niederlagen, die Kulturüberschwemmungen und Kulturunterwanderungen den Gedanken unvollziehbar machten, daß der Mensch ein Täter sei, hat man diese Überzeugung doch nicht aufgegeben, sondern das Tätertum auf die eigene Umgestaltung verwendet: der wache Denkende hat aus sich eine Gegenfigur der bestehenden Verhältnisse herausgearbeitet. Die Stoiker oder Kyniker waren plastische Gestalten, die zeigten, wie man dem Chaos der Umstände dennoch eine Freiheit des Handelns gegenüberstellen konnte, jetzt aber gerichtet auf die Herausarbeitung der eigenen Unberührtheit von den Ereignissen und Schicksalen. Daß es die stoische Geste nicht mehr gibt, und auch keine aggressive zynische Literatur, nicht einmal in England, das zeigt, wie die Reserven der Indignation schon erschöpft sind, sie haben dem Mißmut des Kostgängers der bestehenden Verhältnisse Platz gemacht. Dagegen haben wir ›Kulturkritik‹ in jeder Menge ...« [9]

Ergab sich bis jetzt nur der Zusammenhang von konstitutioneller Melancholie des Menschen und einem Entwurf von Institutionen und Handlungssystemen zur Bannung dieser Melancholie, so tritt nun ein neues Element hinzu, das Kulturkritik erst ermöglicht: der Blick auf die gegenwärtigen Verhältnisse. Er muß beschrieben werden, will man für Gehlen ein Resümee ziehen und womöglich ausweiten. Den besten Anhaltspunkt liefert in diesem Zusammenhang die Schrift ›Die Seele im technischen

Zeitalter. Sozialpsychologische Probleme in der industriellen Gesellschaft‹, in der Gehlen seine Thesen von der »Herabsetzung des Realkontaktes« und vom »Subjektivismus als der Selbstverarbeitung und Raffinierung der vereinsamten Seele« aus einer historischen Konstellation ableitet, die auch im Zusammenhang dieser Untersuchung eine entscheidende Bedeutung gewann, war doch »der Ausgangspunkt unserer Überlegungen zu diesem Thema … die Beobachtung, daß die europäische Industrieperiode, die Psychologie als Wissenschaft und die sentimentalpsychologische Literatur etwa *Richardsons* (in Deutschland mit dem ›*Werther*‹ etwas später) ungefähr gleichzeitig in Erscheinung treten: um die Mitte des 18. Jahrhunderts«.[10]

Dieser Periode entnimmt Gehlen Prämissen seiner Kulturkritik. Daher stammt unter anderem die Auffassung von der Undurchschaubarkeit der modernen Welt, die zur Resignation erziehe. Der Satz erinnert deutlich an jenen aus der Erstauflage von ›Der Mensch‹, in dem vom wachsenden Resignationsvorrat der Geschichte die Rede war, mit dem die Obersten Führungssysteme immer schwieriger fertig würden. Endlich konstatiert Gehlen einen Zustand, den man als »Bürgerliche Melancholie« bezeichnen könnte:

»Das Zeitalter der Aufklärung scheint uns abgelaufen, ihre Prämissen sind tot, aber ihre Konsequenzen laufen weiter, einschließlich der Selbstverständlichkeiten, die seit dieser Epoche in uns sich verwurzelt haben. Diese Prämissen sind abgelebt, sagten wir: daß die in allen Menschen gleiche Vernunft aus ihren eigenen Mitteln zu nichttrivialen Erkenntnissen vorstoßen könne, das glaubt man wohl heute nicht mehr so recht, oder daß die Natur ›vernünftig‹, d. h. durch und durch erkennbar sei und so, daß sie die Maßstäbe gebildeter und vornehmer Menschlichkeit niemals widerlegen werde. *Auch ist es heute, da das Bürgertum der ganzen Welt sich insgeheim so oft schon geschlagen zu geben scheint, nicht uninteressant, sich klarzumachen, daß ihm einmal der endliche geschichtliche Triumph dessen, was es für vernünftig hielt, eine Gewißheit war.*«[11]

Utopisches Denken war als Möglichkeit erschienen, Melancholie hinwegzuplanen und einen anti-melancholischen Gegenentwurf zu konstruieren. Mit seiner Absage an die Geschichte bekräftigt Gehlen seine anthropologischen und kulturkritischen Intentionen. Zunächst sieht Gehlen aus Methodengründen von einer Beachtung der Geschichtlichkeit ab: »Der Gegenstand Mensch ist der komplexeste, den es überhaupt gibt. Es ist unmöglich, alle seine Seiten im Zusammenhang auf einmal zu behandeln, und so haben wir sehr weitgehend von so fundamentalen Tatsachen abstrahieren müssen, wie sie in der *Geschichtlichkeit* des Menschen und in seiner nie fehlenden Eingebundenheit in bestimmte, geschichtliche *Gemeinschaften* liegen, um ebenso fundamentale *andere* Tatsachen deutlich herauszuarbeiten.«[12] Verschwindet die Geschichtlichkeit aus methodischen Gründen aus der Anthropologie, so eliminiert diese auch die Geschichte. Gehlen übernimmt von Pareto den Begriff der »kulturellen Kristallisation«, die Kozeption des »post-histoire« von Cournot und bezeichnet damit »denjenigen Zustand auf irgendeinem kulturellen Gebiet ... der eintritt, wenn die darin angelegten Möglichkeiten in ihren grundsätzlichen Beständen alle entwickelt sind«.[13] Er wagt 1961 die Voraussage, daß »die Ideengeschichte abgeschlossen ist, und daß wir im Posthistoire angekommen sind, so daß der Rat, den Gottfried Benn dem einzelnen gab, nämlich ›Rechne mit deinen Beständen‹ nunmehr der Menschheit als ganzer zu erteilen ist.«[14] Hendrik de Man hat behauptet, es handele sich beim »*post-histoire* nicht um die Lethargie einer Kultur, deren Lebenskraft erloschen ist, sondern um den Eintritt in eine Phase des Weltgeschehens, die überhaupt aus dem Rahmen der Geschichte herausfällt, weil die sonst historisch feststellbaren Zusammenhänge zwischen Ursachen und Wirkungen fehlen«.[15] Gehlen hat sich solchen Anschauungen, die wohl auch dazu dienten, die Nähe zu Theorien wie der Spenglers verblassen zu lassen, angeschlossen.

Hier liegt der Schlüssel zu der eigentlichen melancholischen Konzeption Gehlens. Anthropologie und Institutionenlehre beschreiben in gleichem Maße die konstitutionelle Depression des Menschen, wie sie die Mittel angeben, um ihr wieder abzuhelfen: Handlung und Arbeit. Mit der Auffassung vom post-histoire verschwindet aber in der Konzeption Gehlens die Zukunft. Gerade deren Fehlen und die Rückwendung auf die Vergangenheit sind wesentliche Zeichen des »melancholischen Klimas«. So ergibt sich als Paradox, daß Gehlen im Bereich der Anthropologie Möglichkeiten zum Abbau von Melancholie vermittelt, die sich im großen Rahmen seiner Geschichtsphilosophie, die Geschichte enden läßt, als grandiose Nutzlosigkeit erweisen: weil in einem Zustand des »post-histoire« wesentlich nichts mehr zu ändern, sondern nur mit dem bereits Bestehenden zu rechnen ist. Diese Erkenntnis aber ist privilegiert. Wer ihrer entbehrt, zeigt jene Haltung, die Gehlen mit Scheler Pleonexie nennt und von der es heißt:

»Das Wort Pleonexie bedeutet gleichzeitig Begehrlichkeit, Anmaßung und Herrschsucht. Dieses Wort kann sozialpsychologisch heutzutage schwer entbehrt werden. Man kann es zu einer Definition der Masse benutzen, zumal die schon standardisierte Bedeutung dieses Begriffs, die mit Vorstellungen von der ›Primitivperson‹ und ähnlichen arbeitet, schon längst unbefriedigend geworden ist. Gleichgültig, welche Bildung oder soziale Stellung der einzelne hat: zeigt er Pleonexie, so gehört er zur Masse, während umgekehrt jeder zur Elite zu zählen ist, der Selbstzucht, Selbstkontrolle, Distanz zu sich und irgendeine Vorstellung hat, wie man über sich hinauswächst.«[16]

Dagegen wäre einiges anzumerken. Nicht zuletzt, wie die hier geforderten Eigenschaften nur durch eine spezifische Erziehung in Familie und Schule vermittelt werden können und bereits Reflex der jeweiligen Position im Herrschaftssystem sind: Begehrlichkeit nicht zu zeigen, ist ein leichtes für den, der alles bereits hat. Aber darauf kommt es hier weniger an als auf den Entwurf eines Verhaltensideales, das eindeutig elitär ist und von der Konzeption des post-histoire geprägt. Das »Alles ist eitel« schwingt hier mit, und wer es nicht erkennt, mag eben weiter streben, Begehrlichkeit üben und damit seinen mediokren Rang dokumentieren. Hier ist ein würdiges konservatives Muster aufgedeckt. Bereits Nikolaus von Kues hat in seiner für das Basler Konzil von 1433 geschriebenen Abhandlung ›De Concordantia Catholica‹ den Staat mit einem Körper verglichen, den die

Melancholie am meisten schädigt: »Yet not only the expressions used, but the whole construction of Nicholas of Cusa's sentences, make it plain that the indolence of the phlegmatic, the contentiousness of the choleric and the ostentation and voluptuousness of the sanguine were in his view far less weighty matters than the ›pestilential‹ vices of the avaricious, thievish, usurious, pillaging melancholic with his ill-gotten gains, whose picture seems to have been drawn with the most lively repugnance.«[17] Das entspricht weitgehend der Pleonexie Gehlens, und wenn Klibansky, Panofsky und Saxl von der Temperamentenlehre als »in some respects one of the most conservative parts of modern culture« sprechen, so profitiert Gehlen von diesem konservativen Hintergrund: Beschreibungen wie die der in Pleonexie erstarrten Masse haben immer etwas von der Determination an sich, die auch in der Temperamentenlehre vorherrscht.

In diesen elitären Rahmen paßt sich auch Gehlens Beschreibung der Langeweile ein:

»Das Thema ist kein geringes. Schopenhauer sagte mit Recht, sie male zuletzt wahre Verzweiflung auf die Gesichter und sei eine Kalamität, gegen die öffentlich Vorkehrungen getroffen würden. Wahrscheinlich kann man den unfrohen Gesamtanstrich der außerhalb der Arbeitshast zum Zeitvertreib verurteilten Menschheit von heute, in der selbst die jungen Mädchen einen maulenden Stil pflegen, in den Zusammenhang dieser Erscheinungen rücken. Gegen Langeweile hilft jedenfalls auch nicht Bildung, die selbst langweilig wird, sondern hülfe nur *Realität*, nämlich Erlebnisse, die in sich Zusammenhang hätten und die man in sich ausreifen lassen und moralisch verdauen könnte.«[18]

Diese Auffassung der Langeweile ist durchaus aristokratisch, sie insistiert nämlich auf ihrem Abbau – wenn sie ihn auch für die meisten als unmöglich deklariert – und macht aus ihr kein Mittel sekundärer Elite-Gefühle, wie sie etwa Leopardi pflegte. Es ist jetzt an der Zeit, das »melancholische Klima« mit den Zusammenhängen in Verbindung zu bringen, auf die im Rahmen dieser Untersuchung immer wieder zurückgegriffen wurde. Zunächst sieht Gehlen die menschliche Konstitution als depressiv.

Ursprünglich geschieht der Abbau dieser »Ohnmacht« direkt durch die Obersten Führungssysteme, welche die anthropologisch bedingten Melancholie-Faktoren ausgleichen und menschliche Stabilität – das heißt aber Ordnung – erst ermöglichen. Dabei kommt der Phantasie als anti-resignativer Kraft eine besondere Bedeutung zu. In der späteren Konzeption wird der scharfe teleologische Zusammenhang aufgegeben; nun gewinnt die Kategorie der »sekundären objektiven Zweckmäßigkeit« an Bedeutung, und die Institutionen werden vom ideativen Bewußtsein geschaffen, dessen Funktion geradezu die institutionen-gründende ist. Spätestens von diesem Punkt an kann man Gehlen nicht als Pessimisten bezeichnen, wenn man den Pessimismus, wie es etwa Stenderhoff tat, mit dem Determinismus in Verbindung bringen will.[19] Denn die Kategorie der »sekundären objektiven Zweckmäßigkeit« bringt den Zufall ins System. Dem Fatalismus wird durch das ideative Bewußtsein vorgebeugt. Hier verbirgt sich ebenfalls die Eliten-Konzeption, will man nicht annehmen, daß es sich um so etwas wie den Nachfolger des »Volksgeistes« handelt. Aber auch der brauchte ja nicht zu wehen, wo er will, und könnte sich eben die Angehörigen der Elite als seine Träger wählen. Gehlen schneidet sich durch die Überzeugung, im post-histoire zu leben, die Möglichkeit ab, der anthropologisch melancholischen Verfassung des Wesens Mensch einen aufklärerischen Entwurf gegenüberzustellen. Die Vergangenheit erringt so das Übergewicht. Diese Anschauung und die Unmöglichkeit von Utopie bei fehlender Kategorie Zukunft passen mit dem Resignationsvorrat zusammen, der sich nach Gehlen ansammelt. Die stillstehende Geschichte erscheint als Abschluß eines melancholischen Trends, der in der Jetzt-Zeit gipfelt. Die Phantasie wird damit zu einer Kategorie, die nur noch bis zu den Institutionen »durchläuft«, dann aber am post-histoire auch nichts mehr zu ändern vermag.

In dieser Auffassung liegt die heroische Attitüde, die an Montmorency erinnert und ein wenig an Don Quijote, weil auch sie von einem Bürger praktiziert wird, der im stillen bedauert, kein Aristokrat zu *sein*, und sich deshalb wenigstens als solcher *fühlt*.

So gewinnt die Gehlensche Philosophie zumal nach der Entdeckung des post-histoire, das 1952 zum erstenmal genannt wird, aber bereits 1935 implizit vorhanden ist[20], jenes Air der Tragödie, das zur Aristokratie gehört – wie eben die Dramen Corneilles und Racines in der Bourgeoisie nicht denkbar sind, wenn sie von ihr überhaupt verstanden werden. 1934 schrieb Gehlen in seinem Beitrag über ›Die Struktur der Tragödie‹: »Reflektiertheit oder verlorene Unschuld einer ganzen Zeit, wie der Moderne, geben keinen Boden für Schicksale; es muß unmöglich sein, sich mit einer Entschuldigung aus dem tragischen Konflikt zurückzuziehen, und hier liegt die tiefe Harmonie der Voraussetzungen: der von objektiven und zwingenden Ordnungen, von der konkreten Sittlichkeit belebte Mensch ist immer selbst der Naive und Bewußtlose, während vom Reflektierenden sich die Mächte zurückziehen.«[21] Gehlen hat nun mit dem posthistoire die Möglichkeit entdeckt, die Moderne sich als tragödienwürdig erweisen zu lassen. In diese Vorstellung paßt ein Bild vom Menschen, in dem dieser sein Leben als Zuchtwesen führt, konsumiert in den Institutionen und einer diesseitigen Transzendenz hingegeben. Hier liegt freilich auch die Aporie des Versuchs, die tragische Haltung zu retten. Zu ihr gehört wesentlich die Naivität dessen, der handelt und sich mit gleicher Selbstverständlichkeit opfern läßt. Ganz ähnlich liegt das »Dilemma des Konservatismus« (Greiffenhagen), der nicht anders als reflektierend die Reflexion verdammen kann.[22] Mannheim hat konservatives, bürgerliches und proletarisches Denken nach ihrem Verhältnis zu den Modi der Zeit geschieden und ersteres mit dem Schwerpunkt in der Vergangenheit gesehen, welche die Gegenwart konstituiert. Er hat ferner auf das konservative Kreislaufdenken hingewiesen und betont, daß hier das historische Zeitbild etwas »imaginär Raumhaftes« bekomme – alles Syndrome, die aus der Geschichte der Melancholie bereits bekannt sind und das Bild vervollständigen. So entbehrt Gehlen der Naivität, die erst die rechte Würde verleiht, bereits dadurch, daß er von ihr spricht. Der Konservative, der schreibt, hat bereits reflektiert und befindet sich im konservativen Dilemma, derjenige, der die Reflexion verdammt, ist ihrer schon überführt, wenn er gegen sie polemisiert.

Ist Gehlens Klima der Melancholie aristokratisch geprägt – mit deutlichen antibourgeoisen Affekten in Äußerungen wie denen vom natürlichen Trieb zum Schlaraffenland, der unterdrückt werden müsse[23] –, so fehlen auch Affinitäten nicht, die an den Ursprung dieser Philosophie im Idealismus denken lassen. Sie sind da nachweisbar, wo Gehlen zugibt, mit dem »Abstraktum des einzelnen handelnden Menschen«[24] gearbeitet zu haben, und so enthüllt, daß seine Handlungstheorie weitgehend mit einer Vorstellung arbeitet, die den Sozius ausschließt und beinahe einsamkeitsorientiert ist. Noch offener wird es in »Urmensch und Spätkultur‹ ausgesprochen: »Für die Philosophie als einen im letzten Grunde einsamen Vorgang, ist die Institutionalisierung, etwa an Hochschulen, zufällig, ihr nicht wesenseigen. Der Philosoph mit seinen Reflexionen und Vorstellungen entgeht daher dem Idealismus schwer.«[25]

Hier klingt, wenn auch mit spürbarer Distanz, die Innerlichkeitsauffassung an, die mit der Melancholie des 18. Jahrhunderts in Deutschland entstand. Manchmal scheint es, als gestatte Gehlen der Philosophie und den Philosophen, was dem einzelnen Menschen als Handelndem untersagt bleiben muß: den Rückzug ins Innere. Das deuten die Schlußsätze von ›Urmensch und Spätkultur‹ an, die ein Bild der Philosophie in Heiterkeit und Freiheit nach antikem Muster entwerfen. Davon kündet die Klage um die heute verlorene stoische oder zynische Haltung, die dem Mißmut habe Platz machen müssen. Gehlens Plädoyer für die am antiken Vorbild orientierte Attitüde entfernt sich ebensowenig aus dem Bereich melancholischen Klimas wie seine anthropologischen Anschauungen. Die Trauer um die verlorene zynische Haltung ist von der Resignation nicht weit entfernt. Klaus Heinrich hat diesen Zusammenhang mit Schärfe ausgesprochen. Er hat die »Reduktion auf das Animalische« als eine Form der Resignation beschrieben. Wenn auch Gehlen gerade hierdurch kaum getroffen werden kann – eine andere These paßt besser, wenn man sich nur nachdrücklich klarmacht, welche folgenreiche Aussage mit der Annahme des post-histoire getroffen worden ist: »Erst das Einverständnis mit der Enttäuschung macht die Resignation zynisch.«[26] Gehlen erklärt sich nicht einverstanden, er sieht aber in der Erkenntnis des Geschichtsendes – die bereits zu eigenelitärer Einstufung berechtigt – und dem daraus erwachsenden Stoizismus oder Zynismus die wünschenswerte Haltung.

Zurückverfolgen läßt sich das »melancholische Klima« bis in Gehlens 1931 erschienene Habilitationsschrift ›Wirklicher und unwirklicher Geist. Eine philosophische Untersuchung in der Methode absoluter Phänomenologie‹. Sie gehört zu den wenigen Büchern, von denen sich ihr Verfasser distanziert hat: »Man würde heute der Denkart und dem Pathos nach dieses Buch wohl als ›existentialistisch‹ bezeichnen, obzwar der Verfasser sich selbst nicht so verstand. Jedenfalls räumte er diese Stellung sofort, als ihm klar wurde, wie leicht es war, sie zu beziehen und zu verteidigen: gegen die rückhaltlose Selbstdarstellung gibt es keine Argumente. Immerhin wurde ihm klar, er habe auch zu dem, was gerade als Existentialphilosophie im Entstehen war, die Brücken abzubrechen.«[27] Die Selbstinterpretation wird ihrer Tendenz nach von Kritikern des frühen Gehlen gestützt, die der Meinung sind, die Ingredienzien dieses philosophischen Denkens würden verschwinden, »als Gehlen sich der Begründung seiner gewissermaßen von unten aufbauenden Anthropologie zuwendet«[28]. Einer solchen Auffassung wird hier widersprochen. Der Widerspruch stützt sich dabei zunächst auf Gehlen selbst, der im Zusammenhang mit seinen Frühschriften auch von Renaissance gesprochen hat, »in dem richtigen Sinne des Wortes, der zugleich die Hoffnungslosigkeit des zuerst Erstrebten wie die Möglichkeit einer unerwarteten Fruchtbarkeit einschließt ...«[29] Diesem Argument, durch Zufall legitimiert, läßt sich ein weiteres zur Seite stellen. Dazu muß an die zitierte Ablehnung der Habilitationsschrift noch einmal erinnert werden. Zwar wurde das Buch – immer nach Gehlen – als existentialistisch verstanden, war es aber der verfasserischen Intention nach nicht; die einmal bezogene Position wurde nicht aufgegeben, weil sie sich als falsch oder zumindest unhaltbar erwiesen hätte, sondern weil sie zu leicht einzunehmen war und sich ohne Schwierigkeiten der Kritik entziehen konnte. Hier tritt der Heroismus in die Wissenschaft, und man kann die weitere Entwicklung Gehlens wohl auch als Versuch beschreiben, Vorposten zu beziehen und sich dem Feind zu stellen – ein Versuch, der gelungen ist.

Gehlen hat seine frühe Schrift an andrer Stelle »praxisbezogen« genannt und zum Pragmatismus in Beziehung gebracht[30] – auch das läßt der zitierten Ablehnung des eigenen Œuvre einen Hauch von Koketterie. »Wirklicher und unwirklicher Geist« ist nicht so eskamotiert, wie es der Verfasser verkündete – weder bei ihm selbst noch bei neueren Gehlen-Interpreten, die in die Schilderung der Institutionenlehre mit dem berühmten Satz aus der Habilitationsschrift eintreten, es sei unsere Zeit eine solche, »die das Mißtrauen gegen den Geist, unter welchen Ideen er sich auch bewege, zur Pflicht macht«[31] – der Geist von 1966 ist immer noch der von 1931. Die Betrachtung der Frühschrift bietet sich neben den zitierten Argumenten auch deshalb an, weil sie sich vordergründig mit Problemen beschäftigt, die in dieser Arbeit als zentral sich erwiesen: Schwermut und Langeweile. Letztere freilich wird in der Interpretation zurücktreten gegenüber dem ersten Phänomen, das sich ebenso als Melancholie beschreiben ließe.[32]

Gehlen stellt ganz allgemein zunächst einen Gegensatz von Sein und Schwermut dar: »Es ist also das Grundphänomen das rein zuständliche Innesein höherer oder geringerer *Realität*, in einem ganz allgemeinen und völlig untheoretischen Sinne. Die Gegenbestimmung des Zustandes des Seins ist der oben beschriebene der essentiellen Verirrtheit, der Schwermut und Vorläufigkeit« (24). Diese Auffassung wird spezifiziert: »Endlich: die Grade des Seins und die Grade des Glücks zu sein fallen zusammen. Die Schwermut ist das Anzeichen der inneren Unsicherheit und essentiellen Unruhe der niederen Seinsgrade« (26). Paradox muß berühren, daß Gehlen später schreibt: »Ich möchte mit aller Kraft den Gedanken fernhalten, daß hier Ontologie gemacht wird« (149). Im Hinblick auf die spätere »anthropologische Wendung« muß hier gefragt werden, wie sich der Mensch in solchen Situationen [33], da niedere Seinsgrade Schwermut bedeuten, verhält. Gehlen gibt zunächst eine Antwort, die sich erheblich von späteren Lösungsversuchen zu unterscheiden scheint. Er verweist auf die entscheidende Rolle des *Anderen*. »Der allein adäquate Gegenstand des Menschen ist der *Andere* und in den Beziehungen der Menschen untereinander realisiert sich das Sein in seinen wesentlichsten Formen« (30 f.). Der reziproke Bezug taucht hier als Gewinn höheren Seinsgrades, mithin als Mittel gegen Schwermut auf. Dem entspricht die »phänomenale Verlorenheit des Einzelnen« (37) und die dialektische Seite der Individuation: »Dies ist der Abgrund der Besinnung: ohne den Anderen wäre ich nichts und nicht, meine Handlungen gelten ihm und bringen mich dennoch zu mir, meine Eigenschaften sind nur im Sichäußern zu ihm ...« (37). Gehlen verfolgt diesen Ansatz aber nicht sehr weit. »Der Grund, warum die Menschen so wenig für einander tun, ist derselbe, warum sie so wenig aneinander denken: es ist ihnen die eigentliche Realität verschlossen. Diese, glaube ich, findet man heute nur noch in den elementarsten menschlichen Beziehungen: in der Familie, unter ein paar Vertrauen; hier ist der unermüdbare Ort unseres Lebens, hier erreichen wir uns« (31). Daraus entsteht nun aber keine Theorie, die etwa Familie als Vermittlungsinstanz beschreiben würde, sondern – Kulturkritik. Denn es spricht sich hier nur die »Neigung unseres tief erkrankten und unwirklichen Daseins – unserer ›Kultur‹ – (aus), im Ergreifen der grundsätzlichsten und einfachsten Realitäten sich selbst wiederzufinden ...« (31). Damit ist die Vermutung hinfällig, es könnten grundsätzlich die niederen Seinsgrade (die sich in bestimmten Situationen offenbaren) durch gesellschaftliche Instanzen aus ihrer »Schwermut« heraus in höhere überführt werden: in Zustände der Weltaffinität.

Dieser Versuch soll auf ganz andere Weise gelingen, und Gehlen schildert ihn im Kapitel »Über das Negative und das Aufgeben der Erkenntnis« (125–131). Angesichts des Negativen »ist nun der Ort der Selbstaufhebung des Bewußtseins« (126):

»Was uns dann noch trägt, ist allerdings nur die Überzeugung, daß die bisherige tiefe Logik unseres Lebens uns hierher geführt hat, und eine Art von Glauben an uns, ein Bedürfnis, das Steuer unseres Lebens einmal aus der Hand zu geben und dem Schicksal zu überlassen, das in der unscheinbaren Gestalt des Zufalls zu uns zu treten pflegt. Auch kommt alles darauf an, die Reflexion nicht ungebührlich aus Angst zu verzögern; das Glück, das im Negativen verborgen ist, wartet auf uns nur seine gewisse Zeit. Das Leben, um ganz es selber zu sein, muß das Negative aufsuchen und sich vor ihm bewähren, und damit der Geist immanent werde, muß er auf sich verzichtet haben.« (126)

In der Aufschlüsselung dieser Sätze, die in ihrer ontologischen Orientierung an Nicolai Hartmann, in ihrer »negativen Dialektik« formal an Hegel und in dem Pathos des Selbstriskierens an Kierkegaard (»Situation«, »Augenblick«, »Sprung«) erinnern, ließe sich bereits die Spätposition Gehlens nachweisen. Zunächst soll seine Haltung aber noch einmal kurz illustriert werden. »Hier wird also behauptet, daß das Negative ein positiver Inhalt der Realität überhaupt ist . . .« (131) – das ist der Grundgedanke, der verhindert, daß dem Phänomen der *wechselseitigen* Beziehungen von *Menschen* weiter nachgegangen wird, das ist auch die Bedingung einer Kulturkritik, die an dem Zustand der Kultur weniger das Negative tadelt als die ausgebildeten Möglichkeiten, damit ohne Mühe fertig zu werden; unsere Zeiten sind »gemeinschaftslos« (63), die Welt besteht aus »Agenten und Akquisiteuren, deren einziger Gegenstand das Geld ist« (66 f.) – deshalb »ist die Betrachtung eines primitiven Menschen ein Höhepunkt des Lebens; daher die Lust zu reisen, die nur in Großstädten gedeiht, als ein Wunsch, in einer wirklicheren (d. h. aber einer mit höheren, schwermuts*freieren* Seinsgraden! W. L.) Umgebung selbst zu sich zu kommen.« »Unser aller falsches Leben« (108), die »Effeminierung unseres Geistes« (187), der »Realitätsverlust, im intensiven Sinne von Realität, bei den heutigen Menschen, den als Degeneration und Untergang die Spatzen von den Dächern pfeifen, soweit sie dieselben noch erreichen können« (187), ist letztlich Folge von Fortschritt, Zivilisationsprodukt: »Das Ende der von Galilei angesichts der Inquisition begründeten Wissenschaft ist doch die Funkstunde« (105).

Die Überwindung des Negativen (der Schwermut, der niederen Seinsgrade) kann also nur geschehen, indem das Negative ertragen wird – woraus seine dialektische Position, die sekundär positive, resultiert. Aus dieser »prozessualen« Auffassung entsteht daher die Ansicht, es sei »diejenige Wissenchaft, die zuletzt unter der Idee des Seins reflektiert, als die höchste ... zur endlosen Enttäuschung verurteilt, weil das Sein extensiv unerreichbar bleibt und vor allem, weil Sein *kein empirischer Begriff ist*« (161) – für die Philosophie dagegen trifft diese Charakteristik nicht, denn in Anlehnung an Schopenhauer rettet sie sich aus der Enttäuschung, da sie das Wesen des Seienden nicht erkennen, sondern nur darstellen und im je Einzelnen sich erfahren lassen möchte. Daher rührt auch die Apodiktizität der Aussage, die absolute Phänomenologie folge aus der »Unmöglichkeit der Resignation in Seinsfragen« (188), daher der emphatische Ausruf, daß »in jedem Augenblick die Realität und mit ihr das Glück erreichbar ist« (194).

Der Gang der phänomenologischen Entwicklung von unwirklichem zu wirklichem Geist stellt sich nun folgendermaßen dar: der Mensch lebt ursprünglich in niederen Seinsgraden, in Schwermut, Einsamkeit und Verlassenheit – ein Motiv der Existentialphilosophie. Aus diesen Zuständen befreit er sich durch Entäußerung: er gibt sich dem Negativen hin und erfährt Glück in solchem Aufgeben – hier sind Motive vorweggenommen, die später Gehlens Ansicht von der »Geburt der Freiheit aus der Entfremdung« bestimmen werden. Aber hier zeigt sich auch die Differenz: das überwindende Moment der niederen Seinsgrade, das Movens der Entäußerung ist ursprünglich – wenn auch nur angedeutet – die Beziehung zum anderen, wesentlich aber der Entschluß des Aufgehens im Negativen, aus dem die Befreiung zum wirklichen Geist resultieren soll. Was fehlt, sind die Institutionen, die später das leisten werden, was hier der Wechselbeziehung und – stärker – dem »Zufall« zugeschrieben wird. Dieser verliert eigentlich nie seine Bedeutung: auch im Wirken des ideativen Bewußtseins und der Schöpferkraft der *idées directrices* ist er verborgen: Moment der Resignation wie des potentiellen Dezisionismus und eines kaum verhüllten elitären Anspruchs. Kulturkritik gibt es hier wie da, selbst die Pleonexie (›Die Seele im technischen Zeitalter‹) ist vorhanden, und die Zivilisationspolemik hat Gehlen nie verlassen.

Das bei Gehlen Überdauernde liegt wesentlich in der Grundverfassung des Menschen bzw. der menschlichen Situation. Ursprünglich wird sie als niederer Seinsgrad, d. h. unter anderem als Schwermut, verstanden. Sie könnte auch Melancholie genannt werden[34] – formal betrachtet unter dem Aspekt des Verlustes von Möglichkeiten (an »höherem« Sein). Später wird die Basis anthropologisch unterbaut: sie wurde als melancholische bereits beschrieben und entsteht aus der Verfassung eines instinktentbundenen »Mängelwesens«, das sich zu seiner Rettung zuletzt in den Institutionen konsumieren läßt. Obwohl Gehlen angibt, »ohne jede ontologische Hypothese« gearbeitet zu haben, muß seine frühe Position als ontologisch beschrieben werden, wie die späte zur metaphysischen erstarrt. Ontologie ist dabei nicht nur philosophisch zu verstehen, nämlich als Bemühen, »das Seiende als Seiendes, d. h. die dem Seienden als solchem zukommenden Prinzipien, Gesetzlichkeiten und Strukturen zu erforschen«[35], sondern als mit dem Seinsbegriff operierende Annahme von Aprioritäten überhaupt.[36] Die Melancholie der theoretischen Position verschiebt sich vom Sein auf die Psyche, aus dem Bereich der Ontologie hier in den der Metaphysik dort. Auf Abschaffung von Melancholie wird plädiert: zunächst durch ein dialektisches Prinzip, das im Ertragen von Negativität sich erweist, später durch die stabilisierende Kraft der Institutionen, die metaphysisch – durch die idée directrice – gegründet erscheinen.[37] Das dialektische Moment beider Auffassungen scheint es zunächst zu sein, die Antithesis – dort Negatives im Sein, hier Verunsicherung in der Psyche durch Offenheit – als positiv gegenüber dem Anspruch auf »Glück«, Sicherheit und Legitimation zu sehen. Die Stellung Gehlens ist aber weniger durch die dialektische Schätzung der negativen Momente zu charakterisieren als durch die – zumindest formal – immer gleichbleibende Verfestigungstendenz.

Schwermut als negatives Moment und niederer Seinsgrad wie die instabile Verfassung des Menschen sollen zwar überwunden bzw. stabilisiert werden – ihre Negativität ist aber erst Bedingung für die Würde, die sich im Aushalten der Situation und im Aufgehen in den Institutionen zeigt. Diese gewinnen ihre Geltung ja nur, weil sie eine stabilisierende Funktion erfüllen *müssen*. Ihnen ist das Ungenügen der Ausgangssituation wesentlich – ohne dieses gäbe es z. B. auch für die Institutionen keinen Anspruch auf Geltung, da ihnen ja keine Leistung abverlangt würde! Es ist also die *Veränderbarkeit* der Ausgangssituation Legitimationsmöglichkeit für die Institutionen – ihre »negative« *Konstanz* jedoch und die immer gleiche Notwendigkeit der stabilisierenden Instanz erst Legitimationsgarantie. Daher rührt das unbewegliche Klima der Melancholie, das auch Gehlens Anthropologie auszeichnet. Die Abschaffung der Geschichte paßt dazu wie die retrospektive Kulturkritik.

Die »melancholische« Position Arnold Gehlens wäre hier zu anderen Strömungen der philosophischen Gegenwartsauffassungen in Beziehung zu setzen. Der Standort Theodor W. Adornos bietet sich an – von der ›Dialektik der Aufklärung‹ bis zur ›Negativen Dialektik‹. In diesem Zusammenhang hätte bei größerem Raum auch ein Seitenblick auf Heidegger zu erfolgen – im Zusammenhang mit Adorno wohl am ehesten in Form sprachkritischer Analyse; im Zusammenhang mit Gehlen in einem Vergleich der ontologischen Sicherungsmechanismen: »Dieses Buch wurde geschrieben, ehe ich Heideggers Werk ›Sein und Zeit‹, das in mancher Beziehung ähnliche Gedanken durchführt, kennenlernte« (›Wirklicher und unwirklicher Geist‹, S. 84, Anm. 59).

Die ›Minima Moralia‹, welche er Horkheimer widmet, sind für Adorno Zeichen der »traurige(n) Wissenschaft« (S. 7, vgl. dazu das Ende dieser Arbeit!), sie schildern die »zeitgemäße Krankheit ... im Normalen« (69); der Dialektiker erscheint ihnen in der Nähe zum Narren (89), »Vernunft kann es nur in Verzweiflung und Überschwang aushalten« (266), es bleibt Rekurs auf Theologie: »Philosophie, wie sie im Angesicht der Verzweiflung einzig noch zu verantworten ist, wäre der Versuch, alle Dinge so zu betrachten, wie sie vom Standpunkt der Erlösung aus sich darstellten« (333).

Die später gestellte Frage ›Wozu noch Philosophie?‹ (1962) entnimmt ihre Antworten dem gleichen Bereich. Dem Zustand der Philosophie in »der Gesellschaft, den sie selber noch durchdringen sollte und nicht verleugnen, entspricht ihr eigener verzweifelter: die Notwendigkeit zu formulieren, was heute unter dem Titel des Absurden selbst schon wieder von der Maschinerie erfaßt ist.« (›Eingriffe. Neun kritische Modelle‹, Frankfurt am Main 1963, S. 14). Philosophie bleibt »als sei's auch machtloser Versuch des Gedankens, seiner selbst mächtig zu bleiben und angedrehte Mythologie wie blinzelnd resignierte Anpassung nach ihrem eigenen Maß des Unwahren zu überführen« (17 f.). Insgesamt kann von »der trostlosen Kette der Philosophien« (18) gesprochen werden, die wohl auch in »dem auf die Katastrophe zutreibenden Zustand der Welt«, in welchem es »für Kontemplation ... zu spät« scheint (23), nicht abreißen wird. Es bleibt »die ungeminderte Dauer von Leiden, Angst und Drohung« (24).

Dazu paßt Kulturkritik, die auf Subtilität plädiert, sie wider sich selbst kehrend wie gegen ihr Objekt: »Wird Kultur einmal als ganze akzeptiert, so ist ihr bereits das Ferment der eigenen Wahrheit entzogen, die Verneinung.« (Kulturkritik und Gesellschaft, in: ›Prismen‹, München 1963, S. 19.) In der Welt, die zum »Freiluftgefängnis« des Alles-Eins-Seins wird (25), bleibt der Gedanke.

Der elitäre Anspruch ist ebenfalls vorhanden, wenn auch dialektischer verklausuliert als bei Gehlen: »Im Augenblick, in dem eine Elite als solche sich weiß und erklärt, macht sie sich schon zum Gegenteil dessen, was sie zu sein beansprucht, und leitet aus Umständen, die ihr vielleicht manches an rationaler Einsicht gestatten, irrationale Herrschaft ab. Elite mag man in Gottes Namen(!) sein; niemals darf man als solche sich fühlen.« (Meinung Wahn Gesellschaft, in: ›Eingriffe‹, S. 165.) Hier wird die preußische Maxime des »Mehr sein als scheinen« in die Philosophie verpflanzt, als ob nicht gerade der Seins-Anspruch der Elite Anstoß zur Kritik böte. Die Nähe zu einer Haltung ist unübersehbar, die sich demaskiert, indem sie vor der uneingeschränkten Demonstration ihrer Privilegiertheit sich hütet – diese dadurch desto sicherer genießend. Die Zeiten sind zu subtil und die Herrschaftsverhältnisse zu fragil geworden, als daß »demonstrativer Müßiggang« (Veblen) sich noch lohnte.

In der ›Negativen Dialektik‹ (1966) kulminieren die bereits referierten Auffassungen. Ontologie wird nunmehr ironisch als »Inbegriff von Negativität« (126) verstanden. »Wollte man eine Ontologie entwerfen und dabei dem Grundsachverhalt folgen, dessen Wiederholung ihn zur Invariante macht, so wäre es das Grauen. Vollends eine Ontologie der Kultur hätte aufzunehmen, worin Kultur überhaupt mißlang« (a.a.O.). Die negative Dialektik, welche plant, sich von der Hegelischen zu emanzipieren, ist einer »Logik ... des Zerfalls« (146) verbunden, von welcher Adorno in einer »Notiz« angibt, die Idee zu ihr sei »die älteste seiner philosophischen Konzeptionen: noch aus seinen Studentenjahren« (407).

Das anthropologische Moment der Geist-Körper-Trennung aufnehmend, sagt Adorno an anderer Stelle: »Unglückliches Bewußtsein ist keine verblendete Eitelkeit des Geistes, sondern ihm inhärent, die einzige authentische Würde, die er in der Trennung vom Leib empfing« (201). Dialektik, die erzwungene Melancholie des Denkens als Moment von Glück reklamiert, wird an einer Passage deutlich, die eng mit der hier behandelten Thematik verwandt ist: »Der gängige, aus den Feuerbachthesen extrapolierte Einwand, das Glück des Geistes sei inmitten des ansteigenden Unglücks der explodierenden Bevölkerung der armen Länder, nach den geschehenen und bevorstehenden Katastrophen, unerlaubt, hat gegen sich nicht bloß, daß er meist aus der Impotenz eine Tugend macht. Wohl ist des Geistes nicht mehr recht zu genießen, weil Glück keines wäre, das die eigene Nichtigkeit, die erborgte Zeit, die ihm gegönnt ist, durchschauen müßte. Auch subjektiv ist es unterhöhlt, selbst wo es noch sich regt. Daß an Erkenntnis deren mögliche Beziehung auf verändernde Praxis zumindest temporär gelähmt ist, auch in sich kein Segen sei, dafür spricht vieles. Praxis wird aufgeschoben und kann nicht warten; daran krankt auch Theorie. Wer jedoch nichts tun kann, ohne daß es, auch wenn es das Bessere will, zum Schlechten auszuschlagen drohte, wird zum Denken verhalten; das ist seine Rechtfertigung und die des Glücks am Geiste« (240 f.).

Gewiß sind Differenzen, unüberbrückbare vielleicht, vorhanden: Dennoch wird die Nähe zur Auffassung des frühen Gehlen hier deutlich: sie liegt nicht nur im Glück, das aus dem Negativen abgezogen wird, sondern auch in einzelnen Aspekten wie dem »Aufgeben der Erkenntnis« (Gehlen). Fraglich erscheint der Vorbehalt gegen Anthropologie: »Die These arrivierter Anthropologie, der Mensch sei offen – selten fehlt ihr der hämische Seitenblick aufs Tier – ist leer; sie gaukelt ihre eigene Unbestimmtheit, ihr Fallissement, als Bestimmtes und Positives vor ... Daß nicht sich sagen läßt, was der Mensch sei, ist keine besonders erhabene Anthropologie, sondern ein Veto gegen jegliche« (128).

Verkannt wird hier, wie die Offenheitsthese keineswegs als »hämisch« gegenüber dem Tier, sondern mit neiderfülltem Blick auf dessen instinktgesicherte Legitimität konzipiert wird.

Die »große« Auseinandersetzung mit der Anthropologie hat Adorno nicht geliefert, diese Bemerkung erscheint bei ihm daher peripher; andere, wie Habermas, sind weitergegangen[38]. Nach der ›Negativen Dialektik‹ kann sich die Vermutung bestätigt fühlen, dieser weitergehenden Auseinandersetzung hätten elementare Affinitäten den Riegel vorgeschoben.

Zwar liegt Adorno ein so zentraler Gedanke wie der Gehlens vom Aufgehen in den Institutionen fern – »Das Unheil liegt in den Verhältnissen, welche die Menschen zur Ohnmacht und Apathie verdammen und doch von ihnen zu ändern wären; nicht primär in den Menschen und der Weise, wie die Verhältnisse ihnen erscheinen« (Adorno, op.cit., S. 189); zwar entfernt sich sein Standpunkt von der Ontologie Gehlens, welche Anthropologie stützen soll; fehlt dem Verdikt der handlungshemmenden Reflexion (Gehlen) bei Adorno der Widerpart – einig wissen sie sich im Wert des Negativen (formaler, als Bewegung des Denkens, bei diesem), in der Auffassung von den unveränderlichen Beständen der Welt, die Philosophie als Kritik nötig machen wie erst ermöglichen. Elite-Anspruch wird hier wie da angemeldet und die Sehnsucht nach dem Besseren tapfer unterdrückt: Melancholie erscheint als Atmosphäre, in der Kritik es sich gut sein läßt. Das behagliche »Hotel Abgrund«, von dem Georg Lukács boshaft gesprochen hat, bietet beiden Platz.

Wie Adorno es Kant gegenüber unternommen hat, kann sein Anspruch nach seinen Metaphern interpretiert werden: »Wer aber dem unerlaubten Glück des Geistes das buchstäbliche, sinnliche als Besseres kontrastiert, verkennt, daß, am Ende der geschichtlichen Sublimierung, das abgespaltene sinnliche Glück etwas ähnlich Regressives annimmt, wie das Verhältnis von Kindern zum Essen den Erwachsenen abstößt. Jenen darin nicht zu gleichen, ist ein Stück Freiheit« (241). Dialektik wird hier so subtil wie ohnmächtig gegenüber den Verhältnissen. Nicht mehr nach Sattheit und Hunger wird gefragt, sondern auf die Tischsitten derer geachtet, die sich ums Essen nicht zu sorgen brauchen.

Nicht allein die Melancholie Gehlens ist die der verhinderten Aristokratie im Leben und der Nobilität im Geiste. Der elitäre

Anspruch und das Pathos des Besonderen kombinieren sich mit der Retrospektion in die Vergangenheit und jener Würde, die ihren Glanz aus der Hingabe und der Aufopferung bezieht. Demgegenüber ist nach dem bisher über Melancholie Gesagten der bloß historische Standpunkt der behaupteten Invarianten zu zeigen. Zu fragen wäre, ob Melancholie tatsächlich ein Anthropologicum darstellt und nicht vielmehr die Bedingung für *eine* handlungsorientierte Anthropologie und *eine* Geschichtsphilosophie bildet, die nicht anders harmonieren können als in der Annahme von der Schwermut »im Grunde« und der daraus erwachsenden Chance, sie zur vorgeblich selbst gewollten Haltung emporzustilisieren. Es scheint die mit einem so grundsätzlichen Anspruch auftretende Philosophie Arnold Gehlens zu enthalten, was als Ingredienz der Melancholie geschildert wurde. Das spricht sowohl für eine besondere Atmosphäre der Gehlenschen Anthropologie wie für einen potentiell größeren Anwendungsbereich des Melancholie-Begriffs – abgelöst vom gehüteten Metapherschatz bürgerlichen Geistes.

In der Einleitung zu seinen ›Studien zur Anthropologie und Soziologie‹ schreibt Arnold Gehlen: »Der Leser wird die heute so penetranten Appelle, Schwungradvorstellungen, Pädagogismen und Utopien (!) hier nicht finden, der Verfasser möchte nicht gern zu den von Luther (Scholien der Vorlesungen über den Römerbrief) gerügten Weisen gehören, die aus den trauernden Dingen eine angenehme Wissenschaft schöpfen.« Dieses Bekenntnis kann Gehlen nicht für sich reservieren; in ihm drückt sich ein Verhältnis zur Wirklichkeit aus, das mit dem naiven Optimismus der Aufklärung auch den aufklärerischen Impuls zur Besserung der Zustände verloren hat. Wo dieser fehlt, oder an seine Möglichkeit nicht mehr geglaubt wird, wirken sich die Konsequenzen über den Rahmen der Wissenschaft hinaus ins Politische aus. Dieser Heroismus des Stillstands aber weiß die »trauernden Dinge« auf seiner Seite. So gedeiht im Klima der Melancholie die traurige Wissenschaft.

Anmerkungen

Zitate sind im Text und in den Anmerkungen teils im Original, teils übersetzt wiedergegeben. Wenn nicht anders nachgewiesen, handelt es sich dabei um eigene Übersetzungen.

II Ordnung und Melancholie

1 Merton, Robert King: *Social Theory and Social Structure*, Glencoe, 9. Auflage 1964, S. 131–194.

2 Wird hier vom »System« Mertons gesprochen, so ist damit nicht mehr gemeint als der allgemeine Bezugsrahmen, in welchem der Melancholie-Begriff erscheint. Daß auf diesen Bezugsrahmen (frame of reference), der einer Theorie mittlerer Reichweite (theory of the middle range) korrespondieren soll, ein System-Begriff wirkt, ist erst später zu zeigen.

3 Ähnlich reflektiert Dahrendorfs »Un-Gesellschaft« die Abwesenheit von Handeln überhaupt. Gepaßt hätte auch der Begriff »resignatives Verhalten«, wenn er nicht innerhalb dieser Arbeit schon in einem anderen Rahmen verwendet würde. Mit Hartmann »retreatism« als »Weltflucht« zu übersetzen, erscheint bestechend, besonders wenn man sich der Problematik des »Weltverlustes« nähert. Aber einmal wird hier nicht nur »Welt« verloren (vgl. Freud zur Melancholie), zum anderen ist der Terminus »Flucht« immer noch zu »aktiv«. Er paßt allerdings, wenn man darunter eine Art *Fluchtzwang* versteht, der von außen erzwungen wird. Vgl. Hartmann, H.: Stand und Entwicklung der amerikanischen Soziologie, in: *Moderne amerikanische Soziologie, Neuere Beiträge zur soziologischen Theorie*, Stuttgart 1967, S. 35.

4 Dahrendorf, Ralf: *Gesellschaft und Demokratie in Deutschland*, München 1965, S. 303. Der Begriff bezieht sich hier speziell auf die deutsche Gesellschaft nach Wilhelm II.

5 Merton, R. K.: op.cit., S. 176 ff.

6 Smith Blau, Zena: *Old Age: A Study of Change in Status*, Unpublished doctoral dissertation in sociology, Columbia University 1956. Die hier von Merton nachgezeichnete Form des »retreatism« entspricht der Involutionsmelancholie, die soziologischer Analyse schon deshalb zugänglicher erscheinen muß, weil in ihr der exogene, auslösende Fak-

tor weitaus häufiger ist als in allen anderen Spielarten des depressiven Verhaltens. Siehe dazu Hoff, Hans: Das veränderte Erscheinungsbild der Melancholie, in: *Wiener Klinische Wochenschrift*, LXVIII (1956), H. 38/39, S. 730 ff. Hoff liefert aber auch einen Grund für die Schwierigkeit des soziologischen Zugangs auf diesem Gebiet, wenn er schreibt, daß die Melancholie heute in Krankheitsbildern auftrete, »die im Vergleich zu den klassischen Formen weniger klar und dem Leben anscheinend besser angepaßt sind«. A-kulturelle und a-soziale Verhaltensmechanismen entziehen sich so der Analyse durch die Ausbildung außer-kultureller und außer-gesellschaftlicher Selbstverständlichkeiten!

7 Soziologisch orientierte Versuche in dieser Richtung sind alt; ein gutes Beispiel – auch für den naiven, aber zu jener Zeit kaum anders möglichen statistischen »approach« – gibt Ludwig Stern: *Kulturkreis und Form der geistigen Erkrankung*, Halle a. d. Saale 1913. Stern glaubt eine schichtenspezifische Verteilung der Melancholie nachweisen zu können (bei Unterschichten häufiger als bei Oberschichten; bei Landbewohnern stärker als bei Städtern) und stellt einen »psychopathologischen Index der Kultur« auf, der sich durch den mit 100 multiplizierten Quotienten aus funktionellen und organischen Psychosen ergibt. Der Minimaleffekt solcher Bemühungen ist offensichtlich, vor allen Dingen, wenn der Maßstab der »Stärke der pathologischen Einwirkung der Kultur auf die Psyche« die »Höhe der Kultur« widerspiegeln soll (op.cit., S. 59). 1961 heißt es immer noch: »We may well begin with the fact that the depressive syndrome, as we see it every day in practice, in spite of its variety, shows no definite characteristics attributable to linguistic groups, ethnic groups, nations, races, religious, political or ideological affiliations or social status.« Bochnik, H. J.: The Methodological Problem Involved in the Delimitation of Depressive Syndromes in European Psychiatry, in: *Depression. Proceedings of the Scandinavian Symposium on Depression*, Kopenhagen 1961, S. 210.

Auch soziologisch orientierte Klassifikationsversuche auf breitester Basis, wie sie etwa F. Müller-Lyer in seiner *Soziologie der Leiden*, München 1920, geliefert hat, bieten relativ wenig Einsicht.

8 Merton: op.cit., S. 189.

9 Janet, Pierre: The Fear of Action, in: *The Journal of Abnormal Psychology and Social Psychology*, XVI (1921/22), S. 150 ff., ders.: Fear of Action as an Essential Element in the Sentiment of Melancholia, in: Reymert, Martin L. (Hrsg.): *Feelings and Emotions*, Worcester (Mass.) 1928, S. 297 ff.

10 Claessens, Dieter: Rationalität revidiert, in: *Kölner Zeitschrift für Soziologie und Sozialpsychologie*, XVII (1965), S. 474.

11 Merton: op.cit., S. 183.

12 Vgl. Panofsky, Erwin und Fritz Saxl: *Dürers ›Melencolia I‹. Eine quellen- und typengeschichtliche Untersuchung*, Leipzig–Berlin 1923, S. 30 ff.

13 Vgl. Voegelin, Eric: Was ist politische Realität?, in: *Politische Vierteljahresschrift* VII (1966), H. 1, S. 2 ff.

14 Art. »Anomy«, in: *The Oxford English Dictionary*, Vol. I, Oxford 1933.

15 Merton: op.cit., S. 162.

16 Cohen, Albert K.: The Sociology of the Deviant Act: Anomie Theory and Beyond, in: *American Sociological Review* XXX (1965), H. 1, S. 6.

17 MacIver, R. M.: *The Ramparts we guard*, New York, 3. Aufl. 1952, S. 77, 85, 87.

18 Rose, Gordon: Anomie and Deviation. A Conceptual Framework for Empirical Studies, in: *The British Journal of Sociology* XVII (1966), H. 1, S. 31.

19 Gigon, Cordula: *Byron in seinen Briefen und Tagebüchern*, Zürich und Stuttgart 1963, S. 50. Paul Jordan-Smith stellt seiner *Bibliographia Burtoniana*, Stanford (California) 1931, als Widmung Mortimer Clapps pathetischen Satz: »The *Anatomy of Melancholy* is the Notre Dame of literature« voran. (*Scribner's Magazine*, LXXXVII, S. 221.)

20 Engels, Friedrich: Brief an William Lamplugh in London vom 10. Januar 1894, zit. nach Karl Marx–Friedrich Engels: *Über Kunst und Literatur*, 1. Bd., Berlin (Dietz) 1967, S. 404/405.

21 Nicolson, Harold: *Reise nach Java*, München o. J., S. 25 (Original: London 1957).

22 Jens, Walter: *Herr Meister, Dialog über einen Roman*, München 1963, S. 114. Die Liste der von Burton Beeinflußten oder Beeindruckten ließe sich beliebig erweitern: es gehören dazu außer den bereits Erwähnten sicher Coleridge, Southey, Keats, Thackeray. Vgl. Bensly, Edward: Robert Burton, John Barclay and John Owen, in: *The Cambridge History of English Literature*, ed. Ward-Waller, Vol. IV, Cambridge 1950, S. 242 ff.

23 Klibansky, Raymond, Erwin Panofsky und Fritz Saxl: *Saturn and Melancholy. Studies in the History of Natural Philosophy, Religion and Art*, London 1964, S. 134, Anm. 19.

24 Mesnard, Pierre: Robert Burton, Théoricien et Clinicien de l'Hu-

meur mélancolique, in: *La Vie Médicale*, No. Spécial (Humeur et Angoisse), Weihnachten 1962, S. 69–74, hier: S. 69. Bei den Angaben zur Person vgl. besonders: Simon, Jean Robert: *Robert Burton (1577 –1640) et l'Anatomie de la Mélancolie*, Etudes Anglaises XIX, Paris 1964, S. 11 ff.: Esquisse d'une biographie. Zur Bibliographie vor allem: Jordan–Smith, Paul: *Bibliographia Burtoniana*, op.cit.

25   Wilson, Frank Percy: *Seventeenth Century Prose*, Five Lectures, Berkeley–Los Angeles 1960, S. 30.

26   Vgl. dazu Patrick, J. Max: Robert Burton's Utopianism, in: *Philological Quarterly* XXVII (1948), S. 345 ff.

27   Simon, Jean Robert: op.cit., S. 416, Anm. 111.

28   Mesnard, Pierre: op.cit., S. 77.

29   Patrick, J. Max: op.cit., S. 346.

30   Patrick nimmt sich vor, »to determine its literary and sociological importance«, op.cit., S. 346.

31   Mueller, W. R.: *The Anatomy of Robert Burton's England*, Berkeley and Los Angeles 1952, S. 35. Hier zitiert nach Simon, op.cit., S. 412, Anm. 97.

32   Vgl. dazu Jordan–Smith, Paul: op.cit., S. 23. Melanchthon hatte ebenfalls Demokrit in seine Melancholie-Schilderung übernommen. Dazu Klibansky–Panofsky–Saxl: op.cit., S. 89 f.

33   Das Pseudonym knüpft an eine von Hippokrates berichtete Episode an. Demokrit lachte über das Leben seiner Mitbürger in Abdera und ironisierte sie derart (he was so far carried with this ironical passion), daß diese ihn für verrückt hielten und zu Hippokrates schickten, um ihn zu heilen. Dieser fand ihn »in his garden in the suburbs all alone, *sitting upon a stone under a plane tree, without hose or shoes, with a book on his knees, cutting up several beasts, and busy at his study*«. Als Hippokrates ihn fragt, was er tue, erwidert Demokrit, er schneide Tiere auf, um die Ursachen von Verrücktheit und Melancholie zu finden. Vgl. Burton, Robert: *The Anatomy of Melancholy*; in drei Bänden herausgegeben von A. R. Shilleto, London 1903, I. Band, S. 48. Der Text dieser Ausgabe, nach der hier und fortlaufend zitiert wird, stützt sich auf die 6. Auflage des Jahres 1651/1652.

34   Burton, Robert: op.cit., S. 17.

35   Burton: op.cit., S. 87, 90.

36   Panofsky, Erwin und Fritz Saxl: *Dürers »Melencolia I«*, op.cit., S. 14.

37   Flashar, Hellmut: *Melancholie und Melancholiker in den medizinischen Theorien der Antike*, Berlin 1966, S. 21 und passim.

38 op.cit., S. 43.

39 Aristoteles: *Problemata Physica*, übersetzt und kommentiert von Hellmut Flashar, Darmstadt 1962, S. 309, Anm. 2. Später hat Flashar den Nachweis versucht, daß die zitierte Passage der *Problemata* XXX, 1 mit Aristoteles' Nachfolger Theophrast in Verbindung gebracht werden muß, dessen Schrift über die Melancholie verloren ist, op.cit., S. 322 und S. 335. Dazu auch Flashar, H.: *Melancholie und Melancholiker in den medizinischen Theorien der Antike,* op.cit., S. 61. Die Wirkung dieser nach Flashar also pseudoaristotelischen Formulierung ergab sich vor allem mit ihrer Verbreitung durch Cicero und Seneca.

40 Tellenbach, Hubert: *Melancholie. Zur Problemgeschichte, Typologie, Pathogenese und Klinik,* Berlin–Göttingen–Heidelberg 1961.

41 Panofsky–Saxl: op.cit., S. 29 f. Sie nennen – und darin ist die weitere Entwicklung schon miteinbezogen – die eine Richtung negativ-gnostisch, die andere positiv-neuplatonisch. Dazu auch Klibansky–Panofsky–Saxl: op.cit., S. 42 f. und S. 217 ff. Vgl. auch diese Arbeit, S. 218 ff.

42 Mesnard, Pierre: op.cit., S. 78.

43 »And who is not a fool? Who is free from melancholy? Who is not touched more or less in habit and disposition?« Burton, Robert: op.cit., S. 39. Diese Argumentation ist für Burton typisch. So heißt es über die Gefangenen: »They lie nastily amongst toads and frogs in a dark dungeon ... They live solitary, alone, sequested from all company but heart-eating melancholy ...« (op.cit., S. 398) – aber später wird dieses mitleiderregende Bild wieder entschärft und damit affirmativ: »What I have said of servitude, I say again of imprisonment. We are all prisoners. What's our life but a prison?« (op.cit., II. Band, S. 200).

44 op.cit., S. 87.

45 Burton, Robert: op.cit., S. 91. Burton bezieht sich nicht direkt auf die aristotelische Verbindung von Genie- und Melancholieproblematik; die Erwähnung des Erziehers am mazedonischen Königshof – der ja Aristoteles unter Amyntas von Mazedonien als Erzieher Philipps wurde – spricht aber für einen solchen gedachten Bezug.

46 »Hardly another thinking man of his time can have been so little concerned or affected by its political or religious controversies.« Allen, J. W.: *English Political Thought*, London 1938, 1. Band, S. 88, zitiert nach Simon, Jean Robert: op.cit., S. 104, Anm. 1.

47 Simon: op.cit., S. 110.

48 Patrick, J. Max: op.cit., S. 357.

49 Mueller, W. R.: *The Anatomy of Robert Burton's England*, op.cit., S. 45. Zit. nach Simon, Jean Robert: op.cit., S. 413, Anm. 100. Zur Realitätsnähe der Burtonschen Utopie vgl. auch Bush, Douglas: *English Literature in the Earlier Seventeenth Century 1600–1660*. The Oxford History of English Literature, Vol. V, Oxford, 2. Aufl. 1962, S. 297.

50 Burton: op.cit., S. 109. Wie erwähnt, soll hier keine Reduktion in Art einer biographischen »Wissens-Psychologie« geboten werden – dennoch mag an dieser Stelle Simons Hinweis erwähnt werden, daß Burton »fils cadet d'une famille qui se considérait comme patricienne quoique non titrée« war. Simon, Jean Robert: op.cit., S. 389.

51 Simon: op.cit., S. 389.

52 Burton: op.cit., S. 114.

53 op.cit., S. 92.

54 »An eager interest in human character and activity consorted with something that is hard to distinguish from pedantry ... a great medical treatise, orderly in arrangement, serious in purpose.« (W. Osler) Bensly: op.cit., S. 242, 245.

55 »Physical, mental and social causes of melancholy are carefully classified ...« Jordan–Smith: op.cit., S. 6.

56 Patrick: op.cit., S. 356.

57 Simon: op.cit., S. 410.

58 Wilson: op.cit., S. 37.

59 Simon: op.cit., S. 400.

60 Foriers, Paul: Les Utopies et le Droit, in: *Les Utopies à la Renaissance*, Bruxelles–Paris 1963, S. 231 ff., hier: S. 233. »Gesetze haben sie sehr wenige; denn dank ihrer sonstigen Einrichtungen genügt ihnen eine Mindestzahl ... Ferner lehnen sie grundsätzlich sämtliche Rechtsanwälte ab ...« Morus, Thomas: Utopia, in: Heinisch, Klaus J. (Hrsg.): *Der utopische Staat*, Hamburg 1960, S. 85.

61 Crucé, Emeric: *Le Nouveau Cynée ou Discours d'Estat représentant les occasions et moyens d'establir une paix générale, et la liberté du commerce par tout le monde*, (1623), S. 166 und S. 167, zit. nach Foriers, Paul, op.cit., S. 240.

62 Alkmäon von Kroton, vgl. dazu Klibansky–Panofsky–Saxl: op. cit., S. 5 ff.

63 Hier ist zu erwähnen, daß die Namen der Temperamente »erst in der ersten Hälfte des 12. Jh. belegt sind, und zwar in einer Schrift mit dem Titel *De Philosophia Mundi*, die in der Patrologia Latina (172, 39 ff. *Migne*) unter den Werken des *Honorius von Autun* steht,

als deren Verfasser aber in den Handschriften zwei weitere Namen angegeben werden, darunter *Wilhelm von Conches,* von dem die Schrift in Wirklichkeit stammt.« Flashar, Hellmut: *Melancholie und Melancholiker in den medizinischen Theorien der Antike,* op.cit., S. 115. Vgl. auch Panofsky–Saxl: op.cit., S. 15.

64 Panofsky–Saxl: op.cit., passim. In der christlichen Kosmologie werden beide Elemente verbunden; die Namen der vier Temperamente erscheinen als »Defiziensformen *(quia corrumpitur natura)*«; Flashar, H.: op.cit.

65 Das gilt – wie alle Aussagen über Burtons Werk – explizit für die utopische Vorrede: die *Anatomy* enthält beide Ebenen, die »physiologische« wie die »kosmologische«.

Gegen die mikrologische Einengung des mittelalterlichen, medizinischen Melancholie-Begriffs hat Paracelsus polemisiert: »aus was element kompt die krankheit? aus dem feur, nicht cholera; aus dem ertreich, nicht melancholia; ... so reimpt es sich, und nit sagen, das ist melancholicum, dieweil weder himel noch erden von der melancholei weiß ... aus den generatis, procreatis und filiis und filiabus der elementen soltu den physicum corpus in seinen krankheiten erkennen, discernieren und judiciren ...«; Paracelsus (Theophrast von Hohenheim): Labyrinthus Medicorum Errantium (Vom Irrgang der Ärzte) 1537/38, in: *Sämtliche Werke,* Herausgegeben von Karl Sudhoff, 11. Band, München–Berlin 1928, S. 180. Andererseits vermittelt Paracelsus auch zwischen mikro- und makrologischen Auffassungen. Vgl. op.cit., S. 195.

66 Wilson, Frank Percy: op.cit., S. 29.

67 Babb, Lawrence: *The Elizabethan Malady. A Study of Melancholia in English Literature from 1580 to 1642,* Michigan State College Press 1951, S. vii.

68 Allen, Don Cameron: The Degeneration of Man and Renaissance Pessimism, in: *Studies in Philology* XXXV (1938), S. 202 ff.

69 *Nouvelle Biographie Générale,* Paris 1840, 1. Band.

70 Allen: op.cit., S. 206.

71 Elias, Norbert: *Über den Prozeß der Zivilisation. Soziogenetische und psychogenetische Untersuchungen,* Basel 1939, 2 Bde. Hier vor allem der 2. Band: ›Wandlungen der Gesellschaft. Entwurf zu einer Theorie der Zivilisation‹. Das Wort instabil spiegelt die Verfassung einer in Wandlung befindlichen Gesellschaft. Für die hier behandelte Thematik ist Elias' Nachweis der korrespondierenden Sozio- und Psychogenese, der Beziehung von menschlichem »Affekthaushalt« zur geltenden Sozialverfassung von besonderer Wichtigkeit. Es wurde ja

bereits angedeutet, wie im Melancholie-Begriff Burtons kosmologischer und physiologischer Ansatz verschmelzen und die Melancholie so als geeignet zur Deskription menschlicher Psyche *und* Gesellschaft erscheinen lassen.

72 Williams, Arnold: A Note on Pessimism in the Renaissance, in: *Studies in Philology* XXXVI (1939), S. 243 ff.

73 Bush, Douglas: op.cit., S. 296.

74 Glockner, Hermann: *Die europäische Philosophie von den Anfängen bis zur Gegenwart*, Stuttgart, 2. Aufl. 1960, S. 396, 457.

75 Plessner, Helmuth: Die Emanzipation der Macht, in: *Merkur* XVI (1962), H. 176, S. 907 und 910.

76 Duveau, Georges: *Sociologie de l'Utopie et autres ›Essais‹*, Paris 1961, S. 189 (»Fragments«). Auf die grundlegende Verbindung von Melancholie und Utopie weist Judith Shklar hin: »its esthetic and intellectual tension arises precisely from the melancholy contrast between what might be and what will be«. Shklar, Judith: The Political Theory of Utopia: From Melancholy to Nostalgia, in: *Daedalus, The Journal of the American Academy of Arts and Sciences*, Spring 1965, S. 367. Vgl. auch a.a.O., S. 372. Klibansky–Panofsky–Saxl zeigen, wie in der antiken Komödie Kronos – das griechische Pendant zum römischen Saturn, von dessen Verbindung zur Melancholie ja bereits gesprochen wurde – als »lord of Utopia« erscheint. op.cit., S. 134.

77 Dermenghem, Emile: *Thomas Morus et les utopistes de la Renaissance*, Paris 1927, S. 34.

78 Die Bewohner von Burtons Utopia sollen alle zur Heirat eher ermuntert als daran gehindert werden, »except they be dismembered, or grievously deformed, infirm, or visited with some enormous hereditary disease in body or mind; in such cases, upon a great pain or mulct, man or woman shall not marry, other order shall be taken for them to their content«. Burton, Robert: op.cit., S. 120.

79 Vgl. Mühlmann, Wilhelm E.: Der revolutionäre Umbruch, in: *Rassen, Ethnien, Kulturen*, Neuwied und Berlin 1964, S. 321 ff. und ders.: *Chiliasmus und Nativismus. Studien zur Psychologie, Soziologie und historischen Kasuistik der Umsturzbewegungen*, Berlin, 2. Aufl. 1964.
Die oben angeführte Scheidung der Utopien liegt nahe. Denkt man an Schelers »Typologie der klassenbedingten Denkarten«, in welcher optimistische Zukunftsansicht und pessimistische Retrospektion der Unterklasse, pessimistische Zukunftsaussicht und optimistische Retro-

spektion der Oberklasse zugeschrieben werden, so läßt sich folgern
– ohne Schelers zu globale Dichotomie zu akzeptieren –, daß »Utopien
der Oberklasse« nur reaktionär sein können. Vgl. Scheler, Max: *Die
Wissensformen und die Gesellschaft*, Bern und München, 2. Aufl. 1960,
S. 170 ff.

80 »Jeune homme doit bien être gai et mener joyeuse vie. Il ne con-
vient pas à jeune homme qu'il soit morne et pensif.« Elias, Norbert:
op.cit., I. Band, S. 272. Elias zitiert Dupin, H.: *La courtoisie an (!)
moyen âge*, Paris 1931, S. 77. Zur Verknüpfung der Formel »morne
et pensive« mit der Melancholie-Tradition vgl. Klibansky–Panofsky–
Saxl: op.cit., S. 222.

1881 lautet Maupassants Rat an einen jungen Mann, der in den diplo-
matischen Dienst gehen will: »Etre beau garçon; avoir l'habitude des
salons, savoir causer avec les femmes et les séduire ... C'est l'art
d'être homme ou femme du monde, de savoir tout dire avec intérêt,
de ne jamais être ennuyeux et de fuir surtout le monologue ...« Nach
Rièse, Laure: *Les Salons Littéraires Parisiens du Second Empire à nos
jours*, Toulouse 1962, S. 11.

81 Elias, Norbert: op.cit., I. Band, S. 277. In der Schlußwendung
erscheint gleichsam eine schichtspezifische Melancholie-Erlaubnis, die
den Klerikern, weil von »Beruf« weltabgewandter, gestattet war. Dieses Phänomen der Verbindung von Melancholie und einem dafür prä-
destinierten Personenkreis wird noch mehrfach zu behandeln sein;
angeschnitten wurde es ja schon durch den Hinweis auf die Genie-
Frage in den aristotelischen *Problemata Physica*.

82 Campanella, Tommaso: *Sonnenstaat*, in: Heinisch, Klaus J.: op.cit.,
S. 111 ff., hier: S. 131. Im Hinweis auf die verkehrte Ordnung taucht
das Mythologem der verkehrten Welt auf. Hierzu Mühlmann, op.cit.

83 Campanella, op.cit., S. 152. Zu diesem Thema vgl. Popper, Karl R.:
Utopia and Violence, in: *Conjectures and Refutations*, London, 2. Aufl.,
1965, S. 355 ff.

84 op.cit., S. 124, 147. Der letzte Satz dieser Passage erscheint als
Einschiebsel utopischer Beliebigkeit, als Teil jenes Sammelsuriums, das
im System der Utopie sich nur zu gut mit der Ordnungsrigorosität verbindet. Tatsächlich handelt es sich hier um eine jener in der Geschichte
der Melancholie häufig auftretenden Stellen, an denen die Spekulation
richtig erahnte, was die exakte Wissenschaft erst später erfuhr. So deutet
sich hier die für den Melancholie-Komplex bedeutsame Oralsinn-Stö-
rung an, von der Tellenbach berichtet hat: »In seinem Schlecht-Riechen
weiß sich der Melancholische von der Mitwelt ausgeschlossen.« (Tellen-

bach, Hubert: Zur Klinik der Oralsinn-Störungen in endogenen Psychosen, in: *Jahrbuch für Psychologie, Psychotherapie und medizinische Anthropologie* XIII [1965], H. 3/4, S. 189 ff., hier: S. 193). Campanella hat diese Verbindung sicher der Mythologie entlehnt; bei Vettius Valens wird schon der »Melancholiker schlechter Geruch« erwähnt, und in Rom existiert der »Saturnus Stercutius« oder »Sterculius«, der Gott des Düngers. Vgl. dazu Klibansky–Panofsky–Saxl: op.cit., S. 146 und S. 147, Anm. 66. Enzensberger argumentiert also innerhalb einer langen Tradition, wenn er von den Todsünden die Trägheit (acedia!) mit dem Schmutz in Verbindung bringt. Enzensberger, Christian: *Größerer Versuch über den Schmutz,* München 1968, S. 62.

85 Campanella, op.cit., S. 130 und S. 135.

86 Zit. nach Lafargue, Paul: Thomas Campanella, in: *Vorläufer des neueren Sozialismus,* Bd. III: *Die beiden ersten großen Utopisten,* Stuttgart–Berlin 1921, S. 117. Weit verbreitet erscheint die Zuschreibung von schwarzer Farbe und melancholischer »Komplexion« besonders in den Volkskalendern des 15. und 16. Jahrhunderts, vgl. dazu Klibansky–Panofsky–Saxl: op.cit., S. 118.

87 Krysmanski, H. J.: *Die utopische Methode,* Köln–Opladen 1963, S. 3.

88 Höhne, Heinz: Der Orden unter dem Totenkopf. Die Geschichte der SS, XIV. Fortsetzung, in: *Der Spiegel* XXI (1967), Nr. 4, S. 55. Es handelt sich um die Auseinandersetzung Himmlers mit Otto Ohlendorf, dessen ›Meldungen aus dem Reich‹ einem kleinen Personenkreis die wahre Stimmung im Nazi-Deutschland vermitteln sollten; sie wurden 1944 verboten.

89 Halle a. d. Saale (Otto Hendel) o. J. Fortan mit Seitenzahlen in Klammern zitiert.

90 Baumgarth, Christa: *Geschichte des Futurismus,* Reinbek bei Hamburg 1966, S. 23, 9.

91 op.cit., S. 26/27. Die Futuristen nahmen die sich im Ersten Weltkrieg bietende Gelegenheit wahr, dieses theoretische Programm in die Tat umzusetzen: »Als Italien am 24. Mai 1915 in den Krieg eintrat, meldeten sich die Futuristen freiwillig zu einem Radfahrbataillon und erhielten im Oktober ihre Feuertaufe.« op.cit., S. 108.

92 In einem Interview mit der Pariser Zeitschrift *Comoedia,* vgl. op.cit., S. 35.

93 op.cit., Dokumentarteil, S. 156.

94 op.cit., Dokumentarteil, S. 155. Am 20. Februar 1909 hatte der Kritiker Enrico Thovez den Futurismus »ein zutiefst melancholisches

Schauspiel« genannt (*La Stampa*, Turin, 20. 2. 1909), zit. nach Baumgarth, Christa: op.cit., S. 34. Zur Melancholie-Feindlichkeit der Futuristen, die sich nicht nur in der Ablehnung des melancholischen Tempe-
ramentes sondern direkt in der dichterischen Produktion äußerte, vgl.
Bergman, Paer: »*Modernolatria*« et »*Simultaneità*«. *Recherches sur
deux tendances dans l'avant-garde littéraire en Italie et en France à
la veille de la première guerre mondiale*, Stockholm 1962, besonders
S. 103 und 105.

95 Nadeau, Maurice: *Geschichte des Surrealismus*, Hamburg 1965,
S. 41. Die Sehnsucht nach verlorenen Paradiesen ist antifuturistisch
und entspricht dem melancholischen Hang zur Vergangenheit, der
wesentlich utopie-hemmend ist. Surrealismus und Futurismus finden
sich in der Bekämpfung der Langeweile, Breton spricht im ›Manifeste‹
darüber, wie schwierig es sei »pour ne plus s'ennuyer en compagnie«.
Breton, André: *Manifeste du Surréalisme*, Paris, 3. Aufl. 1924, S. 49.

96 Nadeau, M.: op.cit., S. 77. Vgl. dazu Breton: »Assurément, il en
va de la production artistique et littéraire comme de tout phénomène
intellectuel en ce sens qu'il ne saurait à son propos se poser d'autre
problème que celui de la *souveraineté de la pensée*.« Breton, A.:
Second Manifeste du Surréalisme, Paris 1930, S. 45.

97 Nadeau: op.cit., S. 120.

98 Es handelt sich um das *Grand Jeu*, herausgegeben von Gilbert-
Lecomte, Daumal, Vaillant und Sima. op.cit., S. 123/24.

99 »Die Geschichte der Utopie steht natürlich in einem unauflös-
lichen Zusammenhang mit der Geschichte des utopischen Denkens. In
der Utopie hat sich das utopische Denken kristallisiert, in ihr die
Form einer literarischen Gattung angenommen. Voraussetzung für das
Entstehen von Utopien ist daher, daß das utopische Denken sich selbst
als utopisch durchschaut.« Krauss, Werner: Geist und Widergeist der
Utopien, in: *Perspektiven und Probleme. Zur französischen und deutschen Aufklärung und andere Aufsätze*. Neuwied–Berlin 1965, S. 331.
Da es sich hier um den Aufweis der »Reflexivität« im utopischen
Denken handelt, wird davon bei der Diskussion von Handlungs-
hemmung und Reflexion noch zu sprechen sein.

100 Simmel, Georg: Aus dem nachgelassenen Tagebuch, in: *Logos*
VIII (1919/20), S. 123.

III Ordnungsüberschuß, Langeweile und die Entstehung resignativen Verhaltens

1 Vinet, A.: *Moralistes des seizième et dix-septième siècles*, Paris 1895, S. 7.

2 Kant, Immanuel: *Anthropologie in pragmatischer Hinsicht* (1798), Akademie-Ausgabe VII (1907), S. 121 (Vorrede).

3 Muschg, Walter: *Tragische Literaturgeschichte*, Bern, 2. Aufl. 1953, S. 446.

4 Krysmanski, H. J.: op.cit., S. 8.

5 Gehlen, Arnold: Genese der Modernität – Soziologie, in: *Aspekte der Modernität*, herausgegeben von Hans Steffen, Göttingen 1965, S. 31 ff., hier: S. 45.

6 Voegelin, Eric: op.cit., S. 26, 37. Man vgl. dazu, wie behutsam Gehlen die von ihm sicher geschätzten Proust, Musil, Flaubert und Dostojewski aus dem soziologischen Bereich entfernt, indem er sie der Psychologie, wenn auch nicht als Wissenschaft, zurechnet. Gehlen, A.: *Urmensch und Spätkultur. Philosophische Ergebnisse und Aussagen*, Frankfurt am Main–Bonn, 2. Aufl. 1964, S. 115–116.

7 Löwenthal, Leo: *Literatur und Gesellschaft. Das Buch in der Massenkultur*, Neuwied–Berlin 1964, S. 19.

8 Adorno, Th. W.: *Minima Moralia. Reflexionen aus dem beschädigten Leben*, Frankfurt am Main 1962, S. 230 f.

9 Vgl. dazu Giehlow, Karl: *Dürers Stich ›Melencolia I‹ und der maximilianische Humanistenkreis*. Mitteilungen der Gesellschaft für vervielfältigende Kunst, Wien 1903, S. 29–41; Panofsky–Saxl, op.cit.; Klibansky–Panofsky–Saxl: op.cit.; und den Aufsatz von G. R. Heyer: Dürers Melancolia und ihre Symbolik, in: *Eranos-Jahrbuch* 1934, Zürich, 2. Aufl. 1935, S. 231 ff.

10 Huizinga, J.: *Herbst des Mittelalters*, Stuttgart, 7. Aufl. 1953, S. 28. Der topos vom Alter der Welt hält sich als Anlaß pessimistischer Weltsicht bis in die Renaissance. In ihm ist die Geschichtsaversion mit der Melancholie verbunden und jenes post-histoire vorweggenommen, das später noch Cournot, de Man, Gehlen und andere beschäftigen wird. Vgl. dazu Allen, Don Cameron: The Degeneration of Man and Renaissance Pessimism, op.cit., S. 213.

11 Du Laurens, op.cit. (1599, S. 98) nach Babb, L.: op.cit., S. 46.

12 Ireland, W. W.: *Herrschermacht und Geisteskrankheit. Studien aus der Geschichte alter und neuer Dynastien*, Stuttgart 1887, S. 74.

Vgl. zu diesen Problemen auch Hentig, Hans von: Über den Cäsarenwahnsinn. Die Krankheit des Kaisers Tiberius. *Grenzfragen des Nerven- und Seelenlebens*, Heft 119. München 1924.

13 Mühlmann hat von der »sozialen Minimaldifferenz« gesprochen, »die den revolutionären Stachel lockert«. (Der revolutionäre Umbruch, in: *Rassen, Ethnien, Kulturen. Moderne Ethnologie*, op.cit., S. 366).

14 Elias, Norbert: op.cit., S. 244.

15 op.cit., S. 267. Zur Gesamtproblematik vgl. man Goldmann, Lucien: *Weltflucht und Politik*, Neuwied und Berlin 1967.

16 Elias: op.cit., S. 271.

17 Mariéjol, Jean Hippolyte: *Henri IV. et Louis XIII.*, Paris 1905, S. 390, zitiert nach Elias, Norbert: op.cit., S. 269 (H.v.m.).

18 Magne, Emile: *La vie quotidienne au temps de Louis XIII. D'après des documents inédits*, Paris 1942, S. 55.
Zu dieser Problematik vgl. auch (über die »Pensionierung« des Adels): Eschmann, Ernst Wilhelm: *Die Führungsschichten Frankreichs*. Band I: *Von den Capetingern bis zum Ende des Grand Siècle*, Berlin 1943.

19 La Rochefoucauld, François Duc de: Mémoires, in: *Œuvres Complètes*, Ed. rév. (Bibliothèque de la Pléiade), Paris 1957, S. 47.

20 Magne: op.cit., S. 79.

21 La Rochefoucauld: op.cit., S. 53.

22 Die Ähnlichkeit zu Freyers »sekundärem System« liegt nur im Wort. Hier ist nicht die Voraussetzungslosigkeit bedeutsam, sondern gerade das Abgeleitetsein des zweiten Ordnungssystems vom ersten.

23 Vinet: op.cit., S. 191.

24 Moore, W. G.: The World of La Rochefoucauld's ›Maximes‹, in: *French Studies* VII (1953), S. 338.

25 Portrait de La Rochefoucauld fait par lui-même, in: La Rochefoucauld: *Œuvres Complètes,* op.cit., S. 12. Grandsaignes – d'Hauterive interpretiert daher gegen La Rochefoucauld, wenn er die »endogenen« Faktoren zu stark betont: »En résumé, La Rochefoucauld, par son naturel mélancolique, montre des dispositions innées pour le pessimisme.« *Le Pessimisme de La Rochefoucauld*, Paris 1914, S. 48.

26 Bourdeau, J.: *La Rochefoucauld*, Paris 1895, S. 18.

27 Bourdeau, J.: op.cit., S. 22.

28 Maximen Nr. 304 und 352 der Ausgabe von 1678, zitiert nach *Œuvres Complètes*, op.cit., S. 448 und 454.

29 Nr. 532 der »Maximes Posthumes«, in: *Œuvres Complètes,* op.cit., S. 483. Dabei darf man nicht vergessen, wie ein solcher Begriff von

Langeweile eine zur damaligen Zeit weit »größere« Tiefe psychischer Affektion deckte: im 16. Jahrhundert bedeutete »ennui« vor allem »affliction, douleur, tristesse«, und die von Huguet angegebenen Beispiele könnten ebensogut Melancholie für Langeweile verwenden: »Pensant venger l'ennuy qui entra en mon ame le jour propre que feu mon seigneur et mary deceda...« (Amadis V, 5). Huguet, Edmond: Art. »ennuy« in: *Dictionnaire de la langue française du seizième siècle*, Paris 1946, 3. Band, S. 464.

Auf die Abblassung des Begriffs hat auch Le Savoureux hingewiesen: »On sait que la signification du mot *ennui* a peu à peu perdu de sa force. Tandis que, même au singulier, il exprimait encore au XVIIᵉ siècle le chagrin et la douleur morale vive, de nos jours, lorsqu'on parle d'ennui, on entend soit un tracas, une peine légère, soit un sentiment de manque d'intérêt aux choses, tel qu'on éprouve quand on est oisif par exemple...« Le Savoureux, H.: L'ennui normal et l'ennui morbide, in: *Journal de Psychologie normale et pathologique* XI (1914), S. 131 ff., hier: S. 131. Vgl. dazu auch: Weber, Ulrich: *Ennui. Die Bedeutung des Wortes in der französischen Romantik*. Phil. Diss. Freiburg 1949, besonders S. 98 ff.: »Zum Verhältnis ennui-mélancolie«. Zu einer im Englischen schon 1340 bestehenden engen Verbindung der Begriffe Langeweile und Melancholie vgl. das *Oxford English Dictionary*, Vol. VI, Oxford 1933, S. 312. Plügge spricht von der »unheimliche(n) Verwandtschaft von Ennui, Melancholie und Verzweiflung«. Plügge, Herbert: Pascals Begriff des Ennui und seine Bedeutung für eine medizinische Anthropologie, in: *Wohlbefinden und Mißbefinden. Beiträge zu einer medizinischen Anthropologie*, Tübingen 1962, S. 7.

30 Madame de Sévigné: Brief an Mme de Grignan, ihre Tochter, vom 25. Oktober 1679, in *Lettres*, II. Band, Bibliothèque de la Pléiade, Paris 1955, S. 484.

31 Daher entsteht auch der erste Salon, »der sich von Versailles emanzipiert hatte« im achtzehnten Jahrhundert, bei der Herzogin du Maine in Sceaux. Die Verhaltens-Maximen aber bleiben: »Niemand durfte langweilig, unbeschäftigt, schwerfällig sein.« V. Gleichen-Russwurm, A.: *Das galante Europa. Geselligkeit der großen Welt 1600–1789*, Stuttgart 1910, S. 250 ff.

32 Brief La Rochefoucaulds an Jacques Esprit, undatiert, in: *Œuvres Complètes*, op.cit., S. 603; Brief La Rochefoucaulds an die Marquise de Sablé, op.cit., S. 612.

33 Hess, Gerhard: *Zur Entstehung der ›Maximen‹ La Rochefoucaulds*, Köln–Opladen 1957, S. 11. Zu einer gewissen Voreingenom-

menheit gegen Theorien, welche die Entstehung der Maximen aus gesellschaftlichen Bedingungen erklären wollen, vgl. Kruse, Margot: *Die Maxime in der französischen Literatur. Studien zum Werk La Rochefoucaulds und seiner Nachfolger*, Hamburg 1960. Endlich kommt aber auch M. Kruse zu dem Schluß, eine der Quellen des in den Maximen enthaltenen Pessimismus sei »in dem melancholischen Grundzug im Wesen La Rochefoucaulds zu suchen ..., der durch die Enttäuschungen seines Lebens verstärkt wurde und ihn empfänglich machte für die welt- und menschenfeindlichen Tendenzen, die – meist auf Grund religiöser Impulse – um die Mitte des 17. Jahrhunderts in Frankreich immer stärker hervortreten . . .«, op.cit., S. 33. Ausgehend von der Entwicklung des Langeweile- und des Melancholiebegriffs erscheint allerdings bei La Rochefoucauld und in den Salons der Zeit weniger der welt- und menschenfeindliche Impuls interessant als der Zwang, diesen Impuls ins Gesellschaftliche umzubiegen und zu verbergen. Wenn Barthélemy davon spricht, was die Preziösen der Gesellschaft gegeben haben, gilt das ebenso für die Salons: »le goût des réunions, de la conversation, de la délicatesse, de la sociabilité, en un mot«. Barthélemy, Edouard de: *Les amis de la Marquise de Sablé. Recueil de lettres des principaux habitués de son salon*, Paris 1865, S. 42.

34 »demi-disgrâce«, nach Bourdeau, J.: op.cit., S. 84; siehe auch Vinet, A.: op.cit., S. 193.

35 Bourdeau: op.cit., S. 79.

36 Magne: *Le vrai visage de La Rochefoucauld*, op.cit., S. 157.

37 Misch, Georg: Die Autobiographie der französischen Aristokratie des siebzehnten Jahrhunderts, in: *Deutsche Vierteljahresschr. f. Literaturwissenschaft und Geistesgeschichte* I (1923), S. 172 ff., hier: S. 192. Sainte-Beuve freilich hat in den Autoren von Maximen bereits jene Innerlichkeit zu entdecken vermeint, die sich gegenüber der Aktion aufspielt: »L'Ajax de l'Iliade, portant, pendant l'absence d'Achille, le poids de l'armée troyenne, ou Ney dans le feu de la mêlée à Friedland, laissez-les faire! Et vous, Fontenelle, ou monsieur de la Rochefoucauld, en ce moment, n'approchez pas!« Sainte-Beuve, Ch. A.: Préface pour les Maximes de La Rochefoucauld (Edition elzévirienne de P. Jannet) 1853, in: *Causeries du lundi*, Tome XI, Paris 1948, S. 410.

38 Hauser, Arnold: *Sozialgeschichte der Kunst und Literatur*, München 1953, 1. Band, S. 473. Vgl. dazu Burckhardt, Carl J.: Der Honnête Homme. Das Eliteproblem im siebzehnten Jahrhundert, in: *Gestalten und Mächte. Reden und Aufsätze*, München o. J., S. 71–96.

39 Übersetzt nach François Salignac de la Mothe-Fénelon: *Les aven-

tures de Télémaque, Fils d'Ulysse, Nouvelle Ed. Paris 1807. Die Formel »valeur discrète et prévoyante« (op.cit., S. 149/150) entstammt dem Wortschatz des Prozesses der Zivilisation!

40 nach Misch, Georg: op.cit., S. 175.

41 Vgl. dazu Saint-Simon, Auswahl in der Sammlung *J'ai lu l'essentiel*, hg. v. Geneviève Manceron und Michel Averlant, Paris 1965, S. 54 ff. (»Tous les ans au mois de mai, la guerre«), und Funck-Brentano, Frantz: *La Cour du roi soleil,* Paris 1937.

42 Misch, Georg: op.cit., S. 197.

43 Hauser, Arnold: op.cit., S. 474.

44 Nicolson, Harold: *Das Zeitalter der Vernunft*, München–Wien–Basel 1961, S. 15.

45 Zit. nach Misch, G.: op.cit., S. 199. Hier wird fast ausschließlich von der Rolle des Adels und von adliger Langeweile gesprochen. Vermutlich ließe sich in einer eingehenderen Untersuchung eine Langeweile der Bourgeoisie, die auch eine Rolle in der Fronde spielte und nicht zuletzt von finanziellen Erwägungen getrieben wurde, konstatieren. Das zeigt eine Stelle bei Aynard: »La milice bourgeoise était devenue une sorte de garde nationale qui prit peu à peu l'habitude de sortir *dans la rue* pour s'amuser, se ›désheurer‹ comme dit Retz, qui connaissait bien ses mœurs.« Aynard, Joseph: *La Bourgeoisie française*, Paris, 2. Aufl. 1934, S. 248. Littré, der diese Passage aus Retz' Memoiren zitiert, definiert »se désheurer« als »être hors de ses heures habituelles« – was wieder auf die Ordnungs-Unordnungs-Problematik verweist. Littré, Emile: *Dictionnaire de la langue française*, Tome II, Paris 1956, S. 1734.

46 Ivanoff hat von Chapelain ein Beispiel für maximale Affekt-Modellierung übernommen – wobei man nicht zu entscheiden vermag, ob die Ironie des Autors Absicht ist, denn die Marquise de Sablé, von der die Rede sein wird, war in ihrer Ehe nicht gerade glücklich gewesen: »Mme la Marquise de Sablé doncques est vefve et une des plus honnestes vefves que j'aye jamais connue; elle ne rit, ni ne pleure et sans grimacer son deuil n'y monstrer une constance scandaleuse dans un aussi important changement que celuy la, elle garde le vray tempérament necessaire pour ne donner aucune prise sur soy . . . on dit que cette condition luy sied si bien, que c'est dommage qu'elle ne lui est plus-tost arrivée.« Chapelain: *Lettres* I, S. 640. Zit. nach Ivanoff, N.: *La Marquise de Sablé et son salon*, Thèse, Paris 1927, S. 21.

47 Deschanel, Emile: *Pascal, La Rochefoucauld, Bossuet*, Paris 1885, S. 13. Bourdeau schrieb über sie: » . . . elle . . . voulait la guerre. L'ennui

la rongeait...«, op.cit., S. 58. Ähnlich von Gleichen-Russwurm über Maria von Medici: »Die Königinmutter Maria von Medici, ... langweilte sich in ihrem machtlosen Glanz und wollte wieder Einfluß auf die Staatsgeschäfte gewinnen«, op.cit., S. 67.
Die Verknüpfung von Langeweile und dem Krieg als Rettung ist häufig: »Kriege sind wahrscheinlich in erster Linie ein Mittel gegen die Langeweile...« Alain: *Die Pflicht glücklich zu sein,* Düsseldorf, 3. Aufl. 1960, S. 114 (29. Januar 1909).

48 Brief La Rochefoucaulds an Lenet, 23. 10. 1652, in: *Œuvres Complètes,* op.cit., S. 593. Hinweis auf den Brief bei Misch, G.: op.cit., S. 211. Dazu vgl. man La Bruyère: »Un homme qui a vécu dans l'intrigue un certain temps ne peut plus s'en passer: toute autre vie pour lui est languissante.« La Bruyère: *Les Caractères,* Editions de la Pléiade 23, Paris 1957, S. 244.

49 »Whatever Port Royal may have taught him about election, one is left with the strong impression that in his heart La Rochefoucauld was convinced that in Paradise his name would win him the *tabouret* he had been denied at the Louvre.« Krailsheimer, A. J.: *Studies in Self-Interest. From Descartes to La Bruyère,* Oxford 1962, S. 97. Vgl. auch Saint-Simon, op.cit., S. 44 f.

50 Saint-Simon: op.cit., S. 139.

51 op.cit., S. 142.

52 »Or, le Roi détestait les gens malades ou mélancoliques«, op.cit., S. 142.

53 Mme de Sévigné an ihre Tochter, Mme de Grignan, am 30. Mai 1672, nach Braunschvig, Marcel: *Notre littérature étudiée dans les textes,* 1. Band, Paris 1955, S. 457.

54 Bourdeau: op.cit., S. 129.

55 Seyssel, Claude de: *Le Grant Monarchie,* I; 11. Nach Allen, J. W.: *A History of Political Thought in the Sixteenth Century,* London, 2. Aufl. 1941, S. 277.

56 Ranke, Leopold von: *Französische Geschichte vornehmlich im XVI. und XVII. Jahrhundert.* Ausgabe in zwei Bänden mit einer Einleitung von Otto Vossler, Stuttgart 1954, S. 49. Elias hat diese Schilderung übernommen. Vgl. dazu Claessens, Dieter: Weltverlust als psychologisches und soziologisches Problem, in: *ARSP* 1963/4, S. 513 ff., neu in: *Angst, Furcht und gesellschaftlicher Druck und andere Aufsätze,* Dortmund 1966, S. 61–69.

57 Claessens; op.cit., S. 520 (S. 67).

58 »...elle (Mme de Sablé, W. L.) avait eu pour illustre servant

M. de Montmorency, l'homme à la mode que les femmes s'attachaient, celui-là même auquel Richelieu fit couper la tête en 1632 ... Elle se détacha de son Polydamas (c'était le nom romanesque de Montmorency) parce qu'elle souffrait de sa médiocrité d'esprit.« Nach Bourdeau: op.cit., S. 91. Vgl. auch Ivanoff, N.: *La marquise de Sablé et son salon*, op.cit., S. 18 ff.

59 Zit. nach Nicolson: op.cit., S. 274.

60 »The Salon, always a purely French growth, came to its fullest efflorescence in Paris during the third quarter of the eighteenth century. There were at that time, as said Lady Hervey, ›societies to suit one in every humour, except a melancholy one‹«. Aldis, Janet: *Madame Geoffrin. Her Salon and her times (1750–1777)*, London 1905, S. XI.

61 Willard, Nedd: *Le génie et la folie au dix-huitième siècle*, Paris 1963, S. 21. Zu Langeweile und Melancholie bei Chateaubriand vgl. Sieburg, Friedrich: *Chateaubriand. Romantik und Politik*, Stuttgart 1959.

62 Diese Bezeichnung hier nach Charbonnel, der sich strikt dagegen gewehrt hat, in La Rochefoucauld religiöse Einflüsse, etwa von jansenistischer Seite, zu sehen. Charbonnel, Roger: Les tendances philosophiques et religieuses de La Rochefoucauld, in: *Annales de Philosophie Chrétienne* CXLVI (1903), S. 493–505. Vgl. dagegen Grandsaignes-d'Hauterive: »Chez Mme de Sablé son pessimisme se précise; il se jansénise«, op.cit., S. 131.

63 »On pleure pour avoir la réputation d'être tendre; on pleure pour être pleuré, et on pleure enfin de honte de ne pas pleurer.« La Rochefoucauld: Maxime 58 des Manuscrit Liancourt, in: *Œuvres Complètes*, op.cit., S. 354.

64 Ivanoff, N.: op.cit., S. 160. (Daher rührt auch die Bewunderung Georg Lukács' für La Rochefoucauld – er setzt ihn einerseits Pascal, andererseits Schopenhauer und Nietzsche entgegen!) Dagegen vgl. man wieder Grandsaignes-d'Hauterive: »Le trait le plus intéressant de cette mélancolie de La Rochefoucauld, c'est qu'elle affecte un certain air romantique. A la manière d'un Werther, d'un René, ou d'un Obermann, sans doute avec plus de discrétion(!), de dignité et d'élégance, le gentilhomme du temps de Louis XIII. paraît se complaire dans sa tristesse ...«, op.cit., S. 35 f.

65 Krailsheimer, A. J.: op.cit., S. 83.

66 »L'impuissance d'être gais nous fit prendre le parti d'être sensibles

et philosophes.« Grimm, *Corr.litt.* 1776, zit. nach Hatzfeld, Helmut: Rokoko als literarischer Epochenstil in Frankreich, in: *Studies in Philology* XXXV (1938), S. 532 ff., hier S. 538. Ähnlich, wenn auch in einem anderen, konkreteren Bezug, Mme de Motteville: »Nul ne doit être si bon chrétien, ni si bon philosophe qu'un courtisan détrompé«, bei Grandsaignes-d'Hauterive: op.cit., S. 117.

67   Über den Wechsel von Hof- und Militärleben hat Garve in bezug auf La Rochefoucauld berichtet: Uiber die Maxime Rochefoucaults (!): Das bürgerliche Air verliert sich zuweilen bey der Armee, niemahls am Hofe, in: *Versuche über verschiedene Gegenstände aus der Moral, der Litteratur und dem gesellschaftlichen Leben*, Breslau 1801, 1. Teil, S. 263–402. Garve betont, wie die Assimilation der Bourgeoisie durch die Möglichkeit des Eintritts in die Armee erleichtert wurde.

68   Hatzfeld, H.: op.cit., S. 541.

IV Zum Ursprung bürgerlicher Melancholie: Deutschland im 18. Jahrhundert

1   Marx–Engels: *Die deutsche Ideologie*, in: Marx–Engels, *Werke* Bd. 3, Berlin (Dietz) 1962, S. 281.

2   op.cit., S. 428.

3   Elias: op.cit., I. Band, S. 8/9. Erste Hervorhebung von mir.

4   op.cit., S. 20, 21.

5   Mannheims Essay wurde in seinem Nachlaß entdeckt und erschien unter dem Titel »Towards the Sociology of the Mind: an Introduction« im Sammelband *Essays on the Sociology of Culture* 1956 in London. Nach Angaben des Herausgebers wurde er im Deutschland der frühen dreißiger Jahre konzipiert. Der *Prozeß der Zivilisation* erschien 1939.

6   Adorno, Theodor W.: Das Bewußtsein der Wissenssoziologie, in: *Prismen. Kulturkritik und Gesellschaft.* München 1963, S. 39.

7   Mannheim, K.: op.cit., S. 16. »Hegel's system was not mere philosophy, but a climatic expression of the insights of preceding epochs.«

8   op.cit., S. 27, 28, 31.

9   Dieser Gedankengang entspricht der Insistenz Theodor Geigers, es könne nie »die Wunschlage selbst eine Ideologie sein, ideologisch ist vielmehr der Gedanke, dessen Vater ein Wunsch ist«. Geiger, Theodor: »Kritische Bemerkungen zum Begriffe der Ideologie«, in: *Arbeiten zur Soziologie*, Neuwied–Berlin 1962, S. 422.

10   Balet, Leo und E. Gerhard: *Die Verbürgerlichung der deutschen*

Kunst, Literatur und Musik im 18. Jahrhundert, Straßburg–Leipzig–Zürich–Leiden 1936, S. 30.

11 *Der junge Dilthey. Ein Lebensbild in Briefen und Tagebüchern 1852–1870.* Zusammengestellt von Clara Misch, geb. Dilthey, Leipzig–Berlin 1933, S. 2/3.

12 Vgl. Unger, Rudolf: *Hamann und die Aufklärung. Studien zur Vorgeschichte des romantischen Geistes im 18. Jahrhundert*, Halle a. d. Saale, 2. Aufl. 1925, S. 22 und 35. Franz Schultz, der betont, daß »der Eudämonismus in seiner Bedeutung für die deutsche Literatur des 18. Jahrhunderts noch sehr verkannt« sei, widerspricht damit nicht der hier scharf konturierten Auffassung des Zeitalters als einem politisch-resignativem und individual-melancholischem. Denn wie für Uz verknüpft sich der Eudämonismus mit der »Gewißheit des reibungslosen und widerspruchslosen Sicheinfügens in die nur von Gott übersehbare Ordnung und Harmonie des Weltganzen«. Hier spiegelt sich bereits die Folge realer Macht-Vorenthaltung, das resignierende Einverständnis mit der bereits abgeschlossenen Machtverteilung, von der das Bürgertum noch ausgespart bleibt. Es erscheint so der Eudämonismus – wie die spezifische Individualpsychologie des 18. Jahrhunderts – erst als die Folge der resignativen Situation und als deren Verstärker. Schultz, Franz: Die Göttin Freude. Zur Geistes- und Stilgeschichte des 18. Jahrhunderts. In: *Jahrbuch des Freien Deutschen Hochstifts* 1926, Frankfurt am Main, S. 3–38. Die hier wiedergegebenen Zitate auf S. 12 und 17.

13 Hauser, Arnold: *Sozialgeschichte der Kunst und Literatur*, op. cit., II. Band, S. 109.

14 Flaubert, Gustave: Brief an Louise Colet vom 21. August 1853, in: *Briefe*. Herausgegeben und übersetzt von Helmut Scheffel, Stuttgart 1964, S. 278. Um eine Dichotomie bereits vorwegzunehmen: in der Abgrenzung von Gesellschaft und Einsamkeit argumentiert Emerson ähnlich wie Flaubert: »Solitude is impracticable and society fatal. We must keep our head in the one and our hands in the other.« in: Emerson, R. W.: Society and Solitude, Bd. VII der *Complete Works*, Boston 1898, S. 20.

15 von Humboldt, Wilhelm: Das achtzehnte Jahrhundert, in: *Gesammelte Schriften* II, Berlin 1904, S. 1–112, hier: S. 12, 70 und 84.

16 Vgl. dazu Rose, William: Die Anfänge des Weltschmerzes in der deutschen Literatur, in: *Germanisch-Romanische Monatsschrift* XII (1924), S. 140 ff., hier: S. 143.

17 Wieser, Max: *Der sentimentale Mensch. Gesehen aus der Welt*

holländischer und deutscher Mystiker im 18. Jahrhundert, Stuttgart 1924, S. 7.

18 op.cit., S. 9.

19 Nach Brinkmann, Donald: Der einsame Mensch und die Einsamkeit. Ein Beitrag zur Psychologie des Kontaktes, in: *Psychologische Rundschau* III (1952), S. 21 ff.

20 Vossler, Karl: *Poesie der Einsamkeit in Spanien*, München 1950, S. 45. Vossler gibt einen interessanten etymologischen Hinweis, der Einsamkeit und Melancholie verknüpft, wenn er die Rückführung der portugiesischen »saudade« auf das arabische »saudá« = »Leberleiden, Herzweh, Schwermut, Melancholie« (!) diskutiert. Über die Wirksamkeit dieses Syndroms im heutigen Portugal, dessen »nationale Neurose« der Diskrepanz von tatsächlicher geringer politischer Bedeutung und außenpolitischer, kolonialer Hybris entspringt, vgl. den anonymen Beitrag in *Die Zeit* (Nr. 51, vom 16. 12. 1966, S. 21 – »Aus den Hauptstädten der Welt: Winter in Lissabon«), in welchem die noch heute wirksame »saudade« als »eine Lust am Leiden, Lust am Schmerz, weil Schmerz die Klage provoziert und Klage die Möglichkeit ist, die tiefsten Gefühle auszudrücken«, apostrophiert wird.

21 Diese Reihung nach Bloch, Ernst: *Das Prinzip Hoffnung*, Frankfurt am Main 1959, II. Band. S. 1125 ff. Hier liegt ein Ursprung der deutschen Ideologie, wie sie etwa Adorno – gegen Heidegger – und Hans G. Helms – vor allem gegen Max Stirner und seine Nachfolger – beschrieben haben. Vgl. dazu Adorno, Th. W.: *Jargon der Eigentlichkeit. Zur deutschen Ideologie*, edition suhrkamp 91, Frankfurt am Main 1964, und Helms, Hans G.: *Die Ideologie der anonymen Gesellschaft. Max Stirners ›Einziger‹ und der Fortschritt des demokratischen Selbstbewußtseins vom Vormärz bis zur Bundesrepublik*, Köln 1966.

22 Zimmermann, Johann Georg: *Über die Einsamkeit*, 1. Band, Leipzig 1784, S. 7. Zimmermann wird von nun an im Text mit Band (römische Ziffer) und Seitenzahl (arabische Ziffer) zitiert.

23 Zur Kritik an solchen Auffassungen der Langeweile vgl. Leo Kofler, der scharf die Langeweile des Arbeiters von der bürgerlichen Langeweile trennt: *Zur Theorie der modernen Literatur. Der Avantgardismus in soziologischer Sicht*, Neuwied–Berlin 1962. (S. 188 ff.: Zur Soziologie des Arbeiters, Kleinbürgers und Bürgers als möglicher Gegenstände der realistischen Kunst.)

24 Die beiden Schweizer Zimmermann und Obereit liefern wichtige Beiträge zum Einsamkeitsproblem des 18. Jahrhunderts. Obereit war Sohn eines Lindauer Rechtsamtsverwalters, wurde 1740 Wundarzt,

d. h. Barbier ohne akademische Ausbildung, besuchte 1746 und 1747 die Universitäten von Halle und Berlin, wirkte 27 Jahre als Chirurg in Lindau, als »ein Vielleser und nimmermüder Sinnierer« (Milch). 1781 erschien in Leipzig sein Werk *Die Einsamkeit der Weltüberwinder*, 1786 bot der Herzog v. Meiningen Obereit an, an seinem Hof als »Kabinettsphilosoph« zu leben.

Zimmermann, Schüler Albrecht v. Hallers, wird Nachfolger Werlhofs als Leibarzt des Königs von Großbritannien und Kurfürsten von Hannover, Georg III. 1786 behandelt Zimmermann Friedrich II. von Preußen und veröffentlicht 1788 in Leipzig sein Werk *Über Friedrich den Großen und meine Unterredungen mit ihm kurz vor seinem Tode*, worin er die Melancholie des großen Friedrich auf sein fehlendes Verhältnis zur Religion zurückführt. Die unterschiedlich soziale Stellung prägt die Melancholie-Auffassung: Zimmermann bemüht sich, das Air des Weltmannes auch in seine Melancholie-Konzeption zu übertragen, Obereit ist einer religiösen Einsamkeitsauffassung verhaftet, die ihm eine Verbindung mit Melancholie oder Langeweile nicht zuzulassen scheint – da wirkt die kirchliche Verdammung der »acedia« nach.

Zur Auseinandersetzung von Zimmermann und Obereit vgl. Milch, Werner: *Die Einsamkeit. Zimmermann und Obereit im Kampf um die Überwindung der Aufklärung*, Frauenfeld–Leipzig 1937. Ferner:

Ischer, Rudolf: J. J. Rousseau und J. G. Zimmermann. *Neues Berner Taschenbuch* 1898, S. 249–266.

25 Eine Sammlung und Ironisierung derartiger Landschaftstopoi bei Michel, Karl Markus: Die Mulde. Etüde mit Zitaten, in: *Zeugnisse. Theodor W. Adorno zum sechzigsten Geburtstag*, hrsg. von Max Horkheimer, Frankfurt am Main 1963, S. 183 ff.

26 Milch, Werner: op.cit., S. 77.

27 Rehder, Helmut: Johann Nicolaus Meinhard und seine Übersetzungen, in: *Illinois Studies in Language and Literature*, Vol. 37 (1953), No. 2, S. 1.

28 Rehder, Helmut: op.cit., S. 5.

29 Garve, Christian: Über Gesellschaft und Einsamkeit, in: *Versuche über verschiedene Gegenstände aus der Moral, der Litteratur und dem gesellschaftlichen Leben*, Breslau 1801, 3. Theil, S. 66.

30 op.cit., S. 296, 368. Daher konnte Garve zu Recht mit dem Beginn der deutschen Soziologie in Verbindung gebracht werden. Vgl. Geldsetzer, Lutz: Zur Frage des Beginns der deutschen Soziologie, in:

Kölner Zeitschrift für Soziologie und Sozialpsychologie XV (1963), H. 3, S. 529 ff.

31 Vgl. dazu Steinhausen, Georg: *Geschichte des deutschen Briefes. Zur Kulturgeschichte des deutschen Volkes*, Berlin 1889. Besonders: »Das achtzehnte Jahrhundert. Das Jahrhundert des Briefes«, S. 245 bis 410.

32 Korn, Karl: *Studien über ›Freude und Trûren‹ bei mittelhochdeutschen Dichtern. Beiträge zu einer Problemgeschichte*, Leipzig 1932, S. 20, 21, 99, 100, 126.

33 Nick, Fr.: *Die Hof- und Volks-Narren sammt den närrischen Lustbarkeiten der verschiedenen Stände aller Völker und Zeiten. Aus Flögels Schriften und anderen Quellen*, Stuttgart 1861, S. 27.

34 Flögel, Karl Friedrich: *Geschichte der Hofnarren*, Liegnitz und Leipzig 1789, S. 5.

35 Pascal, Blaise: Pensées (205), in: *Œuvres complètes*, Bibliothèque de la Pléiade, Paris 1960, S. 1140, ähnlich S. 1144.

36 Zit. nach Zehm, Günter: Der Hofnarr und seine Nachkommen, in: *Die Welt*, Nr. 199, 28. August 1965, S. III. Vgl. zur gesamten Hofnarren-Problematik Promies, Wolfgang: *Der Bürger und der Narr oder das Risiko der Phantasie*, München 1966.

37 Bruford, W. H.: *Die gesellschaftlichen Grundlagen der Goethezeit*, Weimar 1936, S. 54. Im Moment, da die *Idee* des Menschen als Maß aller Dinge sich auch beim Adel durchsetzt, mithin ein abstraktes Prinzip die Oberhand gewinnt, konvergieren Adel und Bürgertum im »bürgerlich-höfischen Kompromiß«. Vgl. Hans Mayer: *Von Lessing bis Thomas Mann. Wandlungen der bürgerlichen Literatur in Deutschland*, Pfullingen 1959, S. 15.

Hegel hat in der Verknüpfung der Natur mit der Langeweile bereits den bürgerlichen Standpunkt hinter sich gelassen, wie er im 18. Jahrhundert maßgebend war: »Die Veränderungen in der Natur, so unendlich mannigfach sie sind, zeigen nur einen Kreislauf, der sich immer wiederholt; in der Natur geschieht nichts Neues unter der Sonne, und insofern führt das vielförmige Spiel ihrer Gestaltungen eine Langeweile mit sich.« Hegel, G. W. Fr.: *Vorlesungen über die Philosophie der Geschichte (Einleitung)*, Jubiläumsausgabe, hrsg. v. Hermann Glockner, Band XI, Stuttgart, 4. Aufl. 1961, S. 89.

38 Mann, Otto: *Der Dandy. Ein Kulturproblem der Moderne*, Heidelberg 1962, S. 48, 57. Vgl. D'Aurevilly, Jules Barbey: *Du Dandysme et de George Brummell*, in: *Œuvres Complètes*, Bd. 9, Paris 1927, S. 205–278.

39 François, Simone: *Le Dandysme et Marcel Proust. De Brummell au Baron de Charlus*, Brüssel 1956, S. 17.

40 Benjamin, Walter: Zentralpark. In: *Illuminationen. Ausgewählte Schriften*, Frankfurt am Main 1961, S. 258.

41 Kalkühler, Florine: *Die Natur des Spleen bei den englischen Schriftstellern in der ersten Hälfte des achtzehnten Jahrhunderts*, Phil. Diss. Münster, Leipzig 1920, S. 3. Wenn Kalkühler von der Definition des spleen durch die französische Akademie (1798) als »ennui de toutes choses, maladie hypocondriaque propre aux Anglais« spricht, zeigt sich hier das interessante Beispiel des wechselseitigen Langeweile-Verdachts: die Engländer sprechen von »french boredom«! Vgl. Herrlinger, Robert: Die Milz und die Melancholie. Kulturgeschichte eines rätselhaften Organs, in: *Die Welt*, Nr. 24 vom 29. 1. 1966, S. III.

42 Zu diesen Zusammenhängen bei Benjamin vgl. man besonders: Der Flaneur (Erstveröffentlichung eines zur Passagen-Arbeit gehörigen Textes durch Rolf Tiedemann), in: *Neue Rundschau* LXXVIII (1967), H. 4, S. 549 ff., ferner: Die Moderne (ebenfalls eine Erstveröffentlichung durch Tiedemann), in: *Das Argument* X (1968), H. 1/2 (46), S. 44 ff. In dem ersten, hier erwähnten Text spricht Benjamin von den Mitteln Poes bei der Schilderung einer Spielergruppe, die in ihrem Verhalten die Isoliertheit des Menschen in seinem Privatinteresse zum Ausdruck bringt: »Sie stammen aus dem Repertoire der Clowns.« (S. 564).

43 Baudelaire, Charles: Mon coeur mis à nu, in: *Œuvres Complètes*, Bibliothèque de la Pléiade 1, Paris 1958, S. 1206 ff., hier: S. 1226.

44 »In the Middle Ages the court fool was an entertainer and his services were in demand to add amusement to an otherwise dull monotonous life.« Hanson, Gordon C.: The Normal and Abnormal in Behavior, in: W. H. Mikesell (Hrsg.): *Modern Abnormal Psychology*, New York 1950, S. 1 ff., Hier: S. 3.
Vielleicht lassen sich für die Neuzeit am ehesten noch Oper und Operette als Melancholie und Langeweile bannende Institutionen auffassen, wurde doch u. a. der Oper ursprünglich zum Ziel gesetzt, »den ›tedio‹ zu vertreiben, nämlich die Langeweile...« (Joseph Gregor: *Kulturgeschichte der Oper. Ihre Verbindung mit dem Leben, den Werken des Geistes und der Politik*, Wien 1941 – S. 53). – Wieweit freilich der Entlastungseffekt der Bühne – im weitesten Sinn – geht, kann hier nicht entschieden werden. Es ist dies eine Grundfrage der Ästhetik überhaupt. Etwas in dieser Hinsicht kategorial Neues bildet der Film, der zum ersten Mal die Chance der Entlastung für

die Massen bietet. Damit taucht aber wieder Ideologieverdacht auf: Entlastung in der freien Zeit stabilisiert nur die Arbeits- und Herrschaftsverhältnisse in der gebundenen.

45 Benjamin: Zentralpark, S. 247. Das Engels-Zitat aus *Die Lage der arbeitenden Klasse in England*, Leipzig, 2. Ausg. 1848, S. 36 f., bei Benjamin: Der Flaneur, op.cit., S. 568.

46 Mannheim, Karl: Das konservative Denken. Soziologische Beiträge zum Werden des politisch-historischen Denkens in Deutschland, in: *Wissenssoziologie*, Berlin und Neuwied 1964, S. 450. Vgl. dazu Dahrendorf, R.: Der Intellektuelle und die Gesellschaft. Über die soziale Funktion des Narren im zwanzigsten Jahrhundert, in: *Die Zeit* XVIII (1963), Nr. 13 vom 29. 3. 63, S. 9.

47 Adorno, Th. W.: Das Bewußtsein der Wissenssoziologie, op.cit., S. 42.

48 Dahrendorf, Ralf: *Die Soziologie und der Soziologe – Zur Frage von Theorie und Praxis*, Konstanz, o. J., S. 1.

49 Landmann, Michael: *Pluralität und Antinomie. Kulturelle Grundlagen seelischer Konflikte*, München–Basel 1963, S. 28.

50 zit. nach Revers, Wilhelm Josef: *Die Psychologie der Langeweile*, Meisenheim a. G. 1949, S. 20.

51 Meyer, Rudolf W.: *Leibniz und die europäische Ordnungskrise*, Hamburg 1948, S. 259/60.

52 Plessner, Helmuth: Immer noch Philosophische Anthropologie? In: *Zeugnisse. Theodor W. Adorno zum sechzigsten Geburtstag*. Herausgegeben von Max Horkheimer, Frankfurt am Main 1963, S. 66. Ähnlich Camus: »La frénésie est l'envers de l'ennui«, *L'homme révolté*, Paris 1951, S. 70.

53 Balet–Gerhard: op.cit., S. 185, vgl. dazu auch Marquard, Odo: Zur Geschichte des philosophischen Begriffs ›Anthropologie‹ seit dem Ende des 18. Jahrhunderts, in: *Collegium Philosophicum, Studien. Joachim Ritter zum 60. Geburtstag*, Basel–Stuttgart 1965, S. 209 ff., vor allem S. 214, 217.

54 Dilthey, Wilhelm: Die Funktion der Anthropologie in der Kultur des 16. und 17. Jahrhunderts, in: *Werke* II, Berlin–Leipzig, 4. Aufl. 1940, S. 416 ff., hier: S. 435 und 487.

55 Balet–Gerhard: op.cit., S. 307.

56 Balet–Gerhard: op.cit., S. 316, 318/319.

57 Greiner, Martin: *Die Entstehung der modernen Unterhaltungsliteratur. Studien zum Trivialroman des 18. Jahrhunderts*, Reinbek bei Hamburg 1964, S. 48 f. Zur »Resignation« im Trivialroman vgl. auch

Beaujean, Marion: *Der Trivialroman im ausgehenden 18. Jahrhundert*, Diss. phil. Köln 1962, besonders S. 172 ff.

58 Der Titel von Bernds Autobiographie sei vollständig wiedergegeben, weil er deutlich eine Melancholie-Tendenz wiedergibt, die pietistischem Einfluß entstammt. Bernd, Adam: ›Eigene Lebens-Beschreibung, samt einer / Aufrichtigen Entdeckung, und deutlichen / Beschreibung einer der größten, obwol großen Theils / noch unbekannten / Leibes- und Gemüths-Plage, / welche / GOtt zuweilen über die Welt-Kinder, und auch wohl / über seine eigene Kinder verhänget‹, Leipzig 1738. Das angeführte Zitat S. 117.

59 Plessner, Helmuth: *Lachen und Weinen. Eine Untersuchung nach den Grenzen menschlichen Verhaltens*, München, 2. Aufl. 1950.

60 Wieser, Max: *Der sentimentale Mensch*, op. cit., S. 169.

61 Rehder, Helmut: *Die Philosophie der unendlichen Landschaft. Ein Beitrag zur Geschichte der romantischen Weltanschauung*, Halle (Saale) 1932, S. 3.

62 Tenbruck, Friedrich H.: Freundschaft. Ein Beitrag zu einer Soziologie der persönlichen Beziehungen, in: *Kölner Zeitschrift für Soziologie und Sozialpsychologie* XVI (1964), H. 3, S. 431–456, hier: S. 441. (Zu einer Charakteristik der Freundschaftsbünde durch Kontemplation, Innerlichkeit und eine »Metaphysik des Leids« vgl. Ludz, Peter Christian: Ideologie, Intelligenz und Organisation. Bemerkungen über ihren Zusammenhang in der frühbürgerlichen Gesellschaft, in: *Jahrbuch für Sozialwissenschaft* XV (1964), S. 82 ff.)

63 op. cit., S. 448.

64 Hegel, G. W. Fr.: *Vorlesungen über die Philosophie der Geschichte*, Jubiläumsausgabe, op. cit., S. 56.

65 Schelling: Immanuel Kant, in: *Werke* III, Schriften zur Identitätsphilosophie 1801–1806, hrsg. von Manfred Schröter, München 1927, S. 588. Vgl. auch die Betonung von Kants Fortschrittlichkeit, verbunden mit scharfer Kritik an Lukács' »soziologischem Schematismus« bei Lehmann, Günther K.: Die Ästhetik Kants und die ideologische Funktion seines Geniebegriffs, in: *Deutsche Zeitschrift für Philosophie* XI (1963), H. 9, S. 1138 ff. Ähnlich auch Kofler: *Zur Geschichte der bürgerlichen Gesellschaft*, op. cit., vor allem S. 603.

66 Horkheimer, Max: Zum Begriff des Menschen, in: *Zur Kritik der instrumentellen Vernunft*, Frankfurt am Main 1967, S. 177 ff., hier S. 178, 182.

67 Kant, Immanuel: Beobachtungen über das Gefühl des Schönen

und Erhabenen, in: *Akademie-Ausgabe*, Bd. II, S. 205–256, hier: S. 215, 219. Im folgenden wird Kant durchweg nach der Akademie-Ausgabe zitiert; römische Ziffern geben den Band, arabische die Seitenzahl an.

68 Der Begriff des »aristokratischen Verhaltensideals« meint nicht die eindeutige Zuschreibung zu einer bestimmten Schicht. Wenn Erich Auerbach (in seiner Arbeit *Das französische Publikum des 17. Jahrhunderts*, München 1933) betont, der Begriff des »honnête homme« sei ein »Persönlichkeitsideal« gewesen, so darf dabei nicht unterschlagen werden, daß ein solches Ideal erst entstehen konnte mit dem von Norbert Elias geschilderten Prozeß der Befriedung von Räumen, der Ermöglichung prospektiven Denkens und der Chance zur Affekt-stabilisierung und -verfeinerung in geschützten Binnenbereichen. Das ist ein Prozeß der Feudalisierung, und die in ihm entstehenden »patterns« sind zunächst aristokratischer Natur. Diese haben sie nie verloren. Auerbach beschreibt denn auch den Salon des »Hôtel Rambouillet« als »aristokratisch« (op.cit., S. 32) – obwohl in ihm schon Bürger auftraten. Die »honnêteté« war und blieb aristokratisches Ideal, das von der Bourgeoisie aus Prestige-Gründen auch erstrebt wurde. Herders Übersetzung von »honnêteté« als »innerer Ehrlichkeit« gibt weniger den genetischen Sinn dieser Verhaltensmaxime wieder als die Reflexion des bürgerlichen Wunsches, die Maxime von einem »Begriff« des Menschen und nicht einer bestimmten Schicht abzuleiten. Daß der Adel später, in Deutschland und in Frankreich, dieser »Fundamentalisierung« des Begriffs zustimmte, zeigt nur, wie sehr der »adlig-bürgerliche« Kompromiß, von dem schon gesprochen wurde, Wunsch beider Seiten war. Herders Übersetzung in: *Adrastea* I, Begebenheiten und Charaktere des 18. Jahrhunderts, *Sämtliche Werke* IX, S. 35. Über den Wandel des honnête homme von einer höfischen zu einer bürgerlichen Vorstellung vgl. Maurer, Emil H.: *Der Spätbürger*, Bern und München 1963, S. 20.

69 Kaulbach, Friedrich: Weltorientierung, Weltkenntnis und pragmatische Vernunft bei Kant, in: *Kritik und Metaphysik. Studien Heinz Heimsoeth zum 80. Geburtstag*, Berlin 1966, S. 62, Anm. 3.

70 Kaulbach, op.cit., S. 63. Auch Leo Löwenthal hat mit Nachdruck auf die Differenzen aufmerksam gemacht, die gerade in dieser Beziehung Kant von der bürgerlichen Ideologie trennen. Vgl.: Knut Hamsun. Zur Vorgeschichte der autoritären Ideologie, in: *Zeitschrift für Sozialforschung* VI (1937), S. 295 ff., neu in: *Das Bild des Men-*

schen in der Literatur, Neuwied und Berlin 1966, S. 255 ff., hier S. 268 f.

71 Habermas, Jürgen: *Strukturwandel der Öffentlichkeit. Untersuchungen zu einer Kategorie der bürgerlichen Gesellschaft*, 2., durchgesehene Auflage, Neuwied–Berlin 1965, S. 120.

72 Kaulbach: op.cit., S. 74.

73 Habermas: op.cit., S. 120/121.

74 Diese Dichotomie aus der *Anthropologie in pragmatischer Hinsicht*; VII, 219. Vgl. dazu Kisker, K. P.: Kants psychiatrische Systematik, in: *Psychiatria et Neurologia* CXXXIII (1957) S. 17 ff. Zur Melancholie-Frage bei Kant überhaupt: Klein, Tim: Hamlet und der Melancholiker in Kants ›Beobachtungen über das Gefühl des Schönen und Erhabenen‹, in: *Kant-Studien* X (1905), S. 76 ff.

75 Plessner, Helmuth: Das Identitätssystem, in: *Verhandlungen der Schelling-Tagung in Bad Ragaz vom 22. bis 25. September 1954, Studia Philosophica* XIV (1954), S. 68–90, hier: S. 84.

76 Goethe: *Die Leiden des jungen Werthers*, Stuttgart 1954 (Reclam), S. 6. Daß Goethe selbst ein Beispiel für diese Art von Kompatriotismus anbietet, ist damit noch nicht gesagt, auch nicht hier festzustellende Aufgabe. Zum *Werther* vgl. Engels' Sarkasmus über das »Jammergeschrei eines schwärmerischen Tränensacks«, in: Deutscher Sozialismus in Versen und Prosa, zit. nach Marx–Engels: *Über Kunst und Literatur*, 1. Band, op.cit., S. 470. Das positive Gegenstück, *Werther* als Werk bürgerlicher Emanzipation, bei Lukács: Goethe und seine Zeit, in: *Deutsche Literatur in zwei Jahrhunderten*, Neuwied und Berlin 1964, S. 41 ff.

77 zit. nach Jaspers, Karl: *Schelling – Größe und Verhängnis*, München 1955, S. 270. Vgl. dazu auch die Entgegnung von Jaspers auf den Vortrag von Emil Staiger: Schellings Schwermut, in: *Verhandlungen der Schelling-Tagung ...*, op.cit., S. 112 ff., 134 ff. Vielleicht unbewußt kennzeichnet Staiger a.a.O. den Zusammenhang des geschilderten Syndroms mit der Ideologie der »Tiefe«: »Unten, Tiefe, Schwere, Grund: diesen Worten begegnen wir in Schellings Spätwerk immer wieder...« Staiger, op.cit., S. 126. Dazu Adorno: »Nach einer abscheulichen deutschen Tradition figurieren als tief die Gedanken, welche auf die Theodizee von Übel und Tod sich vereidigen lassen. Verschwiegen und unterschoben wird ein theologischer terminus ad quem, als ob über die Dignität des Gedankens sein Resultat, die Bestätigung von Transzendenz, entscheide oder die Versenkung in Innerlichkeit, das bloße Fürsichsein; als ob der Rückzug von der Welt umstandslos

eins wäre mit dem Bewußtsein des Weltgrundes.« Adorno, Theodor W.: *Negative Dialektik*, Frankfurt am Main 1966, S. 26.

78 Jaspers, K.: *Schelling . . .*, op.cit., S. 269.

79 Zeltner, Hermann: Der Mensch in der Philosophie Schellings, in: *Verhandlungen der Schelling-Tagung . . .*, op.cit., S. 211 ff., hier: S. 211.

80 op.cit., S. 220.

81 op.cit., S. 213.

82 Fichte, Johann G.: *Die Grundzüge des gegenwärtigen Zeitalters*, Hamburg 1956, S. 78.

83 Fichte, Johann G.: *Die Bestimmung des Menschen* (1800), 4. Aufl., neu herausgegeben von Fritz Medicus, Leipzig 1934, S. 32.

84 op.cit., S. 28.

85 *Grundzüge*, op.cit., S. 170.

86 *Grundzüge*, op.cit., S. 76.

87 Milch, Werner: op.cit., S. 66 und 84. Vgl. dazu auch Melzer, Friso: *J. G. Zimmermanns ›Einsamkeit‹ in ihrer Stellung im Geistesleben des ausgehenden 18. Jahrhunderts*, Diss. phil. Breslau 1930, S. 46 f., und Ischer, op.cit.

88 Rousseau, J. J.: *Über Kunst und Wissenschaft. Über den Ursprung der Ungleichheit unter den Menschen*. Mit Einleitung, Übersetzung und Anmerkungen von Kurt Weigand, Hamburg 1955, S. 66.

89 op.cit., S. 327, Anm. 4.

90 Die Gefahr der Langeweile scheint Fichte stärker geahnt zu haben: »Der Gedanke (der Vervollkommnungsgedanke, W. L.) wird für Fichte erst zum Problem in der Bestimmung des Menschen, als er sich vor die Frage gestellt sieht, wozu denn nun eigentlich die letzte Generation dienen solle. Es überkommt Fichte das Grauen, das jeden regsamen Menschen ergreift bei dem Gedanken der zur absoluten Herrschaft gelangten Langeweile des Kulturphilistertums oder, wie man es auch ausdrücken kann, der konkreten Totalität der absoluten Werte in bestimmter Gestaltung. Das gleichförmige Einerlei, der ›unfehlbare Mechanismus‹ würde jede Selbständigkeit unmöglich und unnötig machen.« v. Sydow, Eckart: *Der Gedanke des Ideal-Reichs in der idealistischen Philosophie von Kant bis Hegel im Zusammenhange der geschichtsphilosophischen Entwicklung*, Leipzig 1914, S. 62. Fichtes Bild des sittlichen Idealzustandes freilich, in welchem man sich »die gleichen Verbindlichkeiten« auferlegt und die noch zu schildernden Vorstellungen des *Geschloßnen Handelsstaates* präjudizieren ohne Absicht die Langeweile als institutionalisierten Bestandteil der zu schaffenden, künftigen Gesellschaft. Vgl. v. Sydow, op.cit., S. 41 und 46.

91 Schopenhauer, Arthur: *Die Welt als Wille und Vorstellung*, 1. Band, in: *Sämmtliche Werke*, Herausgegeben von Julius Frauenstädt, Zweiter Band, Leipzig, 2. Aufl. 1908, S. 413.

V *Räume der Langeweile und Melancholie*

1 Marcuse, Ludwig: *Unverlorene Illusionen. Pessimismus – Ein Stadium der Reife*, München 1966, S. 117. (Hierbei handelt es sich um die geringfügig erweiterte zweite Auflage des Pessimismus-Buches). Benjamin, Walter: Zentralpark, op.cit., S. 264. Es erscheint falsch, einer Epoche das Primat des Melancholischen zusprechen zu wollen. Vgl. dazu Paulus, N.: Die Melancholie im 16. Jahrhundert, in: *Wissenschaftliche Beilage zur Germania. Blätter für Litteratur, Wissenschaft und Kunst* XVIII (1897) S. 137–141.

2 Grimm, Jacob und Wilhelm Grimm: *Deutsches Wörterbuch*, 6. Band, bearbeitet von Moritz Heyne, Leipzig 1885, S. 173. Im Bayrischen bedeutet »langweil« »anhaltender oder großer Jammer«, »langweilen« heißt »Sehnsucht empfinden« (op.cit., S. 184). Hier ist die Beziehung zum melancholischen Syndrom ähnlich deutlich wie im Französischen des 16. Jahrhunderts die Verknüpfung mit »ennuy«.

3 Dornseiff, Franz: *Der deutsche Wortschatz nach Sachgruppen*, Berlin 1959, 11.26 (Langeweile). Bezeichnenderweise erscheint hier Langeweile in der gleichen Gruppe wie Konservatismus!

4 Kierkegaard, Sören: *Entweder-Oder*, 1. Teil, in: *Gesammelte Werke*, übersetzt von Emanuel Hirsch, I. Abteilung, Düsseldorf 1956, S. 305.

5 Kierkegaard, Sören: *Die Tagebücher 1834–1855*. Ausgewählt und übertragen von Theodor Haecker, München, 4. Aufl., 1953, S. 199.

6 Kierkegaard, Sören: *Die Wiederholung*, in: *Werke*, op.cit., V. und VI. Abteilung, Düsseldorf 1955, S. 5.

7 Kierkegaard, Sören: Der Gesichtspunkt für meine Wirksamkeit als Schriftsteller, in: *Werke*, op.cit., 33. Abteilung, ›Die Schriften über sich selbst‹, Düsseldorf 1951, S. 92, Hervorhebung von mir.

8 op.cit., S. 86, 88. Das Bild der verkehrten Welt hat sich erhalten, wenn Kierkegaard bestimmt: »in der Reflexion muß alles umgekehrt herum getan werden« (a.a.O.).

9 Gessner, zit. nach Flemming, Willi: *Der Wandel des deutschen Naturgefühls vom 15. zum 18. Jahrhundert*, Halle/Saale 1931, S. 84.

10 Anm. von Emanuel Hirsch in op.cit., S. 132[89].

11 Adorno, Theodor W.: Kierkegaard noch einmal. Zum 150. Geburtstag. In: *Neue Deutsche Hefte* H. 95 (1963), S. 6.

12 Kierkegaard, Sören: *Entweder-Oder*, op.cit., S. 307/308.

13 Halbwachs, Maurice: *Das kollektive Gedächtnis*, op.cit., S. 127. Vgl. dazu auch Halbwachs, Maurice: *Das Gedächtnis und seine sozialen Bedingungen*, Berlin–Neuwied 1966, S. 142 f.

14 Bloch, Ernst: *Freiheit und Ordnung. Abriß der Sozial-Utopien*, New York 1946, S. 11.

15 Daher richtet sich auch der Vorwurf gegen das Paradies, gegen die darin vervollkommnete Ordnung, die Langeweile erzeugt. Vgl. dazu Cazeneuve, Jean: *Bonheur et civilisation*, Paris 1966, S. 17 f. und Steiner, George: A Note on Literature and Post-History, in: *Festschrift für G. Lukács*, op.cit., S. 502–511.

16 Bloch: op.cit., S. 15.

17 op.cit., S. 81/82.

18 Adorno, Theodor W.: Zum Verhältnis von Soziologie und Psychologie, in: *Sociologica*, herausgegeben von Adorno-Dirks, Aufsätze, Max Horkheimer zum 60. Geburtstag gewidmet, Frankfurt 1955, S. 11–45, hier: S. 43.

19 Dahrendorf, Ralf: Pfade aus Utopia. Zu einer Neuorientierung der soziologischen Analyse, in: *Gesellschaft und Freiheit. Zur soziologischen Analyse der Gegenwart*, München 1963, S. 85 ff., hier: S. 92 f.

20 Orwell, George: *1984*, Stuttgart, 13. Auflage 1964, S. 42. Hieraus wird nun mit in Klammern gesetzten Seitenangaben zitiert.

21 Dahrendorf, op.cit., S. 87.

22 Vgl. Skinner, B. F.: *Walden Two*, New York, 10. Aufl. 1962, besonders S. 49, 83, 93, 96, 135 f., 161.

23 Fichte, Johann Gottlieb: *Der Geschloßne Handelsstaat. Ein philosophischer Entwurf als Anhang zur Rechtslehre, und Probe einer künftig zu liefernden Politik*, Tübingen 1800, S. 275.

24 op.cit., S. 277.

25 op.cit., S. 277/278.

26 Vgl. dazu Huguet, op.cit. II. Band, Paris 1932, S. 477: »Mais ce nom de *contenances* commance à se perdre en la cour, voire est perdu: et ne se retrouve qu'es villes.«

27 Stendhal zit. nach Brauchlin, D.: *Das Motiv des »ennui« bei Stendhal*, Phil. Diss. Zürich 1930, S. 52. Vgl. auch Bowman, Frank Paul: Melancholy in Stendhal, in: *L'Esprit Créateur* II (1962), No. 1, S. 5 ff.

28 Stendhal, nach op.cit., S. 92, 72.

29 Magne, Emile: *Voiture et L'Hôtel de Rambouillet*, 1. Band, Paris, 7. Aufl. 1929, S. 59, 61.

30 Aldis, Janet: op.cit., S. 9.

31 Goncourt, E. und J.: *Die Frau im 18. Jahrhundert*, Bern–Stuttgart–Wien 1963, S. 73. Hervorhebungen von mir.

32 op.cit., S. 100.

33 Gedacht ist an die Stelle aus der *Deutschen Ideologie*: »Sowie nämlich die Arbeit verteilt zu werden anfängt, hat Jeder einen bestimmten ausschließlichen Kreis der Tätigkeit, der ihm aufgedrängt wird, aus dem er nicht heraus kann; er ist Jäger, Fischer oder Hirt oder kritischer Kritiker und muß es bleiben, wenn er nicht die Mittel zum Leben verlieren will – während in der kommunistischen Gesellschaft, wo Jeder nicht einen ausschließlichen Kreis der Tätigkeit hat, sondern sich in jedem beliebigen Zweige ausbilden kann, die Gesellschaft die allgemeine Produktion regelt und mir eben dadurch möglich macht, heute dies, morgen jenes zu tun, morgens zu jagen, nachmittags zu fischen, abends Viehzucht zu treiben, nach dem Essen zu kritisieren, wie ich gerade Lust habe, ohne je Jäger, Fischer, Hirt oder Kritiker zu werden.« Marx, Karl und Friedrich Engels: *Werke* III, Berlin (Dietz) 1962, S. 33.

34 Scheler, Max: Das Ressentiment im Aufbau der Moralen, in: *Vom Umsturz der Werte. Abhandlungen und Aufsätze*, Bern, 4. Aufl. 1955, S. 36, 41.

35 op.cit., S. 65.

36 Rousseau, J. J.: *Emile ou de l'éducation*, Paris (Editions Garnier) 1961, S. 5.

37 Halbwachs, Maurice: *Das kollektive Gedächtnis*, Stuttgart 1967, S. 53.

38 Aynard, Joseph: *La Bourgeoisie française*, op.cit., S. 243.

39 op.cit., S. 262.

40 Minder, Robert: Deutsche und französische Literatur – inneres Reich und Einbürgerung des Dichters, in: *Kultur und Literatur in Deutschland und Frankreich*, Frankfurt am Main 1962, S. 5 ff. Vgl. dazu auch Minder, Robert: Das Bild des Pfarrhauses in der deutschen Literatur von Jean Paul bis Gottfried Benn, in: op.cit., S. 44 ff.

41 Adorno, Theodor W.: *Kierkegaard. Konstruktion des Ästhetischen.* Neue, um eine Beilage erweiterte Ausgabe, Frankfurt am Main 1962, S. 87.

42 op.cit., S. 76/77. Das von Adorno wiedergegebene Zitat stammt

aus: Geismar, Eduard: *Sören Kierkegaard*, Göttingen 1929, S. 12 f. (nach Adorno: op.cit., S. 258).

43 Adorno: op.cit., S. 78, 109. Vgl. zu diesem Zusammenhang die Schopenhauer- und Kierkegaard-Kapitel bei Lukács (*Die Zerstörung der Vernunft*) sowie Grimault, Marguerite: *La mélancolie de Kierkegaard*, Paris 1965.

44 Scheerbart, Paul: *Glasarchitektur*, Berlin 1914. Seitenangaben in Klammern, sämtliche Hervorhebungen von W. L.

45 Rüstow, Alexander: Vereinzelung. Tendenzen und Reflexe, in: *Gegenwartsprobleme der Soziologie*. Herausgegeben zum 80. Geburtstag Alfred Vierkandts von Gottfried Eisermann, Potsdam 1949, S. 45–78. Rüstow gibt einige amüsante Beispiele zum Spiegelmotiv: »Von dem großen Juristen Friedrich Carl von *Savigny* (1779–1869) wurde behauptet, daß er an keiner Pfütze vorbeigehen konnte, ohne sich darin zu spiegeln; von August Wilhelm (von) *Schlegel* (1767–1845) werden massenhaft Anekdoten in dieser Richtung erzählt. Und Hendrik *Ibsen* (1828–1906) hatte auf dem Boden seines steifen Hutes einen Spiegel eingebaut, um sich in ihm jederzeit bewundern zu können.« op.cit., S. 57.

46 In: *Zeitschrift für philosophische Forschung* XX (1966), H. 3/4, S. 471–495.

47 Kaulbach: op.cit., S. 484/485.

48 op.cit., S. 490. Kaulbach bezieht sich auf seine Schrift: *Die Metaphysik des Raumes bei Leibniz und Kant*, Köln 1960.

49 Leibniz, zit. nach Glockner, op.cit., S. 476. Zum Spiegelsymbol bei Leibniz und seiner Überlieferung durch Herder vgl. auch: Langen, August: Zur Geschichte des Spiegelsymbols in der deutschen Dichtung, in: *Germanisch-Romanische Monatsschrift* XXVIII (1940), H. 10–12, S. 269–280, besonders S. 271, Anm. 2.

50 Goldmann, Lucien: *Pour une sociologie du roman*, Paris 1964, S. 41.

51 Maine de Biran: *Journal* I, Février 1814 – 31 Décembre 1816, Neuchâtel 1954, S. 39. Littré versteht unter »langueur« in erster Linie »état d'une personne affaiblie, malade« (op.cit. III. Band, S. 249) und unter »ennui« »tourment de l'âme« (op.cit. II. Band, S. 1406).

52 op.cit., S. 417. Das Phänomen der »Vereinzelung *in* der Welt« scheint den Soziologen besonders anzuziehen, weil er hier Sozialstruktur und daraus resultierende »Sozialflucht ins Innere« nebeneinander hat und bequem sezieren kann. Daraus aber eine »moderne soziologische Krankheitsstruktur« (Rüstow mit A. Löwe, op.cit., S. 62) machen

zu wollen, erscheint zumindest für den Terminus modern voreilig. Montaigne hat bereits so viel davon geahnt, daß er schreiben konnte: »Laissons à part cette longue comparaison de la vie solitaire à l'active...« (*Œuvres Complètes,* Bibliothèque de la Pléiade 14, Paris 1962, S. 232).

53   Proust wird zitiert nach der ›Werkausgabe‹ der edition suhrkamp in 13 Bänden, Frankfurt am Main 1964. Römische Ziffern bedeuten den Band; arabische die jeweilige Seitenzahl. Biographische Angaben stützen sich, wenn nicht anders erwähnt, auf Maurois, André: *Auf den Spuren von Marcel Proust,* Frankfurt am Main und Hamburg 1964. Zur Koinzidenz von Prousts Roman und Leben vgl. die Biographie von G. D. Painter: *Marcel Proust,* Teil I, Frankfurt am Main 1962; Teil II, 1968.

54   Maurois, André: op.cit., S. 121.

55   1910 schreibt Proust, er habe »ziemlich viel Bergson gelesen«, und teilt 1912 dem Prinzen Antoine Bibesco mit: »Es sind keine Bergson'-schen Romane, denn mein Werk steht unter dem Begriff der Unterscheidung, der in der Bergson'schen Philosophie nicht nur keine Stelle hat, sondern dem jene direkt widerspricht.« Proust, Marcel: *Briefe zum Werk,* Frankfurt am Main 1964, S. 188 und 232.

56   Poulet, Georges: *Marcel Proust. Zeit und Raum* (L'espace proustien), Frankfurt am Main 1966 (Paris 1963), S. 112. Ein Hinweis darauf findet sich schon bei Benjamin, wenn dieser schreibt: »Die Ewigkeit, in welche Proust Aspekte eröffnet, ist die verschränkte, nicht die grenzenlose Zeit. Sein wahrer Anteil gilt dem Zeitverlauf in seiner realsten, das ist aber *raumverschränkten Gestalt,* der nirgends unverstellter herrscht als im Erinnern, innen, und im Altern, außen.« Benjamin, Walter: Zum Bilde Prousts, in: *Illuminationen. Ausgewählte Schriften,* S. 355–369, hier: S. 365, Hervorhebung von mir.

57   Arendt, Hannah: Faubourg Saint-Germain, in: *Elemente und Ursprünge totaler Herrschaft,* Frankfurt am Main 1955, S. 135.

58   Benjamin: op.cit., S. 360. Zur »Langeweile« bei Proust, op.cit., S. 358.

59   Dreyfus, Robert: Marcel Proust au Lycée Condorcet, nach *Revue de France,* Dezember 1925, S. 609. Zitiert nach Poulet, G.: op.cit., S. 64.

60   *Briefe,* op.cit., S. 292.

61   Poulet, Georges: op.cit., S. 106, 107, 109.

62   Vgl. dazu auch Adorno (›Standort des Erzählers im zeitgenössischen Roman‹, in: *Noten zur Literatur* I, Frankfurt am Main 1958,

S. 61–72), der Intérieur und monologue intérieur zusammenbringt, op.cit., S. 67.

63 Von Valéry geschrieben für die zweite engl. Übersetzung von *Teste.* Zit. nach Valéry, Paul: *Herr Teste,* Frankfurt am Main 1965, S. 13. Hervorhebung von mir. Im folgenden wird aus dieser Ausgabe nur mit nachgestellter Seitenzahl in Klammern zitiert.

64 Luhmann, Niklas: Reflexive Mechanismen, in: *Soziale Welt* XVII (1966), H. 1, S. 3.

65 op.cit., S. 17, 23.

66 Claessens, Dieter: Rationalität revidiert, op.cit., S. 471, 473, 474.

67 Die große Bedeutung, die das Motiv des Intérieurs in der Literatur der Gegenwart gewonnen hat, läßt sich nirgends deutlicher zeigen als am französischen Roman der Avantgarde, dem »nouveau roman«. Schon von der Thematik her ist dieser Bezug vorhanden: das Haus in Alain Robbe-Grillets *La jalousie* wie die Mietskaserne in Michel Butors *Passage de Milan* sind dafür Beispiele. Im »nouveau roman«, der auch »Dingroman« genannt wurde, wird alles zum Intérieur, da die romanhafte Analyse auf extremer Präzision beharrt: die Dinge rücken näher und zusammen. Letztlich wird so die Welt selbst Intérieur – damit ist der wichtigste Unterschied zur Auffassung des 19. Jahrhunderts beschrieben. Ursprünglich wurde das Intérieur als Fluchtort vor der Welt gesehen: nun sind beide identisch. Das Intérieur bietet keine Chance mehr, im Innenraum auszuleben, was »draußen« unter Kontrolle stand – wird die Welt zum Intérieur, so gelangen die Zwänge der Gesellschaft total in den Einzelnen; die Personen des »nouveau roman« werden derart selber zu Dingen. Ein dialektisches Verhältnis von Melancholie und Langeweile wird hier offenbar: die Affekte verschwinden aus den Personen wie die Psychologie aus dem Roman – was bleibt ist Langeweile. (In seiner Kritik an Camus hatte Robbe-Grillet diesen des Rückfalls in den Vorrat der »klassischen Metaphern« geziehen, unter ihnen jene, die vom Abend als »melancholischer Atempause« spricht.) Die Sukzession des Immer-Gleichen, der Verzicht auf Veränderung erzeugen objektive Langeweile, Hegel und Kierkegaard haben sie genauso gesehen. Und was sind »Gegenwart außerhalb der Zeit« und »räumliche Permanenz« anders denn Indizien für Langeweile? – wenn sie nicht schon darüber hinausweisen. Roland Barthes hat im Zusammenhang mit Robbe-Grillet über den »nouveau roman« geäußert, dieser befinde sich im Stadium »dauernden Selbstmordversuches«. Er bildet sicher auch den Versuch, Spontaneität zurückzugewinnen, indem Langeweile auf die Spitze getrieben wird. Wie

Barthes den »présuicide« aus der Situation der Zeit erklärte, müßte auch hier nach den sozialen Bedingungen geforscht werden, die es der Avantgarde nahelegen, sich nicht mehr auf Exzentrizität – deren Pendant Innerlichkeit ist –, sondern auf Langeweile zu berufen. Die Vermutung bietet sich an, der »nouveau roman« sei Vorhut der »außengeleiteten Literatur«, wobei der Bezugspunkt nicht die anderen, sondern die Dinge außerhalb des Menschen sind. Vgl. dazu vor allem: Zeltner-Neukomm, Gerda: *Das Wagnis des französischen Gegenwartsromans*, Reinbek bei Hamburg 1960 und Janvier, Ludovic: *Literatur als Herausforderung. Die neue Welt des Nouveau Roman*, München 1967.

68 So Valéry in einem Brief an Gide vom 22. 2. 1897; der Ausdruck »testisme« fällt von Valéry am 5. 10. 1896. Vgl. Gide, André und Paul Valéry: *Briefwechsel 1890–1942*, eingeleitet und kommentiert von Robert Mallet, Würzburg–Wien 1958, S. 360 und 356.

69 Adorno, Theodor, W.: Über einige Schwierigkeiten des Komponierens heute, in: *Aspekte der Modernität*, herausgegeben von Hans Steffen, Göttingen 1965, S. 129–149. Adornos Beitrag, das hier angegebene Zitat auf S. 131, enthält eine Fülle von Implikationen für die behandelte Thematik.

70 Enders, Horst: Marginalien zur Theorie und Literatur der Texte, in: *Sprache im technischen Zeitalter*, H. 16 (1965), S. 1327.

71 op.cit., S. 1335.

72 Sontag, Susan: Anmerkungen zu ›Camp‹, in: *Akzente* XIII (1966), H. 6, S. 501–521, hier: S. 517, 504, 508.

73 op.cit., S. 516. Sartre bezieht sich auf Genets Feststellung, »das einzige Kriterium einer Tat ist ihre Eleganz«.

74 op.cit., S. 503.

Exkurs über die Raumproblematik in der psychiatrischen und psychopathologischen Melancholie-Diskussion

1 Halbwachs, Maurice: *Das Gedächtnis,* op.cit., S. 87.
2 Simmel, Georg: Soziologie des Raumes, in: *Schmollers Jahrbuch* XXVII (1903), S. 27–71, hier: S. 29.
3 Vgl. dazu den Beitrag von Hans-Joachim Lieber und Peter Furth: Zur Dialektik der Simmelschen Konzeption einer formalen Soziologie, in: *Buch des Dankes an Georg Simmel*, herausgegeben von Kurt Gassen und Michael Landmann, Berlin 1958, S. 39–59.

4   Kisker, K. P.: Kants psychiatrische Systematik, op.cit., S. 18.
5   Hoff, Hans: op.cit., S. 731.
6   op.cit., S. 732.
7   op.cit., S. 732. Auch hier ist wieder darauf hinzuweisen, wie die psychiatrisch und medizinisch als Melancholie-Ursache ermittelten Laktations-Störungen in der Ikonographie im »Motiv der ausgedörrten Brüste« auftreten. Man vgl. dazu Bandmann, Günter: *Melancholie und Musik. Ikonographische Studien,* Köln–Opladen 1960, S. 105, und die bei Klibansky-Panofsky-Saxl, op.cit., angeführten Beispiele.
8   Claessens, Dieter: Ein Theorem zur Struktur der Psyche, in: *Angst, Furcht und gesellschaftlicher Druck und andere Aufsätze,* Dortmund 1966, S. 79. Vgl. Claessens: *Familie und Wertsystem,* Berlin, 2. Aufl. 1967.
9   Vgl. Foucault, Michel: *Folie et déraison. Histoire de la folie à l'âge classique,* Paris 1961, und ders.: *Psychologie und Geisteskrankheit,* Frankfurt am Main 1968.
10 Freud, Sigmund: Trauer und Melancholie, *Ges. Werke* Bd. X, Frankfurt am Main, 3. Aufl. 1963, S. 446, 429, 431. Vgl. Wisdom, J. O.: Die psychoanalytischen Theorien über die Melancholie, in: *Jahrbuch der Psychoanalyse,* Bd. IV, Bern und Stuttgart 1967, S. 102–154.
11 Binswanger, Ludwig: *Melancholie und Manie. Phänomenologische Studien,* Pfullingen 1960, S. 9, 140.
12 Tellenbach, Hubert: Die Räumlichkeit der Melancholischen. Über Veränderungen des Raumerlebens in der endogenen Melancholie, in: *Der Nervenarzt* XXVII (1956), H. 1, S. 12 ff. und ›II. Mitteilung. Analyse der Räumlichkeit melancholischen Daseins‹, op.cit., H. 7, S. 289 ff.
13 Tellenbach, Hubert: *Melancholie. Zur Problemgeschichte – Typologie – Pathogenese und Klinik,* Berlin–Göttingen–Heidelberg 1961, S. 13.
14 op.cit., S. 50. Dieses Werk wird fortan nur mit Seitenangaben in Klammern zitiert.
15 Tellenbach, Hubert: Analyse der Räumlichkeit melancholischen Daseins, op.cit., S. 290.
16 op.cit., S. 293. Bei Tellenbach ganz hervorgehoben.
17 »ein hinter sich selbst Zurückbleiben«, *Melancholie,* op.cit., S. 125.
18 Tellenbach, Hubert: Hiob und das Problem der Selbstübersteigung. Einübung im Transzendieren als Prinzip einer psychotherapeutischen Melancholie-Prophylaxe, in: *Werden und Handeln,* Festschrift für v. Gebsattel, Stuttgart 1963, S. 420 ff.

19 Tellenbach, Hubert: op.cit., S. 430. Zur Differenz von inkludenter und remanenter Melancholie vgl. auch Tellenbach, Hubert: Gestalten der Melancholie, in: *Jahrbuch für Psychologie, Psychotherapie und medizinische Anthropologie* VII (1960), S. 9 ff., besonders S. 11 f. und 15 f.

20 Dumas, Georges: *La tristesse et la joie*, Paris 1900, S. 30, 34, 99. Vgl. dazu Dumas, G.: *Les états intellectuels dans la mélancolie*, Paris 1895 und zum Begriff der »Koänaesthesis« Allport, Gordon W.: *Werden der Persönlichkeit*, Bern–Stuttgart 1958.

21 Cameron, Norman: *The Psychology of Behavior Disorders. A Biosocial Interpretation*, Boston–New York 1947, S. 495–539: »Manic and Depressive Disorders.« Cameron hier zit. mit eingeklammerten Seitenzahlen. Vgl. auch Cameron, Norman: The Paranoid Pseudo-Community, in: *American Journal of Sociology* XLIX (1943/44), H. 1, S. 32–38 mit der Schilderung des Konfliktes zwischen »supposed community of response« und »actual community«.

22 In dem hier geschilderten Zusammenhang wäre noch Sigmund Biran mit seinem Buch *Melancholie und Todestriebe. Dynamische Psychologie der Melancholie*, München–Basel 1961, zu nennen, in welchem der »Reizauslöschungsmodus« (71) für die behandelte Problematik von großem Interesse ist. Auch der »Raumbezug« fehlt bei Biran nicht, im Zusammenhang mit dem »Reizauslöschungsmodus«, der ja an »Weltverlust« erinnert, spricht er – Heine paraphrasierend – von der »Matratzengruft« der Melancholiker!

23 Mitscherlich, Alexander: Über die Vielschichtigkeit sozialer Einflüsse auf Entstehung und Behandlung von Psychosen und Neurosen, in: *Krankheit als Konflikt. Studien zur psychosomatischen Medizin* I, Frankfurt am Main 1966, S. 74–99, hier: S. 89. Hervorhebung *»Zwischenmenschliche Beziehungen«* von mir.

24 Binswanger: op.cit., S. 10.

25 Paracelsus, *Werke*, hrsg. v. Sudhoff, VIII, 273. Zit. nach Leibbrand, Werner und Annemarie Wettley: *Der Wahnsinn. Geschichte der abendländischen Psychopathologie*, Freiburg–München 1961, S. 209.

26 Radó, Sándor: Das Problem der Melancholie. Vortrag auf dem X. Internationalen Psychoanalytischen Kongreß zu Innsbruck am 1. September 1927, in: *Internationale Zeitschrift für Psychoanalyse*, Wien XIII (1927), Heft 4, S. 453.

27 Cohen, Albert K.: The Study of Social Disorganization and Deviant Behavior, in: Merton-Broom-Cottrell, Jr. (Hg.): *Sociology Today. Problems and Prospects*, New York 1959, S. 463.

28 Cohen: op.cit., S. 462.

29 *American Sociological Review* XVIII (1953), S. 163 ff.

30 *American Sociological Review* XXVIII (1963), S. 189. Vgl. dazu auch Clausen, John A.: The Sociology of Mental Illness, in: Merton-Broom-Cottrell, Jr.: op.cit., S. 485 ff.

31 Kleiner-Parker: op.cit., S. 191.

32 Stern, Ludwig: *Kulturkreis und Form der geistigen Erkrankung,* Halle a. d. Saale 1913.

33 Vgl. zu Hollingshead-Redlich besonders den Beitrag von Theodor W. Adorno: Zum Verhältnis von Soziologie und Psychologie, op.cit., S. 42. Es geht um den Beitrag der beiden Autoren: Social Stratification and Schizophrenia, in: *American Sociological Review* XIX (1954), H. 3, S. 302. Vgl. dazu auch Adorno, Th. W.: Postscriptum, in: *Kölner Zeitschrift für Soziologie und Sozialpsychologie* XVIII (1966), H. 1, S. 37 ff.

34 Marcuse, Herbert: *Triebstruktur und Gesellschaft. Ein philosophischer Beitrag zu Sigmund Freud,* Frankfurt am Main 1965. Vgl. ders.: Das Veralten der Psychoanalyse, in: *Kultur und Gesellschaft* II, Frankfurt am Main 1965, S. 85–106; *Psychoanalyse und Politik,* Frankfurt am Main 1968. Damit ist natürlich die Frage nach den »sozialen Aspekten der Psychoanalyse« (Caruso) nur angedeutet.

35 Marcuse: *Triebstruktur und Gesellschaft,* S. 7.

VI Beliebigkeit und Verbindlichkeit

Grundlage dieses Kapitels bildet eine Arbeit, die für ein Oberseminar bei Prof. Helmut Schelsky angefertigt wurde. Ihm und den Teilnehmern dieses Seminars verdanke ich manche Anregung.

1 Duveau, G.: op.cit., S. 18.

2 v. Sydow, Eckart: *Die Kultur der Dekadenz,* Dresden, 2. Aufl. 1922, S. 196, 197.

3 Borges, Jorge Luis: Von der Strenge der Wissenschaft, in: *Der schwarze Spiegel. Erzählungen,* München 1961, S. 136.

4 Beaurieu, Gaspard Guillard de: *L'élève de la nature,* Amsterdam 1764, S. 5, 7.

5 Claessens, Dieter: Rationalität revidiert, in: *Kölner Zeitschrift für Soziologie und Sozialpsychologie* XVII (1965), S. 465–476. Neu in: *Angst, Furcht und gesellschaftlicher Druck und andere Aufsätze,* Dortmund 1966, S. 116–124. Zitiert wird nach *Kölner Zeitschrift . . . ,* a.a.O.

6 op.cit., S. 474.

7 Burtons selbstentworfene Grabinschrift an der Christ Church Cathedral in Oxford lautet: »Paucis notus/paucioribus ignotus,/Hic jacet/Democritus junior/Cui vitam dedit et mortem/Melancholia.« Siehe dazu Klibansky-Panofsky-Saxl: op.cit.

8 Stieler, Georg: *Nikolaus Malebranche*, Stuttgart 1925, S. 4 ff. Vgl. dazu auch Oedingen, Karlo: Der Ursprung des europäischen Rationalismus, in: *Zeitschrift für philosophische Forschung* XII (1958), S. 218–241.

9 Zur Analyse von Systemen der Verbindlichkeit mit radikalem Verfügbarkeitsmonopol eignet sich hervorragend Karl A. Wittfogels »vergleichende Untersuchung totaler Macht«: *Die orientalische Despotie*, Köln–Berlin 1962, Original 1957.

10 Gehlen, Arnold: *Der Mensch. Seine Natur und seine Stellung in der Welt*, Frankfurt/Main–Bonn, 7. Auflage 1962, S. 133.

11 Bei größerem Schwergewicht der philosophischen Orientierung müßte auf den Intentionalitätsbegriff ausführlich hingewiesen werden. Husserl spricht in diesem Zusammenhang vom Typus *»Universale Weltwahrnehmung«*, in welcher *»Wahrhaft Seiendes*, ob Reales oder Ideales, ... also Bedeutung nur als ein besonderes Korrelat meiner eigenen Intentionalität*, der aktuellen und der als potentiell vorgezeichneten« hat. Husserl, Edmund: *Cartesianische Meditationen und Pariser Vorträge*, Husserliana Bd. I, Haag 1950, S. 21 und 23. Gründlicher müßte zwischen der Gegenstandintentionalität Brentanos und der Aktintentionalität Husserls unterschieden werden; hier spricht Husserl von der »empirischen Psychologie« Brentanos und damit wird die Nähe zu Gehlen deutlich, der eine empirische Philosophie geben wollte.

12 Vgl. Claessens, Dieter: Rationalität revidiert, op.cit., S. 475.

13 Vgl. Claessens, Dieter: Weltverlust als psychologisches und soziologisches Problem, *Archiv für Rechts- und Sozialphilosophie*, 1963/4, neu in: *Angst, Furcht und gesellschaftlicher Druck* ..., op.cit., S. 67.

14 Daher ist die Affinität zwischen den Exzentrikern und den Adligen so stark: »Baudelaire et les décadents de 1880 ... ont su parler de la douleur, c'est que, désespérant de jamais la dépasser autrement que par de vaines parodies, ils éprouvaient instinctivement qu'elle demeurait leur seule excuse, et leur vraie noblesse ... C'est pourquoi l'héritage du romantisme n'est pas pris en charge par Hugo, pair de France, mais par Baudelaire et Lacenaire, poètes du crime.« Camus, *L'Homme Révolté*, op.cit., S. 73.

VII Handlungshemmung und Reflexion

1 Vossler, Karl: *Poesie der Einsamkeit in Spanien*, op.cit., S. 171. Daß Luis de León die Worte tatsächlich ausgesprochen hat, ist nicht verbürgt, die Kritik nimmt an, daß sie (1623) von dem Italiener Nicolás Crusenio erfunden wurden. Aber wenn auch erfunden, sind sie dennoch geeignet, eine Verhaltenstendenz plastisch wiederzugeben. Vgl. Art. Luis de León in der *Enciclopedia universal illustrada europeo-americana*, Barcelona o. J. Band XXIX, S. 1675.

2 Hinzu kommt wohl die Unterstützung, die aus der Erziehung zum »Geistesaristokraten« resultiert: Luis' Eltern waren »nobles y limpios« und sein Vater, Advokat (»abogado de Corte«), sorgte für eine entsprechende Ausbildung (»le proporcioné la educación correspondiente á la clase distinguida á que pertenecía«). Vgl. den erwähnten Artikel, S. 1673.

3 Dobroljubow, N. A.: Was ist Oblomowtum?, in: *Ausgewählte Philosophische Schriften*, Moskau 1951, S. 229 ff., hier: S. 237. Dobroljubow nennt als weitere literarische Vorbilder Lermontow *(Ein Held unserer Zeit)*, Herzen *(Was ist Schuld?)*, Turgenjew *(Ein überflüssiger Mensch; Rudin; Hamlet aus dem Bezirk Schtschigry)*, Puschkin *(Eugen Onegin)*.

4 Goerdt, Wilhelm: Oblomowerei und Philosophie in Rußland, in: *Collegium Philosophicum*, Studien Joachim Ritter zum 60. Geburtstag, Basel–Stuttgart 1965, S. 37 ff., hier: S. 43 und 47. Vgl. dazu Rehm, Walter: *Experimentum Medietatis. Studien zur Geistes- und Literaturgeschichte des 19. Jahrhunderts*, München 1947 (S. 96 ff.: Gontscharow und die Langeweile) und ders.: *Gontscharow und Jacobsen oder Langeweile und Schwermut*, Göttingen 1963.

5 Hilsbecher, Walter: Versuch über Oblomow, in: *Merkur* XX (1966), Heft 222, S. 841 ff., hier: S. 843.

6 Bandmann, Günter: *Melancholie und Musik*, op.cit., S. 48.

7 Feuchtersleben, Ernst Frhr. von: *Ausgewählte Werke*, Leipzig 1907, S. 172.

8 Valéry, Paul: *Schlimme Gedanken und andere*, Frankfurt am Main 1963, S. 141.

9 Birnbaum, Karl: Grundzüge der Kulturpsychopathologie, in: *Grenzfragen des Nerven- und Seelenlebens* 116, München 1924, S. 39.

10 Ritter, Joachim: Über das Lachen, in: *Blätter für deutsche Philosophie* XIV (1940/41), S. 1.

11 Radin, Paul: *Gott und Mensch in der primitiven Welt*, Zürich o. J., S. 50, 46.

12 Heinisch, Klaus J.: *Der utopische Staat,* op.cit., S. 225.

13 Duveau, Georges: *Sociologie de l'Utopie et autres ›Essais‹*, op.cit., S. 6.

14 op.cit., S. 14.

15 Duveau, G.: op.cit., S. 17.

16 Mühlmann, E.: Der revolutionäre Umbruch, op.cit., S. 337.

17 nach Duveau, G.: op.cit., S. 14.

18 Duveau, G.: op.cit., S. 22.

19 Freyer, Hans: *Theorie des gegenwärtigen Zeitalters*, Stuttgart 1963, S. 65. Vgl. dazu auch Krauss, der anführt, in der Utopie gehe »das Raumbild . . . , wie immer, . . . dem Zeitbild voran« (op.cit., S. 347).

20 Freyer, Hans: *Theorie . . .*, op.cit., S. 65. *Die politische Insel*, op.cit., S. 35. Vgl. dazu Duveau: »La suspension du temps, dans la cité d'utopie, est un des points qui doivent tout particulièrement retenir le sociologue.« op.cit., S. 9.

21 Ivanoff, N.: op.cit., S. 162.

22 Bourdeau, J.: op.cit., S. 82 f.

23 Hémon, Félix: *La Rochefoucauld*, Paris 1896, S. 122.

24 Funck-Brentano: *La cour du roi soleil*, Paris 1937, S. 194 und 197.

25 Deniker, Pierre: A propos du suicide mélancolique de Vatel, in: *La vie médicale*, No. Spécial (Humeur et angoisse), Weihnachten 1962, S. 38. Der Vorgang wird zuerst geschildert in einem Brief der Mme de Sévigné an ihre Tochter.

26 Hémon, Félix: op.cit., S. 198. Ähnlich unterscheidet Grandsaignes-d'Hauterive bei La Rochefoucauld eine »période d'action« und eine »période mondaine«, op.cit., S. 7 f.

27 Humboldt, Wilhelm von: *Das achtzehnte Jahrhundert*, op.cit., S. 70 und 84.

28 Kant, Immanuel: *Reflexionen zur Anthropologie.* Aus Kants handschriftlichen Aufzeichnungen herausgegeben von Benno Erdmann, Leipzig 1882, S. 68 und 168.

29 Goethe: *Die Leiden des jungen Werthers*, op.cit., S. 80.

30 op.cit., S. 86.

31 Günther, Hans R. G.: Psychologie des deutschen Pietismus, in: *Deutsche Vierteljahresschrift für Literaturwissenschaft und Geistesgeschichte* IV (1926), H. 1, S. 158, 166, 167.

32 Lukács, Georg: *Die Theorie des Romans. Ein geschichtsphilosophi-*

scher Versuch über die Formen der großen Epik, Neuwied und Berlin,
3. Aufl. 1965, S. 84.
33 op.cit., S. 6.
34 Bruford, W. H.: *Die gesellschaftlichen Grundlagen der Goethezeit*,
Weimar 1936, S. 80.
35 op.cit., S. 91.
36 op.cit., S. 10.
37 Kierkegaard, Sören: *Entweder-Oder*, op.cit., S. 309.
38 Musil, Robert: *Tagebücher, Aphorismen, Essays und Reden*, hrsg.
von A. Frisé, Hamburg 1955, S. 113.

Exkurs über die Problematik von Handlungshemmung und Reflexion in Psychologie, Psychiatrie und Psychopathologie

1 Janet, Pierre: The Fear of Action, in: *The Journal of Abnormal
Psychology and Social Psychology* XVI (1921–1922), S. 152.
2 Janet, Pierre: Fear of Action as an Essential Element in the Sentiment of Melancholia, in: *Feelings and Emotions. The Wittenberg
Symposium*, Worcester (Mass.) 1928, S. 303, 309.
3 Freud, Sigmund: Brief an Martha Bernays, Paris 21. 10. 1885, in:
Briefe 1873–1939, Frankfurt am Main 1960, S. 169.
4 Freud: Trauer und Melancholie, op.cit., S. 429. Vgl. hierzu auch
Hoff, der als drittes Symptom des melancholischen Syndroms die Hemmung erwähnt, die sich psychisch »in einer Verlangsamung aller Erlebnisvorgänge« ausdrückt. (Hoff: Das veränderte Erscheinungsbild der
Melancholie, op.cit., S. 730.) Hierzu außerdem Wisdom, J. O.: Die
psychoanalytischen Theorien über die Melancholie, op.cit.
5 Freud: Einige Charaktertypen aus der psychoanalytischen Arbeit,
op.cit., S. 371.
6 Hoff: op.cit.
7 Ribot, Th.: *Les maladies de la volonté*, Paris 8. Aufl. 1893. (»Il ne
faut jamais oublier non plus que vouloir c'est agir«, S. 37). Schultz-
Henke, Harald: *Der gehemmte Mensch. Entwurf eines Lehrbuchs der
Neopsychoanalyse*, Stuttgart, 2. Aufl. 1947, S. 13.
8 Maier, N. R. F.: *Frustration. The study of behavior without a goal*,
New York–Toronto–London 1949, S. 113 und S. 133. Hervorhebungen von mir.
9 Dumas, Georges: *Les états intellectuels dans la mélancolie*, Paris
1895, S. 42. (Das Buch ist Ribot gewidmet!)

10 op.cit., S. 9: »mélancolie avec conscience, mélancolie dépressive, mélancolie anxieuse, mélancolie avec stupeur.«

11 Dumas, Georges: *La tristesse et la joie*, Paris 1900, S. 30.

12 op.cit., S. 34.

13 op.cit., S. 79.

14 Völkel, H.: *Neurotische Depression. Ein Beitrag zur Psychopathologie und Klinik*, Stuttgart 1959, S. 6. Hervorhebungen von mir; weitere Zitate durch Seitenangaben im Text nachgewiesen.

15 Kraepelin, Emil: *Psychiatrie. Ein Lehrbuch für Studierende und Ärzte*, 1. Band, Leipzig, 8. Aufl. 1909, S. 362.

16 Kraepelin, E.: *Einführung in die psychiatrische Klinik*, Bd. II Krankenvorstellungen, 1. Reihe, Leipzig 4. Aufl. 1921, S. 5. Weitere Zitate nachgewiesen durch Seitenzahlen im Text.

17 Krafft-Ebing, Richard von: *Die Melancholie. Eine klinische Studie*, Erlangen 1874, S. 7. Weitere Zitate durch Seitenangaben im Text nachgewiesen.

18 Krafft-Ebing, Richard von: *Lehrbuch der Psychiatrie auf klinischer Grundlage*, Stuttgart, 5. Aufl. 1893, S. 319. Weitere Zitate mit Seitenangaben im Text.

19 Dreyfus, Georges L.: *Die Melancholie. Ein Zustandsbild des manisch-depressiven Irreseins*, Jena 1907, S. 22. Weitere Zitate mit Seitenangaben im Text; auf S. 10 f. setzt sich Dreyfus besonders mit der Frage der Hemmung bei Kraepelin auseinander.

20 Tellenbach, Hubert: Die Räumlichkeit der Melancholischen . . ., op.cit., S. 12 und 290.

21 Tellenbach, Hubert: Gestalten der Melancholie, op.cit., S. 11 und 12.

22 op.cit., S. 24. Weitere Zitate durch Seitenangaben in Klammern.

23 Tellenbach, Hubert: *Melancholie* . . ., op.cit. Zitate daraus durch Seitenangaben in Klammern nachgewiesen. Vgl. dazu Tellenbach, Hubert: Hiob . . ., op.cit., und: Zur Klinik der Oralsinn-Störungen . . ., op.cit.

24 Binswanger, Ludwig: *Melancholie und Manie. Phänomenologische Studien*, Pfullingen 1960. Von gleichen Autor vgl. auch: *Drei Formen mißglückten Daseins. Verstiegenheit, Verschrobenheit, Manieriertheit*, Tübingen 1956, und Über die manische Lebensform, in: *Ausgewählte Vorträge und Aufsätze*, II, Bern 1955.

25 Petrilowitsch, Nikolaus: Zur Psychologie und Psychopathologie der Blasiertheit, in: *Jahrbuch für Psychologie, Psychotherapie und medizinische Anthropologie*, VII (1960), S. 55 ff.

26 Zum autistischen Denken im Zusammenhang von Hemmung und

Reflexion vgl. hier Bleuler, E.: Das autistische Denken, in: *Jahrbuch für psychoanalytische und psychopathologische Forschungen* IV (1912), S. 1 ff. Zum Schmerzphänomen in diesem Zusammenhang: Bürger-Prinz, Hans: Zur Psychologie des Schmerzes, in: *Zur Psychologie der Lebenskrisen*, hrsg. von Ch. Zwingmann, Frankfurt am Main 1962, S. 280 und 276. (Bürger-Prinz greift hier auf Pradines zurück.) Vgl. dazu auch: Schulte, Walter: Kopfschmerz und Persönlichkeit. Gestaltung, Resonanz, Raum, Spannung und Sinn, in: *Der Nervenarzt*, XXVI (1955), H. 4, S. 154 ff., und: Ruffin, Hanns: Melancholie, in: *Deutsche Medizinische Wochenschrift* LXXXII (1957), S. 1080 ff.

27 v. Gebsattel, Viktor: Die depressive Fehlhaltung, in: *Imago Hominis. Beiträge zu einer personalen Anthropologie*, Schweinfurt 1964, S. 201 ff. Vgl. dazu auch: Gebsattel: Zur Frage der Depersonalisation (Ein Beitrag zur Theorie der Melancholie), in: *Der Nervenarzt* X (1937), H. 4.

28 Schottlaender, Felix: Über Einsamkeit, Polarisation und dramatisches Bedürfnis, in: *Psyche* I (1947/48), H. 1, S. 24 ff.

VIII Melancholie und die Suche nach Legitimation

1 Panofsky–Saxl: op.cit., S. 33–35.

2 Das ist der Vorgang, den Gehlen für die Neuzeit als typisch ansah, in dem es darum geht, »auf dem Umweg über die Ratio eine Theorie vom Seelischen in sich hineinzunehmen und abzubilden«. *Urmensch und Spätkultur*, 2. Aufl. 1964, Frankfurt am Main und Bonn, S. 108.

3 Panofsky–Saxl: op.cit., S. 30.

4 Schönbach, Peter: Dissonanz und Interaktionssequenzen, in: *Kölner Zeitschrift für Soziologie und Sozialpsychologie* XVIII (1966), H. 2, S. 253–270. Zitate werden im Text mit eingeklammerten Seitenangaben nachgewiesen.

5 Scholem, Gershom: *Die jüdische Mystik in ihren Hauptströmungen*, Frankfurt am Main 1957, S. 34/35 und 38. Vgl. auch Scholem, Gershom: Die Metamorphose des häretischen Messianismus der Sabbatianer in religiösen Nihilismus im 18. Jahrhundert, in: *Zeugnisse, Theodor W. Adorno zum sechzigsten Geburtstag*, hrsg. von Max Horkheimer, Frankfurt am Main, S. 20–32, und Alter, Robert: Sabbatai Zewi and the Jewish Imagination, in: *Commentary* XLIII (1967), Nr. 6, S. 66 ff.

6 Scholem, Gershom: op.cit., S. 318. Scholems psychiatrische Annahmen stützen sich auf Bleuler und Lange. Wenn Scholem schreibt, daß für Nathan »die Figur Hiobs ... von Anfang an zum Prototyp der Persönlichkeit des Messias« wird (op.cit., S. 324), so ist damit auch eine Orientierung an einem »Melancholiker« nachgewiesen: Vgl. dazu Tellenbach, Hubert: Hiob und das Problem der Selbstübersteigung, op.cit.

7 Hurwitz, Siegmund: Sabbatai Zwi. Zur Psychologie der häretischen Kabbala, in: *Studien zur analytischen Psychologie C. G. Jungs*, Bd. II: ›Beiträge zur Kulturgeschichte‹, Zürich 1955, S. 239 f., hier: S. 253. Zu Saul vgl. Schaerf, Rikwah: Saul und der Geist Gottes. Ein Beitrag zum Problem der Melancholie, im gleichen Band, S. 209 ff.

8 Hurwitz, S.: op.cit., S. 259.

9 op.cit., S. 261.

10 Guardini, Romano: *Vom Sinn der Schwermut*, Zürich 1949, S. 7.

11 op.cit., S. 50.

12 Vordergründig ist von einer solchen Aussage etwa die Auffassung Blochs auszunehmen, »weil der Weltprozeß selber eine utopische Funktion ist, mit der Materie des objektiv Möglichen als Substanz« (*Das Prinzip Hoffnung*, op.cit., S. 203). Aber hier ist eben der Prozeß bereits total und präformiert: als die Utopie mit sich bringender. Prozeßgedanken und Utopia zu vereinigen, stellt an das utopische Denken schwierigere Anforderungen. Erinnert man sich des Zusammenhanges von Heimweh und Melancholie, so offenbart sich auch der anti-melancholische Charakter der Utopie Blochs, es »entsteht in der Welt etwas, worin noch niemand war: Heimat«. (*Freiheit und Ordnung*, op.cit., S. 190).

13 Maine de Biran: *Journal* I, op.cit., S. 247.

14 Benjamin, Walter: *Ursprung des deutschen Trauerspiels*, rev. Ausgabe besorgt von Rolf Tiedemann, Frankfurt am Main 1963, S. 158.

IX Melancholisches Klima und anthropologische Reduktion – Die Philosophie Arnold Gehlens

1 Gehlen, Arnold: *Der Mensch. Seine Natur und seine Stellung in der Welt*, Berlin 1940, S. 449/450. Die hier aus der 1. Aufl. gegebenen Zitate entstammen alle dem Kapitel 55: »Oberste Führungssysteme«. Von nun an beziehe ich mich fortlaufend auf meinen Aufsatz ›Hand-

lung und Reflexion: Aspekte der Anthropologie Arnold Gehlens‹, in: *Soziale Welt* XVIII (1967), H. 1, S. 41–66.

2 Gehlen: *Der Mensch,* 8. Aufl., Frankfurt/Main–Bonn 1966, S. 394. Daraus stammen auch die beiden folgenden, im Text durch die jeweiligen Seitenzahlen nachgewiesenen Zitate.

3 ders.: *Urmensch und Spätkultur,* Frankfurt am Main und Bonn, 2. Aufl. 1964, S. 9, 89. Entscheidend ist hier, daß die historische Differenzierung *Bewußtseins*-Phänomenen gegenüber auftritt.

4 Kritik an Gehlen wird an dieser Stelle ausgespart. Sie könnte sich einmal gegen die bei ihm eklatante Vernachlässigung des anderen, des »Sozius« wenden, zum zweiten gegen die ungenutzte Möglichkeit, eine Theorie der »Befreundung mit Welt« aufzustellen. Das würde nämlich die »Melancholie« der Ausgangslage bereits erheblich abschwächen. Gehlen benötigt sie freilich, wie zu zeigen sein wird, für sein Institutionen-Konzept. Vgl. dazu Claessens, Dieter: *Familie und Wertsystem,* Berlin, 2. Aufl. 1967, und ders.: *Instinkt, Psyche, Geltung,* Köln–Opladen 1968.

5 Gehlen, Arnold: *Urmensch und Spätkultur,* op.cit., S. 157, 42.

6 Gehlen, Arnold: Probleme einer soziologischen Handlungslehre, in: *Soziologie und Leben,* hrsg. von Carl Brinkmann, Tübingen 1952, S. 44.

7 Klages, H.: *Technischer Humanismus. Philosophie und Soziologie der Arbeit bei Karl Marx,* Stuttgart 1964, S. 16.

8 Gehlen, Arnold: *Der Mensch,* [7]1962, S. 349.

9 In: *Merkur* 106 (1956), zitiert nach *Studien zur Anthropologie und Soziologie,* Berlin–Neuwied 1963, S. 330. Auf den hier verborgenen Zusammenhang von Zynismus und Melancholie wird am Ende, unter Berufung auf Klaus Heinrich, noch hingewiesen.

10 Gehlen: *Die Seele im technischen Zeitalter,* Hamburg 1957 ff., S. 63. Dieser Zusammenhang erscheint bei Gehlen zu gerafft. Von der soziologischen Bedeutung der Tatsache, daß man sich nicht genierte, »sentimentale« Verhaltensweisen und Attitüden »melancholisch« zu nennen, ja darin eine Zusatz-Legitimation zu sehen, wurde bereits gesprochen. Vgl. dazu Schelsky, Helmut: Der Realitätsverlust in der modernen Gesellschaft, in: *Auf der Suche nach Wirklichkeit,* Düsseldorf–Köln 1965, S. 391 ff.

11 Gehlen, Arnold: op.cit., S. 76. Hervorhebung von mir.

12 Gehlen, Arnold: *Der Mensch,* op.cit., S. 203.

13 Gehlen, Arnold: Über kulturelle Kristallisation, in: *Studien,* op.cit., S. 321.

14 op.cit., S. 323. Vgl. zur Kritik dieser Konzeption Taubes, Jacob: *Kultur und Ideologie*, Referat des 16. Deutschen Soziologentages, Manuskript.

15 de Man, Hendrik: *Vermassung und Kulturverfall. Eine Diagnose unserer Zeit*, Bern 1951, S. 136.

16 Gehlen: op.cit., S. 81.

17 Klibansky–Panofsky–Saxl: op.cit., S. 120.

18 Gehlen, Arnold: Das gestörte Zeit-Bewußtsein, in: *Merkur* XVII (1963), H. 4 (182), S. 320.

19 Vgl. dazu Stenderhoff, Franz: Zur Psychologie des Pessimismus, in: *Zeitschrift für angewandte Psychologie und Charakterkunde*, LXII (1941), H. 5/6, S. 257–327 und LXIII (1942), H. 1/2, S. 1–37, besonders S. 259.

20 Vgl. dazu: Gehlen, Arnold: Über die Geburt der Freiheit aus der Entfremdung, *ARSP* XL (1952), 3, und: *Deutschtum und Christentum bei Fichte*, Berlin 1935.

21 Gehlen, Arnold: Die Struktur der Tragödie (1934), zit. nach *Theorie der Willensfreiheit und frühe philosophische Schriften*, Berlin–Neuwied 1965, S. 246.

22 Vgl. Greiffenhagen, Martin: Das Dilemma des Konservatismus, in: *Gesellschaft in Geschichte und Gegenwart*, Berlin 1961, S. 13 ff.

23 Gehlen, Arnold: *Urmensch und Spätkultur*, op.cit., S. 69.

24 Gehlen, Arnold: *Der Mensch*, op.cit., S. 382.

25 ders.: *Urmensch und Spätkultur*. op.cit., S. 41. Was das »melancholische Klima« angeht, so hat sich Gehlen auch durch die pragmatische Wende nicht zu korrigieren brauchen. James' »ständige Unentschiedenheit dessen, was die Welt ist und sein kann«, die Differenz von »Krankmütigkeit (Melancholie) einerseits, Gesundmütigkeit andererseits« fügen sich einem Schema der Ordnung-Unordnung und erlauben die Konstruktion des gegen Unordnung wirkenden Handlungskonzeptes. Ähnlich beschrieb Dewey den Zusammenhang von Reflexion und Handlungshemmung, als er die Trauer als gestörte (defektive) Handlung ansah. Vgl. dazu Baumgarten, Eduard: *Die geistigen Grundlagen des amerikanischen Gemeinwesens*. Bd. II ›Der Pragmatismus. R. W. Emerson, W. James, J. Dewey‹, Frankfurt am Main 1938 (bes. S. 132 und 257). Vgl. auch James, William: *The Varieties of Religious Experience. A Study in Human Nature*, London–New York–Bombay, 8. Aufl. 1904, S. 127 ff.: Lectures VI and VII: The Sick Soul.

26 Heinrich, Klaus: Antike Kyniker und Zynismus in der Gegenwart, in: *Das Argument* VIII (1966), H. 2, S. 106–120, hier: S. 118

(auch in: *Parmenides und Jona*, Frankfurt am Main 1966).

27 Gehlen, Arnold: *Theorie der Willensfreiheit und frühe philosophische Schriften*, op.cit., S. 7 f. (Einleitung).

28 Zeltner, Hermann: Dilemma der Freiheit – Zur Philosophie Arnold Gehlens, in: *Soziale Welt* XVIII (1967), H. 1, S. 67–77, hier: S. 75.

29 Gehlen: op.cit., S. 8.

30 Gehlen: Einleitung zu *Studien* . . ., op.cit., S. 9.

31 Gehlen: ›Wirklicher und unwirklicher Geist‹, op.cit., S. 232, Anmerkung; hier bei Jonas, Friedrich: *Die Institutionenlehre Arnold Gehlens*, Tübingen 1966, S. 1. Jonas beginnt wieder, wo Gehlen 1931 endet.

32 Im folgenden beziehen sich eingeklammerte Zahlen auf Seitenangaben der Habilitationsschrift, Leipzig 1931.

33 Der Begriff der Situation, den Gehlen vor allem in der Abhandlung ›Der Idealismus und die Lehre vom menschlichen Handeln‹ (1935) einsetzte, und von dem er sich dann explizit distanzierte (*Theorie der Willensfreiheit* . . ., op.cit., S. 340), ist auch hier entscheidend.

34 Gehlen vermutet (S. 127, Anm. 82), daß eine Realisierung des Negativen, etwa im Selbstmord, auf »der Evidenz des Zugangs zu einer wirklichen Seinsform« beruht, und fährt fort: »Hierher scheint mir der Selbstmorddrang der endogenen Melancholie zu gehören: das Leben lauert auf die erste, geringste Gelegenheit, sich zu vernichten – eine große Ausnahme, da es sonst so besorgt um sich ist. Man sollte es nicht daran hindern.« Zur anthropologischen Fundierung als einem konstitutivem Moment für Melancholie vgl. auch Mannheim, Karl: Beiträge zur Theorie der Weltanschauungs-Interpretation, in: *Wissenssoziologie*, op.cit., S. 91 ff., hier S. 131 ff.

35 Diemer, Alwin: Art. »Ontologie« in Fischer-Lexikon *Philosophie*, hrsg. von Alwin Diemer und Ivo Frenzel, Frankfurt am Main 1958, S. 227–257, hier: S. 229.

36 Gehlens so geschilderte »Überzeugung dieses Buches, daß sich die Seinszustände der Menschheit historisch ändern« (31), ist keine Modifizierung von Ontologie, da von Zuständen, aber nicht *Graden* des Seins die Rede ist. Sie ist aber Bedingung der Möglichkeit von Kulturkritik: diese bedarf der historisch bedingten Unterschiede. Erst diese gestatten den retrospektiv-reaktionären Impetus; Kritik an unveränderlichen Invarianten wäre nicht nur Verschwendung von Energie, sondern auch die verpaßte Chance zur »heroischen« Unterwerfung, »Aufgehen« im Negativen, usw.

37 In *Der Mensch* befaßt sich Gehlen mit Versuchen, Institutionen durch rationales Zweckhandeln (Malinowski) oder primäre, subjektive Zweckmäßigkeiten (Scheler, Bergson) zu erklären. Er sagt: »Beide Fehlleistungen sind insofern gefährlich, als sie das teleologische Denken überhaupt zu kompromittieren scheinen, das aber, wie wir bald sehen werden, in einer dritten (*ontologischen*) Form unentbehrlich ist ...« (*Der Mensch*, op.cit., S. 392 f. Hervorhebung von mir.) Gerade in der entscheidenden Kategorie der sekundären objektiven Zweckmäßigkeit überlebt also Ontologie, finden sich Legitimation vom »Grunde« (Ontologie) und von »oben« (Metaphysik).

38 Habermas, Jürgen: Art. »Anthropologie« im Fischer-Lexikon *Philosophie*, op.cit., S. 18–35. Zum Vergleich Adorno–Gehlen siehe die Diskussion zwischen beiden in: Kuhn–Wiedmann (Hrsg.): *Die Philosophie und die Frage nach dem Fortschritt*, München 1964, S. 326 ff.; ferner Michel, Karl Markus: *Die sprachlose Intelligenz*, Frankfurt am Main 1968, S. 117 f.

Literatur

Adamson, John D. und Arthur H. Schmale, Jr. Objektverlust, Resignation und der Ausbruch psychischer Erkrankungen, in: Psyche XX (1966) H. 9, S. 641 ff.

Adorno, Th. W. Minima Moralia. Reflexionen aus dem beschädigten Leben, Berlin und Frankfurt/Main 1951, Frankfurt a. M. 1962.

— Einleitung zu: Walter Benjamin: Schriften I, Frankfurt/Main 1955.

— Zum Verhältnis von Soziologie und Psychologie, in: Adorno–Dirks (Hrsg.): Sociologica. Aufsätze, Max Horkheimer zum 60. Geburtstag gewidmet, Frankfurt/Main 1955, S. 11 ff.

— Standort des Erzählers im zeitgenössischen Roman, in: Noten zur Literatur I, Frankfurt/Main 1958, S. 61 ff.

— Kierkegaard. Konstruktion des Ästhetischen, Frankfurt/Main, 2. Aufl. 1962, 3. Aufl. 1966.

— Kierkegaard noch einmal, in: Neue Deutsche Hefte H. 95 (1963), S. 5 ff.

— Wozu noch Philosophie?, in: Eingriffe. Neun kritische Modelle, Frankfurt/Main 1963, S. 11 ff.

— Prismen. Kulturkritik und Gesellschaft, München 1963.

— Jargon der Eigentlichkeit. Zur deutschen Ideologie, Frankfurt/Main 1964.

— Über einige Schwierigkeiten des Komponierens heute, in: Aspekte der Modernität, Hrsg. von Hans Steffen, Göttingen 1965, S. 129 ff.

— Postscriptum, in: Kölner Zeitschrift für Soziologie und Sozialpsychologie XVIII (1966), H. 1, S. 37 ff.

— Negative Dialektik, Frankfurt/Main 1966.

Alain Die Pflicht glücklich zu sein, Düsseldorf, 3. Aufl. 1960.

— Von der Liebe. Von der Arbeit. Vom Spiel, Düsseldorf 1962.

Aldis, Janet Madame Geoffrin. Her Salon and her Times (1750–1777), London 1905.

Allen, Don Cameron The Degeneration of Man and Renaissance Pessimism, in: Studies in Philology XXV (1938), S. 202 ff.

Allen, J. W. A History of Political Thought in the Sixteenth Century, London, 2. Aufl. 1941.

Alter, Robert Sabbatai Zewi and the Jewish Imagination, in: Commentary XLIII (1967) Nr. 6, S. 66 ff.

Amiel, Henri-Frédéric   Fragments d'un journal intime. Nouvelle Edition, Introduction de Bernard Bouvier, Paris–Genf 1927.

Anomy   Art. in: The Oxford English Dictionary Vol. I, Oxford 1933.

Arendt, Hannah   Faubourg Saint-Germain, in: Elemente und Ursprünge totaler Herrschaft, Frankfurt/Main 1955, S. 135 ff.

Aristoteles Problemata Physica, Übersetzt und kommentiert von Hellmut Flashar, Darmstadt 1962.

Auerbach, Erich   Das französische Publikum des 17. Jahrhunderts, München 1933.

— La cour et la ville, in: Vier Untersuchungen zur Geschichte der französischen Bildung, Bern 1951, S. 12 ff.

d'Aurevilly, Jules B.   Du Dandysme et de George Brummell, in: Œuvres Complètes, Bd. 9, Paris 1927, S. 205 ff.

Aynard, Joseph   La Bourgeoisie française, Paris, 2. Aufl. 1934.

Babb, Lawrence   The Elizabethan Malady. A Study of Melancholia in English Literature from 1580 to 1642, Michigan State College Press 1951.

— Sanity in Bedlam: A Study of Robert Burton's Anatomy of Melancholy, Michigan State University Press 1959.

Bäsken, Rohtraut   Die Dichter des Göttinger Hains und die Bürgerlichkeit. Eine literarsoziologische Studie, Königsberg–Berlin 1937.

Balet, Leo und E. Gerhard   Die Verbürgerlichung der deutschen Kunst, Literatur und Musik im 18. Jahrhundert, Straßburg–Leipzig–Zürich–Leiden 1936.

Bandmann, Günter   Melancholie und Musik. Ikonographische Studien, Köln–Opladen 1960.

Barine, Arvède   Madame de Lafayette d'après des documents nouveaux, in: Revue des Deux Mondes XLI (1880), S. 384 ff.

de Barthélemy, Edouard   Les amis de la Marquise de Sablé. Recueil de lettres des principaux habitués de son salon, Paris 1865.

Barthes, Roland   La Bruyère, du Mythe à l'Ecriture, in: La Bruyère: Les Caractères, Paris o. J., S. 5 ff.

— Einleitung zu La Rochefoucauld: Maximes et Réflexions (Le club français du livre), Paris 1961, S. XXI ff.

Battifol, Louis   La vie intime d'une reine de France au XVIIième siècle, Paris 1906.

Baudelaire, Charles   Mon cœur mis à nu, in: Œuvres Complètes. Bibliothèque de la Pléiade, Paris 1958, S. 1206 ff.

Baumgarten, Eduard   Die geistigen Grundlagen des amerikanischen

Gemeinwesens, Bd. II: Der Pragmatismus. R. W. Emerson, W. James, J. Dewey, Frankfurt/Main 1938.

Baumgarth, Christa Geschichte des Futurismus, Reinbek bei Hamburg 1966.

Beaujean, Marion Der Trivialroman im ausgehenden 18. Jahrhundert, Diss. phil. Köln 1962.

de Beaurieu, Gaspar G. L'élève de la nature, Amsterdam 1764.

Bellamy, Edward Im Jahre 2000. Ein Rückblick auf das Jahr 1887, Halle a. d. Saale o. J. (Otto Hendel Verlag).

Benjamin, Walter Zum Bilde Prousts, in: Schriften II, Frankfurt/Main 1955, S. 132 ff.

— Der Begriff der Kunstkritik in der deutschen Romantik, in: Schriften II, S. 420 ff.

— Zentralpark, in: Illuminationen. Ausgewählte Schriften, Frankfurt/Main 1961, S. 246 ff.

— Ursprung des deutschen Trauerspiels. Revidierte Ausgabe besorgt von Rolf Tiedemann, Frankfurt/Main 1963.

— Linke Melancholie, in: Angelus Novus. Ausgewählte Schriften II, Frankfurt/Main 1966, S. 457 ff.

— Der Flaneur, in: Neue Rundschau LXXVIII (1967), H. 4, S. 549 ff.

— Die Moderne, in: Das Argument X (1968), H. 1/2 (46), S. 44 ff.

Benn, Gottfried Doppelleben, Wiesbaden 1950.

— Pessimismus, in: Essays – Reden – Vorträge, Wiesbaden 1959, S. 356 ff.

Bensly, Edward Robert Burton, John Barclay and John Owen, in: The Cambridge History of English Literature, Hrsg. v. Ward–Waller, Vol. IV, Cambridge 1950, S. 242 ff.

Beobachtungen und Erfahrungen über Melancholische besonders über die religiöse Melancholie von einem Prediger am Zuchthause zu T., Leipzig 1799.

Bergman, Paer »Modernolatria« et »Simultaneità«. Recherches sur deux tendances dans l'avant-garde littéraire en Italie et en France à la veille de la première guerre mondiale, Stockholm 1962.

Bernd, Adam Eigene Lebens-Beschreibung . . ., Leipzig 1738.

Biermann, Edmund Die Melancholiefrage in Literatur und Statistik, Diss. med. Jena 1926.

Biese, Alfred The Development of the Feeling for Nature in the Middle Ages and in Modern Times, Neudruck New York 1964. (Orig. London 1905).

Bilz, Rudolf Pole der Geborgenheit. Eine anthropologische Untersuchung über raumbezogene Erlebnis- und Verhaltensbereitschaften, in: Studium Generale X (1957), H. 9, S. 552 ff.

Binswanger, Ludwig Drei Formen mißglückten Daseins. Verstiegenheit, Verschrobenheit, Manieriertheit, Tübingen 1956.

— Melancholie und Manie. Phänomenologische Studien, Pfullingen 1960.

— Grundformen und Erkenntnis menschlichen Daseins, München–Basel, 4. Aufl. 1964.

Biran, Sigmund Melancholie und Todestriebe. Dynamische Psychologie der Melancholie, München–Basel 1961.

Birnbaum, Karl Grundzüge der Kulturpsychopathologie. Grenzfragen des Nerven- und Seelenlebens 116, München 1924.

Bitter, Wilhelm (Hrsg.) Einsamkeit in medizinisch-psychologischer, theologischer und soziologischer Sicht. Ein Tagungsbericht, Stuttgart 1967.

Bleuler, E. Das autistische Denken, in: Jahrbuch für psychoanalytische und psychopathologische Forschungen IV (1912), S. 1 ff.

Bloch, Ernst Freiheit und Ordnung. Abriß der Sozial-Utopien, New York 1946.

— Das Prinzip Hoffnung, Frankfurt/Main 1959.

— Verfremdungen I, Frankfurt/Main 1962.

— Geist der Utopie. Bearbeitete Neuauflage der zweiten Fassung von 1923, Frankfurt/Main 1964.

Bochnik, H. J. The Methodological Problem Involved in the Delimitation of Depressive Syndromes in European Psychiatry, in: Depression. Proceedings of the Scandinavian Symposium on Depression. Acta Psychiatrica Scandinavica, Supplementum 162, Volume 37, Kopenhagen 1961, S. 210 ff.

v. Boehn, Max Deutschland im 18. Jahrhundert. Das Heil. Römische Reich Deutscher Nation, Berlin 1921.

Boeschenstein, Hermann Deutsche Gefühlskultur. Studien zu ihrer dichterischen Gestaltung. 1. Band: Die Grundlagen 1770–1830, Bern 1954.

Bollnow, Otto F. Das Wesen der Stimmungen, Frankfurt/Main, 3. Aufl. 1956.

Bonhoeffer, K. Inwieweit sind politische, soziale und kulturelle Zustände einer psychopathologischen Betrachtung zugänglich?, in: Klinische Wochenschrift II (1923), S. 598 ff.

Borges, Jorge Luis Der schwarze Spiegel. Erzählungen, München 1961.

Boswell, James Life of Johnson, 2 Bde., London 1962/63.

Boulenger, Jacques Les Dandys sous Louis-Philippe, Paris 1932.

Bourdeau, J. La Rochefoucauld, Paris 1895.

Bowman, Frank Paul Melancholy in Stendhal, in: L'Esprit Créateur II (1962), No. 1, S. 5 ff.

Brauchlin, Dora Das Motiv des ›ennui‹ bei Stendhal, Diss. phil. Zürich 1930.

Braunschvig, Marcel Notre Littérature étudiée dans les textes I. Des origines à la fin du XVIIième siècle, Paris 1955.

Breton, André Manifeste du Surréalisme, Paris, 3. Aufl. 1924.
— Second Manifeste du Surréalisme, Paris 1930.

Brinkmann, Carl Romantische Gesellschaftslehre, in: Romantik. Ein Zyklus Tübinger Vorlesungen. Hrsg. von Theodor Steinbüchel, Tübingen–Stuttgart 1948, S. 177 ff.

Brinkmann, Donald Der einsame Mensch und die Einsamkeit. Ein Beitrag zur Psychologie des Kontaktes, in: Psychologische Rundschau III (1952), S. 21 ff.
— Die Temperamentenlehre im Menschenbild des Paracelsus, in: Der Mensch als Persönlichkeit und Problem. Gedenkschrift für Ildefons Betschart. Hrsg. v. Elisabeth Herbrich, München 1963, S. 169 ff.

Brombacher, Kuno Der deutsche Bürger im Literaturspiegel von Lessing bis Sternheim, München 1920.

Brookes, R. H. The Anatomy of Anomie, in: Political Science III (1951), S. 44 ff. und IV (1952), S. 38 ff.

Brownlee, A. William Shakespeare and Robert Burton, London, 2. Aufl. 1965.

Bruford, W. H. Die gesellschaftlichen Grundlagen der Goethezeit, Weimar 1936.

Brüggemann, Fritz Utopie und Robinsonade. Untersuchungen zu Schnabels Insel Felsenburg (1731–1743), Weimar 1914.
— Der Kampf um die bürgerliche Welt- und Lebensanschauung in der deutschen Literatur des 18. Jahrhunderts, in: Deutsche Vierteljahresschrift für Literaturwissenschaft und Geistesgeschichte III (1925), H. 1, S. 94 ff.

Brunetière, F. Le mal du siècle, in: Revue des Deux Mondes XLI (1880), S. 454 ff.

Buck, August Baudelaire und das Problem des Dandysmus, in: Archiv für Kulturgeschichte XXXVI (1954), S. 231 ff.

Bürger-Prinz, Hans Zur Psychologie des Schmerzes, in: Der Nervenarzt XXII (1951), H. 10, S. 376 ff.

Burchard, J. M. Über das Beschäftigungssyndrom, in: Randzonen menschlichen Verhaltens. Beiträge zur Psychiatrie und Neurologie, Festschrift für Bürger-Prinz, Stuttgart 1962, S. 162 ff.

Burckhardt, Carl J.   Der Honnête Homme, in: Gestalten und Mächte. Reden und Aufsätze, München o. J. S. 71 ff.

Burgelin, Pierre   Kant Lecteur de Rousseau, in: Jean-Jacques Rousseau et son œuvre. Problèmes et Recherches, Paris 1964, S. 303 ff.

Burton, Robert   The Anatomy of Melancholy, Hrsg. von A. R. Shilleto, 3 Bände, London 1903.

Burton, Robert   Art. in: The Dictionary of National Biography, Hrsg. v. Stephen-Lee, Vol. III, London o. J. Spalte 464–466.

Bush, Douglas   English Literature in the Earlier Seventeenth Century 1600–1660, in: The Oxford History of English Literature, Vol. V, Oxford, 2. Aufl. 1962.

Busse, Walter   Der Hypochondrist in der deutschen Literatur der Aufklärung, Diss. phil. Mainz 1952.

Butcher, S. H. The Melancholy of the Greeks, in: Some Aspects of the Greek Genius, London 1904, S. 133 ff.

Byron, Gordon N.   Byron in seinen Briefen und Tagebüchern, dargestellt von Cordula Gigon, Zürich und Stuttgart 1963.

Cameron, Norman   The Paranoid Pseudo-Community, in: American Journal of Sociology XLIX (1943/44) H. 1, S. 32 ff.
— The Psychology of Behavior Disorders. A Biosocial Interpretation, Boston–New York 1947.

Campanella, Tommaso   Sonnenstaat, in: Der utopische Staat, Hamburg 1960, S. 111 ff.

Camus, Albert   L'homme révolté, Paris 1951.

Carlyle, Thomas   Arbeiten und nicht verzweifeln, Königstein i. T. und Leipzig o. J.

Cazeneuve, Jean   Bonheur et Civilisation, Paris 1966.

Charbonnel, Roger   Les tendances philosophiques et religieuses de La Rochefoucauld, in: Annales de Philosophie Chrétienne CXLVI (1903), S. 493 ff.

Chastel, André   Melancholia in the Sonnets of Lorenzo di Medici, in: Journal of the Warburg and Courtauld Institutes VIII (1945), S. 61 ff.
— La mélancolie de Pétrarque, in: Cahiers du Sud XXXVIII (1953), No. 320, S. 25 ff.

Claessens, Dieter   Familie und Wertsystem. Eine Studie zur ›zweiten, sozio-kulturellen Geburt‹ des Menschen, Berlin 1962, 2. Aufl. 1967.

— Angst, Furcht und gesellschaftlicher Druck und andere Aufsätze, Dortmund 1966.

— Instinkt, Psyche, Geltung. Bestimmungsfaktoren menschlichen Verhaltens, Köln–Opladen 1968.

Clausen, John A. The Sociology of Mental Illness, in: Merton–Broom–Cottrell, Jr. (Hrsg.): Sociology Today. Problems and Prospects, New York 1959, S. 485 ff.

Cloward, Richard A. Illegitimate Means, Anomie, and Deviant Behavior, in: American Sociological Review XXIV (1959), Nr. 2, S. 164 ff.

Cohen, Albert K. The Study of Social Disorganization and Deviant Behavior, in: Merton—Broom—Cottrell, Jr. (Hrsg.): Sociology Today. Problems and Prospects, New York 1959, S. 461 ff.

— The Sociology of the Deviant Act: Anomie Theory and Beyond, in: American Sociological Review XXX (1965), H. 1, S. 5 ff.

Colloque International Les Utopies à la Renaissance, Brüssel–Paris 1963.

Colombey, E. Ruelles, Salons, et Cabarets, Paris 1892.

Curtius, E. R. Marcel Proust, Berlin und Frankfurt/Main 1952.

Dahrendorf, Ralf Pfade aus Utopia. Zu einer Neuorientierung der soziologischen Analyse, in: Gesellschaft und Freiheit. Zur soziologischen Analyse der Gegenwart, München 1963, S. 85 ff.

— Der Intellektuelle und die Gesellschaft. Über die soziale Funktion des Narren im zwanzigsten Jahrhundert, in: Die Zeit XVIII (1963), Nr. 13 vom 29. 3. 63, S. 9.

— Gesellschaft und Demokratie in Deutschland, München 1965.

— Die Soziologie und der Soziologe – zur Frage von Theorie und Praxis, Konstanz o. J.

De Man, Hendrik Vermassung und Kulturverfall. Eine Diagnose unserer Zeit, Bern 1951.

Demorest, J. J. L'honnête homme et le croyant selon Pascal, in: Modern Philology, LIII (1956), Nr. 4, S. 217 ff.

Deniker, Pierre A Propos du Suicide Mélancolique de Vatel, in: La vie médicale, No. Spécial (Humeur et Angoisse) Noël 1962, S. 38.

Dermenghem, Emile Thomas Morus et les utopistes de la Renaissance, Paris 1927.

Deschanel, Emile Pascal, La Rochefoucauld, Bossuet, Paris 1885.

Diderot, Denis Art. »Mélancolie« in: Encyclopédie ou Dictionnaire raisonné . . ., Band 10, Neufchastel 1765, S. 307 ff.

Diemer, Alwin Art. »Ontologie« in: Fischer-Lexikon »Philosophie«, Hrsg. von A. Diemer und I. Frenzel, Frankfurt/Main 1958, S. 227 ff.

Dilthey, Wilhelm Der junge Dilthey. Ein Lebensbild in Briefen und Tagebüchern 1852–1870, zusammengestellt von Clara Misch, geb. Dilthey, Leipzig–Berlin 1933.

— Die Funktion der Anthropologie in der Kultur des 16. und 17. Jahrhunderts, in: Werke II, Berlin–Leipzig, 4. Aufl. 1940, S. 416 ff.

— Die Typen der Weltanschauung und ihre Ausbildung in den metaphysischen Systemen, in: Gesammelte Schriften VIII, Stuttgart–Göttingen, 2. Aufl. 1960, S. 73 ff.

v. Ditfurth, Hoimar Die endogene Depression als Folge der Störung einer vegetativen Beziehung zur Umwelt, Basel–New York 1960.

Dobroljubow, N. A. Was ist Oblomovtum?, in: Ausgewählte Philosophische Schriften, Moskau 1951, S. 229 ff.

Doren, A. Wunschräume und Wunschzeiten. Vorträge 1924/25 der Bibliothek Warburg, Berlin 1927, S. 158 ff.

Dörner, Klaus Natur, Geschichte und Entfremdung bei Arnold Gehlen, in: Archiv für Rechts- und Sozialphilosophie LI (1965), H. 1, S. 109 ff.

— Bürger und Irre. Wissenschaftssoziologische Untersuchung über die Entstehung der Psychiatrie in der bürgerlichen Gesellschaft Englands, Frankreichs und Deutschlands, unveröff. Manuskript.

Dornseiff, Franz Der deutsche Wortschatz nach Sachgruppen, Berlin 1959.

Doughty, Oswald The English Malady of the Eighteenth Century, in: The Review of English Studies II (1926), No. 7, S. 257 ff.

Dreyfus, Georges L. Die Melancholie. Ein Zustandsbild des manisch-depressiven Irreseins, Jena 1907.

Dugas, L. La Timidité. Etude psychologique et morale, Paris 1898.

— Les grands timides. Jean Jacques Rousseau, Benjamin Constant, Chateaubriand, Stendhal, Mérimée; Paris 1922.

Dumas, Georges Les états intellectuels dans la mélancolie, Paris 1895.

— La tristesse et la joie, Paris 1900.

Dupont, V. L'utopie et le roman utopique dans la littérature anglaise, Paris 1941.

Duveau, Georges Sociologie de l'utopie et autres ›essais‹. Introduction d'André Canivez, Paris 1961.

Ehrhard, Leon Sources historiques des maximes de La Rochefoucauld, Diss. phil. Heidelberg 1891.

Elias, Norbert Über den Prozeß der Zivilisation. Soziogenetische und psychogenetische Untersuchungen, 2 Bände, Basel 1939.
— Die höfische Gesellschaft. Eine Untersuchung zur Soziologie des Königtums und des Adels, Neuwied und Berlin 1969.
Emerson, Ralph Waldo Society and Solitude, Band VII der Complete Works, Boston 1898.
Enders, Horst Marginalien zur Theorie und Literatur der Texte, in: Sprache im technischen Zeitalter 1965, H. 16, S. 1326 ff.
Engels, Friedrich Zwei Aufsätze über die ›wahren‹ Sozialisten. Deutscher Sozialismus in Versen und Prosa, in: Marx–Engels, Werke Bd. IV, Berlin (Dietz) 1959.
Enzensberger, Christian Größerer Versuch über den Schmutz, München 1968.
Erämetsä, Erik A Study of the Word ›Sentimental‹ and of other Linguistic Characteristics of Eighteenth Century Sentimentalism in England, in: Annales Academiae Scientiarum Fennicae B 74, 1 Helsinki 1951.
Eschmann, Ernst Wilhelm Die Führungsschichten Frankreichs. Band I: Von den Capetingern bis zum Ende des Grand Siècle, Berlin 1943.

Fawcett, Benjamin Über Melankolie, ihre Beschaffenheit, Ursachen und Heilung, vornämlich über die so genannte religiöse Melankolie, Leipzig 1785.
Feelings and Emotions The Wittenberg Symposium, Hrsg. von Martin L. Reymert, Worcester (Mass.) 1928.
Feelings and Emotions The Mooseheart Symposium in Cooperation with the University of Chicago, Hrsg. von Martin L. Reymert, New York–Toronto–London 1950.
Fénelon Les aventures de Télémaque, fils d'Ulysse, Nouvelle Edition Paris 1807.
Fester, Richard Rousseau und die deutsche Geschichtsphilosophie. Ein Beitrag zur Geschichte des deutschen Idealismus, Stuttgart 1890.
Feuchtersleben, Ernst Freiherr von Ausgewählte Werke, Leipzig 1907.
Feuillet de Conches, Félix Sébastien Les salons de conversation au dix-huitième siècle, Paris 1882.
Fichte, Johann Gottlieb Der Geschloßne Handelsstaat. Ein philosophischer Entwurf als Anhang zur Rechtslehre, und Probe einer künftig zu liefernden Politik, Tübingen 1800.
— Die Bestimmung des Menschen (1800), 4. Aufl., neu herausgegeben von F. Medicus, Leipzig 1934.

— Die Grundzüge des gegenwärtigen Zeitalters, Hamburg 1956.

Flashar, Hellmut Melancholie und Melancholiker in den medizinischen Theorien der Antike, Berlin 1966.

Flaubert, Gustave Briefe. Herausgegeben und übersetzt von Helmut Scheffel, Stuttgart 1964.

Flemming, Willi Der Wandel des deutschen Naturgefühls vom 15. zum 18. Jahrhundert, Halle/Saale 1931.

Flögel, Karl Friedrich Geschichte der Hofnarren, Liegnitz und Leipzig 1789.

Foucault, Michel Folie et déraison. Histoire de la folie à l'âge classique, Paris 1961.

— Psychologie und Geisteskrankheit, Frankfurt am Main 1968.

François, Simone Le dandysme et Marcel Proust. De Brummell au Baron de Charlus, Brüssel 1956.

Frankl, V. E. Die gegenwärtige Situation der Psychotherapie und der Mensch unserer Zeit, in: Universitas XIX (1964), H. 11.

Freyer, Hans Die politische Insel. Eine Geschichte der Utopien von Platon bis zur Gegenwart, Leipzig 1936.

— Theorie des gegenwärtigen Zeitalters, Stuttgart 1963.

Freud, Sigmund Trauer und Melancholie, in: Gesammelte Werke (Fischer) Bd. X, Frankfurt/Main, 3. Aufl. 1963, S. 427 ff.

— Einige Charaktertypen aus der psychoanalytischen Arbeit, in: op. cit., S. 363 ff.

— Briefe 1873–1939, Frankfurt/Main 1960.

Friedell, Egon Kulturgeschichte der Neuzeit, München 1960.

Fügen, Hans Norbert Die Hauptrichtungen der Literatursoziologie und ihre Methoden, Bonn, 2. Aufl. 1966.

Funck-Brentano, Frantz La cour du roi soleil, Paris 1937.

Funke, Gerhard Maine de Biran. Philosophisches und politisches Denken zwischen Ancien Régime und Bürgerkönigtum in Frankreich, Bonn 1947.

Garve, Christian Uiber die Maxime Rochefoucaults: Das bürgerliche Air verliert sich zuweilen bey der Armee, niemahls am Hofe, in: Versuche I, Breslau 1801, S. 263 ff.

— Über Gesellschaft und Einsamkeit, in: Versuche über verschiedene Gegenstände aus der Moral, der Litteratur und dem gesellschaftlichen Leben, Breslau 1801, 3. Theil.

Gebhardt-Wäger, Gusti Die Dichtung des 18. Jahrhunderts in ihrem Verhältnis zur körperlichen Krankheit, Diss. phil. Erlangen 1948.

v. Gebsattel, V. E.   Zeitbezogenes Zwangsdenken in der Melancholie. Versuche einer konstruktiven genetischen Betrachtung der Melancholiesymptome, in: Der Nervenarzt I (1928), H. 5, S. 275 ff.

— Zur Frage der Depersonalisation (Ein Beitrag zur Theorie der Melancholie), in: Der Nervenarzt X (1937), H. 4, S. 169 ff. und H. 5, S. 248 ff.

— Die depressive Fehlhaltung, in: Imago Hominis. Beiträge zu einer personalen Anthropologie, Schweinfurt 1964, S. 201 ff.

Gehlen, Arnold   Wirklicher und unwirklicher Geist. Eine philosophische Untersuchung in der Methode absoluter Phänomenologie, Leipzig 1931.

— Deutschtum und Christentum bei Fichte, Berlin 1935.

— Der Mensch. Seine Natur und seine Stellung in der Welt, Berlin, 1. Aufl. 1940; Bonn, 4. Aufl. 1950; Frankfurt/Main–Bonn, 8. Aufl. 1966.

— Probleme einer soziologischen Handlungslehre, in: Soziologie und Leben. Die soziologische Dimension der Fachwissenschaften, Hrsg. v. Carl Brinkmann, Tübingen 1952, S. 28 ff.

— Die Seele im technischen Zeitalter. Sozialpsychologische Probleme in der industriellen Gesellschaft, Hamburg 1957.

— Anthropologische Forschung. Zur Selbstbegegnung und Selbstentdeckung des Menschen, Hamburg 1961.

— Asyle, in: Randzonen menschlichen Verhaltens. Beiträge zur Psychiatrie und Neurologie. Festschrift für Bürger-Prinz, Stuttgart 1962, S. 19 ff.

— Das gestörte Zeit-Bewußtsein, in: Merkur Nr. 182, XVII (1963), H. 4.

— Studien zur Anthropologie und Soziologie, Berlin–Neuwied 1963.

— Über kulturelle Evolutionen, in: Die Philosophie und die Frage nach dem Fortschritt. Verhandlungen des Siebten Deutschen Kongresses für Philosophie (1962), Hrsg. von F. Kuhn und F. Wiedmann, München 1964, S. 207 ff.

— Urmensch und Spätkultur. Philosophische Ergebnisse und Aussagen, Frankfurt/Main–Bonn, 2. Aufl. 1964.

— Theorie der Willensfreiheit und frühe philosophische Schriften, Berlin–Neuwied 1965.

— Genese der Modernität–Soziologie, in: Aspekte der Modernität, Hrsg. v. Hans Steffen, Göttingen 1965, S. 31 ff.

Geiger, Theodor   Arbeiten zur Soziologie, Neuwied–Berlin 1962.

Geldsetzer, Lutz   Zur Frage des Beginns der deutschen Soziologie, in:

Kölner Zeitschrift für Soziologie und Sozialpsychologie XV (1963), H. 3, S. 529 ff.

Gerth, Hans Die sozialgeschichtliche Lage der bürgerlichen Intelligenz um die Wende des 18. Jahrhunderts. Ein Beitrag zur Soziologie des deutschen Frühliberalismus, Berlin 1935.

Gide, André und Paul Valéry Briefwechsel 1890–1942. Eingeleitet und kommentiert von Robert Mallet, Würzburg–Wien 1958.

Giehlow, Carl Dürers Stich »Melencolia I« und der maximilianische Humanistenkreis, in: Mitteilungen der Gesellschaft für vervielfältigende Kunst, Wien, Nr. 2 (1903). Die graphischen Künste XXVI (1903), S. 29 ff.

Giese, H. und J. Hansen Zur Psychologie des Außenseiters. Gedanken über Marcel Proust, in: Randzonen menschlichen Verhaltens. Festschrift für Bürger-Prinz, Stuttgart 1962, S. 242 ff.

v. Gleichen-Russwurm, A. Das galante Europa. Geselligkeit der großen Welt, 1600–1789, Stuttgart 1910.

Glockner, Hermann Die europäische Philosophie von den Anfängen bis zur Gegenwart, Stuttgart, 2. Aufl. 1960.

Glotz, Marguerite und Madelaine Maire Salons du XVIIIième siècle, Paris 1949.

Goerdt, Wilhelm Oblomowerei und Philosophie in Rußland, in: Collegium Philosophicum. Studien Joachim Ritter zum 60. Geburtstag, Basel–Stuttgart 1965, S. 37 ff.

Goethe, Johann W. Die Leiden des jungen Werthers, Stuttgart (Reclam) 1954.

Goldmann, Lucien Pour une sociologie du roman, Paris 1964.

— Zur Soziologie des Romans, in: Alternative IX (1966), H. 49/50, S. 140 ff.

— Weltflucht und Politik. Dialektische Studien zu Pascal und Racine, Neuwied und Berlin 1967.

Goll, Reinhard Gedanken vor einer Arbeit über die letzte Jahrhundertwende. Die sozialgeschichtlich-philosophischen Voraussetzungen des Werturteilstreits, in: Soziale Welt XV (1964), H. 3, S. 193 ff.

Goncourt, E. und J. Die Frau im 18. Jahrhundert, Bern–Stuttgart–Wien 1963.

Graña, César Bohemian versus Bourgeois. French Society and the French Man of Letters in the Nineteenth Century, New York–London 1964.

Grandsaignes-d'Hauterive, R. Le pessimisme de La Rochefoucauld, Paris 1914.

Gregor, Joseph   Kulturgeschichte der Oper. Ihre Verbindung mit dem Leben, den Werken des Geistes und der Politik, Wien 1941.

Greiffenhagen, Martin   Das Dilemma des Konservatismus, in: Gesellschaft in Geschichte und Gegenwart. Beiträge zu sozialwissenschaftlichen Problemen. Eine Festschrift für Friedrich Lenz, Berlin 1961, S. 13 ff.

Greiner, Martin   Die Entstehung der modernen Unterhaltungsliteratur. Studien zum Trivialroman des 18. Jahrhunderts, Reinbek bei Hamburg 1964.

Grimault, Marguerite   La mélancolie de Kierkegaard, Paris 1965.

Grimm, Jacob und W. Grimm   Deutsches Wörterbuch, 5. Band, bearb. von Rudolf Hildebrand, Leipzig 1873; 6. Band, bearb. von Moritz Heyne, Leipzig 1885.

Guardini, Romano   Vom Sinn der Schwermut, Zürich 1949.

Günther, Hans R. G.   Psychologie des deutschen Pietismus, in: Deutsche Vierteljahresschrift für Literaturwissenschaft und Geistesgeschichte IV (1926), H. 1, S. 114 ff.

Habermas, Jürgen   Art. »Anthropologie«, in: Fischer-Lexikon »Philosophie«, Frankfurt/Main 1958, S. 18 ff.

— Ein philosophierender Intellektueller. Th. W. Adorno zum 60. Geburtstag, in: Frankfurter Allgemeine, Nr. 210 vom 11. September 1963, S. 20.

— Strukturwandel der Öffentlichkeit. Untersuchungen zu einer Kategorie der bürgerlichen Gesellschaft, Berlin–Neuwied, 2. Aufl. 1965, 3. Aufl. 1968.

Halbwachs, Maurice   Das Gedächtnis und seine sozialen Bedingungen, Berlin–Neuwied 1966.

— Das kollektive Gedächtnis, Stuttgart 1967.

Halmos, Paul   Solitude and Privacy. A Study of Social Isolation. Its Causes and Therapy, London 1952.

Hanson, Gordon C.   The Normal and Abnormal in Behavior, in: W. H. Mikesell (Hrsg.): Modern Abnormal Psychology, New York 1950, S. 1 ff.

Harrison, G. B.   An Essay on Elizabethan Melancholy, in: Breton, Nicholas: Melancholike Humours, London 1929 (1600), S. 49 ff.

Hartmann, Heinz   Moderne amerikanische Soziologie. Neuere Beiträge zur soziologischen Theorie, Stuttgart 1967.

Hatzfeld, Helmut   Rokoko als literarischer Epochenstil in Frankreich, in: Studies in Philology XXXV (1938), S. 532 ff.

Haug, Wolfgang Fritz Das Ganze und das ganz Andere. Zur Kritik der reinen revolutionären Transzendenz, in: Antworten auf Herbert Marcuse, Hrsg. von Jürgen Habermas, Frankfurt/Main 1968, S. 50 ff.

Hauser, Arnold Sozialgeschichte der Kunst und Literatur, 2 Bände, München 1953.

Havens, Raymond D. Literature of Melancholy, in: Modern Language Notes XXIV (1909), Nr. 7, S. 226 ff.

Hazard, Paul Les origines philosophiques de l'homme de sentiment, in: The Romanic Review XXVIII (1937), No. 4, S. 318 ff.

— La pensée européenne au XVIIIᵉ siècle, 3 Bände, Paris 1946.

Hegel, G. W. Fr. Vorlesungen über die Philosophie der Geschichte, in: Jubiläumsausgabe, Band XI, Hrsg. von Hermann Glockner, Stuttgart, 4. Aufl. 1961.

Heger, Henrik Die Melancholie bei den französischen Lyrikern des Spätmittelalters, Diss. Phil. Bonn 1967.

Heiberg, J. L. Geisteskrankheiten im klassischen Altertum, in: Allgemeine Zeitschrift für Psychiatrie und psychisch-gerichtliche Medizin LXXXVI (1927), H. 1/2, S. 1 ff.

Heilbronner, Karl Zur Psychopathologie der Melancholie, in: Monatsschrift für Psychiatrie und Neurologie XXII (1907), S. 1 ff.

Heinisch, Klaus J. (Hrsg.) Der utopische Staat, Hamburg 1960.

Heinrich, Klaus Antike Kyniker und Zynismus in der Gegenwart, in: Das Argument VIII (1966), H. 2, S. 106 ff.

Heiss, Robert Der Gang des Geistes. Eine Geschichte des neuzeitlichen Denkens, Bern 1948.

Hellwig, Bernhard Die vier Temperamente bei Erwachsenen. Eine Anleitung zur Selbst- und Menschenkenntniß und ein praktischer Führer und Rathgeber im Umgange mit der Welt, Paderborn 1888.

— Die vier Temperamente bei Kindern, Paderborn, 7. Aufl. 1902.

Helms, Hans G. Die Ideologie der anonymen Gesellschaft. Max Stirners ›Einziger‹ und der Fortschritt des demokratischen Selbstbewußtseins vom Vormärz bis zur Bundesrepublik, Köln 1966.

Hémon, Félix La Rochefoucauld, Paris 1896.

Hennig, Richard Die Entwicklung des Naturgefühls. Das Wesen der Inspiration (Schriften der Gesellschaft für psychologische Forschung 17), Leipzig 1912.

Hentig, Hans von Über den Cäsarenwahnsinn. Die Krankheit des Kaisers Tiberius, Grenzfragen des Nerven- und Seelenlebens 119, München 1924.

Herder, J. G. Adrastea I. Begebenheiten und Charaktere des 18. Jahrhunderts, in: Sämmtliche Werke Bd. 9, Carlsruhe 1820.
— Früchte aus den sogenannt-goldnen Zeiten des 18. Jahrhunderts, in: op.cit., Bd. 12, Carlsruhe 1821.

Herrlinger, Robert Die Milz und die Melancholie. Kulturgeschichte eines rätselhaften Organs, in: Die Welt, Nr. 24 vom 29. 1. 1966, S. III.

Hess, Gerhard Zur Entstehung der »Maximen« La Rochefoucaulds, Köln–Opladen 1957.

Heyer, G. R. Dürers Melancolia und ihre Symbolik, in: Eranos-Jahrbuch 1934, Zürich, 2. Aufl. 1935, S. 231 ff.

Hilsbecher, Walter Versuch über Oblomow, in: Merkur Nr. 222, XX (1966), H. 9, S. 841 ff.

Hinrichsen, Otto Depression und Produktivität, in: Zeitschrift für die gesamte Neurologie und Psychiatrie CXLIV (1933), S. 455 ff.

Hirsch, Arnold Bürgertum und Barock im deutschen Roman. Ein Beitrag zur Entstehungsgeschichte des bürgerlichen Weltbildes, Köln–Graz, 2. Aufl. 1957.

Hoche, A. Langeweile, in: Psychologische Forschung III (1923), S. 258 ff.

Hocke, Gustav René Über Manierismus in Tradition und Moderne, in: Merkur Nr. 98, X (1956), H. 4, S. 336 ff.
— Die Welt als Labyrinth. Manier und Manie in der europäischen Kunst, Reinbek bei Hamburg 1959.
— Das europäische Tagebuch, Wiesbaden 1963.

Höhne, Heinz Der Orden unter dem Totenkopf. Die Geschichte der SS, 14. Fortsetzung, in: Der Spiegel XXI (1967), H. 4, S. 54 ff.

Hoff, Hans Das veränderte Erscheinungsbild der Melancholie, in: Wiener Klinische Wochenschrift LXVIII (1956), H. 38/39, S. 730 ff.

Hofstätter, P. R. Die Psychologie und das Leben, Wien–Stuttgart 1951.
— Die amerikanische und die deutsche Einsamkeit, in: Verhandlungen des 13. Deutschen Soziologentages, Köln–Opladen 1957, S. 87 ff.

Hollingshead, A. B. und Frederick C. Redlich Social Stratification and Psychiatric Disorders, in: American Sociological Review XVIII (1953) Nr. 2, S. 163 ff.

Horkheimer, Max Anfänge der bürgerlichen Geschichtsphilosophie, Stuttgart 1930.
— Montaigne und die Funktionen der Skepsis, in: Zeitschrift für Sozialforschung VII (1938), S. 1 ff.

— Zum Begriff des Menschen, in: Zur Kritik der instrumentellen Vernunft, Frankfurt am Main 1967, S. 177 ff.

Hübner, Benno Die Langeweile, Diss. phil. Freiburg/Breisgau 1962.

Huguet, Edmond Art. »Ennuy«, in: Dictionnaire de la langue française du seizième siècle, Paris 1946, 3. Band.

Huizinga, J. Herbst des Mittelalters, Stuttgart, 7. Aufl. 1953.

v. Humboldt, Wilhelm Das 18. Jahrhundert, in: Gesammelte Schriften II, Berlin 1904, S. 1 ff.

Hurwitz, Siegmund Sabbatai Zwi. Zur Psychologie der häretischen Kabbala, in: Studien zur analytischen Psychologie C. G. Jungs, Bd. II (»Beiträge zur Kulturgeschichte«), Zürich 1955, S. 239 ff.

Ireland, W. W. Herrschermacht und Geisteskrankheit. Studien aus der Geschichte alter und neuer Dynastien, Stuttgart 1887.

Ischer, Rudolf J. J. Rousseau und J. G. Zimmermann, in: Neues Berner Taschenbuch, 1898, S. 249 ff.

Ivanoff, N. La marquise de Sablé et son salon, Thèse, Paris 1927.

Jacobi, Gerhard Langeweile, Muße und Humor und ihre pastoraltheologische Bedeutung, Berlin 1952.

James, William The Varieties of Religious Experience. A Study in Human Nature, London–New York–Bombay, 8. Aufl. 1904.

Janet, Pierre The Fear of Action, in: The Journal of Abnormal Psychology and Social Psychology XVI (1921/22), S. 150 ff.

— Fear of Action as an Essential Element in the Sentiment of Melancholia, in: Feelings and Emotions. The Wittenberg Symposium, Worcester (Mass.) 1928, S. 297 ff.

Jankélévitch, Vladimir L'Alternative, Paris 1938.

— L'aventure, l'ennui, le sérieux, Paris 1963.

Janvier, Ludovic Literatur als Herausforderung. Die neue Welt des Nouveau Roman, München 1967.

Jaspers, Karl Heimweh und Verbrechen, Diss. Heidelberg 1909, in: Gesammelte Schriften zur Psychopathologie, Berlin–Göttingen–Heidelberg 1963, S. 1 ff.

— Schelling – Größe und Verhängnis, München 1955.

de Jaucourt, Chevalier Art. »Ennui« in: Encyclopédie ..., 5. Band, Paris 1755, S. 693 ff.

Jens, Walter Herr Meister. Dialog über einen Roman, München 1963.

Jonas, Friedrich Die Institutionenlehre Arnold Gehlens, Tübingen 1966.

Jones, P. Mansell   French Introspectives. From Montaigne to André Gide, Cambridge 1937.

Jordan-Smith, Paul   Bibliographia Burtoniana. A Study of Robert Burton's The Anatomy of Melancholy. With a Bibliography of Burton's Writings, Stanford (California) 1931.

Jung, C. G.   Psychologische Typen, Zürich–Stuttgart, 9. rev. Aufl. 1960.

Kahn, Charlotte   Die Melancholie in der deutschen Lyrik des 18. Jahrhunderts. Beiträge zur Neueren Literaturgeschichte, N.F., Heft XXI, Heidelberg 1932.

Kahn, Ludwig W.   Social Ideals in German Literature 1770–1830, New York 1938.

Kalkühler, Florine   Die Natur des Spleen bei den englischen Schriftstellern in der ersten Hälfte des 18. Jahrhunderts, Diss. phil. Münster, Leipzig 1920.

Kamlah, Wilhelm   Die Wurzeln der neuzeitlichen Wissenschaft und Profanität, Wuppertal 1948.

Kant, Immanuel   Gesammelte Schriften, Akademie-Ausgabe, Berlin 1910–1964.

— Reflexionen zur Anthropologie. Aus Kants handschriftlichen Aufzeichnungen hrsg. v. Benno Erdmann, Leipzig 1882.

Kaulbach, Friedrich   Der Begriff des Standpunktes im Zusammenhang des Kantischen Denkens, in: Archiv für Philosophie XII (1963), H. 1/2, S. 14 ff.

— Subjektivität, Fundament der Erkenntnis und lebendiger Spiegel bei Leibniz, in: Zeitschrift für philosophische Forschung XX (1966), Heft 3/4, S. 471 ff.

— Weltorientierung, Weltkenntnis und pragmatische Vernunft bei Kant, in: Kritik und Metaphysik. Studien Heinz Heimsoeth zum 80. Geburtstag, Berlin 1966, S. 60 ff.

Kautsky, Karl   Thomas More, in: Vorläufer des neueren Sozialismus, Bd. III: Die beiden ersten großen Utopisten, Stuttgart–Berlin 1921.

Keating, Louis Clark   Studies on the Literary Salon in France, Cambridge, Mass., 1941.

Kierkegaard, Sören   Entweder-Oder, in: Gesammelte Werke, übersetzt von Emanuel Hirsch, I. Abteilung, Düsseldorf 1956.

— Die Wiederholung, in: Gesammelte Werke, V. und VI. Abteilung, Düsseldorf 1955.

— Der Gesichtspunkt für meine Wirksamkeit als Schriftsteller, in: Gesammelte Werke, XXXIII. Abteilung, Düsseldorf 1951.

— Die Tagebücher 1834–1855. Ausgewählt und übertragen von Theodor Haecker, München, 4. Aufl. 1953.

Kisker, K. P.   Kants psychiatrische Systematik, in: Psychiatria et Neurologia CXXXIII (1957), S. 17 ff.

Klages, Helmut   Technischer Humanismus. Philosophie und Soziologie der Arbeit bei Karl Marx, Stuttgart 1964.

Klein, Tim   Hamlet und der Melancholiker in Kants ›Beobachtungen über das Gefühl des Schönen und Erhabenen‹, in: Kant-Studien X (1905), S. 76 ff.

Kleiner, Robert J. und Seymour Parker   Goal-Striving, Social Status, and Mental Disorder: A Research Review, in: American Sociological Review XXVIII (1963), Nr. 2, S. 189 ff.

Klibansky, Raymond, Erwin Panofsky und Fritz Saxl   Saturn and Melancholy. Studies in the History of Natural Philosophy, Religion and Art, London 1964.

Klostermann, Wolf-Günther   Acedia und schwarze Galle. Bemerkungen zu Dante, Inferno VII, 115 ff., in: Romanische Forschungen LXXVI (1964), S. 183 ff.

Knigge, Freiherr von   Der Roman meines Lebens. In Briefen herausgegeben, Frankfurt/Main 1805.

Knights, Lionel C.   Seventeenth-Century Melancholy, in: Drama and Society in the Age of Johnson, London 1962, S. 315 ff.

Köhler, Erich   Marcel Proust, Göttingen 1958.

Kölbel, Gerhard   Über die Einsamkeit. Vom Ursprung, Gestaltwandel und Sinn des Einsamkeitserlebens, München–Basel 1960.

Koester, A.   Die allgemeinen Tendenzen der Geniebewegung im 18. Jahrhundert, Diss. Leipzig 1912.

Kofler, Leo   Zur Theorie der modernen Literatur. Der Avantgardismus in soziologischer Sicht, Neuwied–Berlin 1962.

— Das Apollinische und das Dionysische in der utopischen und antagonistischen Gesellschaft, in: Festschrift zum 80. Geburtstag von Georg Lukács, Hrsg. v. Frank Benseler, Berlin–Neuwied 1965, S. 556 ff.

— Zur Geschichte der bürgerlichen Gesellschaft. Versuch einer verstehenden Deutung der Neuzeit, Neuwied–Berlin 1966.

Korff, Hermann A.   Geist der Goethezeit. Versuch einer ideellen Entwicklung der klassisch-romantischen Literaturgeschichte, 1. Teil: Sturm und Drang, Leipzig 1923.

Korn, Karl   Studien über ›Freude und Trûren‹ bei mittelhochdeutschen Dichtern. Beiträge zu einer Problemgeschichte, Leipzig 1932.

Kracauer, Siegfried   Pariser Leben. Jacques Offenbach und seine Zeit. Eine Gesellschaftsbiographie, München 1962.

— Das Ornament der Masse. Essays, Frankfurt/Main 1963.

Kraepelin, Emil   Psychiatrie. Ein Lehrbuch für Studierende und Ärzte. 1. Band: Allgemeine Psychiatrie, Leipzig, 8. Aufl. 1909.

— Einführung in die psychiatrische Klinik, 3 Bände, Leipzig, 4. Aufl. 1921.

v. Krafft-Ebing, Richard   Die Melancholie. Eine klinische Studie, Erlangen 1874.

— Lehrbuch der Psychiatrie auf klinischer Grundlage, Stuttgart, 5. Aufl. 1893.

Krailsheimer, A. J.   Studies in Self-Interest. From Descartes to La Bruyère, Oxford 1962.

Krauss, Werner   Geist und Widergeist der Utopien, in: Perspektiven und Probleme. Zur französischen und deutschen Aufklärung und andere Aufsätze, Berlin–Neuwied 1965, S. 331 ff.

Kretschmer, Ernst   Körperbau und Charakter. Untersuchungen zum Konstitutionsproblem und zur Lehre von den Temperamenten, Berlin–Göttingen–Heidelberg, 20. Aufl. 1951.

— Geniale Menschen, Berlin–Göttingen–Heidelberg, 5. Aufl. 1958.

Kruse, Margot   Die Maxime in der französischen Literatur. Studien zum Werk La Rochefoucaulds und seiner Nachfolger, Hamburg 1960.

Krysmanski, H. J.   Die utopische Methode, Köln–Opladen 1963.

Kuhn, Helmut und Franz Wiedmann (Hrsg.)   Das Problem der Ordnung. VI. Deutscher Kongreß für Philosophie (1960), Meisenheim 1962.

— Die Philosophie und die Frage nach dem Fortschritt, VII. Deutscher Kongreß für Philosophie (1962), München 1964.

Kunz-Binningen, Hans   Zur phänomenologischen Psychologie der Einsamkeit, in: Zeitschrift für die gesamte Neurologie und Psychiatrie C (1926), S. 700 ff.

La Bruyère   Œuvres Complètes. Edition de la Pléiade, Paris 1957.

Lafargue, Paul   Thomas Campanella, s. Kautsky, Karl: op.cit., S. 60 ff.

Landauer, Karl   Die Gemeinschaft mit sich selber. Über narzißtische Charaktere, Neurosen und Psychosen, in: Die psychoanalytische Bewegung II (1930), H. 3, S. 260 ff.

Landmann, Michael   Pluralität und Antinomie. Kulturelle Grundlagen seelischer Konflikte, München–Basel 1963.

Langen, August Zur Geschichte des Spiegelsymbols in der deutschen Dichtung, in: Germanisch-Romanische Monatsschrift XXVIII (1940), H. 10/12, S. 269 ff.

Larkey, Sanford V. Einleitung zu M. Andreas Laurentius: A Discourse of The Preservation of the Sight: of Melancholike Diseases; of Rheumes, and of Old Age. Shakespeare Association Facsimiles No. 15, Oxford University Press 1938.

La Rochefoucauld Œuvres Complètes. Ed. rév., Bibliothèque de la Pléiade, Paris 1957.

Lehmann, Günther K. Die Ästhetik Kants und die ideologische Funktion seines Geniebegriffs, in: Deutsche Zeitschrift für Philosophie XI (1963), H. 9, S. 1138 ff.

Leibbrand, Werner u. Annemarie Wettley Der Wahnsinn. Geschichte der abendländischen Psychopathologie, Freiburg–München 1961.

Lenk, Kurt Das tragische Bewußtsein in der deutschen Soziologie, in: Kölner Zeitschrift für Soziologie und Sozialpsychologie XVI (1964), S. 257 ff.

de León, Luis Art. in der »Enciclopedia Universal Illustrada Europeo-Americana«, Band XXIX, Barcelona o. J.

Leopardi, Giacomo Gedichte und Prosaschriften, Berlin 1889.

— Theorie des schönen Wahns und Kritik der modernen Zeit, München 1949.

— Gedanken (Pensieri), Hamburg 1951.

Lepenies, Wolf Handlung und Reflexion. Aspekte der Anthropologie Arnold Gehlens, in: Soziale Welt XVIII (1967), H. 1, S. 41 ff.

Le Savoureux, H. Le Spleen. Contribution à l'étude des perversions de l'instinct de conservation, Paris 1913.

— L'ennui normal et l'ennui morbide, in: Journal de Psychologie normale et pathologique XI (1914), S. 131 ff.

Levavasseur, G. La Rochefoucauld, in: Le Correspondant CXXXIII (1870/71), S. 1023 ff.

Levy, A. French Moralists, the Theory of the Passions 1585–1649, Oxford 1964.

Lewis, Aubrey J. Melancholia: A Historical Review, in: The Journal of Mental Science LXXX (1934), No. 328, S. 1 ff.

Lieber, Hans-Joachim und Peter Furth Zur Dialektik der Simmelschen Konzeption einer formalen Soziologie, in: Buch des Dankes an Georg Simmel. Hrsg. v. Kurt Gassen u. Michael Landmann, Berlin 1958, S. 39 ff.

Littré, Emile Dictionnaire de la langue française, Tome II, Paris 1956.

Löwenthal, Leo   Literatur und Gesellschaft. Das Buch in der Massenkultur, Neuwied–Berlin 1964.
— Das Bild des Menschen in der Literatur, Neuwied–Berlin 1966.
Ludz, Peter Christian   Ideologie, Intelligenz und Organisation. Bemerkungen über ihren Zusammenhang in der frühbürgerlichen Ge-
sellschaft, in: Jahrbuch für Sozialwissenschaft XV (1964), S. 82 ff.
Luhmann, Niklas   Reflexive Mechanismen, in: Soziale Welt XVII
(1966), H. 1, S. 1 ff.
Lukács, Georg   Wider den mißverstandenen Realismus, Hamburg
1958.
— Die Zerstörung der Vernunft, Neuwied und Berlin 1962.
— Deutsche Literatur in zwei Jahrhunderten, Neuwied und Berlin
1964.
— Die Theorie des Romans. Ein geschichtsphilosophischer Versuch über
die Formen der großen Epik, Neuwied und Berlin, 3. Aufl. 1965.
Lütgert, W.   Die Erschütterung des Optimismus durch das Erdbeben
von Lissabon 1755. Ein Beitrag zur Kritik des Vorsehungsglaubens
der Aufklärung, Gütersloh 1901.

Mac Iver, R. M.   The Ramparts we guard, New York, 3. Aufl. 1952.
de Madariaga, Salvador   War Hamlet melancholisch?, in: Der Monat
VI (1954), H. 66, S. 625 ff.
Maduschka, Leo   Das Problem der Einsamkeit im 18. Jahrhundert, im
besonderen bei J. G. Zimmermann, Diss. phil. München 1932.
Magendie, M.   La politesse mondaine et les théories de l'honnêteté en
France au XVIIième siècle de 1600 à 1660, Paris 1925.
Magne, Emile   Le vrai visage de La Rochefoucauld, Paris 1923.
— Voiture et l'Hôtel de Rambouillet, Paris (1. Band, 7. Aufl., 2. Band,
4. Aufl.) 1929–1930.
— La vie quotidienne au temps de Louis XIII d'après des documents
inédits, Paris 1942.
Maier, N. R. F.   Frustration. The Study of Behavior without a Goal,
New York–Toronto–London 1949.
Maine de Biran, Marie-François-Pierre Gonthier   Journal I–III,
Neuchâtel 1954–57.
Mann, Otto   Der Dandy. Ein Kulturproblem der Moderne, Heidel-
berg 1962.
Mann, Thomas   Der Zauberberg, Berlin–Frankfurt/Main, 2. Aufl.
1956.
— Betrachtungen eines Unpolitischen, Frankfurt am Main 1956.

Mannheim, Karl   Essays on the Sociology of Culture, London 1956.
— Das konservative Denken. Soziologische Beiträge zum Werden des politisch-historischen Denkens in Deutschland, in: Wissenssoziologie. Auswahl aus dem Werk, Berlin–Neuwied 1964, S. 408 ff.
— Ideologie und Utopie, Frankfurt/Main, 4. Aufl. 1965.
Manuel, Frank   Towards a Psychological History of Utopias, in: Daedalus. The Journal of the American Academy of Arts and Sciences, Spring 1965: Utopia, S. 293 ff.
Marcuse, Herbert   Philosophie und kritische Theorie, in: Ztschr. für Sozialforschung VI (1937), S. 625 ff.
— Triebstruktur und Gesellschaft. Ein philosophischer Beitrag zu Sigmund Freud, Frankfurt/Main 1965.
— Das Veralten der Psychoanalyse, in: Kultur und Gesellschaft, Band II, Frankfurt/Main 1965, S. 85 ff.
— Der eindimensionale Mensch. Studien zur Ideologie der fortgeschrittenen Industriegesellschaft, Neuwied und Berlin 1967.
— Psychoanalyse und Politik, Frankfurt am Main 1968.
Marcuse, Ludwig   Unverlorene Illusionen. Pessimismus – Ein Stadium der Reife (2. Auflage von: Pessimismus — Ein Stadium der Reife, Hamburg 1953), München 1966.
Marquard, Odo   Über einige Beziehungen zwischen Ästhetik und Therapeutik in der Philosophie des neunzehnten Jahrhunderts, in: Literatur und Gesellschaft, Hrsg. von Hans Joachim Schrimpf, Bonn 1963, S. 22 ff.
— Zur Geschichte des philosophischen Begriffs ›Anthropologie‹ seit dem Ende des 18. Jahrhunderts, in: Collegium Philosophicum, Studien Joachim Ritter zum 60. Geburtstag, Basel–Stuttgart 1965, S. 209 ff.
Marx, Karl und Friedrich Engels   Werke III, Berlin (Dietz) 1962.
Mattenklott, Gert   Melancholie in der Dramatik des Sturm und Drang, Stuttgart 1968.
Maurer, Emil H.   Der Spätbürger, Bern–München 1963.
Mauriac, Claude   Marcel Proust, Hamburg 1958.
Maurois, André   Von Proust bis Camus, München–Zürich 1964.
— Auf den Spuren von Marcel Proust, Frankfurt/Main–Hamburg 1964.
Mayer, Hans   Von Lessing bis Thomas Mann. Wandlungen der bürgerlichen Literatur in Deutschland, Pfullingen 1959.
Melzer, Friso   J. G. Zimmermanns ›Einsamkeit‹ in ihrer Stellung im Geistesleben des ausgehenden 18. Jahrhunderts, Diss. phil. Breslau 1930.

Mercier, Louis Sébastien Tableau de Paris. Nouvelle édition, Amsterdam 1783 ff.

Merton, Robert King Social Theory and Social Structure, Glencoe, 9. Aufl. 1964.

Mesnard, Pierre L'essor de la philosophie politique au XVI ième siècle, Paris 1936.

— Robert Burton, théoricien et clinicien de l'humeur mélancolique, in: La Vie médicale, Numéro Spécial (Humeur et Angoisse), Noël 1962, S. 69 ff.

— L'utopie de Robert Burton, in: Les Utopies à la Renaissance, Colloque International, Brüssel–Paris 1963, S. 73 ff.

Meyer, Rudolf W. Leibniz und die europäische Ordnungskrise, Hamburg 1948.

Michel, Karl Markus Die Mulde. Etüde mit Zitaten, in: Zeugnisse. Theodor W. Adorno zum 60. Geburtstag, Hrsg. v. Max Horkheimer, Frankfurt/Main 1963, S. 183 ff.

— Die sprachlose Intelligenz, Frankfurt/Main 1968.

Mikesell, W. H. (Hrsg.) Modern Abnormal Psychology. A Symposium, New York 1950.

Milch, Werner Die Einsamkeit. Zimmermann und Obereit im Kampf um die Überwindung der Aufklärung, Frauenfeld–Leipzig 1937.

Minder, Robert Kultur und Literatur in Deutschland und Frankreich, Frankfurt/Main 1962.

Minkowski, Eugen Homme d'Action, in: Werden und Handeln. Festschrift für V. E. v. Gebsattel, Stuttgart 1963, S. 26 ff.

Misch, Georg Die Autobiographie der französischen Aristokratie des 17. Jahrhunderts, in: Deutsche Vierteljahresschrift für Literaturwissenschaft und Geistesgeschichte I (1923), S. 172 ff.

Mitscherlich, Alexander Über die Vielschichtigkeit sozialer Einflüsse auf Entstehung und Behandlung von Psychosen und Neurosen, in: Krankheit als Konflikt. Studien zur psychosomatischen Medizin I, Frankfurt/Main 1966, S. 74 ff.

Mitscherlich, Alexander und Margarete Die Unfähigkeit zu trauern. Grundlagen kollektiven Verhaltens, München 1968.

Montaigne, Michel de Œuvres Complètes, Bibliothèque de La Pléiade, Paris 1962.

Moore, W. G. The World of La Rochefoucauld's ›Maximes‹, in: French Studies VII (1953), S. 335 ff.

Morton, A. L. Die englische Utopia, Berlin (Dietz) 1958.

Moser, Simon Zum philosophischen und sozialwissenschaftlichen Begriff der Arbeit, in: Archiv für Rechts- und Sozialphilosophie L (1964), H. 1, S. 87 ff.

Mueller, William R.   Robert Burton's Economic and Political Views, in: The Huntington Library Quarterly XI (1947/48), H. 4, S. 341 ff.

— The Anatomy of Robert Burton's England, Berkeley–Los Angeles 1952.

Mühlmann, Wilhelm E.   Der revolutionäre Umbruch, in: Rassen, Ethnien, Kulturen. Moderne Ethnologie, Berlin–Neuwied 1964, S. 321 ff.

— Chiliasmus und Nativismus. Studien zur Psychologie, Soziologie und historischen Kasuistik der Umsturzbewegungen, Berlin, 2. Aufl. 1964.

Müller-Eckard, Hans   Weltbewältigung. Vom entseelten und vom eigentlichen Leben, Stuttgart 1959.

Müller-Lyer, F.   Soziologie der Leiden, München 1920.

Müri, Walter   Melancholie und schwarze Galle, in: Museum Helveticum X (1953), S. 21 ff.

Musaeus, Simon   Warnung und Trost wider die grausame teuffelische Plage der Melancholey, Erfurt 1607.

Muschg, Walter   Tragische Literaturgeschichte, Bern, 2. Aufl. 1953.

Musil, Robert   Tagebücher, Aphorismen, Essays und Reden, Hamburg 1955.

— Leben, Werk, Wirkung, Hamburg 1960.

de Musset, Alfred   La Confession d'un enfant du siècle, Paris (Garnier Frères) o. J.

Nadeau, Maurice   Geschichte des Surrealismus, Reinbek 1965.

Neumann, Harry   On the Platonism of More's Utopia, in: Social Research XXXIII (1966), H. 4, S. 495 ff.

Neusüss, Arnhelm (Hrsg.)   Utopie. Begriff und Phänomen des Utopischen, Neuwied und Berlin 1968.

Nick, Fr.   Die Hof- und Volks-Narren sammt den närrischen Lustbarkeiten der verschiedenen Stände aller Völker und Zeiten. Aus Flögels Schriften und anderen Quellen, Stuttgart 1861.

Nicolson, Harold   Das Zeitalter der Vernunft, München–Wien–Basel 1961.

— Reise nach Java, München o. J. (Original London 1957).

Oberndörfer, Dieter   Von der Einsamkeit des Menschen in der modernen amerikanischen Gesellschaft, Freiburg 1958, 2. Aufl. 1961.

Oedingen, Karlo Der Ursprung des europäischen Rationalismus, in: Zeitschrift für Philosophische Forschung XII (1958), H. 2, S. 218 ff.

Orwell, George 1984, Stuttgart, 13. Aufl. 1964.

Osler, William Robert Burton, in: Selected Writings, London–New York–Toronto 1951, S. 65 ff.

Painter, G. D. Marcel Proust. Eine Biographie, Frankfurt/Main 1962, 1968 (2 Bände).

Panofsky, Erwin und Fritz Saxl Dürers ›Melencolia I‹. Eine quellen- und typengeschichtliche Untersuchung, Leipzig–Berlin 1923.

Papin, Claude Le sens de l'idéal de ›L'Honnête Homme‹ au XVIIᵉ siècle, in: La Pensée 104 (August 1962), S. 52 ff.

Paracelsus (Theophrast v. Hohenheim) Sämtliche Werke, Hrsg. v. Karl Sudhoff, 11. Band, München–Berlin 1928.

Pascal, Blaise Pensées, in: Œuvres Complètes, Bibliothèque de la Pléiade, Paris 1960, S. 1079 ff.

Patrick, J. Max Robert Burton's Utopianism, in: Philological Quarterly XXVII (1948), Nr. 4, S. 345 ff.

Patzig, Günther Heraklits Fluß und Kants bestirnter Himmel oder Über die Nivellierung philosophischer Gedanken, in: Neue Deutsche Hefte H. 116 (1967), S. 68 ff.

Paulsen, Friedrich Schopenhauer, Hamlet, Mephistopheles. Drei Aufsätze zur Naturgeschichte des Pessimismus, Stuttgart–Berlin 1926.

Paulus, N. Die Melancholie im 16. Jahrhundert, in: Wissenschaftliche Beilage zur ›Germania‹. Blätter für Litteratur, Wissenschaft und Kunst XVIII (1897), S. 137 ff.

Peignot, Jérome Maine de Biran le Malheureux, in: Mercure de France CCCXXXVIII (1960), S. 660 ff.

Petrilowitsch, Nikolaus Zur Psychologie und Psychopathologie der Blasiertheit, in: Jahrbuch für Psychologie, Psychotherapie und medizinische Anthropologie VII (1960), S. 55 ff.

Picard, Roger Les salons littéraires et la société française 1610–1789, Paris 1943.

Pieper, Josef Über die Hoffnung, München, 5. Aufl. 1949.

— Muße und Kult, München 1955.

— Glück und Kontemplation, München, 2. Aufl. 1957.

Pikulik, Lothar ›Bürgerliches Trauerspiel‹ und Empfindsamkeit, Köln–Graz 1966.

Plessner, Helmuth Grenzen der Gemeinschaft. Eine Kritik des sozialen Radikalismus, Bonn 1924.

— Lachen und Weinen. Eine Untersuchung nach den Grenzen menschlichen Verhaltens, München, 2. Aufl. 1950.

— Das Identitätssystem, in: Studia Philosophica XIV (1954), S. 68 ff. (Verhandlungen der Schelling-Tagung in Bad Ragaz vom 22. bis 25. September 1954).

— Die verspätete Nation. Über die politische Verführbarkeit bürgerlichen Geistes, Stuttgart–Berlin–Köln–Mainz, 4. Aufl. 1959.

— Die Emanzipation der Macht, in: Merkur Nr. 176, XVI (1962), H. 10, S. 907 ff.

— Immer noch Philosophische Anthropologie?, in: Zeugnisse, Th. W. Adorno zum 60. Geburtstag, Hrsg. v. Max Horkheimer, Frankfurt/Main 1963, S. 65 ff.

— Diesseits der Utopie. Ausgewählte Beiträge zur Kultursoziologie, Düsseldorf–Köln 1966.

Plügge, Herbert   Die Wirkung des Nichts. Anmerkungen zu Pascals Ennui und Néant nebst kasuistischen Erläuterungen, in: Psyche IV (1950), S. 321 ff.

— Wohlbefinden und Mißbefinden. Beiträge zu einer medizinischen Anthropologie, Tübingen 1962.

Popper, Karl R.   Utopia and Violence, in: Conjectures and Refutations, London, 2. Aufl. 1965, S. 355 ff.

Poulet, Georges   Marcel Proust. Zeit und Raum, Frankfurt/Main 1966.

Prévost-Paradol, M.   Etudes sur les moralistes français, Paris 1865.

Promies, Wolfgang   Der Bürger und der Narr oder das Risiko der Phantasie, München 1966.

Proust, Marcel   Auf der Suche nach der verlorenen Zeit. Werkausgabe der edition suhrkamp in 13 Bänden, Frankfurt/Main 1964.

— Briefe zum Werk, Frankfurt/Main 1964.

Radin, Paul   Gott und Mensch in der primitiven Welt, Zürich o. J.

Radó, Sándor   Das Problem der Melancholie, in: Internationale Zeitschrift für Psychoanalyse XIII (1927), H. 4, S. 440 ff.

Rahstede, H. Georg   Studien zu La Rochefoucaulds Leben und Werken, Braunschweig 1888.

— Wanderungen durch die französische Litteratur. Band I: Vincent Voiture (1597–1648), Jena und Leipzig 1891.

Ranke, Leopold v.   Französische Geschichte vornehmlich im 16. und 17. Jahrhundert. Ausgabe in zwei Bänden mit einer Einleitung von Otto Vossler, Stuttgart 1954.

Rasch, Wolfdietrich Freundschaftskult und Freundschaftsdichtung im deutschen Schrifttum des 18. Jahrhunderts. Vom Ausgang des Barock bis zu Klopstock, Halle/Saale 1936.

Rehder, Helmut Die Philosophie der unendlichen Landschaft. Ein Beitrag zur Geschichte der romantischen Weltanschauung, Halle/Saale 1932.

— Johann Nicolaus Meinhard und seine Übersetzungen, in: Illinois Studies in Language and Literature, Vol. 37 (1953), No. 2.

Rehm, Walter Experimentum Medietatis. Studien zur Geistes- und Literaturgeschichte des 19. Jahrhunderts, München 1947.

— Gontscharow und Jacobsen oder Langeweile und Schwermut, Göttingen 1963.

Revers, Wilhelm Josef Die Psychologie der Langeweile, Meisenheim 1949.

— Die Langeweile. Krise und Kriterium des Menschseins, in: Jahrbuch für Psychologie und Psychotherapie IV (1956), S. 157 ff.

Ribot, Th. Les maladies de la volonté, Paris, 8. Aufl. 1893.

Riehl, W. H. Die Familie, Zehnte, mit vielen Zusätzen vermehrte Aufl., Stuttgart 1889.

Rièse, Laure Les salons littéraires parisiens du second empire à nos jours, Toulouse 1962.

Riesman, David, Reuel Denney u. Nathan Glazer Die einsame Masse. Eine Untersuchung der Wandlungen des amerikanischen Charakters, Hamburg 1961.

Ritter, Joachim Über das Lachen, in: Blätter für Deutsche Philosophie XIV (1940/41), S. 1 ff.

Rohden, Peter Richard Deutscher und französischer Konservatismus, in: Die Dioskuren III (1924), S. 90 ff.

Rose, Gordon Anomie and Deviation — A Conceptual Framework for Empirical Studies, in: The British Journal of Sociology XVII (1966), H. 1, S. 29 ff.

Rose, William Die Anfänge des Weltschmerzes in der deutschen Literatur, in: Germanisch-Romanische Monatsschrift XII (1924), S. 140 ff.

Rothacker, Erich Philosophische Anthropologie, Bonn 1964.

de Rougemont, Denis Kierkegaard und Hamlet, in: Der Monat V (1953), H. 56, S. 115 ff.

Rousseau, Jean-Jacques Über Kunst und Wissenschaft. Über den Ursprung der Ungleichheit unter den Menschen. Mit Einleitung, Übersetzung und Anmerkungen von K. Weigand, Frz.-Dt. Hamburg 1955.

— Emile ou de l'Education, Paris 1961.

— Der Gesellschaftsvertrag – ›Contrat Social‹. Mit einer Einführung von H. Weinstock, Stuttgart 1963.

Rüstow, Alexander   Vereinzelung. Tendenzen und Reflexe, in: Gegenwartsprobleme der Soziologie. Hrsg. zum 80. Geburtstag Alfred Vierkandts von Gottfried Eisermann, Potsdam 1949, S. 45 ff.

Ruffin, Hanns   Melancholie, in: Deutsche Medizinische Wochenschrift LXXXII (1957), S. 1080 ff.

Ruyer, Raymond   L'utopie et les utopistes, Paris 1950.

Saint-Simon, Louis de Rouvroy   Auswahl in der Sammlung ›J'ai lu l'essentiel‹. Hrsg. von G. Manceron und M. Averlant, Paris 1965.

Sainte-Beuve, Ch. A.   Literarische Portraits aus dem Frankreich des 17.–19. Jahrhunderts. Hrsg. v. Stefan Zweig, Calw 1947.

— Préface pour les Maximes de La Rochefoucauld (Edition elzévirienne de P. Jannet), in: Causeries du lundi, XI, Paris 1948, S. 404 ff.

Sattes, Hans   Die Psychiatrie und die bürgerliche Gesellschaft, in: Materia Medica Nordmark XVIII (1966), H. 1, S. 1 ff.

Seemann, Walter F.   Versuch einer Anthropologie vegetativer Störungen, in: Der Nervenarzt XXVI (1955), H. 8, S. 329 ff.

Seidel, Alfred   Bewußtsein als Verhängnis. Aus dem Nachlaß herausgegeben von Hans Prinzhorn, Bonn 1927.

de Sévigné, Marie   Lettres, 3 Bände, Bibliothèque de la Pléiade, Paris 1953 ff.

Shellens, Max Salomon   Sozialphilosophische Fragestellungen im Anschluß an Theoprast's ›Charaktere‹, in: Archiv für Philosophie VII (1957), S. 96 ff.

Shklar, Judith   The Political Theory of Utopia: From Melancholy to Nostalgia, in: Daedalus, The Journal of the American Academy of Arts and Sciences, Spring 1965: Utopia, S. 367 ff.

Sickels, Eleanor M.   The Gloomy Egoist. Moods and Themes of Melancholy from Gray to Keats, New York 1932.

Sieburg, Friedrich   Chateaubriand. Romantik und Politik, Stuttgart 1959.

Simmel, Georg   Soziologie des Raumes, in: Schmollers Jahrbuch XXVII (1903), S. 27 ff.

— Aus Georg Simmels nachgelassenem Tagebuch, in: Logos VIII (1919/20), S. 121 ff.

— Philosophie der Landschaft, in: Brücke und Tür. Essays des Philosophen zur Geschichte, Religion, Kunst und Gesellschaft. Im Verein mit Margarete Susman hrsg. v. Michael Landmann, Stuttgart 1957, S. 141 ff.

Simon, Jean Robert   Robert Burton (1577–1640) et l'Anatomie de la Mélancolie. Etudes Anglaises XIX, Paris 1964.

Sjögren, Hakon   Paraphrenic, Melancholic and Psychoneurotic States in the Presenile-Senile Period of Life. Acta Psychiatrica Scandinavica, Supplementum 176 (Ad Volumen 40, 1964), Kopenhagen 1964.

Skinner, B. F.   Walden Two, New York, 10. Aufl. 1962.

Sluys, Félix   Les enfants de Saturne. Leur humeur mélancolique, in: La vie médicale, Numéro spécial (Humeur et Angoisse), Noël 1962, S. 45 ff.

Sontag, Susan   Anmerkungen zu ›Camp‹, in: Akzente XIII (1966), H. 6, S. 501 ff.

Speier, Hans   Zur Soziologie der bürgerlichen Intelligenz in Deutschland, in: Die Gesellschaft. Internationale Revue für Sozialismus und Politik II (1929), S. 58 ff.

von Sydow, Eckart   Der Gedanke des Ideal-Reichs in der idealistischen Philosophie von Kant bis Hegel im Zusammenhange der geschichtsphilosophischen Entwicklung, Leipzig 1914.

— Die Kultur der Dekadenz, Dresden, 2. Aufl. 1922.

Szilasi, Wilhelm   Macht und Ohnmacht des Geistes, Freiburg 1946.

Schaare, Maria   Imperialistische Kulturphilosophie, in: Deutsche Zeitschrift für Philosophie XIV (1966), H. 11, S. 1305 ff.

Schäffle, Albert E.   Bau und Leben des sozialen Körpers. 1. Band, Neue, zum Theil umgearbeitete Auflage, Tübingen 1881.

Schaerf, Rikwah   Saul und der Geist Gottes. Ein Beitrag zum Problem der Melancholie, in: Studien zur analytischen Psychologie C. G. Jungs, Bd. II: »Beiträge zur Kulturgeschichte«, Zürich 1955, S. 209 ff.

Schalk, Fritz   Diderots Essai über Claudius und Nero, Köln–Opladen 1956.

— Diderots Artikel ›Mélancolie‹ in der Enzyklopädie, in: Zeitschrift für französische Sprache und Literatur LXVI (1956), S. 175 ff.

Scheerbart, Paul   Glasarchitektur, Berlin 1914.

Scheler, Max   Das Ressentiment im Aufbau der Moralen, in: Vom Umsturz der Werte. Abhandlungen und Aufsätze, Bern, [4]1955, S. 33 ff.

— Die Wissensformen und die Gesellschaft, Bern–München, [2]1960.

Schelling, F. W. J. von Immanuel Kant, in: Werke III, Hrsg. von Manfred Schröter, München 1927, S. 585 ff.

Schelsky, Helmut Der Mensch in der wissenschaftlichen Zivilisation, Köln–Opladen 1961.

— Ist die Dauerreflexion institutionalisierbar? Zum Thema einer modernen Religionssoziologie, in: Auf der Suche nach Wirklichkeit, Düsseldorf–Köln 1965, S. 250 ff.

— Der Realitätsverlust in der modernen Gesellschaft, op.cit., S. 391 ff.

Schipperges, Heinrich Melancholia als ein mittelalterlicher Sammelbegriff für Wahnvorstellungen, in: Studium Generale XX (1967), H. 11, S. 723 ff.

Schmalenbach, Hermann: Die Genealogie der Einsamkeit, in: Logos VIII (1919/20), S. 62 ff.

Schmitt, Carl Politische Romantik, München und Leipzig, 2. Aufl. 1925.

Schnur, Roman Ein Prophet der verwalteten Welt. A. A. Cournots Prognose des posthistorischen Zeitalters, in: Wort und Wahrheit XVI (1961), H. 2, S. 743 ff.

Schönbach, Peter Dissonanz und Interaktionssequenzen, in: Kölner Zeitschrift für Soziologie und Sozialpsychologie, XVIII (1966), H. 2, S. 253 ff.

Schoeps, Hans-Joachim Der Messias Sabbatai Zewi. Die Apostasie eines falschen Propheten, in: Der Tagesspiegel, Nr. 6391 vom 18. 9. 1966, S. 5.

Scholem, Gershom Die jüdische Mystik in ihren Hauptströmungen, Frankfurt/Main 1957.

— Die Metamorphose des häretischen Messianismus der Sabbatianer in religiösen Nihilismus im 18. Jahrhundert, in: Zeugnisse. Theodor W. Adorno zum 60. Geburtstag, Hrsg. v. Max Horkheimer, Frankfurt/Main 1963, S. 20 ff.

— Die Theologie des Sabbatianismus im Lichte Abraham Cardosos, in: Judaica, Frankfurt/Main 1963, S. 119 ff.

Schopenhauer, Arthur Sämmtliche Werke. Die Welt als Wille und Vorstellung. Hrsg. v. J. Frauenstädt. 2. Auflage, Neue Ausgabe Bd. 2 und 3, Leipzig 1908.

Schottlaender, Felix Über Einsamkeit, Polarisation und dramatisches Bedürfnis, in: Psyche I (1947/48), H. 1, S. 24 ff.

Schulte, Walter Das Glaubensleben in der melancholischen Phase, in: Der Nervenarzt XXV (1954), H. 10, S. 401 ff.

— Kopfschmerz und Persönlichkeit. Gestaltung, Resonanz, Raum,

Spannung und Sinn, in: Der Nervenarzt XXVI (1955), H. 4, S. 154 ff.

— Begegnung mit melancholisch Kranken, in: Die Begegnung mit dem kranken Menschen. Hrsg. v. A. Friedemann, Bern–Stuttgart 1967, S. 25 ff.

Schultz, Franz Die Göttin Freude. Zur Geistes- und Stilgeschichte des 18. Jahrhunderts, in: Jahrbuch des freien deutschen Hochstifts 1926, Frankfurt/Main 1926, S. 3 ff.

Schultze, Johanna Die Auseinandersetzung zwischen Adel und Bürgertum in den deutschen Zeitschriften der letzten drei Jahrzehnte des 18. Jahrhunderts (1773–1806), Berlin 1925, Nachdruck Vaduz 1965.

Schultz-Henke, Harald Der gehemmte Mensch. Entwurf eines Lehrbuchs der Neopsychoanalyse, Stuttgart, 2. Aufl. 1947.

Schweppenhäuser, Hermann Quipus, in: Zeugnisse. Theodor W. Adorno zum 60. Geburtstag, Hrsg. v. Max Horkheimer, Frankfurt/Main 1963, S. 278 ff.

Staiger, Emil Schellings Schwermut, in: Studia Philosophica XIV (1954), S. 112 ff.

Starobinski, Jean Histoire du traitement de la mélancolie des origines à 1900, Basel 1960.

— L'encre de la mélancolie, in: La Nouvelle Révue Française XI (1963), No. 123, S. 410 ff.

— Ironie und Melancholie, in: Der Monat XVIII (1966), H. 218.

Steigerwald, Robert Herbert Marcuses Dialektik der Verzweiflung, in: Marxistische Blätter VI (1967), H. 6, S. 33 ff.

Steiner, George A Note on Literature and Post-History, in: Festschrift zum 80. Geburtstag von Georg Lukács, Hrsg. v. Frank Benseler, Berlin–Neuwied 1965, S. 502 ff.

Steinhausen, Georg Geschichte des deutschen Briefes. Zur Kulturgeschichte des deutschen Volkes, Berlin 1889.

Steis, Alois Das Motiv des Ennui bei Alfred de Musset, Diss. phil. Würzburg 1933.

Stenderhoff, Franz Zur Psychologie des Pessimismus, in: Zeitschrift für angewandte Psychologie und Charakterkunde LXII (1941), H. 5/6, S. 257 ff. und LXIII (1942), H. 1/2, S. 1 ff.

Stenstedt, Åke Involutional Melancholia: An Etiologic, Clinical and Social Study of Endogenous Depression in Later Life, with Special Reference to Genetic Factors (Acta Psychiatrica et Neurologica

Scandinavia, Supplementum 127, Volumen 24, 1959), Kopenhagen 1959.

— The Aetiology of Involutional Melancholia, in: Depression. Proceedings of the Scandinavian Symposium on Depression (Acta Psychiatrica Scandinavica, Supplementum 162, Volumen 37, 1961) Kopenhagen 1961, S. 39 ff.

Stenzel, Kurt Pascals Theorie des Divertissement, Diss. phil. München 1965.

Stern, Ludwig Kulturkreis und Form der geistigen Erkrankung, Halle a. d. Saale 1913.

Stieler, Georg Nikolaus Malebranche, Stuttgart 1925.

Stogdill, Emily L. Withdrawal Forms of the Defense Mechanism, in: Mikesell, W. H. (Hrsg.): Modern Abnormal Psychology, New York 1950, S. 211 ff.

Tallemant des Réaux, Gédéon Geschichten. Deutsch von Otto Flake, 2 Bände, München 1913.

Tardieu, Emile L'Ennui. Etude Psychologique, Paris 1903.

Taubes, Jacob Kultur und Ideologie. Referat des 16. Deutschen Soziologentages, Manuskript.

Tellenbach, Hubert Die Räumlichkeit der Melancholischen. Über Veränderungen des Raumerlebens in der endogenen Melancholie, in: Der Nervenarzt XXVII (1956), H. 1, S. 12 ff.

— Gestalten der Melancholie, in: Jahrbuch für Psychologie, Psychotherapie und medizinische Anthropologie VII (1960), S. 9 ff.

— Melancholie. Zur Problemgeschichte – Typologie – Pathogenese und Klinik, Berlin–Göttingen–Heidelberg 1961.

— Hiob und das Problem der Selbstübersteigung. Einübung im Transzendieren als Prinzip einer psychotherapeutischen Melancholie-Prophylaxe, in: Werden und Handeln, Festschrift für v. Gebsattel, Stuttgart 1963, S. 420 ff.

— Zur Klinik der Oralsinn-Störungen in endogenen Psychosen, in: Jahrbuch für Psychologie, Psychotherapie und medizinische Anthropologie XIII (1965), S. 189 ff.

Tenbruck, Friedrich H. Freundschaft. Ein Beitrag zu einer Soziologie der persönlichen Beziehungen, in: Kölner Zeitschrift für Soziologie und Sozialpsychologie XVI (1964), H. 3, S. 431 ff.

Tepley, Leo V. Maniac-Depressive Psychoses, in: Mikesell, W. H. (Hrsg.): Modern Abnormal Psychology, New York 1950, S. 498 ff.

— Mania-Depression of Famous Men, in: op.cit., S. 525 ff.

Thalmann, Marianne Romantik und Manierismus, Stuttgart 1963.

Thiele, Wolfgang Die Langeweile, das Nichts und die Neurose, in: Materia Medica Nordmark XVIII (1966), H. 1, S. 17 ff.

Tissot, M. Essai sur les maladies des gens du monde. Troisième édition originale fort augmentée, Paris 1772.

Tornius, Valerian Salons. Bilder gesellschaftlicher Kultur aus fünf Jahrhunderten, 5. Aufl. 1925.

Unger, Rudolf Hamann und die Aufklärung. Studien zur Vorgeschichte des romantischen Geistes im 18. Jahrhundert, 2 Bände, Halle a. d. Saale, 2. Aufl. 1925.

Valéry, Paul Œuvres Complètes II, Bibliothèque de la Pléiade, Paris 1960.

— Windstriche. Aufzeichnungen und Aphorismen, Frankfurt/Main o. J.

— Schlimme Gedanken und andere, Frankfurt/Main 1963.

— Herr Teste, Frankfurt/Main 1965.

Veblen, Thorstein Theorie der feinen Leute. Eine ökonomische Untersuchung der Institutionen, Köln–Berlin o. J.

Vinet, A. Moralistes des seizième et dix-septième siècles, Paris 1895.

Voegelin, Eric Was ist politische Realität?, in: Politische Vierteljahresschrift VII (1966), H. 1, S. 2 ff.

Völkel, H. Neurotische Depression. Ein Beitrag zur Psychopathologie und Klinik, Stuttgart 1959.

Vollrath, Wilhelm Der melancholische Gentleman oder Was ist Englisch?, Erlangen 1930.

Vossler, Karl Poesie der Einsamkeit in Spanien, München 1950.

Weber, Ulrich Ennui. Die Bedeutung des Wortes in der französischen Romantik, Diss. phil. Freiburg 1949.

Weischedel, Wilhelm Wirklichkeit und Wirklichkeiten, Berlin 1960.

Wentscher, M. War Kant Pessimist?, in: Kant-Studien IV (1900), S. 32 ff. und 190 ff.

Wieser, Max Der sentimentale Mensch. Gesehen aus der Welt holländischer und deutscher Mystiker im 18. Jahrhundert, Stuttgart 1924.

Willard, Nedd Le génie et la folie au dix-huitième siècle, Paris 1963.

Williams, Arnold A Note on Pessimism in the Renaissance, in: Studies in Philology XXXVI (1939), S. 243 ff.

Williamson, George Mutability, Decay and Seventeenth Century Melancholy, in: A Journal of English Literary History II (1935), S. 121 ff.

Willms, Bernard   Theorie, Kritik und Dialektik. Zum Denken Theodor W. Adornos, in: Soziale Welt XVII (1966), H. 3, S. 206 ff.
— Die totale Freiheit. Fichtes politische Philosophie, Köln und Opladen 1967.
Wilson, Frank Percy   Seventeenth Century Prose. Five Lectures, Berkeley–Los Angeles 1960.
Winterstein, Alfred   Angst vor dem Neuen, Neugier und Langeweile, in: Die psychoanalytische Bewegung II (1930), H. 6, S. 540 ff.
Wisdom, J. O.   Die psychoanalytischen Theorien über die Melancholie, in: Jahrbuch der Psychoanalyse. Beiträge zur Theorie und Praxis. Band IV, Bern und Stuttgart 1967, S. 102 ff.
Wittfogel, Karl A.   Die orientalische Despotie. Eine vergleichende Untersuchung totaler Macht, Köln–Berlin 1962.
Wittkower, Rudolf u. Margot Wittkower   Born under Saturn. The Character and Conduct of Artists: A Documented History from Antiquity to the French Revolution, London 1963 (Dt.: Künstler. Außenseiter der Gesellschaft, Stuttgart–Berlin–Köln–Mainz 1965).
Wonderley, Wayne A.   Some Notes on Hypochondria and Melancholy in German Literature of the Early Eighteenth Century, in: Philological Quarterly XXX (1951), S. 186 ff.
Wright, Jonathan   The Children of the Renaissance and Medecine. VI: Burton and his Melancholy, in: Medical Journal and Record CXXX (1929), S. 219 ff.
Wyrsch, Jakob   Gesellschaft, Kultur und psychische Störung, Stuttgart 1960.

Zehm, Günter   Der Hofnarr und seine Nachkommen, in: Die Welt, Nr. 199 vom 28. August 1965, S. III.
Zeltner, Hermann   Der Mensch in der Philosophie Schellings, in: Studia Philosophica XIV (1954), S. 211 ff.
— Dilemma der Freiheit – Zur Philosophie Arnold Gehlens, in: Soziale Welt XVIII (1967), H. 1, S. 67 ff.
Zeltner-Neukomm, Gerda   Das Wagnis des französischen Gegenwartsromans. Die neue Welterfahrung in der Literatur, Reinbek bei Hamburg 1960.
Ziese, Maxim   Melancholie und Skepsis, in: Die Neue Rundschau XLVI (1935), H. 10, S. 444 ff.
Zimmermann, Johann G.   Über die Einsamkeit, 4 Bde., Leipzig 1784 ff.
    Ch. (Hrsg.): Zur Psychologie der Lebenskrisen, Frankfurt 1962.

st 8   Olof Lagercrantz,
China-Report
Bericht einer Reise.
Aus dem Schwedischen
von Dorothea Bjelfvenstam
144 Seiten
Als erster europäischer Journalist nach der Kulturrevolution erhielt Olof Lagercrantz, Chefredakteur der größten
schwedischen Tageszeitung, Dagens Nyheter, eine Ein-
ladung für einen längeren Aufenthalt in China. In 15
Aufsätzen, die in Dagens Nyheter veröffentlicht wurden,
berichtet Lagercrantz von seinen chinesischen Erfahrungen: vom chinesischen Alltag, wie von den Gründen und
Folgen der Kulturrevolution.

st 9   Jürgen Habermas,
Theorie und Praxis
480 Seiten
Das seit seinem ersten Erscheinen zum Klassiker ge-
wordene Buch von Jürgen Habermas ist eine Sammlung
historischer Studien über das Verhältnis von Theorie und
Praxis in den Gesellschaftstheorien, die von der Antike
über Scholastik, Aufklärung, Idealismus und Marxismus
bis zur verwissenschaftlichten Zivilisation der Gegenwart
reichen und die Grundlagen für eine systematische Untersuchung dieses politischen Zentralproblems bilden.

st 10   Alexander Mitscherlich,
Thesen zur Stadt der Zukunft
176 Seiten
Der Band faßt Mitscherlichs Publikationen zum Thema
Städtebau zusammen, soweit sie nach der »Unwirtlich-
keit unserer Städte« entstanden sind. Wer ernsthaft an
die Lösung der Probleme denken will, die der Zustand
der Großstädte und ihrer Bewohner heute aufgibt, wird
an Mitscherlichs Thesen nicht vorbeigehen können.

st 11   Theodor W. Adorno,
Erziehung zur Mündigkeit
Vorträge und Gespräche mit Hellmut Becker.
Herausgegeben von Gerd Kadelbach
160 Seiten
Diese Vorträge und Gespräche, die von 1959 bis 1969
vom Hessischen Rundfunk gesendet wurden, zeigen einen

»anderen« Adorno als die meisten seiner Bücher: er wirkt unmittelbarer, kommunikativer, verständlicher; er leitet den Leser – wie einst den Hörer – zum Mitdenken und zum Selbstdenken an.

st 12 Ernst Bloch,
Subjekt – Objekt.
Erläuterungen zu Hegel
544 Seiten
»Diese Schrift erhebt nicht den Anspruch, ein Buch über Hegel zu sein, sie ist eher eines zu ihm, mit ihm und durch ihn hindurch. Sie intendiert die durch Hegel und die Folgen bezeichnete Erhellung unseres geschichtlichen Woher, Wohin, auch Wozu. Hegel leugnete die Zukunft, keine Zukunft wird Hegel verleugnen.«
Ernst Bloch im Vorwort zu »Subjekt – Objekt«

st 13 Siegfried Kracauer,
Die Angestellten. Aus dem neuesten Deutschland
Mit einer Rezension von Walter Benjamin:
Die Politisierung der Intelligenz
144 Seiten
Kracauers Angestellten-Buch ist ein Klassiker der analytisch-dokumentarischen Literatur, der seit seinem Erscheinen (1930) kaum etwas an Aktualität eingebüßt hat. »Der Wirklichkeit wird hier so sehr zugesetzt, daß sie Farbe bekennen muß«, schrieb damals Walter Benjamin.

st 14 Ludwig Wittgenstein,
Philosophische Untersuchungen
272 Seiten
Außer seinem berühmten Frühwerk, dem »Tractatus logico-philosophicus« (1918), hat Wittgenstein nur noch ein Manuskript für den Druck vorbereitet, die »Philosophischen Untersuchungen«, die 1945–49 geschrieben und 1953 posthum veröffentlicht wurden. Sie sind das Hauptwerk Wittgensteins, das die Philosophie unseres Jahrhunderts entscheidend beeinflußt hat.

st 15 Claude Lévi-Strauss,
Strukturale Anthropologie
464 Seiten
Aus dem Französischen von Hans Naumann.
Die Sammlung von Aufsätzen enthält die Quintessenz der Forschungen von Lévi-Strauss. Sie stellen eine vergleichende Strukturanalyse aller Äußerungen des sozialen

Lebens dar, von den Verwandtschaftsbeziehungen und Siedlungsformen bis zur Sprache, Religion, Kunst und Kochgewohnheiten. All das sind Manifestationen der unbewußten Tätigkeit des menschlichen Geistes, die als eine Gesamtheit symbolischer Systeme oder als eine Syntax betrachtet werden können.

st 16   Bertolt Brecht,
Geschichten vom Herrn Keuner
128 Seiten
Brecht hat von 1930 bis in die fünfziger Jahre hinein »Geschichten vom Herrn Keuner« geschrieben; sie werden hier zum ersten Mal in einer separaten Ausgabe vollständig veröffentlicht. Diese Geschichten zeigen Brecht als Meister der kurzen Prosa: als Meister klarer, sachlicher Formen und der aggressiven sozialen Kritik.

st 17   Ödön von Horváth,
Jugend ohne Gott
176 Seiten
Ödön von Horváth ist nicht mehr ein Geheimtip für Kenner. So gut wie unentdeckt sind aber immer noch seine Kurzprosa und die Romane. »Jugend ohne Gott« ist Horváths zweiter Roman. Noch 1938, unmittelbar nach Erscheinen, wurde er in 8 verschiedene Sprachen übersetzt.

st 18   Bernard Shaw,
Die Aussichten des Christentums
Deutsche Übersetzung von Siegfried Trebitsch
144 Seiten
In fünf, der Reihenfolge des »Neuen Testaments« entsprechenden Kapiteln analysiert Shaw die vier Evangelien und die Briefe des Apostels Paulus. Mit der ihm eigenen Originalität und Schärfe weist Shaw die klassenorientierte Entstellung der ursprünglichen Lehre Jesu unter der Orthodoxie der Kirchensysteme nach.

st 19   Allerleirauh
Viele schöne Kinderreime
versammelt von Hans Magnus Enzensberger
400 Seiten
»Neben und seit ›Des Knaben Wunderhorn‹ ist uns kein Buch bekannt, das in solcher Gründlichkeit und Fülle Kinderverse und Sprüchlein aus vielen Jahrhunderten

enthält. Es ist dazu mit 380 kleinen, unbekannten Holz-
schnitten aus dem 18. und 19. Jahrhundert geschmückt,
die es zu einem hochwertigen Bilderbuch machen.«
Aargauer Tagblatt

st 20   Jürgen Becker,
Eine Zeit ohne Wörter
270 Seiten
Eine Zeit ohne Wörter: unter diesem Titel veröffentlicht
Jürgen Becker eine Serie von Fotos, die er in einer »Zeit
ohne Wörter« aufgenommen hat. Er demonstriert mit
seinen Fotos nicht nur die bloße Anwesenheit der Dinge,
sondern er versucht vor allem darzustellen, wie sie unter
veränderten Umständen, zu verschiedenen Zeiten, in
wechselnden Stimmungen wahrnehmbar werden.

st 21   Walter Benjamin,
Über Haschisch. Erzählungen, Materialien, Protokolle
Walter Benjamins Texte über Haschisch dokumentieren
nicht nur die individuellen Rauscherfahrungen des
Autors, sondern stehen in engem Zusammenhang mit
der Tradition der Drogenliteratur. Der Band enthält
außer dem bekannten Stück »Haschisch in Marseille«
eine an entlegener Stelle veröffentlichte Haschisch-
geschichte sowie zahlreiche Protokolle und Berichte von
Drogenexperimenten.

st 22   Bertrand Russel,
Autobiographie I 1872–1914
400 Seiten
Als letzes Buch Russels vor seinem Tod 1970 erregte
seine Autobiographie weltweites Aufsehen. In dem hier
vorliegenden 1. Band schildert er in einer brillanten
Prosa den bizarren Puritanismus seiner Erziehung,
seinen Weg zur mathematischen Logik und seine Freundschaft mit bedeutenden Zeitgenossen.

st 23   Studs Terkel,
Der große Krach
Aus dem Amerikanischen von Dieter Hildebrandt
240 Seiten
Dieses Buch beschreibt in einer Fülle von Interviews
den tiefen Schock, den die Amerikaner in den Tagen
und Jahren der Weltwirtschaftskrise erlitten haben; dabei wird deutlich, daß das Trauma bis heute nachwirkt.
Ein Buch, das nicht nur Auskunft gibt über den »großen

Krach«, sondern auch über die Gefahr »schweigender Mehrheiten«.

st 24   Hans Henle,
Der neue Nahe Osten
528 Seiten
Hans Henle erweist sich mit seinem Buch »Der neue Nahe Osten« als der bedeutendste deutsche Nahost-spezialist. Zum ersten Mal wird hier die gesamte arabische Unabhängigkeitsbewegung im Wechselspiel mit den ehemaligen Kolonialmächten und den neuen Weltmächten zusammenhängend dargestellt. Die verschiedenen Wege zur Unabhängigkeit, vom neo-kolonialistischen Kompromiß bis zum sozialistischen Experiment werden miteinander verglichen und auf ihre Erfolgschancen hin geprüft.

st 25   Katharina II. in ihren Memoiren
480 Seiten
Die hier gebotene Auswahl aus den Memoiren der Zarin Katharina II. von Rußland gibt ein abgerundetes Bild von ihrem Leben, von ihren frühesten Kindheitstagen bis zum Beginn des verwickelten und intrigenreichen Aufstiegs zu ungeahnter Macht, wie es sich ihr selbst in späteren Jahren spiegelte. Die Sitten- und Hofgeschichte des europäischen 18. Jahrhunderts.

st 26   H. C. Artmannsens Märchen
ca. 120 Seiten
Es hat sich mittlerweile herumgesprochen, daß H. C. Artmann alles kann: Man kennt seine Gedichte, seine Theaterstücke, seine böse und kauzige Prosa. Daß er auch Märchen schreibt, wußten bislang nur »Eingeweihte«. Anläßlich des Readers »The Best of H. C. Artmann« fanden sich fünf. Später entdeckte Artmann noch eine Mappe, schrieb weitere hinzu.

st 27   Peter Handke,
Die Angst des Tormanns beim Elfmeter
128 Seiten
Karl Heinz Bohrer schrieb über »Die Angst des Tormanns beim Elfmeter«, das erfolgreichste Buch eines jungen Autors der letzten Zeit: »Diese Erzählung mit dem eingängig parabolischen Titel gehört zu dem Bestechendsten, was in den letzten zehn Jahren deutsch geschrieben worden ist.«

st 28   Martin Sperr,
Bayrische Trilogie
Jagdszenen aus Niederbayern; Landshuter Erzählungen;
Münchner Freiheit.
176 Seiten
Zwei Jahrzehnte bundesdeutscher Wirklichkeit umfaßt
Martin Sperrs Bayrische Trilogie: denn was der 1944 in
Niederbayern geborene Stückeschreiber in den Anmer-
kungen zu ›Jagdszenen aus Niederbayern‹ schreibt, gilt
auch für ›Landshuter Erzählungen‹ und ›Münchner Frei-
heit‹: »Die Fabel des Stückes ist von Bayern unab-
hängig.«

st 29   Cthulhu
Geistergeschichten von H. P. Lovecraft
256 Seiten
Lovecraft, in der Tradition Edgar Allan Poes stehend,
ist der Erfinder eines völlig neuartigen Grauens, einer,
der die Verdrängungen und Archetypen der Seele zu
einer riesenhaften Science Fiction aufbauscht, ein Bücher-
träumer wie J. L. Borges.

st 30   Algernon Blackwood,
Das leere Haus
Phantastische Geschichten
256 Seiten
In diesem Band der »Bibliothek des Hauses Usher« wird
ein Meister der phantastischen Literatur aus England
zum erstenmal dem deutschen Leser vorgestellt. In den
Geschichten unseres Bandes geraten Menschen in den
Bann unheimlicher Plätze und Behausungen, in denen
die bösen Gedanken früherer Bewohner Macht über sie
gewinnen.

st 32   Noam Chomsky,
Im Krieg mit Asien. Essays
Aus dem Amerikanischen von Jürgen Behrens
ca. 200 Seiten.
Noam Chomsky ist nicht nur ein Linguist, durch seine
Theorie der generativen Grammatik international bekannt
geworden, sondern auch durch sein politisches Engage-
ment. Seine Aufsätze, Reden, Diskussionsbeiträge halfen
der amerikanischen Widerstandsbewegung, sich zu artiku-
lieren und zu begründen. Auf sein Buch »Amerika und
die neuen Mandarine« folgt nun »Im Krieg mit Asien«.

st 33   Robert Minder,
Dichter in der Gesellschaft
ca. 380 Seiten.
Robert Minder, 1902 in Wasselonne im Elsaß geboren,
ist Professor für Germanistik am Collège de France in
Paris. Er versteht es, seine immensen Kenntnisse der deutschen und französischen Literatur in fesselnd geschriebenen Al-fresco-Essays darzubieten, die das Buch auch für
den Laien zu einer anregenden Lektüre machen.

st 35   Wolfgang Werner,
Vom Waisenhaus ins Zuchthaus
Ein Sozialbericht, herausgegeben und mit einem Nach-
wort von Martin Walser
288 Seiten
Etwa 22 Jahre war der 27jährige Wolfgang Werner in
den Händen des Staates: in den ersten 17 Jahren als
Waisenkind, dann vom 17. bis 27. Lebensjahr mit kurzen
Freiheitsstrafen als Sträfling. Jetzt packt er aus. Was
dabei herauskommt und wie es herauskommt, das zeigt
wie in unserer Gesellschaft erzogen und Strafe vollzogen
wird.

st 36   George Gaylord Simpson,
Biologie und Mensch
240 Seiten.
Dieser Band enthält die wichtigsten biologischen und
anthropologischen Aufsatz-Veröffentlichungen George
Gaylord Simpsons seit 1964. Simpson, einer der heute bedeutendsten Evolutionsforscher, ebenso brillanter wie
streitbarer wie humorvoll-ironischer Essayist, versteht
nicht nur Biologen zu fesseln – seine Aufsätze wenden sich
an alle, denen Gegenwart und Zukunft des Menschen
prominentes Gesprächsthema ist.

st 37   E. Fromm, D. T. Suzuki, R. de Martino,
Zen-Buddhismus und Psychoanalyse
240 Seiten
Der amerikanische Psychoanalytiker Erich Fromm,
Richard de Martino, Professor für Philosophie und Re-
ligionswissenschaft an der japanischen Universität von
Kyoto, und D. T. Suzuki, einer der bedeutendsten Vertreter des Zen-Buddhismus im Westen, unternehmen in
diesem Buch den Versuch, die wesentlichen Züge des
Zen-Buddhismus zu zeichnen und eine Brücke zwischen
östlicher Religiosität und westlicher Wissenschaft zu

schlagen, indem sie die Frage beantworten, welchen Wert die Begegnung von Zen und Psychoanalyse haben könnte.

st 38   Ulli Olvedi,
LSD-Report
ca. 240 Seiten.
LSD, die halluzinogene Droge mit dem schwierigsten Namen: Lysergsäurediäthylamid, hat längst auch auf der deutschen Drogen-Szene einen zentralen Platz eingenommen. Die Meinungen über die Gefährlichkeit von LSD sind gespalten. Ulli Olvedi kann zum erstenmal einen kompletten Bericht über alle Aspekte dieses Halluzinogens vorlegen.

st 40   Gunnar Myrdal,
Politisches Manifest über die Armut in der Welt
(gekürzte Ausgabe)
288 Seiten
Das Buch ist die Kurzfassung von Gunnar Myrdals grundlegender dreibändiger Studie »Asian Drama«, die die ökonomische Basis der asiatischen Länder untersuchte. Myrdal (Friedenspreisträger des Deutschen Buchhandels 1970) macht reichlich unkonventionelle Vorschläge, wie die reichen Nationen ihre Beziehungen zu den armen Ländern gestalten müssen, wenn sie überleben wollen.

st 41   Peter Weiss,
Das Duell
Mit Zeichnungen des Autors.
ca. 128 Seiten
Der Autor beschreibt in einer Folge von inneren Projektionen die gestörte Beziehung Gregors zur Umwelt, zu Lea und zu sich selbst. Die Doppelgängerfigur Robert verstärkt diese Grenzsituation. Aber der ästhetische Protest gegen diese Verhältnisse, gegen diese Kulturtradition läßt ihm die Kunst zu einem Totem, zur illusionären Selbsthilfe werden.

st 42   Der andere Hölderlin,
Materialien zum »Hölderlin«-Stück von Peter Weiss
Herausgegeben von Thomas Beckermann
und Volker Canaris
ca. 200 Seiten

In diesem Band soll die von Peter Weiss mit neuen Thesen vorangetriebene Kontroverse um Hölderlin dokumentiert werden: in Texten, die bei der Entstehung des »Hölderlin« eine wichtige Rolle spielten; in Aufzeichnungen, die Peter Weiss während der Arbeit am Stück niederschrieb; aber auch in Beiträgen, die eigens für diesen Band geschrieben wurden und den »Fall« Hölderlin am Stück von Peter Weiss erörtern.

st 43   Peter Handke,
Stücke I
ca. 220 Seiten
Peter Handke hebt mit seinen Sprechstücken, »Publikumsbeschimpfung«, »Weissagung«, »Selbstbezichtigung« und »Hilferufe« und mit seinem »Kaspar« den Illusionscharakter der Bühne auf. Er entwirft nicht Bilder von Handlungen, die andere Handlungen imitieren, sondern er macht die Sprache selbst zum Inhalt.

st 44   Gustav J. V. Nossal,
Antikörper und Immunität
Aus dem Englischen von P. G. Munder
ca. 300 Seiten, mit vielen Abbildungen
Dieses Buch ist eine Einführung in das menschliche Immunsystem und seine Mechanismen. Es behandelt die Antikörper und jene Zellen, die sie produzieren, und es beschreibt die Funktionsweise unseres Immunsystems.

st 45   C. L. Duddington,
Baupläne der Pflanzen
Aus dem Englischen von Elke Kranz
ca. 300 Seiten, mit vielen Abbildungen
Duddington hat ein Buch geschrieben, das all jene anspricht, die über ihre Freude an Pflanzen und Bewunderung für Pflanzen hinaus einen tiefen Einblick in die von der Natur vorgegebenen Entwicklungspläne von Pflanzen gewinnen möchten.

st 46   Samuel Beckett,
Watt
Aus dem Französischen von Elmar Tophoven
ca. 280 Seiten
»Watt« ist Becketts komischstes Buch, vielleicht eines der komischsten Bücher schwarzen Humors. Die Figuren

dieses Romans, die bereits an »Warten auf Godot« denken lassen, sind eigentlich alle Clowns und ihre Reden Clownsreden.

st 47   Thomas Bernhard,
Frost
Roman
ca. 300 Seiten
»Frost« ist Thomas Bernhards erster Roman; er erschien 1963. Schon in diesem Prosatext kommt er zu seinem Thema: die ausweglose, weil exzentrische Situation; findet er seine Sprache und Form: das unablässig bohrende Ausschreiten einer erstarrten Sprach- und Gedankenwelt.

st 48   Unterbrochene Schulstunde
Eine Anthologie mit Texten von
Bertolt Brecht, Alfred Döblin, Hermann Hesse, Ödön von Horváth, James Joyce, Erich Kästner, Thomas Mann, Robert Musil, Bernard Shaw, Kurt Tucholsky, Robert Walser, Franz Werfel, Paul Nizan, Stefan Zweig
Zusammengestellt von Volker Michels
ca. 250 Seiten
14 Autoren des zwanzigsten Jahrhunderts reproduzieren das Erlebnis der Schulzeit. Das Resultat ist eine engagierte, kritische Auseinandersetzung mit dem, was Schule ist: erste Konfrontation mit Autorität und Gesellschaft.

st 49   Ernst Bloch,
Naturrecht und menschliche Würde
ca. 480 Seiten
»Naturrecht und menschliche Würde« erörtert die abendländische Naturrechtsdiskussion von Epikur und der Stoa über Thomas von Aquin, Althus, Hobbes, Grotius, Rousseau, Kant, Fichte, die Französische Revolution und Marx bis zum Bürgerlichen Gesetzbuch und faschistischen Theorien.

st 50   Hans Erich Nossack,
Spirale
Roman einer schlaflosen Nacht
ca. 320 Seiten
»Ein Mann erzählt, was ihn schlaflos machte. Er müht sich, sein Leben zurück und zu Ende zu denken. Traum und Bewußtsein, Romantik und Psychoanalyse, Parodie und Märchen bestehen hier nebeneinander.« *Willi Fehse*

st 51 Tschingis Aitmatow
Der weiße Dampfer. Roman
Aus dem Russischen von Hans-Joachim Lambrecht
176 Seiten
In der Zeit einer neuen aufgeklärten Gesellschaft hat sich irgendwo in kirgisischer Bergeinsamkeit der Märchenglaube erhalten. Mit poetischer Eindringlichkeit erzählt Aitmatow die Geschichte des Jungen, der zwei Märchen besaß und von denen kein einziges blieb. Aitmatow – 1928 in Kirgisien geboren – ist als ein Meister des Erzählens bekanntgeworden. Aragon nennt »Dshamilja«: Die schönste Liebesgeschichte der Welt. (Bibliothek Suhrkamp)

st 52 Hermann Hesse
Unterm Rad
Erzählung
Kein anderes Buch Hermann Hesses hat unmittelbar nach Erscheinen (1906) eine vergleichbare Welle der Entrüstung ausgelöst. Neben Musils »Die Verwirrungen des Zöglings Törleß« war »Unterm Rad« die nachhaltigste Anklage gegen das Erziehungsritual jener Jahre. Auch heute noch gilt die Empfehlung von Theodor Heuss: »Ein Tendenzwerk? Ja, dort, wo es mit warmen Worten das Recht der Jugend auf eine Jugend verlangt!«

st 53 Materialien zu Hermann Hesses Steppenwolf
Herausgegeben von Volker Michels
Eine Dokumentation der Entstehungs- und Wirkungsgeschichte des Werkes, das Hermann Hesse zum meistgelesenen europäischen Autor in den USA und Japan gemacht hat. Der Band enthält eine Fülle von unveröffentlichtem Material, das erstmals die zeit- und gesellschaftskritischen Motivationen Hermann Hesses in das Bewußtsein rückt.

st 55 Lucien Malson
Die wilden Kinder
Aus dem Französischen von Eva Moldenhauer
286 Seiten
Lucien Malson stellt alle bisher bekanntgewordenen Fälle von Kindern dar, die außerhalb jeder menschlichen Gesellschaft quasi wie Tiere aufgewachsen sind. Der Band enthält außerdem die Beschreibung der Sozialisierungsversuche des »Wolfsjungen von Aveyron«, die sein Erzieher Jean Itard Anfang des 19. Jahrhunderts veröffent-

licht hatte. Diese Beschreibung diente dem französischen Regisseur François Truffaut als Vorlage für seinen erfolgreichen Film »Der Wolfsjunge«.

st 56 Peter Handke
Ich bin ein Bewohner des Elfenbeinturms. Aufsätze
240 Seiten
Die gesammelten Aufsätze, die allgemein theoretischen und die Filmkritiken, die Buchbesprechungen und die sich auf die Tagespolitik beziehenden, enthalten programmatische Äußerungen über die gegenwärtige kulturelle und gesellschaftliche Situation. Und sie sind Ausdruck eines weitgespannten Temperaments.

st 57 Marie Luise Kaschnitz
Steht noch dahin
96 Seiten
Prosaskizzen, gewichtiger als manches umfangreiche Buch. Marie Luise Kaschnitz hat darin Einsichten ihrer Weltschau gesammelt. Sie reflektiert die menschliche Vergeßlichkeit, die Unfähigkeit, aus Erfahrungen zu lernen. Zugleich aber klingt die Hoffnung an, der Mensch könne zu der Einsicht gelangen, daß er veränderbar sei.
Hermann Kesten: »Man findet eine poetischen Reichtum auf engstem Raum, eine Fülle von lakonischen Einfällen. Es ist eine Weltkritik in Blitzlichtern.«

st 58 Hans Mayer
Georg Büchner und seine Zeit
480 Seiten
Dieses Buch ist eine der lebendigsten Darstellungen des großen Dichters und Revolutionärs Georg Büchner und der Nachwirkungen seines Werkes. Die kenntnisreiche Schilderung der Zeit, in der Büchner wirkte, macht es zugleich zu einer Studie über Geschichte und Geistesgeschichte der Periode der Metternichschen Restauration.

st 59 Pietro Hammel
Unsere Zukunft: die Stadt
240 Seiten, mit vielen Abbildungen
Der vorliegende Band des in Rotterdam lebenden Schweizer Architekten und Städteplaners ist eine präzise Analyse des Phänomens Stadt und ihrer derzeitigen Probleme und der Versuch, ein neues Bewußtsein für die noch ausstehende Therapie unserer großen Städte zu schaffen.

st 60
Wie, warum und zu welchem Ende wurde ich
Literaturhistoriker?
ca. 240 Seiten
Der Band erscheint zum 70. Geburtstag Robert Minders.
Seine Themenstellung geht auf eine Anregung Minders
zurück. Die Beiträger bereiten dem großen Kollegen
keine der üblichen Festschriften, sondern stellen sich am
Beispiel des eigenen Werdegangs zugleich auch den aktuel-
len Problemen ihrer Disziplin. – Namhafte Gelehrte
nehmen an diesem Unterfangen teil, und so kann der
Band auch angesehen werden als Lageskizze einer Wissenschaft heute, ausgeführt von ihren ausgewiesenen
Vertretern.

st 61 Herbert Achternbusch
Die Alexanderschlacht
240 Seiten
Über *Die Alexanderschlacht* schrieb Reinhard Baumgart:
»Sieht neben Achternbusch der Blechtrommler Oskar nicht
aus wie ein Gottfried-Keller-Zwerg in Bleyle-Hosen?
Denn das ist sicherlich zweierlei: den Anarchismus nur
vorzuführen als ein Thema oder ihn loszulassen als eine
Methode. Genau das tut Achternbusch.«

st 63 Wolf Lepenies
Melancholie und Gesellschaft
352 Seiten
Melancholie und Gesellschaft ist die bislang material-
und erkenntnisreichste Untersuchung der verschiedenen
Spielarten bürgerlicher Melancholie als eines historischen
soziologischen Phänomens der bürgerlichen Gesellschaft.
Ziel dieser Studie ist es, den ideologieverwandten Charakter dieser Affekthaltung und ihre Abhängigkeit von gesellschaftlichen Verhältnissen nachzuweisen.

st 97/98 Knut Ewald
Innere Medizin
ist das auf dem aktuellsten Stand befindliche, derzeit
erhältliche Kompendium der Inneren Medizin. Als über-
sichtliches – den ganzen Stoff der Inneren Medizin stich-
wortartig resümierendes – Nachschlagwerk ist es das
ideale Handbuch für alle Studierenden, Ärzte und inter-
essierte Laien. Ein umfangreiches Sachwortverzeichnis
ermöglicht eine rasche Orientierung.